MIT ARBEITSHILFEN ONLINE

Exklusiv und kostenlos für Buchkäufer:

Ihre Arbeitshilfen online:

- Gründungsprotokoll
- Satzung
- Registeranmeldung
- Protokoll einer Mitgliederversammlung
- Amtliche Steuerformulare

Und so geht's:

- Einfach unter www.haufe.de/arbeitshilfen den Buchcode eingeben
- Oder direkt über Ihr Smartphone bzw. Tablet per QR-Code auf die Website gehen

Buchcode: **X2L-NUCU**

www.haufe.de/arbeitshilfen

Praxishandbuch der Berufs- und Wirtschaftsverbände

Steuern und Recht

2. Auflage

Dr. Lutz Engelsing

Dr. Olaf Lüke

Haufe Mediengruppe

Freiburg · München

Zitiervorschlag: Engelsing/Lüke, Berufs- und Wirtschaftsverbände, Kapitel C.2.1.2

Bibliographische Information der Deutschen Bibliothek
Die Deutsche Bibliothek verzeichnet diese Publikation in der Deutschen Nationalbibliographie; detaillierte bibliographische Daten sind im Internet über http://www.d-nb.de abrufbar.

Print:	ISBN: 978-3-648-04772-9	Bestell-Nr.: 06025-0002
EPUB:	ISBN: 978-3-648-04854-2	Bestell-Nr.: 06025-0100
EPDF:	ISBN: 978-3-648-04855-9	Bestell-Nr.: 06025-0150

Engelsing/Lüke
Praxishandbuch der Berufs- und Wirtschaftsverbände
2. Auflage 2014

Redaktionsanschrift: Fraunhoferstraße 5, 82152 Planegg/München
Telefon: (089) 895 17-0
Telefax: (089) 895 17-290
Internet: www.haufe.de
E-Mail: online@haufe.de
Produktmanagement: Bettina Noé

Lektorat: Alexandre Kittke, 14195 Berlin
Satz: Agentur: Satz & Zeichen, Karin Lochmann, 83071 Stephanskirchen
Umschlag: RED GmbH, 82152 Krailling
Druck: Schätzl Druck, 86609 Donauwörth

Inhaltsverzeichnis

Vorwort zur 2. Auflage

Das Gesellschafts- und Steuerrecht der Berufs- und Wirtschaftsverbände unterliegt einem stetigen Wandel. Neben Gesetzesänderungen, wie bspw. aufgrund des Gesetzes zur Erleichterung elektronischer Anmeldungen zum Vereinsregister und anderer vereinsrechtlicher Änderungen, des Gesetzes zur Änderung und Vereinfachung der Unternehmensbesteuerung und des steuerlichen Reisekostenrechts sowie des Gesetzes zur Stärkung des Ehrenamts, gibt es neue (nationale und europäische) Rechtsprechung, die in der Praxis zu beachten sind. Weiterhin gilt, dass die existierende Fachliteratur zu steuerprivilegierten Körperschaften zwar umfangreich ist; sie befasst sich im Wesentlichen jedoch mit gemeinnützigen Organisationen. Das Recht der Berufs- und Wirtschaftsverbände und insbesondere deren Besteuerung werden entweder nur am Rande gestreift oder sogar vollkommen aus der Betrachtung ausgeklammert.
Nach der erfreulichen Resonanz auf die Erstauflage gehen wir davon aus, dass dieses Praxishandbuch sowohl den Verantwortlichen in den Verbänden als auch Rechtsberatern und Richtern eine wertvolle Hilfe im Umgang mit dieser Spezialmaterie sein kann. Damit dies auch weiterhin der Fall ist, haben wir das Werk umfassend aktualisiert. Gesetzesänderungen sowie Rechtsprechung und Literatur sind bis einschließlich September 2013 eingearbeitet.
Verlag und Verfasser hoffen, mit der vorliegenden Aktualisierung einen praxisnahen Beitrag zur rechtlichen und steuerrechtlichen Behandlung von Berufs- und Wirtschaftsverbänden geleistet zu haben. Hinweise und Anregungen aus der Leserschaft sind stets willkommen.

Unser herzlicher Dank gebührt dem Verlag und seinen Mitarbeitern, insbesondere Frau Bettina Noé, für das große Engagement und die vielfältige Unterstützung.

Bonn im Oktober 2013

Dr. Lutz Engelsing
Dr. Olaf Lüke

Vorwort zur 1. Auflage

Angesichts der umfangreichen rechtlichen und steuerlichen Fachliteratur stellt sich bei jedem neuen Werk die Frage: Muss das denn auch noch sein? Im vorliegenden Fall sind wir der Meinung: ja.

Das Gesellschafts- und Steuerrecht der Berufs- und Wirtschaftsverbände ist ein Spezialgebiet, welches die Praxis vielfach vor schwierige Probleme stellt. Dies liegt nicht zuletzt daran, dass die Finanzverwaltung wegen der partiellen Steuerfreiheit seit Jahren ihre Prüfungstätigkeit in Bezug auf Berufs- und Wirtschaftsverbände verstärkt.

Die existierende Fachliteratur zu Vereinen ist zwar umfangreich, sie befasst sich im Wesentlichen jedoch mit gemeinnützigen Organisationen. Das Recht der Berufs- und Wirtschaftsverbände und insbesondere deren Besteuerung werden entweder nur am Rande gestreift oder sogar vollkommen aus der Betrachtung ausgeklammert. Bei gegenwärtig rund 12.000 Berufs- und Wirtschaftsverbänden eine erstaunliche Erkenntnis!

Mit diesem Praxishandbuch wird – soweit ersichtlich – die erste Gesamtdarstellung zum Gesellschafts- und Steuerrecht der Berufs- und Wirtschaftsverbände vorgelegt. Sein Aufbau folgt dem Lebenszyklus eines Berufsverbands: von der Gründung über die Wirkungszeit bis ggf. zu seiner Umstrukturierung oder Auflösung.

Als ein Werk von Praktikern für Praktiker soll es den Geschäftsführern und Vorständen von Berufs- und Wirtschaftsverbänden sowie deren Beratern wertvolle Hilfestellung in allen einschlägigen Rechts- und Steuerfragen leisten. Ein besonderes Augenmerk haben wir daher auch auf ein umfassendes Sachregister gelegt.

Verlag und Verfasser hoffen, mit dem vorliegenden Handbuch einen praxisnahen und aktuellen Beitrag zur rechtlichen und steuerrechtlichen Behandlung von Berufs- und Wirtschaftsverbänden geleistet zu haben. Hinweise und Anregungen aus der Leserschaft sind herzlich willkommen.

Unser herzlicher Dank gebührt dem Verlag und seinen Mitarbeitern, insbesondere Frau Elvira Plitt, für das große Engagement und die vielfältige Unterstützung.

Bonn im Januar 2008

Dr. Lutz Engelsing
Dr. Olaf Lüke

Abkürzungsverzeichnis

a. A.	anderer Ansicht
a. F.	alte Fassung
Abb.	Abbildung
Abs.	Absatz
Abschn.	Abschnitt
AEAO	Anwendungserlass zur Abgabenordnung
AG	Die Aktiengesellschaft (Zeitschrift)
AktG	Aktiengesetz
Anh.	Anhang
AO	Abgabenordnung
Art.	Artikel
Aufl.	Auflage
Az.	Aktenzeichen
BAG	Bundesarbeitsgericht
BAnz	Bundesanzeiger
BayFinMin	Bayerisches Staatsministerium der Finanzen
BayObLG	Bayerisches Oberstes Landesgericht
BayObLGZ	Entscheidungssammlung des Bayerischen Obersten Landesgericht in Zivilsachen
BB	Der Betriebs-Berater (Zeitschrift)
BFH	Bundesfinanzhof
BFH/NV	Sammlung der Entscheidungen des Bundesfinanzhofs ab 1950 (Zeitschrift)
BgA	Betrieb gewerblicher Art
BGB	Bürgerliches Gesetzbuch
BGBl.	Bundesgesetzblatt
BGH	Bundesgerichtshof
BGHZ	Entscheidungssammlung des Bundesgerichtshofs in Zivilsachen
BMF	Bundesminister der Finanzen
BpO	Betriebsprüfungsordnung
BR-Drs.	Drucksache des Deutschen Bundesrats
bspw.	beispielsweise
BStBl.	Bundessteuerblatt
BT-Drs.	Drucksache des Deutschen Bundestags
Buchst.	Buchstabe
BVerfG	Bundesverfassungsgericht
BVerfGE	Entscheidungssammlung des Bundesverfassungsgerichts

BVerwG	Bundesverwaltungsgericht
bzgl.	bezüglich
bzw.	beziehungsweise
d. h.	das heißt
DB	Der Betrieb (Zeitschrift)
DStR	Deutsches Steuerrecht (Zeitschrift)
DStRE	Deutsches Steuerrecht Entscheidungsdienst (Zeitschrift)
e. V.	eingetragener Verein
ErbStG	Erbschaftsteuer- und Schenkungsteuergesetz
EStB	Der Ertragsteuerberater (Zeitschrift)
EStG	Einkommensteuergesetz
EStH	Einkommensteuer-Hinweise
EStR	Einkommensteuer-Richtlinien
etc.	et cetera
EU	Europäische Union
EuGH	Europäischer Gerichtshof
EuGHE	Entscheidungen des Europäischen Gerichtshofs
f.	folgend
F.	Fach
FamFG	Gesetz über das Verfahren in Familiensachen und in den Angelegenheiten der freiwilligen Gerichtsbarkeit
FAZ	Frankfurter Allgemeine Zeitung
ff.	fortfolgende
FG	Finanzgericht
FinMin.	Finanzministerium
FR	Finanz-Rundschau (Zeitschrift)
GbR	Gesellschaft bürgerlichen Rechts
GewStG	Gewerbesteuergesetz
GG	Grundgesetz
ggf.	gegebenenfalls
GmbH	Gesellschaft mit beschränkter Haftung
GmbHG	Gesetz betreffend die Gesellschaft mit beschränkter Haftung
GmbHR	GmbH-Rundschau (Zeitschrift)
GNotKG	Gerichts- und Notarkostengesetz
GrEStG	Grunderwerbsteuergesetz
GStB	Gestaltende Steuerberatung (Zeitschrift)

GWB	Gesetz gegen Wettbewerbsbeschränkungen
H	Hinweis
Halbs.	Halbsatz
HFA	Hauptfachausschuss
HFR	Höchstrichterliche Finanzrechtsprechung (Zeitschrift)
HGB	Handelsgesetzbuch
HHSp	Hübschmann/Hepp/Spitaler, Kommentar zur AO und FGO
i. S.	im Sinne
i. V.	in Verbindung
IDW	Institut der Wirtschaftsprüfer
insbes.	insbesondere
InsO	Insolvenzordnung
JW	Juristische Wochenschrift
KapErtSt	Kapitalertragsteuer
KG	Kommanditgesellschaft
KG	
KredWG	Kreditwesengesetz
KStG	Körperschaftsteuergesetz
KStK	Körperschaftsteuer-Kartei
KStR	Körperschaftsteuer-Richtlinien
LAG	Landesarbeitsgericht
LG	Landgericht
LStR	Lohnsteuerrichtlinien
MDR	Monatsschrift für Deutsches Recht
m. w. N.	mit weiteren Nachweisen
Mio.	Million
MoMiG	Gesetz zur Modernisierung des GmbH-Rechts und zur Bekämpfung von Missbräuchen
MünchKomm	Münchener Kommentar zum BGB
MwStSysRL	Mehrwertsteuersystemrichtlinie
n. F.	neue Fassung
n. v.	nicht veröffentlicht
NJW	Neue Juristische Wochenschrift (Zeitschrift)

NJW-RR	NJW-Rechtsprechungsreport
Nr.	Nummer
NRW	Nordrhein-Westfalen
NV	Nichtveranlagung
NWB	Neue Wirtschafts-Briefe (Zeitschrift)
NZA	Neue Zeitschrift für Arbeitsrecht
NZG	Neue Zeitschrift für Gesellschaftsrecht
OFD	Oberfinanzdirektion
OHG	Offene Handelsgesellschaft
OLG	Oberlandesgericht
p. a.	per annum (jährlich)
PublG	Publizitätsgesetz
R	Richtlinie
RFH	Reichsfinanzhof
RG	Reichsgericht
RGZ	Entscheidungen des Reichsgerichts in Zivilsachen
rkr.	rechtskräftig
Rn.	Randnummer
RPfleger	Der Deutsche Rechtspfleger (Zeitschrift)
RPflG	Rechtspflegergesetz
RS	Rechnungslegungsstandard
RStBl.	Reichssteuerblatt
Rz.	Randziffer
S.	Seite
s. o.	siehe oben
SEStEG	Gesetz über steuerliche Begleitmaßnahmen zur Einführung der Europäischen Gesellschaft und zur Änderung weiterer steuerrechtlicher Vorschriften
sog.	so genannte
SolZG	Solidaritätszuschlaggesetz 1995
Stbg	Die Steuerberatung (Zeitschrift)
StRK	Steuerrechtskartei
StuB	Steuern und Bilanzen (Zeitschrift)
TvöD	Tarifvertrag des öffentlichen Dienstes
Tz.	Textziffer

u. a.	und andere
u. Ä.	und Ähnliche
u. E.	unseres Erachtens
u. U.	unter Umständen
UmwG	Umwandlungsgesetz
UmwStG	Umwandlungssteuergesetz
UStAE	Umsatzsteueranwendungserlass (Stand: 26. August 2013)
UStDV	Umsatzsteuerdurchführungsverordnung
UStG	Umsatzsteuergesetz
UStK	Umsatzsteuer-Kartei
usw.	und so weiter
v.	vom
vgl.	vergleiche
VRV	Vereinsregisterverordnung
VV	Vermögensverwaltung
VZ	Veranlagungszeitraum
wGB	wirtschaftlicher Geschäftsbetrieb
WM	Wertpapier-Mitteilungen (Zeitschrift)
z. B.	zum Beispiel
ZGR	Zeitschrift für Unternehmens- und Gesellschaftsrecht
ZHR	Zeitschrift für das gesamte Handels- und Wirtschaftrecht
ZIP	Zeitschrift für Wirtschaftsrecht
ZRP	Zeitschrift für Rechtspolitik
ZStV	Zeitschrift für Stiftungs- und Vereinswesen
zzgl.	zuzüglich

Literaturverzeichnis

Althoff, Frank/Engelsing, Lutz	Die Abgrenzung des privaten vom gewerblichen Wertpapierhandel, in: StuB 1999, S. 737–744.
Alvermann, Jörg	Steuerliche Probleme bei Fortbildungsreisen, in: AG 2007, S. 236–239.
Alvermann, Jörg	Ertragsbesteuerung der Berufsverbände, in: FR 2006, S. 262–271.
Arnold, Arnd	Die geplante Vereinsrechtsreform – Fortschritt oder Irrweg?, in: DB 2004, S. 2143–2146.
Arnold, Arnd	Der Referentenentwurf eines Gesetzes zur Änderung des Vereinsrechts, in: ZRP 2005, S. 170.
Beuthien, Volker	Zweitmitgliedschaft wider Willen?, in: ZGR 1989, S. 255–272.
Beuthien, Volker	Künftig alles klar beim nichteingetragenen Verein?, in: NZG 2005, S. 493–495.
Bitz, Horst	Änderung der Rechtslage bei der Betriebsaufspaltung, in: DStR 2002, S. 752–754.
Bitz, Horst	Ausschüttungen von Tochter-Kapitalgesellschaften an steuerbefreite Berufsverbände, in: DStR 2003, S. 1519–1521.
Bornheim, Wolfgang	Wertpapierhandel oder Vermögensverwaltung, in: Stbg 2002, S. 260–273.
Buchna, Johannes/Seeger, Andreas/ Brox, Wilhelm	Gemeinnützigkeit im Steuerrecht, 10. Aufl., Achim 2010.

Bunjes, Johann/Geist, Reinold	Umsatzsteuergesetz – Kommentar, 11. Aufl., München 2012.
Burret, Gianna	Steuerbefreiung für Berufsverbände – Die Bedeutung des BFH-Urteils vom 13.3.2012 – I R 46/11 für die Praxis, in: NWB 2012, S. 2610–2616.
Dötsch, Ewald/Patt, Joachim/ Pung, Alexandra/Möhlenbrock, Rolf	Umwandlungssteuerrecht, 7. Aufl., Stuttgart 2012.
Dötsch, Ewald/Jost, Werner F./ Pung, Alexandra/Witt, Georg	Die Körperschaftsteuer – Kommentar, Stuttgart, 77. Ergänzungslieferung/April 2013, Loseblatt.
Eggers, Winfried	Die Besteuerung der Berufsverbände – Ein Überblick, in: DStR 2007, S. 461–467.
Eggers, Winfried	Schenkungsteuer bei Zuwendungen an Verein, in: DStR 2007, S. 1752–1754.
Eggers, Winfried	Die Besteuerung der Wirtschafts- und Berufsverbände, Köln 2008.
Engelsing, Lutz	Neues zur Umsatzsteuerbefreiung einer ehrenamtlichen Tätigkeit, in: NWB 2012, S. 3064–3065.
Engelsing, Lutz/Latsch, Volker	Non-Profit Unternehmen als Seminaranbieter – ertrag- und umsatzsteuerliche Behandlung bei gemeinnützigen Organisationen und Berufsverbänden, in: NWB 2006, F. 7, S. 6715–6722.
Engelsing, Lutz/Linnartz, Ilona	Dokumentationserfordernisse bei Berufsverbänden und ihre steuerlichen Folgen, in: NWB 2003, F. 4, S. 4721–4724.
Engelsing, Lutz/Lüke, Olaf	Die Verschmelzung von Berufsverbänden – formale Anforderungen, Aufdeckung stiller Reserven vermeiden, Verschmelzungsrichtung beachten, in: NWB 2007, F. 18, S. 4409–4416.

Engelsing, Lutz/ Muth, Jochen-Johannes	Gewinntransfers an Körperschaften des privaten Rechts – Auslegungsfragen des neuen Einkommenstatbestandes am Beispiel von Berufsverbänden, in: DStR 2003, S. 917–921.
Engelsing, Lutz/Rohde, Andreas	Ertrag- und umsatzsteuerliche Folgen des Sponsorings bei Berufsverbänden und gemeinnützigen Organisationen, in: NWB 2004, F. 4, S. 4811–4814.
Engelsing, Lutz/Schmidt, Alexander	Potenzielle Umsatzsteuerpflicht von Tätigkeitsvergütungen bei Vereinen, in: NWB 2012, S. 643–645.
Engelsing, Lutz/Schmidt, Alexander	Neues zur Umsatzsteuerbefreiung von Tätigkeitsvergütungen bei Vereinen – Klarstellende Ausführungen der Verwaltung, in: NWB 2013, S. 1474–1476.
Engelsing, Lutz/Wassermeyer, Steffen	Die Abgrenzung zwischen privater Vermögensverwaltung und gewerblichem Grundstückshandel, in: StuB 2004, S. 433–439.
Felix, Günther	Steuerliche Beurteilung der Aufwendungen für Mandatserwerbe an berufsverbandsnahe, gemeinnützige Einrichtungen, in: BB 1982, S. 2171–2176.
Geschwandtner, Marcus	Genossenschaftsrecht – Grundlagen Muster, Baden-Baden 2007
Hadding, Walther	Zu einer geplanten Änderung des Vereinsrechts, in: ZHR 170 (2006) S. 137–166.
Haritz, Detlef/Menner, Stefan	Umwandlungssteuergesetz, 3. Aufl., München 2009.
Hartmann/Metzenmacher	Umsatzsteuergesetz, Kommentar, 7. Aufl., Berlin 2013, Loseblatt.
Hauptfachausschuss des IDW	IDW RS HFA 14: Rechnungslegung von Vereinen, in: IDW Stellungnahmen zur Rechnungslegung, Düsseldorf, Loseblatt.

Heermann, Peter W. — Die geplante Reform des deutschen Vereinsrechts, in: ZHR 170 (2006), S. 247–295.

Hübschmann, Walter/Hepp, Ernst/Spitaler, Armin — Kommentar zur Abgabenordnung und Finanzgerichtsordnung, Köln, 221. Ergänzungslieferung/April 2013, Loseblatt.

Hüttemann, Rainer — Wirtschaftliche Betätigung und steuerliche Gemeinnützigkeit, Köln 1991.

Immenga, Ulrich/Mestmäcker, Ernst-Joachim — GWB: Kommentar zum Kartellgesetz, 4. Aufl., München 2004.

Knoop, Anja — Gewinnausschüttungen im gemeinnützigen Konzern, in: DStR 2006, S. 1263–1266.

Kühner, Christian — Die Steuerbefreiung der Berufsverbände, Münster 2008.

Kühner, Christian — Unbeschränkte wirtschaftliche Betätigung für Berufsverbände, in: DStR 2009, S. 1786–1790.

Leisner, Walter Georg — Ehrenamtliche Tätigkeit und Umsatzsteuerbefreiung, in: NWB 2011, S. 2871–2875.

Lex, Peter — Die Mehrheitsbeteiligung einer steuerbegünstigten Körperschaft an einer Kapitalgesellschaft - Vermögensverwaltung oder wirtschaftlicher Geschäftsbetrieb?, in: DB 1997, S. 349–352.

Littmann, Eberhard/Bitz, Horst/Pust, Hartmut — Das Einkommensteuerrecht, Stuttgart, 99. Ergänzungslieferung/Mai 2013, Loseblatt.

Lutter, Marcus (Hrsg.) — Umwandlungsgesetz: Kommentar, 4. Aufl., Köln 2009.

Meining, Steffen — Beteiligungen steuerbefreiter Berufsverbände an Kapitalgesellschaften, in: DStR 2006, S. 352–355.

Metzing, Cornelia/Fischer, Carola — Stellungnahme der Bundessteuerberaterkammer zum zweiten Entwurfsschreiben des BMF zur E-Bilanz, in: DStR 2011, S. 1583–1585.

Möhlenkamp, Karen Anwendung des Sponsoring-Erlasses auf Berufsverbände, in: NWB 2004, S. 2513.

Möhlenkamp, Karen Vereinsrechtsreform stutzt Nebenzweckprivileg der Vereine, in: DB 2004, S. 2737–2739.

Mueller-Thuns, Thomas/ Jehke, Christian Gefährdung der Steuerbefreiung von Berufsverbänden gemäß § 5 Abs. 1 Nr. 5 KStG durch Beteiligung an Kapitalgesellschaften, in: DStR 2010, S. 905–910.

Neu, Norbert/Engelsing Lutz Die Besteuerung von Berufsverbänden, in: NWB 2002, F. 4, S. 4685–4692.

Neu, Norbert/Engelsing Lutz Steuerlicher Handlungsbedarf bei Berufsverbänden bis zum Jahreswechsel, in: NWB 2002, F. 4, S. 4693–4694.

Pahlke, Armin/Franz, Willy Grunderwerbsteuergesetz – Kommentar, 3. Aufl., München 2005.

Palandt, Otto Bürgerliches Gesetzbuch, 72. Aufl., München 2013.

Papperitz, Günter/Keller, Manfred ABC Betriebsprüfung, 4. Aufl., Bonn, 82. Ergänzungslieferung/Januar 2013, Loseblatt.

Rau u. a. Kommentar zum Umsatzsteuergesetz, 8. Aufl. Köln, 153. Ergänzungslieferung/März 2013, Loseblatt.

Reichert, Bernhard Handbuch Vereins- und Verbandsrecht, 12. Aufl., Köln 2009.

Reuter, Dieter Die Reform des Vereinsrechts, in: NZG 2005, S. 738–746.

Roser, Frank Zweifelsfragen bei Wertpapiergeschäften, in: EStB 2004, S. 506–508.

Säcker, Franz Jürgen/ Rixecker, Roland (Hrsg.)	Münchener Kommentar zum Bürgerlichen Gesetzbuch, Band 1: Allgemeiner Teil, §§ 1–240, 6. Aufl., München 2012.
Sauter, Eugen/Schweyer, Gerhard/ Waldner, Wolfram	Der eingetragene Verein, 19. Aufl., München 2010.
Schauhoff, Stephan	Handbuch der Gemeinnützigkeit, 3. Aufl., Bonn 2010.
Schießl, Harald/ Küpperfahrenberg, Jan	Steuerliche Haftung der Vorstände von Vereinen und Verbänden – Risiko, Vermeidungsstrategie, Versicherbarkeit, in: DStR 2006, S. 445–450.
Schleder, Herbert	Steuerrecht der Vereine, 9. Aufl., Herne/Berlin 2009.
Schmidt, Ludwig	EStG – Einkommensteuergesetz Kommentar, 32. Aufl., München 2013.
Schmidt, Karsten	Die Abgrenzung der beiden Vereinsklassen, Bestandsaufnahme, Kritik, Neuorientierung, in: RPfleger 1972, S. 286–294 und 343–353.
Schmidt, Karsten	Sieben Leitsätze zum Verhältnis zwischen Vereinsrecht und Handelsrecht, in: ZGR 1975, S. 477–486.
Segna, Ulrich	Die wirtschaftliche Betätigung von Idealvereinen im Lichte des Entwurfs zur Änderung des Vereinsrechts, in: RPfleger 2006, S. 449–455.
Soergel, Hans Theodor	Bürgerliches Gesetzbuch: Kommentar, Allgemeiner Teil, §§ 1–103, 13. Aufl., Stuttgart 2000.
Söffing, Andreas/Thoma, Karin	Ausgewählte Beratungsaspekte im Gemeinnützigkeits- und Stiftungsrecht, in: BB 2003, S. 1091–1093.
Sorgenfrei, Ulrich	Private Vermögensverwaltung contra gewerblicher Wertpapierhandel, in: FR 1999, S. 61–76.
Staudinger, Julius von	Kommentar zum Bürgerlichen Gesetzbuch, Allgemeiner Teil 2, §§ 21–79, Berlin 2006.

Stöber, Kurt	Handbuch zum Vereinsrecht, 9. Aufl., Köln 2004.
Streck, Michael	Körperschaftsteuer-Kommentar, 7. Aufl., München 2008.
Thiel, Jochen	Sponsoring im Steuerrecht, in: DB 1998, 842–848.
Tipke, Klaus/ Kruse, Heinrich Wilhelm	Abgabenordnung – Finanzgerichtsordnung, Kommentar, Köln, 132. Ergänzungslieferung/Juli 2013, Loseblatt.
Wallenhorst, Rolf/ Halaczinsky, Raymond	Die Besteuerung gemeinnütziger Vereine, Stiftungen und der juristischen Personen des öffentlichen Rechts, 6. Aufl., München 2009.

A Einführung

1 Begriff des Berufsverbands

Eine einheitliche Definition des „Berufsverbands“ gibt es nicht. Gesellschaftspolitisch stellt ein Verband eine auf Dauer angelegte Vereinigung von natürlichen oder juristischen Personen mit dem Ziel dar, gemeinsame Interessen in organisierter Weise zu verfolgen bzw. zu vertreten. (Berufs-)Verbände[1] zählen – wie auch gemeinnützige Organisationen – regelmäßig zu den Non-Profit-Organisationen. Im allgemeinen Sprachgebrauch finden sich Begriffe wie:

- Wirtschaftsverband[2]
- Fachverband
- Berufsverband
- Interessenvereinigung
- Gewerkschaft
- Arbeitnehmerverband
- Arbeitgeberverband
- Unternehmerverband
- Dachverband
- Spitzenverband

Die steuerliche Definition von Berufsverbänden ist vom Bundesfinanzhof in ständiger Rechtsprechung festgelegt worden[3]:

> *„Berufsverbände sind Vereinigungen von natürlichen Personen oder Unternehmen, die allgemeine, aus der beruflichen oder unternehmerischen Tätigkeit erwachsende ideelle und wirtschaftliche Interessen des Berufsstands oder Wirtschaftszweigs wahrnehmen.“*

---

[1] Zur Geschichte der Verbandsbesteuerung, siehe Eggers, Die Besteuerung der Berufs- und Wirtschaftsverbände, S. 9 ff.

[2] Zu den Berufsverbänden zählen auch Wirtschaftsverbände; BFH v. 22.7.1952 – I 44/52 U, BStBl. 1952 III, 221.

[3] Siehe bereits BFH v. 22.7.1952 – I 44/52 U, BStBl. 1952 III, 221.

Diese Definition ist von der Rechtsprechung zuletzt 2012 bestätigt worden[4]. Gleichgültig ist, ob die Interessenwahrnehmung nur den Mitgliedern oder dem Berufsstand/Wirtschaftszweig insgesamt zugutekommt[5]. Des Weiteren ist es nicht notwendig, dass die Mitglieder aus derselben Branche stammen. Es reicht vielmehr aus, wenn allgemeine Interessen wirtschaftlicher Art wahrgenommen werden[6]. Die Finanzverwaltung hat sich obige Definition in R 16 Abs. 1 KStR 2004 zu Eigen gemacht. Auch der EuGH verwendet eine ähnliche Definition für Zwecke der Umsatzsteuer[7]:

> *„Eine Einrichtung, die Ziele „de nature syndicale" verfolgt, bezeichnet eine Organisation, deren Hauptziel die Verteidigung der gemeinsamen Interessen ihrer Mitglieder – unabhängig davon, ob es sich dabei um Arbeitnehmer, Arbeitgeber, Angehöriger freier Berufe oder Personen handelt, die eine bestimmte wirtschaftliche Tätigkeit ausüben – und deren Vertretung gegenüber betroffenen Dritten einschließlich staatlicher Stellen ist."*

Auch Zusammenschlüsse von Berufsverbänden, d. h. bspw. Bundes-, Landes-, Dach-, Spitzenverbände, internationale Verbände, sind ebenfalls Berufsverbände im Sinne des § 5 Abs. 1 Nr. 5 KStG[8].

Berufsverbände müssen die allgemeinen wirtschaftlichen Belange aller Angehörigen eines Berufsstands oder Wirtschaftszweigs wahrnehmen, nicht nur die besonderen wirtschaftlichen Interessen einzelner Angehöriger einer bestimmten Berufsgruppe oder eines Wirtschaftszweigs. Kein Berufsverband ist somit im Umkehrschluss eine Interessenvertretung, die nur die besonderen geschäftlichen Belange ihrer Mitglieder wahrnimmt – auch wenn sämtliche Mitglieder an einer derartigen Tätigkeit des Verbands interessiert sind[9]. Wahrgenommen werden müssen aber nicht sämtliche allgemeinen Belange eines Berufsstands oder Wirtschaftszweigs; es reicht aus, wenn zumindest ein einziges wirtschaftliches Interesse wahrgenommen wird („Ein-Thema-Verband")[10].

Ein eigenständiges Rechtskleid existiert für Berufsverbände nicht; sie bedienen sich jedoch regelmäßig der Rechtsform des rechtsfähigen oder nichtrechtsfähigen Ver-

---

[4] BFH v. 13.3.2012 – I R 46/11, BFH/NV 2012, 1181.

[5] BFH v. 7.6.1988 – VIII R 76/85, BStBl. 1989 II, 97.

[6] BFH v. 13.3.2012 – I R 46/11, BFH/NV 2012, 1181, vgl. Burret, NWB 2012, 2610 ff.

[7] EuGH v. 12.11.1998 – C 149/97 „Institute of the Motor Industry", HFR 1999, 132.

[8] R 16 Abs. 1 Satz 4 KStR 2004.

[9] So bspw. bei einer Abrechnungsstelle von Apothekeninhabern (BFH v. 26.4.1954 – I 110/53 U, BStBl. 1954 III, 204), einer Güteschutzgemeinschaft (BFH v. 11.8.1972 – III R 114/71, BStBl. 1973 II, 39) oder einem Werbeverband (BFH v. 15.7.1966 – III 179/64, BStBl. 1966 III, 638).

[10] BFH v. 4.6.2003 – I R 45/02, DStRE 2003, 1391.

eins. Denkbar, aber in der Praxis derzeit wohl nicht zu finden, sind auch eine Berufsverbands-GmbH oder andere Rechtsformen.

2 Abgrenzung zu Berufsvertretungen

Berufsverbände ohne öffentlich-rechtlichen Charakter sind von den Berufsvertretungen abzugrenzen, die als (Zwangs-)Körperschaften des öffentlichen Rechts neben den Mitgliederinteressen staatliche Aufgaben mit hoheitlicher Gewalt wahrnehmen. Hierzu zählen bspw. Kammern bzw. Innungen.

In Kammern sind natürliche oder juristische Personen (Pflicht-)Mitglieder kraft Zugehörigkeit zu einer bestimmten Berufsgruppe. Etwas anderes gilt für Innungen, die zwar auch Körperschaften des öffentlichen Rechts sind, deren Mitglieder jedoch freiwillig ein- und auch wieder austreten können.

Im Rahmen der Selbstverwaltung führen die Berufsvertretungen die ihnen staatlich übertragenen Aufgaben eigenständig aus. Hierzu gehören insbesondere die Regelung und Organisation der Berufsausübung. Die Berufsvertretungen bedienen sich dazu wie alle anderen öffentlich-rechtlichen Körperschaften grundsätzlich auch öffentlich-rechtlicher Organisations- und Handlungsformen. Sie können daher im Rahmen der ihnen staatlich übertragenen Aufgaben Verwaltungsakte erlassen (z. B. Gebührenbescheid).

Soweit diese Berufsvertretungen als Verbände mit öffentlich-rechtlichem Charakter hoheitliche Tätigkeiten ausüben, unterliegen sie keiner Ertragsbesteuerung. Eine partielle Steuerpflicht begründen sie allenfalls in wirtschaftlichen Betätigungen, die steuerlich als Betrieb gewerblicher Art zu qualifizieren sind[11].

Im Gegensatz dazu sind Berufsverbände freiwillige Zusammenschlüsse auf privatrechtlicher Basis, die ihre Tätigkeiten in staatsfreier Selbstverwaltung ausüben.

3 Aufgaben

Ein Berufsverband vertritt die allgemeinen, den Mitgliedern aus ihrer beruflichen oder unternehmerischen Tätigkeit erwachsenden ideellen und wirtschaftlichen Interessen unter anderem gegenüber den gesetzgeberischen Körperschaften oder den Verwaltungsbehörden. Ebenso soll der Verband die Wünsche seiner Mitglieder als eine gemeinsame Zielsetzung geltend machen und nach Möglichkeit durchsetzen.

Die erzielten Ergebnisse müssen dem Berufsstand oder dem Wirtschaftszweig unabhängig von einer bestehenden Mitgliedschaft zugutekommen. Das Wirken soll im Interesse der Allgemeinheit stehen; insoweit ist ein „Trittbrettfahrer-Verhalten" nicht auszuschließen. Es dürfen nicht ausschließlich die besonderen geschäftlichen Interessen der Mitglieder wahrgenommen werden. Daher muss sich der Berufsver-

[11] § 1 Abs. 1 Nr. 6 i. V. mit § 4 KStG.

band auf die allgemeine Förderung seiner Mitglieder beschränken, z. B. durch die Schaffung besserer wirtschaftlicher und sozialer Rahmenbedingungen für die wirtschaftliche Betätigung seiner Mitglieder.

Beispiel:

Aufgrund der politischen Einflussnahme eines Berufsverbands verabschiedet der Gesetzgeber einheitliche Richtlinien für die Ausbildung in einem bestimmten Berufszweig.

Der Verband nimmt insoweit auch die wirtschaftlichen Interessen seiner Mitglieder wahr; Nutznießer der einheitlichen Ausbildungsrichtlinien und des damit verbundenen Qualitätsstandards sind jedoch sämtliche Unternehmen dieses Berufszweigs, unabhängig von ihrer Mitgliedschaft im Verband.

Es hat keine Auswirkung auf die steuerliche Anerkennung als Berufsverband, wenn sich Mitglieder verschiedener, indes verwandter Berufe, oder sogar selbst verschiedener, nicht verwandter Zweige der gewerblichen Wirtschaft (wie z. B. Mitglieder einer Fachgruppe) in einem Verband zusammenschließen[12].

Folgende Aufgaben können von einem Berufsverband ganz oder teilweise wahrgenommen werden:

- Interessenwahrnehmung bei Gesetzgebung und Verwaltungsbehörden
- Förderung des Berufsstands bzw. des Wirtschaftszweigs
- Wahrung der wirtschaftlichen Interessen
- Beratung und Unterstützung von Angehörigen des Berufsstands oder Wirtschaftszweigs
- Information der Mitglieder über Fragen des Berufsrechts
- Förderung der Aus-, Fort- und Weiterbildung
- Veranstaltung von fachbezogenen Tagungen
- Entwicklung, Fortschreibung und Verbreitung von Qualitätsstandards
- Austausch von Erfahrungen
- Entlastung der Mitglieder von administrativen Aufgaben
- Information über Beruf und Berufsverband
- (Herausgabe von Zeitschriften)
- Presse- und Öffentlichkeitsarbeit

Zur besseren Wahrnehmung dieser Aufgaben sind regelmäßig Zusammenschlüsse von regionalen Berufsverbänden auf Landes- und/oder Bundesebene zu beobachten. Die so gebildeten Spitzen- oder Dachverbände können gezielt und mit einer Stimme für die gemeinsamen Interessen des Berufsstands bzw. des Wirtschaftszweigs auftreten.

[12] BFH v. 12.7.1955 – I 104/53 U, BStBl. 1955 II, 271; v. 22.7.1952 – I 44/52 U, BStBl. 1952 III, 221.

4 Steuerliche Behandlung

Ist ein Berufsverband – wie dies regelmäßig der Fall ist – in der Rechtsform des (nicht-)rechtsfähigen Vereins organisiert, richtet sich seine Besteuerung nach den Grundsätzen für die Vereinsbesteuerung: Der Berufsverband ist dem Grunde nach körperschaftsteuerpflichtig nach § 1 Abs. 1 Nr. 4 bzw. Nr. 5 KStG.
Die Inanspruchnahme steuerlicher Begünstigungen richtet sich danach, ob ein Verband von den Finanzbehörden als „Berufsverband im steuerlichen Sinne“ (§ 5 Abs. 1 Nr. 5 KStG) anerkannt wird.

- So sind diese Berufsverbände nach § 5 Abs. 1 Nr. 5 KStG von der Körperschaftsteuer grundsätzlich befreit. Voraussetzung hierfür ist, dass ihr Zweck nicht auf einen wirtschaftlichen Geschäftsbetrieb gerichtet ist.
- Berufsverbände sind ebenso grundsätzlich nicht gewerbesteuerpflichtig. Die Gewerbesteuer knüpft an einen stehenden Gewerbebetrieb an, der bei Berufsverbänden nicht gegeben ist. Nach § 2 Abs. 3 GewStG gilt als Gewerbebetrieb jedoch die Tätigkeit eines Berufsverbands, soweit er einen wirtschaftlichen Geschäftsbetrieb unterhält.
- Im Rahmen der Umsatzsteuer gelten für Berufsverbände die allgemeinen Vorschriften. Der Gesetzgeber hat lediglich in § 4 Nr. 22 a) UStG etwaige Vortrags-/Seminareinnahmen der Berufsverbände von der Umsatzsteuer befreit[13].
- Bei den übrigen Steuerarten gelten für Berufsverbände die allgemeinen gesetzlichen Regelungen.
- Verwendet ein Berufsverband Mittel von mehr als 10 % seiner Einnahmen für die unmittelbare oder mittelbare Unterstützung oder Förderung politischer Parteien[14], ist die Steuerbefreiung vollständig nach § 5 Abs. 1 Nr. 5 Satz 2 Buchst. b) KStG ausgeschlossen.

Mitgliedsbeiträge sind unabhängig von dieser steuerlichen Einstufung sowohl von der Ertrags- als auch von der Umsatzbesteuerung ausgenommen. Nach § 8 Abs. 5 KStG bleiben bei Personenvereinigungen für die Ermittlung des Einkommens Beiträge außer Ansatz, die aufgrund der Satzung von den Mitgliedern lediglich in ihrer Eigenschaft als Mitglieder erhoben werden. Aus umsatzsteuerlicher Sicht ist ein Leistungsaustausch nicht gegeben.

---

[13] Im Zuge des Jahressteuergesetzes 2013 sollten die Umsatzsteuerbefreiungen des § 4 Nr. 21 und Nr. 22 a) UStG neu gefasst und auf sämtliche Unternehmen ausgeweitet werden. Eine Umsetzung erfolgte bisher nicht.

[14] Politische Parteien i. S. von § 2 des Parteiengesetzes.

Die persönliche Freistellung der Berufsverbände von der (Körperschaft-)Steuerpflicht beruht „auf der gesetzespolitischen Anerkennung ihres Wirkens als eines Wirkens im Interesse der Allgemeinheit“[15].
Lässt ein nichtrechtsfähiger Berufsverband sein Vermögen von einer Körperschaft bzw. Personenvereinigung verwalten, kann diese nach § 5 Abs. 1 Nr. 6 KStG von der Körperschaftsteuer befreit sein. Hierzu müssen die Verwaltung des Vermögens des nichtrechtsfähigen Berufsverbands der Hauptzweck sein, ihre Erträge im Wesentlichen aus dieser Vermögensverwaltung herrühren und ausschließlich dem Berufsverband zufließen. Derartige Körperschaften bzw. Personenvereinigungen sind zudem nach § 3 Nr. 10 GewStG von der Gewerbesteuer befreit. Praktische Bedeutung entfalten diese Vorschriften in Bezug auf die Vermögensverwaltungseinrichtungen einiger Gewerkschaften[16].

[15] BFH v. 29.11.1967 – I 67/65, BStBl. 1968 II, 236.
[16] Vgl. Eggers, DStR 2007, S. 461 (462).

B Gründung

1 Rechtsform

Eine bestimmte Rechtsform ist für Berufsverbände nicht vorgeschrieben. Somit sind als Rechtsform für den Berufsverband grundsätzlich alle zivilrechtlichen Zusammenschlussformen denkbar. Allerdings sind Berufsverbände nicht ohne Grund typischerweise als Verein organisiert, denn der eingetragene Verein bietet die idealen Rahmenbedingungen für einen Berufsverband.

Offene Handelsgesellschaft, Kommanditgesellschaft und Genossenschaft kommen nur in Betracht, wenn ein Handelsgewerbe betrieben bzw. ein Geschäftsbetrieb unterhalten werden soll. Dies ist bei einem Berufsverband regelmäßig nicht der Fall.

Im Gegensatz zu anderen Rechtsformen bereitet insbesondere der Ein- und Austritt von Mitgliedern bei einem Verein die geringsten Probleme. Bei einer Aktiengesellschaft oder GmbH muss zur Aufnahme neuer Gesellschafter eine aufwendige Kapitalerhöhung oder Anteilsabtretung durchgeführt werden. Auch ist der Austritt aus einer Kapitalgesellschaft nicht ohne Weiteres möglich, da sie nur eingeschränkt eigene Anteile halten oder einziehen kann. Nicht weniger problematisch stellt sich die Lage bei den Personengesellschaften dar.

In einen Verein hingegen können unbeschränkt viele Mitglieder ein- und wieder austreten, ohne dass dies auf den Bestand des Vereins Einfluss hätte. Zudem gibt es keine gesetzlichen Formvorschriften für den Ein- und Austritt. Mangels einer kapitalmäßigen Beteiligung muss weder beim Eintritt in den Verein eine Einlage geleistet werden, noch muss der Verein dem Ausscheidenden eine Abfindung zahlen.

Weitere Vorteile des Vereins sind die große Flexibilität und Gestaltungsfreiheit. Da nur wenige gesetzliche Vorgaben bestehen und diese überwiegend auch noch durch die Satzung abbedungen werden können, kann sich der Berufsverband mit der Vereinssatzung eine seinen spezifischen Anforderungen entsprechende Grundordnung geben.

Der eingetragene Verein ist somit für die Zwecke eines Berufsverbands prädestiniert. Da in der Praxis fast ausschließlich diese Rechtsform verwandt wird, konzentriert sich die weitere Darstellung auf die Rechtsform des eingetragenen Vereins.

2 Zivilrechtliche Grundlagen

Die §§ 21 ff. BGB enthalten die gesetzlichen Regelungen zum Vereinsrecht. Eine Definition des Vereins enthält das Gesetz jedoch nicht. In Anlehnung an die Rechtsprechung des Reichsgerichts[17] versteht man unter einem Verein eine auf Dauer angelegte Verbindung einer größeren Anzahl von Personen zur Erreichung eines gemeinsamen Zwecks, die nach ihrer Satzung körperschaftlich strukturiert ist. Kennzeichnend für die körperschaftliche Struktur des Vereins ist, dass er einen Namen führt, durch Organe vertreten wird und sein Bestand vom Wechsel der Mitglieder unberührt bleibt. Anders als bei Personengesellschaften werden Beschlüsse im Vereinsrecht grundsätzlich mit Mehrheit gefasst und Fremdorganschaft ist zulässig.

2.1 Abgrenzung rechtsfähiger/nichtrechtsfähiger Verein

Das Gesetz unterscheidet zwischen dem rechtsfähigen und dem nichtrechtsfähigen Verein. Nur der rechtsfähige Verein ist eine juristische Person. Er kommt als eingetragener Verein (§ 21 BGB) und als wirtschaftlicher Verein (§ 22 BGB) vor[18].

Der nichtrechtsfähige Verein ist ebenso wie der rechtsfähige Verein eine auf Dauer angelegte körperschaftlich strukturierte Verbindung mehrerer Personen zur Verfolgung eines gemeinsamen Zwecks[19]. Der wesentliche Unterschied besteht darin, dass der nichtrechtsfähige Verein mangels Registereintragung keine juristische Person ist; er wird daher vielfach auch als nicht eingetragener Verein bezeichnet.

Der nichtrechtsfähige Verein ist in § 54 BGB geregelt. Nach dem Wortlaut des § 54 Satz 1 BGB sollen auf ihn die Vorschriften über die Gesellschaft bürgerlichen Rechts (§§ 705 ff. BGB) Anwendung finden. Es besteht jedoch seit Langem Einigkeit darüber, dass diese Regelung unzweckmäßig ist. Entgegen dem Gesetzeswortlaut wendet die herrschende Meinung daher die §§ 21 ff. BGB auch auf den nichtrechtsfähigen Verein an – mit Ausnahme der Vorschriften, die die Registereintragung voraussetzen[20].

Dem nichtrechtsfähigen Verein wird – ähnlich wie der Gesellschaft bürgerlichen Rechts – von Rechtsprechung und Schrifttum inzwischen die (Teil)Rechtsfähigkeit zugestanden[21]. Gemäß § 50 Abs. 2 ZPO ist seine aktive und passive Parteifähigkeit vor Gericht inzwischen sogar gesetzlich anerkannt.

---

[17] RGZ 60 S. 94 und RGZ 165 S. 140.

[18] Zur Abgrenzung zwischen eingetragenem und wirtschaftlichem Verein sogleich unter Gliederungspunkt B.2.2, S. 35.

[19] MünchKomm/Reuter, § 54 Rn. 1.

[20] BGHZ 50 S. 325 (329); BGH NJW 1979, 2304; MünchKomm/Reuter, § 54 Rn. 2; Palandt/Heinrichs/Ellenberger, § 54 Rn. 1; Stöber/Otto, Rn. 1499 jeweils m. w. N.

[21] BGH NJW 2008, 69; Stöber/Otto, Rn. 1493 ff.

Die Mitglieder des nichtrechtsfähigen Vereins haften – anders als bei der Gesellschaft bürgerlichen Rechts – nicht akzessorisch für die Vereinsschulden[22]. Die Vertretungsmacht des Vereinsvorstands ist vielmehr auf die Verpflichtung des Vereinsvermögens beschränkt[23]. Kritisch ist beim nichtrechtsfähigen Verein allerdings die in § 54 Satz 2 BGB normierte Handelndenhaftung. Danach haftet derjenige, der Rechtsgeschäfte im Namen des nichtrechtsfähigen Vereins gegenüber Dritten vornimmt, aus diesen Rechtsgeschäften auch persönlich mit seinem gesamten privaten Vermögen. Der Handelnde haftet unabhängig davon, ob er Vorstands- oder Vereinsmitglied ist und auch unabhängig davon, ob er zur Vertretung des Vereins berechtigt ist. Berufsverbände sind typischer Weise als rechtsfähige Vereine organisiert. So können sie als juristische Person am Rechtsverkehr teilnehmen und die Handelndenhaftung wird vermieden.

2.2 Abgrenzung Idealverein/wirtschaftlicher Verein

Gemäß § 21 BGB erlangt nur ein solcher Verein die Rechtsfähigkeit durch Eintragung in das Vereinsregister, „dessen Zweck nicht auf einen wirtschaftlichen Geschäftsbetrieb gerichtet ist“. Unter einem wirtschaftlichen Geschäftsbetrieb versteht man das planmäßige und auf Dauer angelegte Auftreten des Vereins am Markt in unternehmerischer Funktion, wobei sich der Verein als Anbieter von Waren oder Dienstleistungen in wirtschaftliche Umsatzprozesse einschaltet und eine entgeltliche Tätigkeit erbringt[24]. Ausgeschlossen ist damit in jedem Fall ein Vereinszweck, der auf Gewinnerzielung ausgerichtet ist, es genügt aber auch schon, wenn planmäßig Umsatzerlöse mit außenstehenden Dritten am Markt erzielt werden sollen[25]. Ist der (Haupt-)Zweck[26] des Vereins auf einen wirtschaftlichen Geschäftsbetrieb gerichtet, dann liegt ein wirtschaftlicher Verein vor. Dieser erlangt gemäß § 22 BGB seine Rechtsfähigkeit durch Hoheitsakt. Hintergrund der Differenzierung ist, dass die §§ 21 ff. BGB auf den sog. Idealverein zugeschnitten sind, also auf einen Verein, der keine wirtschaftliche Betätigung zum Gegenstand hat. Für diese Rechtsform verzichtet das BGB auf gesetzliche Schutzvorschriften zur Sicherung des Rechtsverkehrs und der Gläubiger.

Die staatliche Anerkennung des wirtschaftlichen Vereins soll sicherstellen, dass Vereine, die einen wirtschaftlichen Geschäftsbetrieb zum Gegenstand haben, die Rechts-

[22] BGH NJW-RR 2003, 1265; Reuter NZG 2004 S. 217.

[23] BGH NJW-RR 2003, 1265; BGH NJW 1979, 2304; Palandt/Heinrichs/Ellenberger, § 54 Rn. 12.

[24] KG NZG 2005, 361; LG Frankfurt NJW 1996, 2039; grundlegend K. Schmidt RPfleger 1972, 286 sowie derselbe ZGR 1975 S. 606. Ausführlich MünchKomm/Reuter, §§ 21, 22 Rn. 4 ff. und Soergel/Hadding, §§ 21, 22 Rn. 24 ff. Zum steuerlichen Begriff des wirtschaftlichen Geschäftsbetriebs (§ 14 AO) siehe Gliederungspunkt D.3.3, S. 118.

[25] KG DStR 2012, 1195.

[26] Zum sog. Nebenzweckprivileg siehe sogleich unten unter Gliederungspunkt B.2.2, S. 36.

fähigkeit nur nach besonderer staatlicher Prüfung erlangen. Die staatliche Erlaubnis wird allerdings nur dann erteilt, wenn eine Ausübung der beabsichtigten Tätigkeit in einer sonstigen Rechtsform (insbesondere GmbH, Aktiengesellschaft oder Genossenschaft) unzumutbar ist[27]. Dieses Erfordernis führt dazu, dass wirtschaftliche Vereine in der Praxis kaum vorkommen[28].

Nach dem gesetzlichen Leitbild müsste jede unternehmerische Betätigung den betreffenden Verein zu einem wirtschaftlichen Verein i. S. von § 22 BGB machen. Diese strikte Konsequenz wird jedoch nicht gezogen[29]. Vielmehr ist als sog. Nebenzweckprivileg anerkannt, dass eine unternehmerische Betätigung den Status des Idealvereins nicht beeinträchtigt, wenn sie im Vergleich zur ideellen Hauptbetätigung des Vereins nur eine eindeutig untergeordnete Rolle spielt[30]. Entscheidend ist also der Hauptzweck des Vereins. Die Hauptbetätigung des Vereins muss eine ideelle Tätigkeit sein. Zudem muss sich die unternehmerische Tätigkeit im Rahmen des Vereinszwecks halten und sich bei natürlicher Betrachtungsweise als ein die ideelle Betätigung ergänzendes und objektiv sinnvolles Mittel zur Förderung des Vereinszwecks darstellen. Die Förderung darf aber nicht ausschließlich in einer von der sonstigen Vereinstätigkeit isolierten Mittelbeschaffung bestehen; es ist vielmehr eine Unterordnung der wirtschaftlichen Tätigkeit unter den ideellen Vereinszweck erforderlich[31].

Am Anfang der Überlegungen zur Vereinsgründung sollte somit stets die Frage stehen, ob der von den Gründern beabsichtigte Vereinszweck auf einen wirtschaftlichen Geschäftsbetrieb gerichtet ist und in welchem Verhältnis ein etwaiger wirtschaftlicher Geschäftsbetrieb zur nichtwirtschaftlichen Tätigkeit des Vereins steht[32]. Aufgrund der berufsständischen Zweckrichtung verfolgt ein Berufsverband in erster Linie nichtwirtschaftliche Zwecke. Der Berufsverband wird somit zweckmäßigerweise als Idealverein gegründet. Wirtschaftliche Tätigkeiten lassen sich dann entweder im Rahmen des Nebenzweckprivilegs beim Berufsverband selbst oder – bei einem zu großen Umfang – in einer Tochtergesellschaft (häufig „Service GmbH" genannt) durchführen[33].

---

[27] BVerwG NJW 1979, 2265; BGHZ 85 S. 85.

[28] Palandt/Heinrichs/Ellenberger, § 22 Rn. 1.

[29] Vgl. bereits RGZ 83 S. 231 und RGZ 154 S. 343 sowie das sog. ADAC-Urteil BGHZ 85 S. 84.

[30] BGHZ 85 S. 84; KG NZG 2005, 361; OLG Schleswig NJW-RR 2001, 1478.

[31] KG DStR 2012, 1195; OLG Düsseldorf NJW-RR 1998, 683.

[32] BayObLG NZG 1998, 606; KG NZG 2005, 361; Soergel/Hadding, §§ 21, 22 Rn. 24; MünchKomm/Reuter, §§ 21, 22 Rn. 8; Palandt/Heinrichs/Ellenberger, § 21 Rn. 2.

[33] Die Beteiligung eines Verbands an einem als Kapitalgesellschaft betriebenen Unternehmen stellt grundsätzlich keinen wirtschaftlichen Geschäftsbetrieb dar; siehe Gliederungspunkt G.2.4.2, S. 219.

2.3 Gründungsakt

2.3.1 Feststellung der Satzung

Die Gründung eines Vereins erfolgt dadurch, dass die Gründer die Vereinssatzung verbindlich festlegen und dem Verein als Mitglied beitreten[34]. Soll ein Idealverein i. S. von § 21 BGB gegründet werden, müssen sie sich zudem darüber einig sein, dass der Verein in das Vereinsregister eingetragen werden soll (vgl. § 57 BGB). In der Regel erfolgt die Feststellung der Satzung in einer Gründungsversammlung. Rechtlich erforderlich ist dies aber nicht, sodass bspw. auch ein schriftliches Umlaufverfahren möglich ist.

Zur Gründung eines Vereins sind mindestens zwei Personen erforderlich, die mit der Feststellung der Vereinssatzung und ihrem eigenen Eintritt in den Verein das Gründungsgeschäft vollziehen[35]. Gemäß §§ 56, 60 BGB kann der Verein jedoch erst dann in das Vereinsregister eingetragen werden, wenn er mindestens sieben Mitglieder hat. Eintragungsfähig wird der Verein also erst, wenn weitere Mitglieder eingetreten sind. In der Regel wird das Gründungsgeschäft aber von mindestens sieben Mitgliedern vollzogen, zumal als weitere Eintragungsvoraussetzung die dem Vereinsregister einzureichende Satzung gemäß § 59 Abs. 3 BGB von mindestens sieben Mitgliedern unterzeichnet werden muss.

Neben natürlichen Personen können auch juristische Personen, Personenhandelsgesellschaften und Partnerschaftsgesellschaften Gründer bzw. Mitglieder eines Vereins sein, ebenso eine BGB-Gesellschaft und ein nichtrechtsfähiger Verein. Es gilt § 181 BGB, d. h., wer bei der Gründung für mehrere Gründer als Vertreter handelt, muss vom Verbot der Mehrfachvertretung befreit sein[36].

2.3.2 Bestellung des ersten Vorstands

Neben der Feststellung der Satzung müssen die Gründer im Gründungsgeschäft noch den ersten Vereinsvorstand bestellen. Dabei ist nach den Bestimmungen der zuvor festgestellten Vereinssatzung vorzugehen.

2.3.3 Gründungsprotokoll

Über die Feststellung der Satzung und die Bestellung des ersten Vorstands ist eine Niederschrift anzufertigen, das sog. Gründungsprotokoll. Diese Niederschrift ist von den nach der Satzung für die Beurkundung von Vereinsbeschlüssen zuständigen Personen zu unterzeichnen.

---

[34] Palandt/Heinrichs/Ellenberger, § 21 Rn. 11.
[35] Palandt/Heinrichs/Ellenberger, § 21 Rn. 11.
[36] Burhoff, Rn. 19a; Stöber/Otto, Rn. 25.

Mit der Beschlussfassung über die Satzung und der Bestellung des Vorstands entsteht der sog. Vorverein. Er ist bis zu seiner Eintragung im Vereinsregister ein nichtrechtsfähiger Verein.

2.3.4 Anmeldung zum Vereinsregister

Der erste Vorstand hat den Verein zur Eintragung in das Vereinsregister anzumelden. Zuständig ist das Amtsgericht, in dessen Bezirk der Verein seinen Sitz hat.
Es war lange umstritten, ob diese Anmeldung von sämtlichen Mitgliedern des Vorstands vorgenommen werden muss oder ob es genügt, dass der Vorstand in vertretungsberechtigter Anzahl handelt[37]. Seit der Neufassung von § 77 BGB[38] ist gesetzlich klargestellt, dass eine Anmeldung durch Vorstandsmitglieder in vertretungsberechtigter Anzahl ausreicht.
Die Anmeldung zum Vereinsregister muss gemäß § 77 Satz 1 BGB in öffentlich beglaubigter Form erfolgen. Für die öffentliche Beglaubigung gilt § 129 BGB. Die Vorstandsmitglieder können sich bei der Anmeldung durch einen Bevollmächtigten vertreten lassen. Allerdings muss in diesem Fall eine beglaubigte Vollmacht vorgelegt werden[39].
Gemäß § 59 Abs. 2 BGB sind der Anmeldung eine Abschrift der Vereinssatzung und eine Abschrift der Urkunde über die Bestellung des Vorstands beizufügen. Die bis 2009 geltende Verpflichtung zur Einreichung von Originalen wurde abgeschafft[40]. Eine Beglaubigung der Abschriften ist nicht erforderlich. Die Satzung hat die Unterschrift von mindestens sieben Vereinsmitgliedern (nicht notwendig Gründungsmitgliedern) zu tragen. Sie soll ferner den Tag ihrer Errichtung (= Feststellung) nennen. Die Anmeldung ist wahlweise in herkömmlicher (Papier-)Form oder auf elektronischem Wege möglich.
Das Vereinsregister (dort gemäß § 3 Nr. 1a RPflG der Rechtspfleger) prüft zunächst seine örtliche Zuständigkeit und sodann, ob Anmeldung und Satzung in formeller und materieller Hinsicht den gesetzlichen Vorgaben entsprechen. Das Registergericht prüft insbesondere die Einhaltung der in den §§ 56 bis 59 BGB genannten Eintragungsvoraussetzungen. Da der Verein nur dann in das Vereinsregister eingetragen werden kann, wenn sein Zweck nicht auf einen wirtschaftlichen Geschäftsbetrieb gerichtet ist[41], muss auch dies durch das Vereinsregister überprüft werden. Eine

---

[37] Siehe dazu noch LG Bonn NJW-RR 1995, 1515; MünchKomm/Reuter, § 59 Rn. 3; Palandt/Heinrichs/Ellenberger, § 59 Rn.1; Reichert, Rn. 172 einerseits und OLG Hamm NJW-RR 2000, 698, 699; BayObLG NJW-RR 1991, 958; Sauter/Schweyer/Waldner, Rn. 15 andererseits.
[38] BT-Drs. 16/12813 S. 19 ff. sowie dazu MünchKomm/Reuter § 59 Rn. 3.
[39] MünchKomm/Reuter, § 77 Rn. 2.
[40] Siehe das Gesetz zur Erleichterung elektronischer Anmeldungen zum Vereinsregister und anderer vereinsrechtlicher Änderungen vom 24.9.2009, BGBl. 2009 I, 3145 ff.
[41] Siehe dazu oben Gliederungspunkt B.2.2, S. 35.

Zweckmäßigkeitsprüfung der statutarischen Bestimmungen findet hingegen nicht statt.
Sind die in §§ 56 bis 59 BGB normierten Anforderungen nicht beachtet, muss das Vereinsregister die Anmeldung zurückzuweisen (§ 60 BGB). In der Regel geht einer Ablehnung der Eintragung eine Zwischenverfügung des Rechtspflegers voraus, mit der den Beteiligten innerhalb einer bestimmten Frist Gelegenheit gegeben wird, das Eintragungshindernis zu beseitigen (§ 382 Abs. 4 FamFG). Wird die Vereinsregistereintragung endgültig abgelehnt, so hat dies durch einen mit Gründen versehenen Beschluss zu erfolgen, der sämtlichen Personen, die die Anmeldung vorgenommen haben, förmlich zuzustellen ist (§§ 38 Abs. 3, 41, 382 Abs. 3 FamFG). Gegen diesen Beschluss kann Beschwerde eingelegt werden (§§ 382 Abs. 3, 58 FamFG). Beschwerdebefugt ist nicht der einzelne Beteiligte, sondern der (Vor-)Verein, der durch seine Vorstandsmitglieder in vertretungsberechtigter Zahl vertreten wird[42].

2.3.5 Erlangung der Rechtsfähigkeit

Mit der Feststellung der Satzung und der Bestellung des ersten Vorstands ist der Verein errichtet. Die Rechtsfähigkeit, d. h. die Fähigkeit als juristische Person selbst Träger von Rechten und Pflichten zu sein, erlangt er jedoch erst mit der Eintragung in das Vereinsregister. Die konstitutive Wirkung der Eintragung gilt selbst dann, wenn der Gründung des Vereins oder dem Registerverfahren schwere Mängel anhaften. Zwischen Gründungsakt und Registereintragung besteht der Verein als sog. Vorverein, bei dem es sich um einen nichtrechtsfähigen Verein handelt[43]. Der mit der Eintragung in das Vereinsregister entstehende rechtsfähige Verein ist mit dem Vorverein identisch. Alle Rechte und Pflichten des Vorvereins gehen mit der Registereintragung automatisch auf den eingetragenen Verein über[44]. Ist das Vereinsvermögen bei Registereintragung durch vom Vorverein begründete Verbindlichkeiten negativ, so haften die Mitglieder dem Verein für diesen Fehlbetrag[45].
In das Vereinsregister werden der Name und der Sitz des Vereins, der Tag der Feststellung der Satzung sowie die Mitglieder des Vorstands eingetragen. Einzutragen ist zudem die Vertretungsmacht der Vorstandsmitglieder[46]. Da die Eintragung für den Verein als juristische Person rechtsbegründend ist, wird zudem das Datum der Eintragung auf dem Registerblatt vermerkt.
Der Name, der Sitz des Vereins und der Tag der Eintragung werden in dem von der Landesjustizverwaltung für die Bekanntmachungen des Amtsgerichts bestimmten

---

[42] OLG Hamm NJW-RR 2000, 42, 43; OLG Köln NZG 1998, 35, 36; Stöber/Otto, Rn. 1277.

[43] Palandt/Heinrichs/Ellenberger, § 21 Rn. 12. Zu beachten ist hier insbesondere die Handelndenhaftung gemäß § 54 Satz 2 BGB, siehe dazu oben Gliederungspunkt B.2.1, S. 35.

[44] BGHZ 17 S. 385 (387).

[45] Palandt/Heinrichs/Ellenberger, § 21 Rn. 12; MünchKomm/Reuter, §§ 21, 22 Rn. 84.

[46] Vgl. § 64 BGB.

elektronischen Informations- und Kommunikationssystem bekannt gemacht (§ 66 Abs. 1 BGB). Der Vorstand wird gemäß § 383 Abs. 1 FamFG, § 13 VRV von der Eintragung in Kenntnis gesetzt.

Das Vereinsregister und die vom Verein dort eingereichten Unterlagen kann jedermann bei Gericht kostenfrei einsehen (§ 79 BGB). Die eingetragenen Daten können über das Portal www.handelsregister.de online eingesehen werden.

Mit der Eintragung im Vereinsregister führt der Verein den Namenszusatz „eingetragener Verein“ oder „e. V.“ (§ 65 BGB). Der Verein ist zur Verwendung dieses Zusatzes verpflichtet. Tritt er im Rechtsverkehr ohne den Zusatz auf, so kann dies nach den Grundsätzen der Rechtsscheinhaftung zu einer persönlichen Haftung der Handelnden führen[47].

Die Gerichtskosten für die Eintragung berechnen sich nach dem Gerichts- und Notarkostengesetz (GNotKG). Sie sind vom Verein zu tragen. Für die erste Eintragung des Vereins fällt eine Festgebühr von 75 EUR an (§ 55 Abs. 2 GNotKG i. V. m. Nr. 13100 des Kostenverzeichnisses zum GNotKG).

2.4 Satzung

Wesentlicher Bestandteil des Gründungsgeschäfts ist die Feststellung der Vereinssatzung. Soll der Verein in das Vereinsregister eingetragen werden, so ist die schriftliche Abfassung der Satzung zwingend erforderlich (§ 59 Abs. 2 und 3 BGB).

Die grundgesetzlich durch Art. 9 Abs. 1 GG geschützte Vereinsautonomie gibt dem Verein das Recht, seine Angelegenheiten selbst zu ordnen und zu gestalten sowie sich eine seinen Zwecken entsprechende Organisation zu geben[48]. Bei der Ausgestaltung der Satzung genießen die Beteiligten daher sehr weitgehende Gestaltungsfreiheit, denn die meisten vereinsrechtlichen Regelungen des BGB sind dispositiv (§ 40 BGB). Bei der Ausgestaltung gilt es, die Satzung auf die konkreten Bedürfnisse des Berufsverbands, insbesondere seine Mitgliederstruktur, seinen Zweck und sein Betätigungsfeld, abzustimmen.

Zu beachten ist allerdings, dass die §§ 56 bis 58 BGB Vorgaben für den Inhalt der Satzung eines eingetragenen Vereins machen. Danach muss die Satzung zwingend den Vereinszweck, den Namen und den Sitz des Vereins sowie die Feststellung enthalten, dass der Verein in das Vereinsregister eingetragen werden soll (§ 57 Abs. 1 BGB). Darüber hinaus „soll“ die Satzung nach § 58 BGB Angaben über den Ein- und Austritt der Mitglieder, eine etwaige Beitragspflicht, die Bildung des Vorstands, die Einberufung der Mitgliederversammlung sowie über die Form der Einberufung und die Beurkundung von Mitgliederbeschlüssen enthalten.

Die Satzung hat zudem die Angabe des Tages ihrer Errichtung zu enthalten und ist von sieben Mitgliedern zu unterzeichnen (§ 59 Abs. 3 BGB).

---

[47] Reichert, Rn. 5268.

[48] OLG Hamm NJW-RR 2000, 42.

Die vom Gesetz getroffene Unterscheidung zwischen dem Mussinhalt (§ 57 BGB) und dem Sollinhalt (§ 58 BGB) der Satzung ist für die Gründung eines Idealvereins ohne Bedeutung, denn nach § 60 BGB ist eine Registeranmeldung, die nicht den Anforderungen der §§ 56 bis 59 BGB entspricht, vom Registergericht zurückzuweisen. Es müssen also sowohl die Muss- als auch die Soll-Vorschriften beachtet werden. Die Unterscheidung ist lediglich für bereits eingetragene Vereine relevant, denn nur die Nichtbeachtung einer Muss-Vorschrift führt zur Amtslöschung des Vereins gemäß § 395 FamFG, während ein Verstoß gegen eine Soll-Vorschrift nach erfolgter Registereintragung nicht mehr beanstandet werden kann.
Die Vereinssatzung muss in deutscher Sprache (Hochdeutsch) abgefasst sein[49]. Sie ist schriftlich niederzulegen, damit sie unterschrieben werden kann. Eine notarielle Beurkundung oder Beglaubigung ist nicht erforderlich.
Weist die Satzung Regelungslücken oder Unklarheiten auf, so ist sie auszulegen. Sie darf nur nach ihrem objektiven Erklärungswert aus sich heraus und nur einheitlich ausgelegt werden[50], sodass ihrem Wortlaut und Sinnzusammenhang besondere Bedeutung zukommen. Die Auslegung hat sich am Zweck des Vereins und an den Interessen der Mitglieder auszurichten. Auslegungsfähig ist nur das, was in der Satzung erkennbar geregelt ist[51]. Umstände aus der Entstehungsgeschichte, den Motiven der Gründer oder aus der späteren Entwicklung des Vereins dürfen grundsätzlich nicht herangezogen werden[52]. Sollen die Motive der Gründung oder sonstige Umstände bei der Auslegung Berücksichtigung finden, so sind sie in der Satzung in einer Präambel voranzustellen.
Sind einzelne Satzungsbestimmungen nichtig oder undurchführbar, so bleibt die Satzung auch ohne salvatorische Klausel im Übrigen wirksam[53]. Etwas anderes gilt nur, wenn der Vereinszweck sitten- oder gesetzeswidrig ist.
Vereinssatzungen unterliegen gemäß §§ 242, 315 BGB der gerichtlichen Inhaltskontrolle[54].

2.4.1 Name des Vereins

Nach § 57 Abs. 1 BGB muss die Satzung den Namen des Vereins enthalten. Der Name ist die Bezeichnung, unter der der Verein in der Öffentlichkeit auftritt. Die Gründer sind in der Wahl des Vereinsnamens grundsätzlich frei. Die Wahl und das Führen dieses Namens sind Bestandteil der grundgesetzlich geschützten Vereinsfrei-

[49] BGH NJW 2003, 671; MünchKomm/Reuter, § 57 Rn. 1; Stöber/Otto, Rn. 49.
[50] BGHZ 113 S. 237.
[51] Stöber/Otto, Rn. 52.
[52] BGHZ 96 S. 245; Reichert, Rn. 450.
[53] BGHZ 47 S. 172.
[54] BGHZ 105 S. 306; Palandt/Ellenberger, § 25 Rn. 9; Stöber/Otto, Rn. 56.

heit[55]. Oft ist der Name des Vereins an den Vereinszweck angelehnt. Berufsverbände führen üblicherweise im Namen den Bestandteil „Berufsverband“; zwingend ist dies aber nicht. Zulässig ist auch ein Fantasiename. Der Name muss nicht der deutschen Sprache entnommen sein. Der Zusatz „eingetragener Verein“ bzw. „e. V.“ muss jedoch deutsch sein[56]. Eine Namensänderung kann nur durch eine Satzungsänderung vorgenommen werden. (und wird demzufolge erst mit der Eintragung in das Vereinsregister wirksam).

Für den Vereinsnamen gilt der Grundsatz der Namenswahrheit. Dieser beinhaltet insbesondere das Irreführungsverbot, d. h. der Vereinsname darf nicht geeignet sein, über die Art, den Zweck, die Größe, die Bedeutung oder über die sonstigen Verhältnisse des Vereins Täuschungen im Rechtsverkehr hervorzurufen. Maßgeblich ist, welche Vorstellungen sich ein durchschnittlicher Angehöriger des betroffenen Verkehrskreises bei verständiger Würdigung machen würde[57]. Eine Täuschungsabsicht ist nicht erforderlich. Es gelten entsprechend die zu § 18 Abs. 2 HGB (Firmenwahrheit) entwickelten Grundsätze[58]. Dementsprechend darf der Verein auch nicht mehrere Namen führen[59].

Den Namenszusatz „Verband“ dürfen sowohl öffentlich-rechtliche als auch privatrechtlich organisierte Zusammenschlüsse führen. Bei privatrechtlichen Vereinigungen wird mit der Bezeichnung „Verband“ regelmäßig eine nicht unerhebliche Anzahl von Mitgliedern verbunden[60], oder, unabhängig von der Zahl der Mitglieder, eine sich auf Landes- oder Bundesebene erstreckende Vertretung und Förderung der Interessen ihrer Mitglieder[61]. Die Bezeichnung „Fachverband“ setzt einen Zusammenschluss von Fachbetrieben oder Fachleuten voraus[62]. Um Irreführungen zu vermeiden, sind ggf. regionale oder fachliche Namenszusätze erforderlich. Eine Dachorganisation kann sich „Gesamtverband“, „Zentralverband“ oder „Hauptverband“ nennen.

Der Name des eingetragenen Vereins muss sich von den Namen anderer am selben Ort oder in derselben Gemeinde bestehender eingetragener Vereine deutlich unterscheiden (§ 57 Abs. 2 BGB). Es gilt der Grundsatz der Priorität, d. h. der bereits im Vereinsregister eingetragene Verein ist vorrangig berechtigt, diesen Namen zu führen.

Der Name des eingetragenen Vereins genießt den Schutz des § 12 BGB.

---

[55] BVerfGE 30, 227.
[56] Sauter/Schweyer/Waldner, Rn. 26.
[57] OLG Frankfurt NJW-RR 2002, 176.
[58] OLG Hamm NJW-RR 1999, 1710; BayObLG NJW 1972, 957; OLG Köln NZG 1998, 35.
[59] RGZ 85, 379.
[60] Lt. Reichert, Rn. 536, sollten es mindestens 500 Mitglieder sein.
[61] BayObLG NJW 1972, 957; großzügiger dagegen OLG Frankfurt ZStV 2012, 25.
[62] OLG Frankfurt BB 1966, 262.

2.4.2 Sitz des Vereins

Gemäß § 57 Abs. 1 BGB muss die Satzung zwingend den Sitz des Vereins nennen. Der Sitz des Vereins ist der Ort, an dem sich seine Verwaltung befindet, es sei denn, in der Satzung ist etwas anderes bestimmt (§ 24 BGB). Zum Vereinssitz kann durch die Satzung grundsätzlich jeder beliebige Ort im Inland (Bundesgebiet) bestimmt werden[63]. Der Sitz muss aus dem Vereinsregister ohne Weiteres erkennbar sein, daher sind Bestimmungen, nach denen sich der Sitz bspw. am Wohnort des 1. Vorsitzenden befinden soll, unzulässig[64].

Umstritten ist, ob damit auch ein rein fiktiver Sitz zulässig ist, an dem keinerlei Vereinstätigkeit ausgeübt wird. Während manche dies bis zur Grenze des Rechtsmissbrauchs zulassen[65], verlangen andere, dass der Verein an seinem Satzungssitz zumindest postalisch erreichbar sein muss[66]. Besteht die Vereinsverwaltung an einem anderen Ort als dem in der Satzung angegebenen Sitz, so wird zwischen dem Verwaltungs- und dem Rechtssitz unterschieden. Der Rechtssitz bestimmt den allgemeinen Gerichtsstand des Vereins und damit auch die Frage, welches Amtsgericht gemäß § 55 BGB für die Eintragung des Vereins in das Vereinsregister zuständig ist. Der Rechtssitz wird im Vereinsregister eingetragen (§ 64 BGB).

Ein Verein hat nur einen Rechtssitz. Ein statutarischer Doppelsitz ist unzulässig[67].

Die Verlegung des Vereinssitzes (Rechtssitzes) kann nur durch eine Satzungsänderung vorgenommen werden und wird demzufolge erst mit der Eintragung in das Vereinsregister wirksam.

2.4.3 Absicht zur Eintragung in das Vereinsregister

Gemäß § 57 Abs. 1 BGB muss sich aus der Satzung des Vereins ergeben, dass der Verein in das Vereinsregister eingetragen werden und damit zum rechtsfähigen Verein werden soll. Ein bestimmter Wortlaut ist nicht vorgeschrieben. Gebräuchliche Formulierungen sind:

„Der Verein soll in das Vereinsregister eingetragen werden."

„Der Verein erlangt seine Rechtsfähigkeit durch Eintragung in das Vereinsregister."

„Der Verein ist rechtsfähig gem. § 21 BGB."

63 RG JW 18, 305; BayObLGZ 1976, 21.

64 Stöber/Otto, Rn. 152.

65 Palandt/Heinrichs/Ellenberger, § 24 Rn. 2; Soergel/Hadding, § 24 Rn. 2; Stöber/Otto, Rn. 153.

66 LG Berlin NJW-RR 1999, 335; Burhoff, Rn. 51; MünchKomm/Reuter, § 24 Rn. 4; Reichert, Rn. 564.

67 OLG Hamburg MDR 1972, 417.

Wird die Satzung nach der Eintragung des Vereins im Vereinsregister geändert, so ist es zulässig, die Bestimmung, dass der Verein in das Vereinsregister eingetragen werden soll, wegzulassen; es genügt dann, dass in der neu gefassten Satzung der Vereinsname mit dem inzwischen erworbenen Zusatz „eingetragener Verein" oder „e. V." angegeben wird[68]. Zu empfehlen ist die Formulierung:

> „Der Verein ist unter VR ... in das Vereinsregister des Amtsgerichts ... eingetragen."

2.4.4 Zweck des Vereins

Die Vereinssatzung muss zwingend den Zweck des Vereins nennen (§ 57 Abs. 1 BGB). Der Vereinszweck ist der oberste Leitsatz der Vereinstätigkeit, in dem das gemeinsame Interesse der Vereinsmitglieder zum Ausdruck kommt[69]. Der Zweck kennzeichnet das Wesen und die Individualität des Vereins[70], er bestimmt seinen Charakter und gibt den Rahmen für sämtliche Handlungen der Vereinsorgane vor. Vom Zweck des Vereins hängen die Rechte und Pflichten der Mitglieder ab. Dem Vereinszweck widersprechende Beschlüsse von Vereinsorganen sind unwirksam[71].

Der Vereinszweck darf nicht gegen ein Gesetz oder die guten Sitten verstoßen. Er darf sich auch nicht gegen die verfassungsgemäße Ordnung oder den Gedanken der Völkerverständigung richten (vgl. Art. 9 Abs. 2 GG).

Der Zweck eines Idealvereins i. S. von § 21 BGB darf nicht auf einen wirtschaftlichen Geschäftsbetrieb gerichtet sein[72]. Da wirtschaftliche Vereine nicht in das Vereinsregister eingetragen werden dürfen, widmet das Registergericht dieser Frage besondere Aufmerksamkeit. Damit das Vereinsregister prüfen kann, ob es sich um einen wirtschaftlichen oder einen nichtwirtschaftlichen Verein handelt, muss sich aus der Satzung ergeben, dass die Betätigung des Vereins nicht auf einen wirtschaftlichen Geschäftsbetrieb gerichtet ist. Dazu bedarf es neben der Angabe des Vereinszwecks einer Beschreibung der wesentlichen Vorhaben und Aufgaben des Vereins. Aus der Satzung hat sich zudem zu ergeben, wie sich der Verein finanziert, sodass sich das Vereinsregister ein Bild davon machen kann, auf welche Art und Weise und mit welchen Mitteln der Vereinszweck erreicht werden soll[73].

---

[68] Sauter/Schweyer/Waldner, Rn. 69; a. A. Stöber/Otto, Rn. 167, der befürchtet, dass die vollständige Streichung als Verzicht auf die Rechtsfähigkeit ausgelegt werden könnte.

[69] BGH NJW 1986, 1033; K. Schmidt BB 1987 S. 556.

[70] RGZ 119 S. 184.

[71] Sauter/Schweyer/Waldner, Rn. 42.

[72] Siehe zur Unterscheidung zwischen Idealverein und wirtschaftlichem Verein oben Gliederungspunkt B.2.2, S. 35.

[73] Siehe auch die Ausführungen und das Formulierungsbeispiel unter Gliederungspunkt B.3.1.1, S. 62.

Wird tatsächlich ein anderer als der satzungsgemäße Zweck verfolgt, ist von Amts wegen ein Löschungsverfahren einzuleiten[74].

2.4.5 Erwerb der Mitgliedschaft[75]

Das Gesetz enthält keine Regelungen über den Erwerb der Mitgliedschaft in einem Verein. Gemäß § 58 Nr. 1 BGB soll vielmehr in der Satzung der Eintritt in den Verein geregelt werden. Dem Verein steht es dabei grundsätzlich frei, welche formellen und materiellen Voraussetzungen er für den Erwerb der Mitgliedschaft bestimmt und wie er das Aufnahmeverfahren ausgestaltet.

Die Vereinssatzung kann vorschreiben, dass ein Mitglied bestimmte persönliche Eigenschaften haben muss, um in den Verein aufgenommen zu werden. Angeknüpft werden kann bspw. an das Alter, den Beruf oder die Branche, in der das Mitglied tätig sein muss. Es kann zudem bestimmt werden, dass nur natürliche oder nur juristische Personen Vereinsmitglieder sein können. Gerade bei Berufsverbänden ist die Aufnahme in den Verein an besondere persönliche Bedingungen geknüpft, wie etwa den Nachweis einer dem Berufszweig entsprechenden Ausbildung oder Betätigung. Weiterhin kann die gleichzeitige Mitgliedschaft in einem anderen Verein gefordert, wie auch umgekehrt die Mitgliedschaft in einem anderen Verein für inkompatibel erklärt werden[76].

Der Verein kann die Aufnahme auch von der vorherigen Erfüllung bestimmter Bedingungen abhängig machen, bspw. von der Zahlung einer Aufnahmegebühr. Derartige Bedingungen müssen allerdings in der Satzung normiert sein[77].

Der Eintritt eines Mitglieds in den Verein erfordert einen Aufnahmevertrag zwischen dem Verein und dem Bewerber. Der Vertrag kommt dadurch zustande, dass der Verein den Aufnahmeantrag annimmt. Die Annahme des Aufnahmeantrags ist eine empfangsbedürftige Willenserklärung; sie muss dem Bewerber also zugehen, um wirksam zu werden. Der Aufnahmebeschluss des zuständigen Vereinsorgans ist lediglich Akt der internen Willensbildung. Es empfiehlt sich, das Aufnahmeverfahren so zu gestalten, dass dem zuständigen Vereinsorgan die freie Entscheidung verbleibt, ob ein Bewerber als Mitglied aufgenommen wird oder nicht. Dies schützt den inneren Frieden des Vereins und beugt einer „feindlichen Übernahme“ vor. Ist in der Satzung kein Organ bezeichnet, das über die Aufnahme eines Mitglieds entscheidet, so fällt dies in die Zuständigkeit der Mitgliederversammlung. Nicht zu beanstanden sind Regelungen, nach denen einem Dritten ein Vetorecht gegen die Aufnahme eines Mitglieds eingeräumt wird[78].

---

[74] Stöber/Otto, Rn. 60.

[75] Siehe zum Eintritt in den Verein auch unten Gliederungspunkt C.1.1, S. 71.

[76] Stöber/Otto, Rn. 196.

[77] Sauter/Schweyer/Waldner, Rn. 74; a. A. OLG Bamberg BB 1982, 272.

[78] Reichert, Rn. 1024.

Der Bewerber um einen Vereinseintritt hat grundsätzlich keinen Aufnahmeanspruch. Dies gilt auch dann, wenn er alle satzungsmäßigen Voraussetzungen für eine Mitgliedschaft erfüllt. Der Verein entscheidet frei über die Annahme oder Ablehnung eines Beitrittsgesuchs[79]. Ausnahmsweise kann sich ein Aufnahmeanspruch allerdings aus §§ 826, 249 BGB ergeben, wenn die Ablehnung des Bewerbers diesen in einer gegen die guten Sitten verstoßenden Weise vorsätzlich schädigen würde. Insbesondere Vereine mit Monopolstellung dürfen einen Aufnahmeantrag daher nicht ohne sachlichen Grund ablehnen, wenn alle satzungsmäßigen Voraussetzungen erfüllt sind[80]. Wirtschafts- und Berufsverbände dürfen einen Bewerber nicht ablehnen, wenn die Ablehnung eine sachlich nicht gerechtfertigte Ungleichbehandlung darstellen würde, die zu einer unbilligen Benachteiligung des Abgewiesenen im Wettbewerb führen würde[81].

Die Satzung kann geborene Mitglieder vorsehen, also solche, die ohne Aufnahmeverfahren schon Kraft Satzungsbestimmung Vereinsmitglieder sind. Erforderlich ist aber, dass das geborene Mitglied der Aufnahme zustimmt.

Nach Auflösung des Vereins ist ein Eintritt nicht mehr möglich, da die Begründung neuer Mitgliedschaften außerhalb des Abwicklungszwecks liegt[82].

2.4.6 Beendigung der Mitgliedschaft[83]

Das Gesetz nennt als Grund für die Beendigung der Mitgliedschaft nur den Fall des Austritts (vgl. §§ 39, 58 Nr. 1 BGB). Neben dem Austritt, also dem freiwilligen Ausscheiden des Mitglieds, gibt es jedoch weitere Fälle, in denen die Mitgliedschaft endet. Auch sie sollten in der Satzung geregelt werden.

2.4.6.1 Austritt

Wie sich aus §§ 39 Abs. 1, 40 BGB ergibt, ist das Recht eines Mitglieds auf Austritt aus einem Verein unabdingbar. Eine gegen die Austrittsfreiheit verstoßende Satzungsbestimmung ist nach § 134 BGB nichtig[84]. Wie sich der Vereinsaustritt im Einzelnen vollzieht, ist im Gesetz nicht geregelt. Dies soll nach § 58 Nr. 1 BGB vielmehr in der Satzung bestimmt werden. Fehlt in der Satzung eine Regelung über den Austritt der Mitglieder, so muss das Registergericht die Eintragung ablehnen (§ 60 BGB). Einer Erschwerung des Austritts sind durch § 39 Abs. 2 BGB enge Grenzen gesetzt. Danach darf der Austritt nur insofern erschwert werden, als er ausschließlich zum Schluss eines Geschäftsjahrs zugelassen und/oder an den Ablauf einer maximal zwei-

---

79 BGHZ 101 S. 193.

80 BGH BB 1959, 1272; BGHZ 29 S. 344.

81 Anspruchsgrundlage wäre hier auch § 20 Abs. 5 GWB, vgl. BGH NJW-RR 1986, 339 sowie Stöber/Otto, Rn. 262.

82 Sauter/Schweyer/Waldner, Rn. 75.

83 Siehe dazu auch unten Gliederungspunkt C.1.4, S. 79.

84 BayObLG DB 1973, 2518; Reichert, Rn. 1084.

jährigen Kündigungsfrist geknüpft werden kann. Zulässig ist es also, sowohl die Einhaltung einer Kündigungsfrist vorzuschreiben als auch den Austritt nur zum Schluss eines Geschäftsjahrs zuzulassen, wenn dadurch die maximale Kündigungsfrist von zwei Jahren nicht überschritten wird. Die Kündigungsfristen müssen für alle Mitglieder bzw. bei verschiedenen Arten von Mitgliedschaften für alle Mitglieder einer Gruppe gleich sein.

Unabhängig von etwaigen Austrittsterminen und Kündigungsfristen besteht das Recht auf Austritt aus wichtigem Grund; dies gilt auch dann, wenn die Satzung dies nicht vorsieht[85]. Liegt ein wichtiger Grund vor, so ist ein fristloser Austritt zulässig[86]. Ein wichtiger Grund ist gegeben, wenn dem Mitglied unter Berücksichtigung aller Umstände des Einzelfalls ein Verbleib im Verein bis zum Ablauf der satzungsmäßigen Kündigungsfrist nicht zugemutet werden kann.

Eine besondere Form ist für die Austrittserklärung nicht vorgeschrieben. Die Satzung kann Schriftform vorschreiben, für die im Zweifel § 127 BGB gilt[87]. Eine unzulässige Erschwerung des Austritts ist gegeben, wenn die Satzung bestimmt, dass der Austritt nur mittels eingeschriebenen Briefs erklärt werden kann[88]. Eine unzulässige Erschwerung ist auch gegeben, wenn eine Begründung für den Austritt oder ein Austrittsgeld verlangt werden. Unzulässig ist ferner eine Verknüpfung des Austritts mit der Zahlung ausstehender Beiträge oder der Rückgewähr oder Bezahlung zuvor von dem Verein erhaltener Leistungen. Das Gleiche gilt für Satzungsregelungen, die bestimmen, dass über das Ende der Mitgliedschaft hinaus Beiträge geschuldet werden oder dass der Austritt vom Vorstand oder einem anderen Vereinsorgan anerkannt werden muss[89]. Gemäß § 26 Abs. 2 Satz 2 BGB genügt es, wenn die Austrittserklärung gegenüber einem Mitglied des Vorstands abgegeben wird.

2.4.6.2 Ausschluss

Durch den Ausschluss endet die Mitgliedschaft auf Initiative des Vereins ohne oder gegen den Willen des Mitglieds. Das BGB enthält dazu keine Vorschriften. Regelungen über den Ausschluss eines Vereinsmitglieds sind auch nicht notwendiger Satzungsinhalt nach § 58 Nr. 1 BGB, im Interesse der inneren Ordnung des Vereins ist es aber zu empfehlen, dazu Regelungen in der Satzung vorzusehen. Regelmäßig wird dort normiert, dass ein Mitglied auch gegen seinen Willen aus dem Verein ausgeschlossen werden kann, wenn ein wichtiger Grund vorliegt[90]. Es können aber auch

---

85 OLG Oldenburg NZG 2009, 917.

86 RGZ 130 S. 375 sowie auch § 314 Abs. 1 BGB.

87 BGH NJW-RR 1996, 866; Palandt/Heinrichs/Ellenberger, § 39 Rn. 2.

88 BGH NJW-RR 1996, 866; OLG Hamm NJW 2000, 523; Palandt/Heinrichs/Ellenberger, § 39 Rn. 2; Staudinger/Weick, § 39 Rn. 3; a. A. Reichert, Rn. 1092 unter Hinweis auf LAG Hamburg DB 1972, 980.

89 Siehe auch den Überblick bei Reichert, Rn. 1108.

90 BGH NJW 1997, 3369.

ordentliche Ausschlussgründe genannt werden, wie etwa der Verzug mit der Beitragszahlung. Es gilt der Bestimmtheitsgrundsatz, d. h. jedes Mitglied muss aus der Satzung ersehen können, unter welchen Voraussetzungen es mit dem Ausschluss aus dem Verein rechnen muss. Allerdings sind auch generalklauselartige Umschreibungen zulässig[91].

Umstritten ist, ob dem Verein durch eine entsprechende Satzungsregelung die freie Ausschließung eines Mitglieds gestattet werden kann. Während *Reichert*[92] derartige Satzungsklauseln grundsätzlich für zulässig erachtet, geht die wohl herrschende Meinung davon aus, dass Satzungsbestimmungen, die die Ausschließung eines Mitglieds in das Ermessen oder gar Belieben eines Vereinsorgans stellen, mit dem Grundsatz von Treu und Glauben sowie dem Gebot zur Gleichbehandlung aller Mitglieder nicht vereinbar sind[93]. Der Bundesgerichtshof lässt die freie Hinauskündigung im GmbH- und Personengesellschaftsrecht nur ausnahmsweise unter engen Voraussetzungen zu[94]. In Anlehnung an die dort aufgestellten Grundsätze ist auch im Vereinsrecht davon auszugehen, dass ein Recht zur freien Hinauskündigung einer besonderen Rechtfertigung bedarf.

Das Ausschlussverfahren sowie das zuständige Ausschlussorgan sollten in der Satzung geregelt werden. Ist die Zuständigkeit für den Ausschließungsbeschluss in der Satzung nicht geregelt, so entscheidet die Mitgliederversammlung. Der Ausschließungsbeschluss muss begründet werden. Die Begründung hat eine umfassende Unterrichtung des Mitglieds sowie die Nachprüfbarkeit der Entscheidung im gerichtlichen Verfahren sicherzustellen[95]. Wirksam wird der Ausschluss mit der Bekanntgabe des Beschlusses gegenüber dem Betroffenen (§ 130 Abs. 1 BGB). Die Satzung kann vorsehen, dass die Wirkungen schon mit der Beschlussfassung eintreten[96].

Sofern die Satzung keine Regelung enthält, kommt ein Ausschluss – also eine ordentliche vereinsseitige Kündigung der Mitgliedschaft – nicht in Betracht. Es bleibt aber auch ohne Satzungsbestimmung stets die Möglichkeit zur Kündigung aus wichtigem Grund (§ 314 BGB)[97]. Der in der Person oder dem Verhalten des Mitglieds liegende wichtige Grund muss dem Verein eine Fortsetzung unzumutbar machen.

2.4.6.3 Streichung aus der Mitgliederliste

Die Satzung kann auch vorsehen, dass der Verein beim Vorliegen bestimmter in der Satzung klar und eindeutig zu definierender Tatbestände berechtigt ist, das Mitglied

---

[91] Reichert, Rn. 2959.

[92] Reichert, Rn. 2945 ff.

[93] MünchKomm/Reuter, § 38 Rn. 53; derselbe NJW 1987, 2401; Sauter/Schweyer/Waldner, Rn. 350a.

[94] BGH NJW-RR 2007, 1256; BGH ZIP 2005, 1917 und 1920.

[95] OLG Karlsruhe NJW-RR 1998, 684; Stöber/Otto, Rn. 293.

[96] Stöber/Otto, Rn. 296.

[97] OLG Hamm NJW-RR 2001, 1480; Stöber/Otto, Rn. 298.

aus der Mitgliederliste zu streichen und damit die Mitgliedschaft mit sofortiger Wirkung einseitig zu beenden. Ein solches Verfahren wird als vereinfachtes Ausschließungsverfahren qualifiziert[98]. Es kommt aber nur bei einfach gelagerten Sachverhalten in Betracht, bei denen das Vorliegen der tatbestandlichen Ausschlussvoraussetzungen leicht und unzweifelhaft feststellbar ist, wie bspw. ein nicht unerheblicher Rückstand mit Vereinsbeiträgen. Die Satzung muss das Organ bestimmen, das für die Streichung zuständig ist. Regelmäßig ist dies der Vorstand.

2.4.6.4 Erlöschen der Mitgliedschaft

Gemäß § 38 Satz 1 BGB ist die Vereinsmitgliedschaft nicht vererblich. Sie endet mit dem Tod eines Mitglieds. Von diesem gesetzlichen Regelfall kann in der Satzung abgewichen werden, was bei Berufsverbänden jedoch nicht sinnvoll ist, weil nicht sicher ist, dass auch die Erben die persönlichen Voraussetzungen für eine Mitgliedschaft erfüllen.

Ist eine Handelsgesellschaft oder eine juristische Person Vereinsmitglied, so endet die Mitgliedschaft mit dem Erlöschen der Gesellschaft (Vollbeendigung). Weder die Eröffnung des Insolvenzverfahrens noch ein Liquidationsbeschluss führen für sich allein zur Beendigung der Mitgliedschaft, es sei denn, in der Vereinssatzung ist Abweichendes geregelt.

In der Satzung kann schließlich bestimmt werden, dass die Mitgliedschaft automatisch erlischt, wenn bestimmte persönliche Voraussetzungen oder Bedingungen, die Voraussetzung für den Erwerb der Mitgliedschaft gewesen sind, nachträglich wegfallen oder wenn bestimmte in der Satzung ausdrücklich normierte Beendigungsgründe eintreten[99]. Voraussetzung ist allerdings, dass jedes Mitglied der Satzung klar und eindeutig entnehmen kann unter welchen Voraussetzungen es die Mitgliedschaft verliert[100].

Die Mitgliedschaft erlischt, wenn ein Vereinsmitglied infolge Verschmelzung (§ 2 UmwG) erlischt. Die Mitgliedschaft geht nicht auf den übernehmenden Rechtsträger über. Das Gleiche gilt für den Fall der Aufspaltung des Vereinsmitglieds (§§ 123 Abs. 1, 131 Abs. 1 Nr. 2 UmwG). Bei Abspaltung und Ausgliederung verbleibt die Mitgliedschaft bei dem übertragenden Rechtsträger; sie kann nicht auf den aufnehmenden Rechtsträger übertragen werden. Der Rechtsträger ändert bei einem Formwechsel (§§ 191 ff. UmwG) zwar seine Rechtsform, seine Identität bleibt jedoch erhalten. Daher bleibt auch seine Mitgliedschaft in einem Verein von dem Formwechsel unberührt. Das Gleiche gilt, wenn eine OHG zur KG oder aus einer Gesellschaft bürgerlichen Rechts eine Personenhandelsgesellschaft wird bzw. im jeweils umgekehrten Fall.

---

[98] Sauter/Schweyer/Waldner, Rn. 355.
[99] BGH DB 1978, 1973.
[100] Reichert, Rn. 1135.

Die Auflösung des Vereins führt nicht zum Erlöschen der Mitgliedschaften; auch die Eröffnung eines Insolvenzverfahrens über das Vermögen des Vereins lässt Mitgliedschaften nicht erlöschen. Erst mit der vollständigen Beendigung und dem Erlöschen des Vereins enden auch die Mitgliedschaften.

2.4.6.5 Ruhen der Mitgliedschaft

Das Ruhen der Mitgliedschaft[101] ist ein Sanktionsmittel des Vereins, das in seiner Schärfe hinter dem Ausschluss zurück bleibt. Es führt zu einer zeitweisen Aussetzung der mitgliedschaftlichen Rechte und ggf. auch der Pflichten. Das Ruhen der Mitgliedschaft muss durch eine Satzungsregelung vorgesehen werden, in der die Voraussetzungen, die Entscheidungszuständigkeit und das Verfahren festgehalten sind. Insbesondere bei Beitragsrückständen oder in Fällen von vereinsschädigendem Verhalten ist ein Ruhen der Mitgliedschaft für den Zeitraum bis zur abschließenden Entscheidung über den Vereinsausschluss sinnvoll.

2.4.7 Mitgliedsbeiträge

Gemäß § 58 Nr. 2 BGB soll die Vereinssatzung Bestimmungen darüber enthalten, ob und welche Beiträge von den Mitgliedern zu leisten sind. Fehlt eine derartige Regelung, muss das Registergericht die Eintragung des Vereins ablehnen (§ 60 BGB).
Unter Beiträgen[102] sind alle Pflichten zur Förderung des Vereinszwecks zu verstehen, die ein Mitglied aufgrund des Mitgliedsverhältnisses – und nicht aus einem Individualvertrag oder Gefälligkeitsverhältnis heraus – erbringt. Sie bestehen in der Regel aus Geldzahlungen, können aber auch aus Sach- oder Dienstleistungen bestehen. An finanziellen Leistungen kommen die Zahlung einer Aufnahmegebühr, regelmäßige Geldbeiträge und von Fall zu Fall zu erhebende Umlagen in Betracht. Wenn die Satzung bestimmte Beitragsformen nicht vorsieht, dann können diese später nur durch eine entsprechende Satzungsänderung eingeführt werden[103]. Die Satzung muss den Beitragsinhalt (Geld, Sach- oder Dienstleistung) und die Beitragsart (Regelbeitrag, Umlagen, Aufnahmegebühr, Nutzungsentgelt) nennen[104]. Die Beitragshöhe hingegen muss nicht in der Satzung bestimmt werden.
Es ist grundsätzlich auch nicht sinnvoll, die Höhe der Beiträge und sonstigen finanziellen oder tatsächlichen Leistungen in der Satzung selbst festzulegen. Zu einer Änderung der Beiträge wäre dann stets eine Satzungsänderung erforderlich[105]. Ratsam ist vielmehr, es durch eine entsprechende Satzungsregelung einem bestimmten Vereinsorgan, wie bspw. dem Vorstand oder der Mitgliederversammlung, zu überlassen,

---

[101] Siehe dazu bspw. Burhoff, Rn. 96a; Stöber/Otto, Rn. 302 ff.
[102] Zur steuerlichen Behandlung der Mitgliedsbeiträge siehe Gliederungspunkt D.5.6, S. 150.
[103] OLG München NJW-RR 1998, 966; OLG Hamm DB 1976, 93.
[104] Reichert, Rn. 896.
[105] BGH NJW 1995, 2981; BGH DB 2010, 2047.

die Höhe der Beiträge in einer Beitragsordnung festzulegen. Die Beschlussfassung über die Beitragsordnung bedarf dann weder einer satzungsändernden Mehrheit noch ist eine Eintragung des Beschlusses in das Vereinsregister erforderlich. Nach welchen Grundsätzen die Beitragshöhe ermittelt wird, muss nicht in der Satzung bestimmt werden. Das dafür vorgesehene Organ kann die Beiträge in absoluten Zahlen festsetzen, es kann aber auch bloß die Bemessungsgrundlage für die Beiträge bestimmen, wie bspw. den Vorjahresumsatz[106].

Zur Finanzierung eines besonderen Bedarfs kann der Verein Umlagen erheben. Die Umlage ist eine außerordentliche Form des Mitgliedsbeitrags und muss daher eine satzungsmäßige Grundlage haben[107]. Die bloße Regelung, dass fortlaufende Mitgliedsbeiträge erhoben werden, reicht dazu nicht aus[108]. Aus der Satzung muss sich ergeben, unter welchen Voraussetzungen die Umlage erhoben werden kann. Zudem muss die Satzung eine finanzielle Höchstgrenze für die Umlage bestimmen. In diesem Rahmen können dann das von der Satzung bestimmte Vereinsorgan oder die Mitgliederversammlung durch Mehrheitsbeschluss von Fall zu Fall die Erhebung der Umlage und deren Höhe festlegen.

Zwar gilt im Vereinsrecht der Grundsatz der Gleichbehandlung aller Mitglieder, dies hat aber nicht notwendigerweise zur Folge, dass jedes Mitglied einen gleich hohen Beitrag zu zahlen hat. Erforderlich ist lediglich, dass die Beiträge auf derselben Grundlage berechnet werden, z. B. prozentual vom Umsatz eines Unternehmens. Sieht die Satzung verschiedene Arten von Mitgliedschaften vor, so gilt der Grundsatz der Gleichbehandlung nur innerhalb einer Gruppe. Es kann also bspw. bestimmt werden, dass nur eine bestimmte Gruppe von Mitgliedern Beiträge zu leisten hat, während andere Mitgliedergruppen von der Beitragspflicht ganz oder teilweise befreit sind.

Um die Mitglieder zur Zahlung der Beiträge anzuhalten, ist es zulässig, die Ausübung der Mitgliedschaftsrechte oder die Benutzung der Vereinseinrichtungen von der Bezahlung der fälligen Beiträge abhängig zu machen. Dazu ist allerdings eine entsprechende Satzungsregelung erforderlich. Zulässig ist auch eine Satzungsbestimmung, wonach ein Mitglied aus dem Verein ausgeschlossen werden kann, wenn ein bestimmter Beitragsrückstand besteht und trotz Mahnung nicht ausgeglichen wird.

Ein rückständiger Beitrag verjährt in drei Jahren gerechnet vom Schluss des Jahres an, in dem der Beitrag fällig war (§§ 195, 199 BGB).

---

[106] BGH NJW 2010, 3521.

[107] Zur steuerlichen Behandlung von Umlagen siehe Gliederungspunkt D.5.7, S. 155.

[108] OLG München NJW-RR 1998, 966.

2.4.8 Bildung des Vorstands[109]

Als juristische Person nimmt der Verein durch seinen Vorstand am Rechtsverkehr teil; erst durch dieses Vertretungsorgan wird der Verein nach außen handlungsfähig. Ein Verein muss daher zwingend einen Vorstand haben (§ 26 Abs. 1 Satz 1 BGB). Gemäß § 58 Nr. 3 BGB soll die Satzung Bestimmungen über die Bildung des Vorstands enthalten. Fehlen derartige Regelungen, so hat das Vereinsregister den Eintragungsantrag zurückzuweisen (§ 60 BGB).

Es ist nicht erforderlich, dass für das Vertretungsorgan die im Gesetz benutzte Bezeichnung „Vorstand" gewählt wird. Gebräuchlich sind bspw. auch die Begriffe „Direktorium" oder „Präsidium". Aus der satzungsmäßigen Funktion des Organs muss sich jedoch eindeutig ergeben, dass dieses Organ die Stellung des gesetzlichen Vertreters ausübt und ihm die gerichtliche und außergerichtliche Vertretung des Vereins nach § 26 Abs. 1 Satz 2 BGB obliegt. Die Satzung sollte daher keinerlei Zweifel darüber aufkommen lassen, wer Vereinsvorstand i. S. von § 26 Abs. 1 BGB ist. Dies gilt insbesondere für den Fall, dass dem von der Satzung als „Vorstand" oder „erweiterten Vorstand" bezeichneten Gremium oder dem „Präsidium" auch Personen angehören, die nicht zur Vertretung des Vereins berufen sind, denn in diesen Fällen bilden nur die vertretungsberechtigten Mitglieder den Vorstand im Sinne von § 26 BGB. In der Satzung sollte es dann klarstellend bspw. heißen:

> „Vorstand im Sinne von § 26 Abs. 1 BGB sind der 1. Vorsitzende, der stellvertretende Vorsitzende und der Schatzmeister."

In der Satzung ist festzulegen, aus wie vielen Personen der Vorstand besteht. Zulässig ist die Angabe einer Mindest- oder Höchstzahl[110]. Wird keine Regelung getroffen, so besteht der Vorstand zwingend aus nur einer Person[111]. Der Verein kann für alle oder einzelne Vorstandsmitglieder bestimmte Ämter oder Bezeichnungen vorgeben, wie bspw. das Amt des 1. Vorsitzenden, des stellvertretenden Vorsitzenden, des Kassierers, des Schatzmeisters oder des Schriftführers. In der Bezeichnung dieser Ämter ist der Verein frei.

Das Vorstandsmitglied eines Vereins muss nicht zwingend Vereinsmitglied sein. Ist gewollt, dass nur Vereinsmitglieder das Vorstandsamt ausüben können, so muss die Satzung die Fremdorganschaft ausschließen. Die Satzung kann weitere Anforderungen (Mindest- oder Höchstalter, Dauer der Vereinszugehörigkeit, berufliche Qualifikation) an die Person der Vorstandsmitglieder stellen.

---

[109] Siehe dazu auch unten Gliederungspunkt C.2.2.1, S. 88.

[110] Wenn lediglich eine Höchst- oder Mindestzahl genannt wird, dann muss die Satzung ausdrücklich festlegen, wer bzw. wie viele Vorstandsmitglieder den Verein aktiv vertreten. Andernfalls bliebe unklar, ob mit „Mehrheit der Vorstandsmitglieder" im Sinne von § 26 Abs. 2 BGB die tatsächliche oder die statutarische Mindes-/Maximalzahl gemeint ist.

[111] Burhoff, Rn.243; Palandt/Heinrichs/Ellenberger, § 26 Rn. 3.

Gemäß § 27 Abs. 1 BGB erfolgt die Bestellung des Vorstands durch Beschluss der Mitgliederversammlung. Die Vorschrift ist dispositiv. Die Satzung kann das Bestellungsverfahren für die Besetzung des Vorstands abweichend vom Gesetz regeln. Sie kann auch von dem Grundsatz abweichen, dass der Vorstand von der Mitgliederversammlung gewählt wird. Denkbar ist die Berufung durch einen Beirat oder einzelne Mitgliedergruppen des Vereins. Möglich ist es auch, nur bestimmte Vorstandsmitglieder von der Mitgliederversammlung und die übrigen von einem anderen Organ bestellen zu lassen. Die Satzung kann ferner geborene Vorstandsmitglieder vorsehen und dem Vorstand das Recht geben, sich durch Kooptation selbst zu ergänzen. Schließlich ist es möglich, das Recht auf Bestellung aller oder einzelner Vorstandsmitglieder Kraft eines Sonderrechts i. S. von § 35 BGB einem bestimmten Vereinsmitglied oder bestimmten Vereinsmitgliedern einzuräumen. Einem Nichtmitglied können Sonderrechte gemäß § 35 BGB hingegen nicht eingeräumt werden. Streitig ist daher, ob und unter welchen Voraussetzungen der Vorstand durch außenstehende Dritte berufen werden kann[112].

Geregelt werden sollte ferner die Amtszeit der Vorstandsmitglieder. Regelt die Satzung die Bestelldauer nicht, so kann sie das Bestellungsorgan im Bestellungsakt festlegen. Um dem Risiko vorzubeugen, dass der Verein nach Ablauf der Amtszeit mangels Vorstand handlungsunfähig wird, ist es ratsam, die Ämter der Vorstandmitglieder erst mit der Bestellung eines neuen Vorstands enden zu lassen. Legt weder die Satzung noch das Bestellungsorgan eine Befristung fest, gilt die Bestellung bis auf Widerruf (vgl. § 27 Abs. 2 BGB). Regelungen zur vorzeitigen Neubesetzung sollten schließlich für den Fall getroffen werden, dass ein Vorstandsamt noch vor dem regulären Ablauf der Amtszeit vakant wird. Die Satzung kann es insofern auch zulassen, dass das Amt bis zur Neubesetzung kommissarisch von den anderen Vorstandsmitgliedern übernommen wird.

Neben der Bildung des Vorstands sollte in der Satzung insbesondere die Vertretungsmacht der Vorstandsmitglieder geregelt sein. Einzel- oder Gesamtvertretung sind möglich. Üblich sind Regelungen, wonach der Vorstand durch mindestens zwei oder durch die Mehrheit seiner Mitglieder handeln muss. Es sollte darauf geachtet werden, dass der Verein auch bei Verhinderung oder nach dem Ausscheiden eines Vorstandsmitglieds handlungsfähig bleibt. Ist nichts geregelt, so gilt § 26 Abs. 2 Satz 1 BGB, wonach der Verein bei einem Vorstand, der aus mehreren Personen besteht, durch die Mehrheit der Vorstandsmitglieder aktiv vertreten wird. Ist eine Willenserklärung gegenüber dem Verein abzugeben, so genügt nach § 26 Abs. 2 Satz 2 BGB die Abgabe gegenüber einem Vorstandsmitglied (passive Vertretung).

Häufig anzutreffen sind Regelungen, die eine Rangfolge bei der Vertretung in der Weise vorsehen, dass der Verein nur bei Verhinderung des Vorstandsvorsitzenden durch ein anderes Vorstandsmitglied vertreten wird. Da der Rechtsverkehr die Ver-

[112] Dazu Reichert, Rn. 2091 ff.

hinderung nicht prüfen kann, wirkt eine derartige Bedingung nur im Innenverhältnis[113].

§ 26 Abs. 1 Satz 3 BGB eröffnet die Möglichkeit, durch eine entsprechende Satzungsbestimmung die Vertretungsmacht des Vorstands mit Wirkung gegenüber Dritten zu beschränken. Nicht unüblich sind bspw. betragsmäßige Beschränkungen, das Verbot von Geschäften einer bestimmten Art (z. B. Grundstücks- oder Spekulationsgeschäfte) oder der Vorbehalt der Zustimmung eines anderen Vereinsorgans – jedenfalls bei bestimmten Geschäften. Dass die Beschränkung der Vertretungsmacht im Außenverhältnis gewollt ist, muss sich eindeutig aus der Satzung ergeben. Andernfalls ist anzunehmen, dass es sich lediglich um eine vereinsintern zu beachtende Anweisung handeln soll. Zudem muss die Vertretungsbeschränkung, um Dritten gegenüber wirksam zu werden, in das Vereinsregister eingetragen sein.

Die Satzung kann den Vorstand bzw. einzelne seiner Mitglieder von den Beschränkungen des § 181 BGB befreien. Die Befreiung ist in das Vereinsregister einzutragen[114]. Die Satzung kann aber auch vorsehen, dass die Befreiung generell oder im Einzelfall durch ein Vereinsorgan erteilt werden kann. In diesem Fall erfolgt eine Registereintragung erst dann, wenn von dem zuständigen Organ eine generelle Befreiung erteilt wurde.

2.4.9 Mitgliederversammlung[115]

Das Gesetz spricht in § 32 Abs. 1 BGB von der „Versammlung der Mitglieder“. Diese Formulierung ist nicht zwingend. Gebräuchliche Bezeichnungen sind neben der „Mitgliederversammlung“ auch „Hauptversammlung“, „Generalversammlung“, „Vollversammlung“ oder „Konvent“. In der Sache ist stets eine Zusammenkunft der Vereinsmitglieder gemeint, in der verbindliche Beschlüsse gefasst werden können.

Nach § 58 Nr. 4 BGB soll die Vereinssatzung die Voraussetzungen bestimmen, unter denen die Mitgliederversammlung einzuberufen ist. Ferner soll sie bestimmen, in welcher Form die Einberufung und die Beurkundung ihrer Beschlüsse zu erfolgen haben. Fehlen derartige Vorschriften, so kann der Verein nicht in das Vereinsregister eingetragen werden (§ 60 BGB).

Das Gesetz macht keinerlei Vorgaben über die Termine und Zeitabstände, in denen Mitgliederversammlungen abgehalten werden sollen. Vielmehr ist gemäß § 36 BGB durch die Satzung zu bestimmen, in welchen Fällen die Mitgliederversammlung einzuberufen ist. Die Einberufung hat nach § 36 BGB jedenfalls dann zu erfolgen, wenn das Interesse des Vereins dies erfordert. § 37 BGB schreibt die Einberufung vor, wenn ein Zehntel der Mitglieder eine Einberufung schriftlich und unter Angabe des Zweckes und der Gründe verlangt. Umstritten ist, ob in der Satzung das in § 37

[113] Stöber/Otto, Rn. 385f.

[114] BGHZ 87 S. 59.

[115] Siehe dazu auch unten Gliederungspunkt C.2.1, S. 82.

BGB bestimmte 10 %-Quorum heraufgesetzt und damit eine Einberufung auf Initiative der Mitglieder erschwert werden darf[116]. Eine Absenkung unter 10 % ist in jedem Fall zulässig.
Zuständig für die Einberufung der Mitgliederversammlung ist in Ermangelung einer abweichenden Satzungsregelung der Vorstand im Sinne von § 26 Abs. 1 BGB. Er hat bei der Einberufung in vertretungsberechtigter Anzahl zu handeln. Die Form der Einberufung ist in der Satzung zu bestimmen. In der Wahl der Einberufungsform ist der Verein frei. Neben einer Einladung per Brief, Fax oder E-Mail kommt u. a. die öffentliche Bekanntmachung, z. B. in bestimmten Zeitungen, der Verbandszeitschrift oder durch Aushang in Betracht. Allerdings muss sichergestellt sein, dass jedes Mitglied unter gewöhnlichen Umständen rechtzeitig Kenntnis von der Einberufung erlangen kann.
Empfehlenswert ist es, in der Satzung eine nicht zu knapp bemessene Einberufungsfrist vorzusehen. Je nach Art und Struktur des Vereins sollte sie nicht unter vier Wochen liegen. Berechnet wird die Frist nach §§ 187, 188 BGB. Die Satzung sollte bestimmen, dass die Frist mit der Absendung der Einladung beginnt, da andernfalls auf den Zeitpunkt abzustellen ist, zu dem unter normalen Umständen mit dem Zugang bei allen Mitgliedern zu rechnen ist[117]. Auf den tatsächlichen Zugang kommt es nicht an. In der Einberufung sind Ort und Zeit der Versammlung sowie der Versammlungszweck mitzuteilen. Damit sich die Mitglieder auf den Gegenstand der Versammlung ausreichend vorbereiten können, sollte die Satzung zudem klarstellen, dass in der Einladung die Tagesordnung mitzuteilen ist.
Zur Durchführung der Versammlung selbst sollte die Satzung Regelungen über die Versammlungsleitung, die Beschlussfassung und die Protokollierung enthalten. Nach § 32 Abs. 1 Satz 3 BGB werden Beschlüsse grundsätzlich mit der einfachen Mehrheit „der abgegebenen Stimmen" gefasst[118]. Ein Antrag ist danach angenommen, wenn die Anzahl der Ja-Stimmen größer ist als die Anzahl der Nein-Stimmen. Enthaltungen werden nicht mitgezählt. Eine bestimmte Anwesenheitsquote schreibt das Gesetz für die Beschlussfähigkeit nicht vor.
Qualifizierte Mehrheiten verlangt das Gesetz

- bei der Änderung der Satzung (Dreiviertelmehrheit nach § 33 Abs. 1 Satz 1 BGB),
- bei der Änderung des Vereinszwecks (Zustimmung aller Mitglieder nach § 33 Abs. 1 Satz 2 BGB) und
- für die Auflösung des Vereins (Dreiviertelmehrheit nach § 41 Satz 2 BGB).

[116] Dagegen insbes. Soergel/Hadding, § 37 Rn. 5 und MünchKomm/Reuter, § 37 Rn. 2 ff. Nach Palandt/Heinrichs/Ellenberger, § 37 Rn. 1 und Sauter/Schweyer/Waldner, Rn. 159 f., muss das erforderliche Quorum jedenfalls unter 50 % bleiben. Das BayObLG, NJW-RR 2001, 1479, hat in einem Einzelfall ein Quorum von 20 % für zulässig erachtet.
[117] BGHZ 100 S. 264.
[118] Siehe zum ehemals nicht eindeutigen Wortlaut der Vorschrift BGH NJW 1982, 1585.

Die Satzung kann diese Mehrheitserfordernisse sowohl herauf- als auch herabsetzen. Eine Herabsetzung empfiehlt sich insbesondere beim Quorum für die Zweckänderung, da die Zustimmung aller Vereinsmitglieder in der Regel nur schwer zu erlangen ist. Wird in der Satzung eine abweichende Mehrheit allgemein nur für Satzungsänderungen bestimmt, so erstreckt sich dies nicht auf die Zweckänderung[119]. Eine vom Gesetz abweichende Mehrheit für Zweckänderungen muss vielmehr ausdrücklich geregelt sein.

Gemäß § 32 Abs. 1 Satz 1 BGB werden die Angelegenheiten des Vereins, die nicht dem Vorstand oder einem anderen Organ gemäß satzungsmäßiger Festlegung zugewiesen sind, durch Beschluss der Mitgliederversammlung wahrgenommen. Die Mitgliederversammlung hat somit nach der gesetzlichen Grundkonzeption eine Auffangzuständigkeit. Aus der Formulierung in § 32 Abs. 1 Satz 1 BGB folgt aber auch, dass die eigentlich bei der Mitgliederversammlung liegenden Kompetenzen durch die Satzung einem anderen Vereinsorgan, wie bspw. dem Vorstand oder einem Beirat, zugewiesen werden können[120].

Der Zuständigkeitsbereich der Mitgliederversammlung kann somit erheblich reduziert werden. Es ist sogar zulässig, für die Mitgliederversammlung nur noch einen in der Satzung ausdrücklich bestimmten Zuständigkeitskatalog festzulegen und die Auffangzuständigkeit einem anderen Vereinsorgan, z. B. dem Vorstand, zuzuweisen. Nicht zulässig ist es allerdings, die Satzung so zu gestalten, dass die Mitgliederversammlung ganz beseitigt wird oder jedwede nennenswerte Mitwirkung der Mitgliederversammlung von vornherein ausgeschlossen ist[121]. Zulässig ist es allerdings, die Mitgliederversammlung in Form einer Delegiertenversammlung abzuhalten, denn die Delegiertenversammlung ist kein zusätzliches Organ, sondern eine besondere Ausprägung der Mitgliederversammlung[122]. Unentziehbare Kompetenzen der Mitgliederversammlung sind jedenfalls die Beschlussfassung über die Auflösung des Vereins und die Bestimmung der Anfallsberechtigung i. S. von § 45 Abs. 2 Satz 2 BGB. Werden Zuständigkeiten kraft Satzung anderen Organen zugewiesen, ist die Mitgliederversammlung nicht berechtigt, derartige Angelegenheiten durch Beschluss an sich zu ziehen. Dies kann nur durch eine Satzungsänderung geschehen.

Die vom Gesetz vorgesehene „Versammlung der Mitglieder“ erfordert eine räumliche Zusammenkunft, zu der die Mitglieder in Person erscheinen[123]. Sie kann nicht ohne Weiteres als Internet- oder Online-Versammlung durchgeführt werden. Auch Mischformen durch die Zuschaltung von Mitgliedern per Telefon oder Video entsprechen nicht dem gesetzlichen Leitbild. Zulässig sind derartige Verfahren bis hin zur vollständig virtuellen (Online-)Mitgliederversammlung nur, wenn sie von der

---

[119] BGH BB 1986, 551.

[120] Stöber/Otto, Rn. 633.

[121] OLG Celle NJW-RR 1995, 1273.

[122] Reichert, Rn. 1184; Stöber/Otto, Rn. 766.

[123] OLG Hamm OLG-Report 2001, 389; Burhoff, Rn. 154a; Stöber/Otto, Rn. 638.

Satzung ausdrücklich zugelassen werden[124]. Die Satzung sollte dann detaillierte Regelung zum Ablauf enthalten, die insbesondere sicherstellen, dass nur Mitglieder oder ggf. deren Vertreter an der Versammlung teilnehmen und ihre Stimme abgeben.
In der Mitgliederversammlung hat jedes Mitglied grundsätzlich nur eine Stimme. Mehrfachstimmrechte können nur durch eine ausdrückliche Satzungsbestimmung begründet werden. Die Satzung kann zudem die Ausübung des Stimmrechts durch einen Vertreter zulassen. Umstritten ist, ob eine Stimmrechtsvollmacht auch Nichtmitgliedern erteilt werden kann. Nach einer Auffassung ist die Vertretung durch Nichtmitglieder mit dem Charakter des Idealvereins grundsätzlich unvereinbar[125]. Das hätte zur Folge, dass auch durch die Satzung keine abweichende Regelung getroffen werden könnte. Andere wollen die Frage nach der Höchstpersönlichkeit der Stimmrechtsausübung bzw. der Möglichkeit zur Bevollmächtigung von Nichtmitgliedern nach den Umständen des konkreten Vereins im Einzelfall entscheiden[126].
Nach der gesetzlichen Regelung ist für die Beschlussfähigkeit der Mitgliederversammlung eine Mindestteilnehmerzahl nicht vorgeschrieben[127]. Um Zufallsentscheidungen zu vermeiden, kann die Satzung ein Mindestquorum vorsehen. Damit keine dauerhafte Handlungsunfähigkeit entsteht, sollte dann allerdings geregelt werden, dass im Falle der Beschlussunfähigkeit eine erneute Versammlung einzuberufen ist, die dann ohne Rücksicht auf die Anzahl der Erschienenen beschlussfähig ist.
Die Satzung muss gemäß § 58 Nr. 4 BGB Regelungen über die Beurkundung von Beschlüssen der Mitgliederversammlung enthalten. Mit „Beurkundung" ist nicht eine notarielle Beurkundung gemeint, vielmehr genügt es, die Beschlüsse schriftlich zu protokollieren. Nicht erforderlich ist, dass sich aus der Niederschrift der Ablauf der Mitgliederversammlung ergibt; ein Ergebnisprotokoll, in dem insbesondere die gefassten Beschlüsse wiedergegeben werden, ist ausreichend. Die Beurkundung eines Beschlusses ist keine Voraussetzung für dessen Wirksamkeit[128]. Zweck der Beurkundung ist lediglich die Beweisführung. Daher sollte ein Beschluss immer wörtlich protokolliert werden.

2.4.10 Sonstige Satzungsbestimmungen

Vorstehend sind lediglich die wesentlichen Punkte wiedergegeben, die in einer Vereinssatzung geregelt werden müssen bzw. sollten. Die Vereinsautonomie gibt jedoch

---

[124] OLG Hamm NZG 2012, 198; dazu Scheuch ZStV 2012, 141; grundlegend Fleck DNotZ 2008, 245 mit Formulierungsvorschlag. Zu weit gehend hingegen Piper NZG 2012, 735, der virtuelle Mitgliederversammlungen auch ohne Satzungsregelung zulassen will.

[125] OLG Hamm NJW-RR 1990, 532; Palandt/Heinrichs/Ellenberger, § 38 Rn. 3; Staudinger/ Weick, § 32 Rn. 4.

[126] MünchKomm/Reuter, § 32 Rn. 34.

[127] Palandt/Heinrichs/Ellenberger, § 32 Rn. 6.

[128] RGZ 104 S. 413.

die Freiheit, weitere Punkte in der Satzung zu regeln. Regelmäßig trifft eine Vereinssatzung noch Regelungen über folgende Bereiche:

- Geschäftsjahr
- Rechnungslegung[129]
- Vereinsstrafen
- Schiedsgericht
- Bestellung besonderer Vertreter i. S. von § 30 BGB
- Erlass von Geschäfts- oder Vereinsordnungen
- Errichtung eines Beirats oder sonstiger Vereinsorgane
- Auflösung des Vereins und Anfall des Vereinsvermögens (§ 45 BGB)

2.4.11 Unterzeichnung der Satzung

Nach § 59 Abs. 3 BGB soll die Gründungssatzung von mindestens sieben Vereinsmitgliedern unterschrieben werden und das Datum des Tages ihrer Errichtung (Feststellung) angeben. Wird dies nicht beachtet, wird der Verein nicht in das Vereinsregister eingetragen (§ 60 BGB).

2.5 Vereinsordnung und Geschäftsordnung

Vereinsordnung

Die für das Vereinsleben maßgeblichen Grundentscheidungen müssen in der Satzung geregelt sein. Außerhalb der eigentlichen Satzung bestehen häufig sogenannte Vereins- oder Nebenordnungen, die einzelne Teilbereiche des Vereinslebens abstrakt-generell regeln. Sie können Satzungsbestandteil sein oder bestimmte Satzungsbestimmungen nachrangig ausfüllen. Ob eine Vereinsordnung Satzungsbestandteil ist oder ob sie die Satzung nachrangig ausfüllt, ist im Einzelfall von der in ihr getroffenen Regelung abhängig. Je mehr die das Vereinsleben bestimmenden Grundentscheidungen zur Organisation und Mitgliedschaft betroffen sind, desto eher hat die Vereinsordnung Satzungsqualität haben. Bloße Konkretisierungen und Ergänzungen haben hingegen keine Satzungsqualität, sie füllen die Satzung nur nachrangig aus und beschränken sich auf die geschäftsmäßige Durchführung der in der Satzung getroffenen Grundentscheidungen[130].
Ist die Vereinsordnung Bestandteil der Satzung, muss sie mit der für Satzungsänderungen erforderlichen Mehrheit und von dem für Satzungsänderungen zuständigen Organ erlassen und ggf. geändert werden. Änderungen solcher Vereinsordnungen

[129] Siehe Gliederungspunkt F., S. 193.
[130] Burhoff, Rn. 136; MünchKomm/Reuter, § 25 Rn. 10 ff.; Reichert, Rn. 433 ff.

sind wie Satzungsänderungen gemäß § 71 Abs. 1 BGB zur Eintragung in das Vereinsregister anzumelden.
Der Erlass einer ausfüllenden, nachrangigen Vereinsordnung bedarf lediglich einer satzungsmäßigen Ermächtigung, die nach Inhalt, Zweck und Umfang hinreichend bestimmt sein muss. Soweit die Ermächtigung nicht das zum Erlass der Vereinsordnung zuständige Organ bezeichnet, ist die Mitgliederversammlung zuständig, da über eine „Angelegenheit des Vereins" im Sinne des § 32 Abs. 1 Satz 1 BGB entschieden wird. Mangels abweichender Satzungsregelung entscheidet die Mitgliederversammlung eine solche Vereinsordnung mit einfacher Mehrheit gemäß § 32 Abs. 1 Satz 3 BGB.

Geschäftsordnung

Die Geschäftsordnung enthält typischerweise Regelungen über das Verfahren und die Willensbildung sowie die Art und Weise der Geschäftsführung bestimmter Organe, z. B. die Geschäftsordnung des Vorstands oder der Mitgliederversammlung oder die Anweisung für die Arbeitsabläufe der Geschäftsstelle. Die Geschäftsordnungen werden je nach ihrem konkreten Regelungsinhalt und etwaigen Vorgaben durch die Satzung zum Teil durch das betreffende Organ selbst erlassen, zum Teil aber auch durch ein anderes Organ vorgegeben[131].

2.6 Dachverband und Gesamtverein

Verbände, die gleiche oder ähnliche Zwecke verfolgen, können sich zur Wahrnehmung der gemeinsamen Interessen zusammenschließen. Ein solcher Zusammenschluss kann je nach den Interessen der Beteiligten unterschiedlich ausgestaltet werden. Das Spektrum reicht von dem bloßen gelegentlichen Austausch über die Bildung von Arbeitsgruppen bis hin zur Verschmelzung[132]. Folge der Verschmelzung ist allerdings, dass jedenfalls ein Verein dabei seine Selbstständigkeit verliert. Ist dies nicht gewollt, so kommt die Gründung eines Dachverbands in Betracht.

Dachverband

Der Dachverband – der auch als Vereinsverband bezeichnet wird – ist ebenfalls ein (eingetragener) Verein. Seine Mitglieder sind die an einer Zusammenarbeit interessierten und zu diesem Zweck in ihm zusammengeschlossenen Vereine[133]. Sofern der Beitritt eines Vereins zu einem Dachverband nicht bereits in der Satzung des Vereins vorgesehen ist, hängt die Wirksamkeit der Vertretung analog §§ 292, 293 AktG von

---

[131] BGHZ 47 S. 172; OLG Köln NJW-RR 1994, 1547; Soergel/Hadding, § 25 Rn. 8; Reichert, Rn. 489.

[132] Zur Verschmelzung von Verbänden siehe Gliederungspunkt G.3, S. 232.

[133] Sauter/Schweyer/Waldner, Rn. 323; Stöber/Otto, Rn. 1191.

einem zustimmenden Beschluss seiner Mitgliederversammlung ab, der mit qualifizierter Mehrheit zu fassen ist[134].

Die Mitgliedschaft im Dachverband lässt den vereinsrechtlichen Status und die Selbstständigkeit der Mitgliedsvereine unberührt. Allerdings sieht die Satzung des Dachverbands häufig vor, dass die einzelnen Mitgliedsvereine Teile ihrer Autonomie an den Dachverband abgeben. Dies ist auch der Grund, warum nach h.M. der Beitritt zu einem Dachverband durch einen Beschluss der Mitgliederversammlung bestätigt werden muss. In der Regel sind die Mitgliedsvereine verpflichtet, ihre Satzung an die Satzung des Dachverbands anzupassen oder dem Dachverband in ihrer Satzung bestimmte Kontroll- und Mitwirkungsrechte einzuräumen. Unzulässig ist hingegen eine dynamische Verweisung, nach welcher die jeweilige Satzung des Dachverbands Bestandteil der Vereinsverfassung der Mitgliedsvereine sein soll[135].

Wer Mitglied in einem verbandsangehörigen Verein wird, wird damit nicht automatisch auch Mitglied des Dachverbands[136]. Ohne spezielle Regelung beschränkt sich die Mitgliedschaft im Dachverband auf die einzelnen Mitgliedsvereine. In diesem Fall ist es unzulässig, das Stimmrecht des Mitgliedvereins in der Mitgliederversammlung des Dachverbands auf seine einzelnen Mitglieder aufzuspalten[137]. Zulässig ist aber die sog. Doppelmitgliedschaft. D. h. ein Mitglied des Mitgliedsvereins ist gleichzeitig auch Mitglied im Dachverband; in diesem Fall ist es auch dort mit vollen Mitgliedschaftsrechten ausgestattet. Ist dies gewollt, so muss die Satzung des Dachverbands bestimmen, dass der Erwerb der Mitgliedschaft im Mitgliedsverein zugleich die Mitgliedschaft im Dachverband begründet. Zudem muss sich auch aus der Satzung des Mitgliedsvereins die Doppelmitgliedschaft ergeben[138].

Gesamtverein

Abzugrenzen vom Dachverband ist der sog. Gesamtverein. Während es sich beim Dachverband um den horizontalen Zusammenschluss von mindestens zwei eigenständigen Vereinen handelt, die auch nach dem Zusammenschluss ihre Selbstständigkeit behalten, versteht man unter dem Gesamtverein die durch die Bildung von Untergliederungen entstehende vertikale Struktur eines einzelnen Vereins[139]. Wenn diese Untergliederungen ihrerseits die Merkmale eines eingetragenen oder nichtrechtsfähigen Vereins erfüllen, spricht man von einem Gesamt- oder Hauptverein[140].

[134] MünchKomm/Reuter, Vor § 21 Rn. 129.

[135] MünchKomm/Reuter, Vor § 21 Rn. 131; ausführlich dazu Heermann ZHR 174 (2010), 250.

[136] BGHZ 128 S. 93.

[137] OLG Stuttgart DStR 2010, 1249.

[138] BGHZ 28 S. 131; BGHZ 105 S. 306. Abweichend Beuthien ZGR 1989 S. 255 und MünchKomm/Reuter, Vor § 21 Rn. 134 f., die einen gesonderten Beitritt zum Dachverband für erforderlich halten.

[139] Sauter/Schweyer/Waldner, Rn. 328.

[140] MünchKomm/Reuter, Vor § 21 Rn. 138; Sauter/Schweyer/Waldner, Rn. 329.

Insbesondere bei großer Mitgliederzahl und bei überregional tätigen Vereinen kann es notwendig oder sinnvoll sein, innerhalb des Vereins bestimmte orts- oder themenbezogene Untergliederungen zu bilden. Besonders verbreitet sind Untergliederungen in Form von Landes- und Ortsverbänden, Abteilungen oder Sparten.

Die Untergliederungen innerhalb eines Vereins können sowohl rechtlich selbstständig als auch unselbstständig ausgestaltet sein. Ein eigenständiges Rechtssubjekt liegt stets vor, wenn die Untergliederung selbst ein eingetragener Verein ist. Die Untergliederung ist aber auch dann rechtlich selbstständig, wenn sie als nichtrechtsfähiger Verein im Sinne von § 54 BGB zu qualifizieren ist[141]. Sofern die Untergliederung selbst ein (rechtsfähiger oder nichtrechtsfähiger) Verein ist, spricht man von einem Zweigverein. Als eigenständiger Verein muss der Zweigverein eine eigene Vereinssatzung, eine eigene Mitgliederversammlung und einen eigenen Vorstand haben. Da der Zweigverein Teil des Gesamtvereins ist, darf er keinen anderen Zweck als der Gesamtverein verfolgen; auch der übrige Inhalt seiner Satzung darf der des Gesamtvereins nicht widersprechen. Über die Satzung des Zweigvereins entscheidet seine Mitgliederversammlung.

Die Eingliederung in den Gesamtverein darf dem Zweigverein nicht seine Eigenständigkeit nehmen[142]. Insbesondere muss ihm die Freiheit gelassen werden, seine Organe selbst zu besetzen und in seinen Organen einen eigenen (vom Hauptverein nicht beeinträchtigten) Willen zu bilden[143]. Als eigenständiger Verein ist der Zweigverein selbstständiges und selbstverantwortliches Rechtssubjekt. Vertreten durch seinen eigenen Vorstand kann er Rechtsgeschäfte im eigenen Namen und für eigene Rechnung tätigen[144]. Die Mitgliedschaft im Gesamtverein wird durch den Beitritt zum Zweigverein erworben (sog. gestufte Mitgliedschaft bzw. gestufte Verbandsstruktur)[145]. Ebenso hat der Austritt aus dem Zweigverein die Beendigung der Mitgliedschaft im Gesamtverein zur Folge. Anders als beim Dachverband sind die Mitglieder des Zweigvereins immer auch Mitglieder des Gesamtvereins (sog. Mehrfachmitgliedschaft)[146]. Der Zweigverein selbst hingegen ist, auch wenn er selbstständiger Verein ist, nicht Mitglied des Gesamtvereins[147].

Abteilung

Besitzt eine Untergliederung des Vereins keine eigene vereinsmäßige Verfassung, so handelt es sich um eine unselbstständige Untergliederung (Abteilung). Sie tritt nach

---

[141] So bspw. die „selbstständige Ruderabteilung“ in BGH NJW 2008, 69.

[142] OLG Karlsruhe NZG 2012, 1314.

[143] OLG Karlsruhe NZG 2012, 1314.

[144] Seit BGH NJW 2008, 69 ist für nichtrechtsfähige (Zweig)Vereine auch die aktive Parteifähigkeit anerkannt, was sodann auch in § 50 Abs. 2 ZPO gesetzlich normiert wurde.

[145] BGH NJW 1979, 1402.

[146] MünchKomm/Reuter, Vor § 21 Rn. 140.

[147] BGHZ 89 S. 152.

außen nur im Namen des Gesamtvereins auf, der allein berechtigt und verpflichtet wird. Für die unselbstständige Untergliederung kann von dem Gesamtverein ein besonderer Vertreter bestellt werden, der dann für alle Geschäfte, die gewöhnlich bei der Untergliederung anfallen, Vertretungsmacht für den Gesamtverein besitzt. Ist der Leiter einer unselbstständigen Untergliederung nicht besonderer Vertreter, so kann er den Gesamtverein nur kraft einer entsprechenden rechtsgeschäftlichen Vollmacht vertreten.
Eine unselbstständige Untergliederung kann nur mit Willen und Zustimmung des Gesamtvereins entstehen. Bilden Vereinsmitglieder ohne diese Voraussetzung eine eigene Gruppe, so wird diese erst dann eine Untergliederung des Gesamtvereins, wenn sie durch den Gesamtverein als eine solche anerkannt wird. Die Organisation der Untergliederung und ihre Aufgaben bestimmen sich allein nach der Satzung und der Beschlusslage des Gesamtvereins. Da unselbstständige Untergliederungen keine eigenen Rechtsträger sind, können sie weder mit Dritten noch mit dem Gesamtverein noch untereinander Verträge schließen. Sie können auch kein eigenes Vermögen erwerben. Zuwendungen an die Untergliederung stellen Zuwendungen an den Gesamtverein dar, ggf. mit der Auflage, die Zuwendung für die Untergliederung zu verwenden. Es ist allein Sache des Hauptvereins die Angelegenheiten der Untergliederung gegenüber Dritten wahrzunehmen[148].
Die Frage, ob eine Unterorganisation eines Gesamtvereins ein Zweigverein oder eine unselbstständige Untergliederung (Abteilung) ist, ist nach den Umständen des Einzelfalls festzustellen. Insbesondere besagt die Bezeichnung als Ortsgruppe, Ortsverein, Ortsverband, Bezirksgruppe, Landesverband usw. nichts über die rechtliche Qualifikation.

3 Steuerliche Besonderheiten

3.1 Zweckrichtung des Verbands

3.1.1 Ausgestaltung der Satzung

Die erste Voraussetzung für die steuerliche Anerkennung als Berufsverband ist die Verfolgung berufsständischer Zwecke gemäß seiner Satzung. Diese könnten folgendermaßen in die Satzung aufgenommen werden:

[148] BGH MDR 1972, 859.

Der Zweck des Verbands ist es, die beruflichen Interessen seiner Mit-glieder umfassend wahrzunehmen. Er hat in diesem Zusammenhang die Aufgabe,

- sich für die Sicherung und Verbesserung der Arbeitsbedingungen von XY-Betrieben einzusetzen,
- die Berufsorientierung der Ausbildung in XY-Betrieben und die Fortbildung seiner Mitglieder zu fördern,
- einheitliche Richtlinien für die Berufsausübung zu entwickeln,
- einheitliche Standards bei der Aus- und Fortbildung zu gewährleisten,
- die Öffentlichkeit über alle mit der Berufsausübung verbundenen Fragen zu unterrichten.

Der Verband wirkt auf alle Stellen der Regierung und öffentlichen Verwaltung sowie auf alle Einrichtungen ein, die für die Interessen seiner Mitglieder von Bedeutung sind. Dabei bringt er sich insbesondere in die Diskussion um Gesetzgebungsverfahren ein.

Der Verband hat die Aufgabe,

- die Interessen des XY-Berufsstands wahrzunehmen,
- die angeschlossenen Landesverbände bei der Erfüllung ihrer gesetzlichen und satzungsmäßigen Aufgaben zu unterstützen,
- den Behörden Anregungen und Vorschläge zu unterbreiten,
- Fachschulen einzurichten und zu fördern.

Der Verband hat die Aufgabe, die Interessen seiner Mitglieder auf wirtschaftlichem und technischem Gebiet zu wahren und zu fördern sowie die Mitgliedsfirmen in allen fachlichen Fragen zu beraten und zu unterstützen.

Zur Erfüllung dieser Aufgabe vertritt er die allgemeinen und ideellen Gesamtinteressen der Mitglieder gegenüber behördlichen, wirtschaftlichen und sonstigen Stellen und Einrichtungen, unterbreitet den zuständigen Stellen Vorschläge für sein Fachgebiet und erteilt Auskünfte.

Die Frage, ob ein Verein als Berufsverband anzuerkennen ist, ist regelmäßig einzelfallabhängig. Entscheidungserheblich ist im Wesentlichen das Kriterium der „allgemeinen wirtschaftlichen Interessen“[149].

Der Bundesfinanzhof hat 1966[150] entschieden, dass ein Verein dann kein Berufsverband ist, wenn er sich ausschließlich mit der Werbung für ein bestimmtes Wirtschaftsgut beschäftigt, welches die Verbandsmitglieder herstellen, verarbeiten oder an dessen Verkauf und Publizität sie interessiert sind. Dadurch mache sich der Verein zum Fürsprecher der einzelnen Mitglieder in Bezug auf den Erfolg ihrer geschäft-

---

[149] BFH v. 29.11.1967 – I 67/65, BStBl. 1968 II, 236.

[150] BFH v. 15.7.1966 – III 179/64, BStBl. 1966 III, 638. Zuletzt BFH v. 29.10.2008 – XI R 59/07, BFH/NV 2009, 324.

lichen Unternehmen, weil Zweck der Werbetätigkeit die Vergrößerung des Absatzes dieses Wirtschaftsguts ist. Ein berufsständischer Zweck liegt jedoch vor, wenn der Berufsstand an sich durch Werbung in einem positiven öffentlichen Licht erscheinen soll.
Mit Urteil vom 11.8.1972[151] hat der Bundesfinanzhof entschieden, dass eine Steuerbefreiung als Berufs- bzw. Wirtschaftsverband nicht möglich ist, wenn dieser nur besondere wirtschaftliche (und geschäftliche) Interessen einzelner (Verbands-)Angehöriger verfolgt. Es ging dabei um einen Verein, dessen satzungsmäßiger Zweck in der Durchführung der Gütesicherung und Überwachung der gleichbleibenden Einhaltung der Gütebedingungen bei den von seinen Mitgliedern erzeugten Stoffen sowie in der Auszeichnung der Erzeugnisse der Mitglieder mit einem Gütezeichen lag.

Fehlende Berufsverbandseigenschaft nach der BFH-Rechtsprechung[152]	
Abrechnungsstelle von Apothekeninhabern	BFH v. 26.4.1954 - I 110/53 U, Betel. 1954 III, 204
Creditreform	RFH v. 23.5.1933 - I A 326/32, RStBl. 1933, 910
Getreidebörse	BFH v. 16.11.1954 - I 114/53 U, BStBl. 1955 III, 12
Gewährung verbilligter Urlaubsreisen	BFH v. 28.6.1989 - I R 86/85, BStBl. 1990 II, 550
Güteschutzgemeinschaft	BFH v. 11.8.1972 - II R 114/71, BStBl. 1973 II, 29
Lohnsteuerhilfeverein	BFH v. 16.12.1998 - I R 36/98, BStBl. 1999 II, 366; v. 29.8.1973 - I R 234/71, BStBl. 1974 II, 60
Mieterverein	BFH v. 17.5.1966 - III 190/64, BStBl. 1966 III, 525
Milchkontrollverein	BFH v. 17.3.1964 - I 265/61, StRK KStG: 8 R 9.
Rabattsparverein	BFH v. 29.11.1967 - I 67/65, BStBl. 1968 II, 236
Warenzeichenverband	BFH v. 8.6.1966 - I 151/63, BStBl. 1966 III, 632
(reiner) Werbeverband[153]	BFH v. 15.7.1966 - III 179/64, BStBl. 1966 III, 638

Fraglich war lange Zeit auch, welche Interessen ein Berufsverband für die Mitglieder „seines“ Berufsstands wahrzunehmen hatte („Ein-Thema-Verband“). Hierzu hat der Bundesfinanzhof 2003[154] entschieden:

[151] BFH v. 11.8.1972 – II R 114/71, BStBl. 1973 II, 39.
[152] H 16 KStR 2004; Neu/Engelsing, NWB 2002, F. 4, 4686.
[153] Marketing-Clubs können dagegen als Berufsverband anerkannt werden, sofern sie nach ihrer Satzung und ihrer tatsächlichen Geschäftsführung die allgemeinen, aus der beruflichen und unternehmerischen Tätigkeit erwachsenden ideellen und wirtschaftlichen Interessen des Berufsstands wahrnehmen, Niedersächsischer Minister der Finanzen v. 18.8.1992 – S 2728 – 14 – 31 2, KStK § 5 KStG Karte E 4.
[154] BFH v. 4.6.2003 – I R 45/02, DStRE 2003, 1391.

> *„Ein Verband nimmt auch dann allgemeine Interessen eines Wirtschaftszweigs wahr, wenn er lediglich die in einem eng begrenzten Bereich der unternehmerischen Tätigkeit bestehenden gemeinsamen Interessen eines Wirtschaftszweigs vertritt."*

Nach Auffassung des Bundesfinanzhofs ist es ausreichend, wenn ein Verein ein einziges wirtschaftliches Interesse eines Wirtschaftszweigs wahrnimmt, um ihn als Berufsverband im Sinne des § 5 Abs. 1 Nr. 5 KStG anzuerkennen. Danach genügt es, wenn die Tätigkeit des Verbands den Interessen des Wirtschaftszweigs dient und die Vertretung bloßer Individualinteressen vermieden wird. Konkret ließ der BFH es ausreichen, dass die satzungsmäßige Aufgabe des Vereins nur darin bestand, über den Inhalt, die Änderungen und die Ergänzungen eines für die Versicherungsbranche wichtigen Abkommens zu beschließen und etwaige Verstöße gegen das Abkommen zu untersuchen und zu ahnden. Im Urteilstenor wird Folgendes ausgeführt[155]:

> *„Entgegen der Auffassung des FG nimmt ein Verband auch dann allgemeine Interessen eines Wirtschaftszweigs wahr, wenn er lediglich die in einem eng begrenzten Bereich der unternehmerischen Tätigkeit bestehenden gemeinsamen Interessen eines Wirtschaftszweigs vertritt. Dass allgemeine Interessen wahrgenommen werden müssen, besagt lediglich, dass die Tätigkeit des Verbands den Interessen des Wirtschaftszweigs dienen muss und keine bloße Vertretung von Individualinteressen sein darf. Welchen Umfang die wahrzunehmenden Interessen haben müssen, lässt sich dem Adjektiv „allgemeine" nicht entnehmen."*

Des Weiteren hat der Bundesfinanzhof entschieden, dass es nicht notwendig ist, dass die Mitglieder eines Berufsverbandes aus derselben Branche stammen. Es reicht stattdessen aus, wenn allgemeine Interessen wirtschaftlicher Art wahrgenommen werden[156].

Im Gegensatz zur Satzung einer gemeinnützigen Körperschaft ist es für die generelle Anerkennung als Berufsverband unschädlich, wenn ein wirtschaftlicher Geschäftsbetrieb in der Satzung des Verbands aufgeführt ist[157].

---

[155] BFH v. 4.6.2003 – I R 45/02, DStRE 2003, 1391.

[156] BFH v. 13.3.2012 – I R 46/11, BFH/NV 2012, 1181.

[157] R 16 Abs. 1 Satz 5 KStR 2004; OFD Hannover v. 6.6.2002 – S 2725 – 32 – StH 233/S 2725 – 20 – StO 214, DStR 2002, 1305; OFD Kiel v. 7.3.2002 – S 2727 A – St 262, KStK § 5 KStG Karte E 4. Vgl. Burret, NWB 2012 S. 2610 ff.

Damit hat die Finanzverwaltung ihre zeitweise bestehende anderslautende Auffassung wieder aufgegeben[158].
Problematisch kann die satzungsmäßige Nennung eines wirtschaftlichen Geschäftsbetriebs jedoch aus zivilrechtlicher Sicht werden. Die Eintragung ins Vereinsregister ist zu versagen bzw. ein bereits eingetragener Verein ist aus dem Vereinsregister zu löschen, wenn der wirtschaftliche Geschäftsbetrieb einen wirtschaftlichen Hauptzweck des Verbands darstellt und damit die Grenzen des Nebenzweckprivilegs überschritten sind[159].

3.1.2 Anforderungen an die tatsächliche Geschäftsführung

Für die Frage der Zweckrichtung eines Berufsverbands kommt es jedoch nicht nur auf die Satzung, sondern als wesentliche zweite Voraussetzung auf die tatsächliche Geschäftsführung an[160]. Sie muss grundsätzlich mit den satzungsmäßigen Zwecken übereinstimmen[161]. Demzufolge verliert ein Berufsverband die Steuerfreiheit, „wenn er Geschäfte tätigt, die zur regelmäßigen Tätigkeit eines gewerblichen Unternehmens gehören."[162] Die nicht dem Verbandszweck dienende wirtschaftliche Betätigung darf – nach dem Gesamtbild der tatsächlichen Geschäftsführung – dem Verband nicht das Gepräge geben[163].
In Einzelfällen wird der Berufsverband nicht sofort in vollem Umfang berufsständisch tätig werden können, da erst in einem ausreichenden Maße Mittel eingesammelt oder eine entsprechende Organisation aufgebaut werden müssen. Gleichwohl ist der Verband als Berufsverband im steuerlichen Sinne anzuerkennen, wenn „nur" sog. Vorbereitungsmaßnahmen unternommen werden (Anlaufphase)[164].
Für die Voraussetzungen der Steuerbefreiung trägt der Berufsverband die objektive Beweislast (Feststellungslast). Der Nachweis ist zu führen durch detaillierte Ge-

---

[158] So noch OFD Hannover v. 2.11.2000 – S 2725 – 32 – StH 233/S 2725 – 20 – StO 214, KStK § 5 KStG Karte E 3; OFD Frankfurt am Main v. 27.10.2000 – S 2725 A – 10 – St II 12, KStK § 5 Karte E 4. Die OFD sah in der Nennung eines wirtschaftlichen Geschäftsbetriebs in der Satzung einen Formmangel. Für bereits als steuerbefreit anerkannte Berufsverbände sah die Verfügung jedoch einen (vorläufigen) Vertrauensschutz vor; diesem Formmangel brauchte nur aus Anlass einer ohnehin beabsichtigten Satzungsänderung abgeholfen zu werden.

[159] Siehe Gliederungspunkt B.2.2, S. 35.

[160] BFH v. 13.3.2012 – I R 46/11, BFH/NV 2012, 1181; BFH v. 13.8.1993 – VI R 51/92, BStBl. 1994 II, 33.

[161] BFH v. 7.6.1988 – VIII R 76/85, BStBl. 1989 II, 97; BFH v. 18.9.1984 – VIII R 324/82, BStBl. 1985 II, 92.

[162] So BFH v. 22.11.1955 – I 67/54 U, BStBl. 1956 III, 29.

[163] BFH v. 23.7.2003 – I R 29/02, BStBl. 2003 II, 930 zur Anlaufphase einer gemeinnützigen Organisation; für den Berufsverband muss Analoges gelten.

[164] R 16 Abs. 1 Satz 6 KStR 2004. Ausführlich zum „Gepräge" siehe Gliederungspunkt D.3.3.3, S. 124.

schäfts- und Tätigkeitsberichte sowie Aufzeichnungen über Einnahmen und Ausgaben. Dazu gehören die vollständige Aufzeichnung und geordnete Zusammenstellung der Einnahmen und Ausgaben sowie die Aufbewahrung der anfallenden Belege. Die Aufstellung der Einnahmen und Ausgaben hat für jeden der drei Tätigkeitsbereiche[165] – ideeller Bereich, Vermögensverwaltung, wirtschaftlicher Geschäftsbetrieb – gesondert zu erfolgen. Sind Geschäfts- und Tätigkeitsberichte nicht angefertigt worden, kann der Berufsverband den Nachweis über seine Tätigkeit auch durch andere Unterlagen führen, z. B. durch Schriftverkehr und Notizen über vorbereitende Maßnahmen[166]. Mit der Unterschrift des gesetzlichen Vertreters des Berufsverbands unter die Erklärung zur Körperschaftsteuerpflicht von Berufsverbänden – KSt Ber 1[167] – wird versichert, dass die tatsächliche Geschäftsführung den satzungsmäßigen Zwecken entspricht.

3.1.3 Auseinanderfallen von Satzung und tatsächlicher Geschäftsführung

Bei der Gründung eines Berufsverbands bzw. bei bestehenden Berufsverbänden ist darauf zu achten, dass beide Voraussetzungen kumulativ vorliegen. Fallen jedoch Satzung und tatsächliche Geschäftsführung auseinander, hat der Bundesfinanzhof in seinen frühen Entscheidungen die Auffassung vertreten, dass die tatsächliche Geschäftsführung für die Anerkennung als Berufsverband maßgeblich sei[168]; die Steuerbefreiung bleibe erhalten, wenn die tatsächliche Geschäftsführung auf Zwecke gerichtet sei, die üblicherweise satzungsmäßige Zwecke eines Berufsverbands sein können[169]. Von dieser Auffassung ist der Bundesfinanzhof zwischenzeitlich einmal abgewichen[170]. So hatte der Bundesfinanzhof mehrfach darüber zu entscheiden, ob Beiträge an den Wirtschaftsrat der CDU als Betriebsausgabe abzugsfähig sind. Voraussetzung für die Abzugsfähigkeit war die Frage, ob der Wirtschaftsrat der CDU als Berufsverband anzuerkennen ist oder nicht. Der Bundesfinanzhof führt insoweit aus, dass die Anerkennung als Berufsverband voraussetzt, dass sowohl die Satzung als auch die tatsächliche Geschäftsführung die Voraussetzungen für die Inanspruchnahme von § 5 Abs. 1 Nr. 5 KStG erfüllen. Zuletzt hat der Bundesfinanzhof aber wieder ausgeführt, dass sich die Steuerbefreiung als Berufsverband insbesondere nach der tatsäch-

---

[165] Siehe Gliederungspunkt D.7, S. 179.

[166] BFH v. 23.7.2003 – I R 29/02, BStBl. 2003 II, 930.

[167] Siehe Anlage J.2.3, S. 288.

[168] BFH v. 22.11.1955 – I 67/54 U, BStBl. 1956 III, 29; v. 22.7.1952 – I 44/52 U, BStBl. 1952 III, 221.

[169] So auch Alvermann, FR 2006 S. 262 (263), jedoch mit Verweis auf die ältere BFH-Rechtsprechung.

[170] BFH v. 7.6.1988 – VIII R 76/85, BStBl. 1989 II, 97; v. 28.1.1988 – V R 48/85, DB 1989, 156; v. 18.9.1984 – VIII R 324/82, BStBl. 1985 II, 92.

lichen Geschäftsführung richtet. Dabei bietet die Satzung aber einen wichtigen Anhalt dafür, welche Zwecke tatsächlich verfolgt werden[171].

Trotz des grundsätzlich notwendigen Gleichklangs von Satzung und tatsächlicher Geschäftsführung ist ggf. in folgendem Einzelfall ein nicht vollkommender Gleichklang als unschädlich anzusehen.

Beispiel:

Einem Verein wird im Laufe eines Veranlagungszeitraums die Gemeinnützigkeit aberkannt; seine Tätigkeit ist nicht auf die Förderung der Allgemeinheit gerichtet. Der Verein dient bzw. hat aber (auch) berufsständischen Zwecken gedient.

Die Satzung wird ggf. nicht in vollem Umfang den Voraussetzungen einer ordnungsgemäßen Satzung eines Berufsverbands entsprechen, da sie den formalen Anforderungen einer gemeinnützigen Satzung genügt. Gleichwohl kann die Tätigkeit des Verbands unstreitig auf berufsständische Zwecke ausgerichtet gewesen sein, sodass eine Anerkennung als Berufsverband angestrebt werden kann.

Der Wechsel von der Steuerbefreiung als gemeinnützige Körperschaft zur Steuerbefreiung als Berufsverband führt grundsätzlich – mit Ausnahme eines bisherigen Zweckbetriebs, der nun zum wirtschaftlichen Geschäftsbetrieb wird – zu keiner Besteuerung; § 13 KStG ist nicht anwendbar[172].

3.2 Wechsel in die und aus der Steuerbefreiung

Die steuerlichen Vergünstigungen nach § 5 Abs. 1 Nr. 5 KStG stellen eine persönliche Steuerbefreiung dar, die den Berufsverband mit Ausnahme des wirtschaftlichen Geschäftsbetriebs von der Steuer befreien. Der Beginn und das Erlöschen der Steuerbefreiung richten sich nach § 13 KStG. Dort sind die Sachverhalte geregelt, bei denen eine bisher steuerpflichtige Körperschaft von der Körperschaftsteuer befreit wird oder umgekehrt eine bisher von der Körperschaftsteuer befreite Körperschaft steuerpflichtig wird, sofern sie ihren Gewinn durch Betriebsvermögensvergleich ermittelt. Es kann sich gemäß § 13 Abs. 5 KStG auch um eine nur partielle Steuerbefreiung handeln[173].

Beispiel:

„Sphärenwechsel" eines wirtschaftlichen Geschäftsbetriebs in die Vermögensverwaltung und umgekehrt.

---

[171] BFH v. 13.3.2012 – I R 46/11, BFH/NV 2012, 1181.

[172] Siehe Brinkmann, in: Dötsch u. a., KStG, zu § 13 Rz. 12.

[173] Vgl. Brinkmann, in: Dötsch u. a., KStG, zu § 13 Rz. 72 ff.

§ 13 KStG findet nicht nur Anwendung in Fällen, in denen der betroffene Berufsverband den Wechsel zwischen Steuerpflicht und Steuerfreiheit selbst verursacht hat, sondern auch, wenn eine Gesetzesänderung Ursache des Wechsels ist. Keine Anwendung findet § 13 Abs. 5 KStG jedoch, wenn bei einem Berufsverband Entnahmen aus dem steuerpflichtigen wirtschaftlichen Geschäftsbetrieb in den steuerbefreiten (ideellen) Bereich bzw. Einlagen im umgekehrten Fall getätigt werden; § 13 KStG ist den Vorschriften des § 6 Abs. 1 Nr. 4 und Nr. 5 EStG subsidiär[174].

Wird ein bislang steuerpflichtiger Verein nunmehr als Berufsverband anerkannt und damit steuerbefreit, erfolgt eine Besteuerung der während der Steuerpflicht gebildeten stillen Reserven des (anteiligen) Betriebsvermögens[175]. Der künftig steuerbefreite Berufsverband hat nach § 13 Abs. 1 KStG eine Schlussbilanz aufzustellen; in dieser sind die Wirtschaftsgüter nach § 13 Abs. 3 Satz 1 KStG mit dem Teilwert anzusetzen.

Wird einem Berufsverband die Anerkennung als solcher entzogen, stellt § 13 Abs. 2 KStG sicher, dass die während der Steuerbefreiung entstandenen stillen Reserven durch den bzw. nach dem Wegfall der Steuerbefreiung nicht steuerpflichtig werden. Auf den Zeitpunkt, in dem die Steuerpflicht beginnt, hat der Verein eine Anfangsbilanz aufzustellen, wenn er seine Einkünfte durch Betriebsvermögensvergleich ermittelt. Ebenso wie in der Schlussbilanz sind die Wirtschaftsgüter auch in der Anfangsbilanz mit den Teilwerten anzusetzen[176]. Darüber hinaus dürfen selbst geschaffene immaterielle Wirtschaftsgüter des Anlagevermögens, und damit insbesondere ein originärer Geschäfts- oder Firmenwert, weder in der Anfangs- noch in der Schlussbilanz angesetzt werden[177]. Bei einer Einnahmenüberschussrechnung sind die Einnahmen und Ausgaben sofort steuerlich wirksam, sobald die Steuerbefreiung nicht mehr einschlägig ist[178].

Das Gesetz bietet keine Handhabe, eine Körperschaft nur für einen Teil eines Veranlagungszeitraums als Berufsverband anzuerkennen. Die Voraussetzungen des § 5 Abs. 1 Nr. 5 KStG – berufsständische Satzung und entsprechende tatsächliche Geschäftsführung – müssen somit im Rahmen der Ertragsbesteuerung während des ganzen Veranlagungs- oder Bemessungszeitraums vorliegen; bei den anderen Steuern reicht die Vorlage der Voraussetzungen im Zeitpunkt der Entstehung der Steuer aus.

Beispiel:

Ein Verein wird durch eine Satzungsänderung ab dem 1.7.14 zu einem Berufsverband. Erst ab diesem Zeitpunkt ist auch die tatsächliche Geschäftsführung auf berufsständische Zwecke gerichtet.

---

[174] Siehe Streck, in: Streck, KSt-Kommentar, § 13 Rz. 26; Brinkmann, in: Dötsch u. a., KStG, zu § 13 Rz. 2a.

[175] Vgl. Buchna, Gemeinnützigkeit, S. 542.

[176] § 13 Abs. 3 Satz 1 KStG.

[177] BFH v. 9.8.2000 – I R 69/98, BStBl. 2001 II, 71.

[178] Vgl. Brinkmann, in: Dötsch u. a., KStG, zu § 13 Rz. 14.

Die Voraussetzungen für die Steuerbefreiung liegen nicht während des gesamten Veranlagungszeitraums vor; der Verein ist für das gesamte Jahr 14 weiterhin voll steuerpflichtig.

Bei einem abweichenden Wirtschaftsjahr sind die Erträge ggf. auf die betroffenen Veranlagungszeiträume aufzuteilen, da die Steuerbefreiung auch nicht an das Wirtschaftsjahr anknüpft[179].

[179] Vgl. Olgemöller, in: Streck, KSt-Kommentar, § 13 Rz. 3.

C Organisation des Verbands

1 Mitgliedschaft

Mit der Beteiligung an der Gründung eines Vereins oder dem späteren Beitritt wird zwischen dem einzelnen Mitglied und dem Verein ein Rechtsverhältnis begründet, das als „Mitgliedschaft" bezeichnet wird. Die Mitgliedschaft umfasst alle Rechte und Pflichten des Vereinsmitglieds.

1.1 Erwerb der Mitgliedschaft

Die Vereinsmitgliedschaft kann originär durch Teilnahme an der Gründung des Vereins oder später durch Beitritt erworben werden. Nach den gesetzlichen Vorgaben ist die Mitgliedschaft personenbezogen und daher weder übertragbar noch vererblich. Zwar kann die Satzung Abweichendes regeln, dies dürfte für Berufsverbände jedoch kaum von Bedeutung sein.
Die Aufnahme in den bestehenden Verein vollzieht sich durch den Abschluss eines Aufnahmevertrags zwischen dem Verein und dem Beitrittswilligen[180]. Weder der Verein noch ein Beitrittswilliger kann durch einseitige Erklärung die Mitgliedschaft begründen. In der Regel stellt der Beitrittswillige den Antrag auf Abschluss des Aufnahmevertrags. Der Aufnahmevertrag kommt dann dadurch zustande, dass der Verein das Angebot annimmt. Die Annahme ist eine empfangsbedürftige Willenserklärung; sie wird erst wirksam, wenn sie dem Beitrittswilligen zugegangen ist[181]. Die Annahme des Angebots muss durch den Vorstand erklärt werden, da es sich um eine Vertretung des Vereins i. S. von § 26 Abs. 1 Satz 2 BGB handelt. Ggf. kommt eine Vertretung des Vereins gemäß § 30 BGB durch einen besonderen Vertreter in Betracht, wenn diesem der entsprechende Wirkungskreis zugewiesen ist. Der Aufnahmebeschluss des zuständigen Vereinsorgans ist lediglich ein Akt der internen Willensbildung.
Der Abschluss des Aufnahmevertrags erfordert grundsätzlich die unbeschränkte Geschäftsfähigkeit des Beitrittswilligen. Es kann allerdings auch vorkommen, dass Minderjährige einem Berufsverband beitreten wollen, wenn sie eine Ausbildung beginnen oder noch vor Erreichen des 18. Lebensjahrs ein eigenes Unternehmen gründen. Grundsätzlich müssen dann die gesetzlichen Vertreter (im Regelfall beide

---

[180] BGHZ 101 S. 193.
[181] BGHZ 101 S. 193.

Elternteile, § 1626 Abs. 1 BGB) die Beitrittserklärung abgeben oder sie genehmigen einen von dem Minderjährigen gegenüber dem Verein erklärten Beitritt. Bis zur Genehmigung ist die Beitrittserklärung des Minderjährigen schwebend unwirksam. Da sich die Mitgliedschaftspflichten nicht auf die bloße Beitragsleistung beschränken, findet der Taschengeldparagraph (§ 110 BGB) keine Anwendung. D. h. der Minderjährige bedarf auch dann der Zustimmung seiner Eltern zum Vereinsbeitritt, wenn er den Vereinsbeitrag aus Mitteln bestreiten kann, die ihm zu diesem Zweck oder zur freien Verfügung überlassen wurden[182].

Ausnahmsweise kann der Minderjährige auch ohne Mitwirkung seines gesetzlichen Vertreters den Aufnahmevertrag abschließen. Dies ist der Fall, wenn er zum selbstständigen Betrieb eines Erwerbsgeschäfts gemäß § 112 BGB oder zur Eingehung eines Dienst- oder Arbeitsverhältnisses (§ 113 BGB) ermächtigt ist und der Vereinsbeitritt damit im Zusammenhang steht[183].

Eine bestimmte Form für den Aufnahmevertrag ist nicht vorgesehen[184].

Der Verein darf die Aufnahme sowie das Bestehen der Mitgliedschaft an Bedingungen knüpfen[185]. Eine Grenze findet die Satzungsautonomie lediglich in den allgemeinen Regeln des Privatrechts, insbesondere den §§ 134, 138, 242, 826 BGB sowie § 20 Abs. 5 GWB.

Die Satzung kann insbesondere bestimmen, dass nur natürliche Personen aufgenommen werden dürfen, dass diese ein bestimmtes Alter oder einen bestimmten Beruf haben müssen. Ein Dachverband kann bestimmen, dass Mitglieder nur bestimmte rechtsfähige oder nichtrechtsfähige Vereine oder sonstige juristische Personen sein können.

Die Satzung kann darüber hinaus formelle Aufnahmebedingungen festlegen. Sie kann bestimmen, dass die Aufnahme schriftlich beantragt werden muss. Auch kann die Aufnahme an die Zahlung einer Aufnahmegebühr geknüpft werden.

Zur Prüfung des Aufnahmeantrags kann bei dem zuständigen Vereinsorgan ein bestimmtes Prüfungs- und Beschlussverfahren vorgesehen werden. Die Aufnahme in den Verein ist auch dann wirksam, wenn der Aufgenommene nicht die satzungsmäßigen Voraussetzungen für den Erwerb der Mitgliedschaft erfüllt.

Der Vereinsbeitritt ist ein Rechtsgeschäft. Daher können sowohl auf Seiten des Vereins als auch auf Seiten des Beitretenden Nichtigkeits- wie Anfechtungstatbestände gegeben sein. Denkbar sind insbesondere Mängel wie ein Scheingeschäft (§ 117 BGB), der Mangel der Ernstlichkeit der Erklärung (§ 118 BGB), ein Verstoß gegen das Gesetz (§ 134 BGB) oder die guten Sitten (§ 138 BGB). Bei fehlender oder beschränkter Geschäftsfähigkeit des Beitrittswilligen gelten die §§ 104, 105 und 107 BGB. Als Anfechtungsgründe kommen insbesondere Irrtum (§ 119 BGB), Drohung

[182] Reichert, Rn. 1011; Stöber/Otto, Rn. 247; a. A. Sauter/Schweyer/Waldner, Rn. 10.

[183] Reichert, Rn. 1011.

[184] Palandt/Heinrichs/Ellenberger, § 58 Rn. 4.

[185] Siehe dazu bereits oben Gliederungspunkt B.2.4.5, S. 45.

und arglistige Täuschung (§ 123 BGB) in Betracht. Die Anfechtung des Vereinsbeitritts führt entgegen § 142 BGB nicht zur rückwirkenden Unwirksamkeit. Vielmehr ist entsprechend den Grundsätzen über die fehlerhafte Gesellschaft ein Austritt nur für die Zukunft möglich[186]. D. h. alle in der Zwischenzeit gefassten Beschlüsse, an denen der Eingetretene mitgewirkt hat, bleiben wirksam. Die Mitgliedschaft fällt von dem Zeitpunkt an weg, zu dem die Anfechtung geltend gemacht wird[187].

Der Aufnahmevertrag begründet zwischen dem Verein und dem Vereinsmitglied das Mitgliedschaftsverhältnis mit allen sich daraus ergebenden Rechten und Pflichten. Der Beitritt zum Verein kann nicht mit Rückwirkung vorgenommen werden[188]. Das von dem Verein bis zur Aufnahme des neuen Mitglieds gesetzte Recht, insbesondere in Form der Satzung, Nebenordnungen und Beschlüssen, erstreckt sich nunmehr auch auf das neu aufgenommene Mitglied. Es kommt nicht darauf an, dass ihm dieses Recht bekannt ist[189].

Zugunsten des Vereins besteht grundsätzlich Aufnahmefreiheit, d. h. der Verein kann in der Regel frei darüber entscheiden, ob er einen Beitrittswilligen aufnehmen will oder nicht. Ein Anspruch auf Aufnahme in den Verein besteht selbst dann nicht, wenn der Antragsteller alle satzungsmäßigen Aufnahmevoraussetzungen erfüllt[190]. Abgesehen von den Fällen, in denen der Verein sich einzelvertraglich zur Aufnahme bestimmter Personen verpflichtet – durch Abschluss eines Vorvertrags oder eines Vertrags zu Gunsten Dritter – kann ein Anspruch auf Aufnahme in den Verein auch aus übergeordneten allgemeinen Rechtsgrundsätzen bestehen[191]. Dies gilt insbesondere bei Vereinen, die eine Monopolstellung besitzen[192]. Ein Aufnahmezwang besteht, wenn der Verein eine solche Bedeutung hat, dass derjenige, der die Mitgliedschaft nicht besitzt, in seinem wirtschaftlichen Fortkommen erheblich behindert ist[193].

Ein derartiger Aufnahmeanspruch kann sich insbesondere aus dem Diskriminierungsverbot des § 20 Abs. 5 GWB ergeben. Nach dieser Vorschrift sind Wirtschafts- und Berufsvereinigungen verpflichtet, ein beitrittswilliges Unternehmen aufzunehmen, wenn die Ablehnung eine sachlich nicht gerechtfertigte, ungleiche Behandlung darstellt, die zu einer unbilligen Benachteiligung des betreffenden Unternehmens im Wettbewerb führen würde[194].

---

[186] BGH WM 1976, 475; MünchKomm/Reuter, § 38 Rn. 62; Palandt/Heinrichs/Ellenberger, § 21 Rn. 11.

[187] BGHZ 63 S. 338 (344); Walter NJW 1975 S. 1033.

[188] BAG NZA 2001, 980.

[189] Reichert, Rn. 1014.

[190] BGHZ 101 S. 193; BGH NJW 1999, 1326.

[191] BGH NJW 1995, 1214.

[192] Dazu BGH NJW 1980, 186; OLG Celle NJW-RR 1989, 313; LG Lübeck MDR 1993, 292.

[193] BGHZ 21 S. 1; LG München I NJW-RR 1993, 890.

[194] BGHZ 140 S. 74.

Wirtschaftsvereinigungen i. S. von § 20 Abs. 5 GWB sind auf der Grundlage der Privatautonomie organisierte Verbindungen von Unternehmen eines Wirtschaftszweigs, die nicht nur Einzelzwecke im Interesse ihrer Mitglieder verfolgen, sondern eine umfassende Wahrnehmung und Förderung der gemeinsamen unternehmerischen Wirtschaftsinteressen ihrer Mitglieder bezwecken[195]. Berufsvereinigungen sind ebenfalls auf freiwilliger privater Grundlage bestehende Unternehmenszusammenschlüsse eines Berufszweigs, deren Zwecksetzung der Schutz und die Förderung der gemeinschaftlichen Berufs- und Wirtschaftsinteressen ist. Diese Vereinigungen müssen eine verbandspolitische Zielsetzung verfolgen und als Repräsentanten der Interessen ihrer Mitglieder in der Öffentlichkeit wirken. Berufsverbände erfüllen damit jedenfalls die Merkmale einer Berufsvereinigung i. S. von § 20 Abs. 5 GWB[196]. Zu beachten ist allerdings, dass § 20 Abs. 5 GWB nur gilt, wenn der betreffende Verband Unternehmen als Mitglieder hat und der Beitrittswillige selbst auch Unternehmer ist. Die unternehmerische Betätigung wird insofern sehr weit ausgelegt. Sie umfasst jedwede Tätigkeit im geschäftlichen Verkehr einer natürlichen oder juristischen Person. Ein Verstoß gegen § 20 Abs. 5 GWB liegt vor, wenn dem beitrittswilligen Unternehmer auf seinen Antrag auf Abschluss des Aufnahmevertrags eine Absage erteilt wurde und diese eine sachlich nicht gerechtfertigte Ungleichbehandlung darstellt. Verweigert wird die Aufnahme auch dann, wenn der Verband unzumutbare Aufnahmebedingungen festlegt oder über einen Aufnahmeantrag unverhältnismäßig lange nicht entscheidet. Die Aufnahmepflicht nach § 20 Abs. 5 GWB setzt weiterhin eine sachlich nicht gerechtfertigte Ungleichbehandlung und eine dadurch bewirkte Wettbewerbsbeeinträchtigung voraus. Erforderlich ist hier eine umfassende Abwägung der Interessen des Verbands an der freien Entscheidung über die Zusammensetzung seines Mitgliederkreises und den Interessen des Bewerbers an der Verbandsmitgliedschaft[197]. Dabei ist auf Seiten des Verbands zu berücksichtigen, dass im Einzelfall ein berechtigtes Interesse daran bestehen kann, einen Bewerber von der Mitgliedschaft fern zu halten[198]. Eine Ungleichbehandlung ist gegeben, wenn der Verband andere, gleichartige Unternehmen bereits aufgenommen hat. Eine Benachteiligung des Beitrittswilligen im Wettbewerb liegt vor, wenn dieser als Mitglied des Verbands erfolgreicher am Wirtschaftsleben teilnehmen könnte als ohne Vereinsmitgliedschaft. Liegen die Voraussetzungen des § 20 Abs. 5 GWB vor, so kann die Kartellbehörde die Aufnahme des Beitrittswilligen anordnen. Die Entscheidung der Kartellbehörde, die einen Verband zur Aufnahme eines Bewerbers nach § 20 Abs. 5 GWB zwingt, stellt einen Eingriff in die nach Artikel 9 Abs. 1 GG geschützte Organisationsautonomie dar. Da sich der Aufnahmebewerber aber seinerseits auf Grundrechte stützen kann, ist eine Abwägung der beiderseitigen Grundrechtspositionen

[195] Immenga/Mestmäcker/Markert, § 27 GWB Rn. 4.
[196] BGH NJW-RR 1986, 339.
[197] BGH NJW-RR 1986, 339.
[198] LG Köln ZStV 2013, 55 mit Anm. Alexander.

erforderlich[199]. Der Eingriff in die Verbandsautonomie muss folglich verhältnismäßig sein. Stehen mildere Mittel zur Verfügung, so besteht kein Aufnahmezwang. Die Aufnahme ist bspw. dann nicht erforderlich, wenn der Beitrittswillige einem konkurrierenden Verband beitreten kann, der ihn in gleicher Weise im Wettbewerb unterstützt oder wenn der Verband seine Leistungen auch Nichtmitgliedern gewährt und zum Abschluss eines entsprechenden Vertrags bereit ist[200].

1.2 Rechte der Mitglieder

Aus der Mitgliedschaft folgen bestimmte Rechte, die dem Mitglied gegenüber dem Verein zustehen. Die Mitgliedschaftsrechte ergeben sich aus dem Gesetz, der Satzung, etwaigen Nebenordnungen und Beschlüssen der Vereinsorgane.

- **Mitverwaltungsrechte**

  Die Mitverwaltungsrechte geben dem Mitglied das Recht, sich aktiv am Vereinsleben zu beteiligen und über die Angelegenheiten des Vereins mitzuentscheiden. Die gesetzlichen Mitverwaltungsrechte sind das Recht auf Teilnahme an der Mitgliederversammlung (§ 32 Abs. 1 BGB) einschließlich des Rede-, Auskunfts- und Antragsrechts sowie des Stimmrechts (einschließlich des Rechts auf Beteiligung an einer schriftlichen Abstimmung, § 32 Abs. 2 BGB).

  Wesentliches Mitgliedschaftsrecht ist das Stimmrecht. Grundsätzlich hat jedes Mitglied eine Stimme. Die Satzung kann jedoch vorsehen, dass bestimmte Mitglieder ein erhöhtes Stimmrecht haben. Die Satzung kann aber auch bestimmen, dass eine bestimmte Kategorie von Mitgliedern – außerordentliche, fördernde oder Ehrenmitglieder – kein Stimmrecht hat.

  Ein dem § 716 BGB entsprechendes Kontrollrecht des Vereinsmitglieds gibt es nicht. Allerdings hat jedes Mitglied in der Mitgliederversammlung einen individuellen Informationsanspruch über alle Vereinsangelegenheiten. Auch außerhalb der Mitgliederversammlung wird man dem Mitglied das Recht auf Einsicht in die Bücher des Vereins nur dann versagen können, wenn die Einsichtnahme offensichtlich einem gesetzes- oder satzungswidrigen Zweck dienen soll[201]. Vom Informationsrecht umfasst ist insbesondere auch das Recht auf Einsicht in die Mitgliederliste; dies gilt jedenfalls dann, wenn und soweit kein überwiegendes Geheimhaltungsinteresse des Vereins oder der Mitglieder entgegensteht[202]. Grundsätzlich hat ein jedes Mitglied ein berechtigtes Interesse zu wissen, wer neben ihm Mitglied ist. Ohne diese Kenntnis ist bspw. die Organisation einer ver-

[199] BVerfG NJW-RR 1989, 636.
[200] BGH NJW 1995, 462.
[201] BGH ZIP 2010, 2397; BGH NJW-RR 2003, 830.
[202] BGH ZIP 2010, 2397.

einsinternen Opposition oder eine vereinsinterne Wahlwerbung nicht möglich[203]. Auch Datenschutzgesichtspunkte stehen der Einsicht nicht entgegen, wenn ein berechtigtes Interesse an den Daten besteht (§ 28 BDSG)[204].

Das Vereinsmitglied hat Anspruch auf Aushändigung eines Exemplars der Vereinssatzung; es braucht sich nicht auf die beim Vereinsregister eingereichte Satzung verweisen zu lassen[205].

- **Schutzrechte**

  Zu den Schutzrechten zählen der Anspruch auf Einberufung einer Mitgliederversammlung (§ 37 BGB) und das Recht zum Austritt aus dem Verein (§ 39 BGB). Ein Schutzrecht ist ferner das Recht, Beschlüsse der Mitgliederversammlung gerichtlich anfechten zu können[206].

- **Benutzungsrecht**

  Die Mitgliedschaft beinhaltet grundsätzlich das Recht, die Einrichtungen des Vereins nach Maßgabe einer etwaigen Benutzungsordnung in Anspruch zu nehmen[207]. Dazu zählen auch die Inanspruchnahme einer fachlichen Beratung oder einer etwaigen vom Verband durchgeführten Rechtsberatung, der Bezug einer Verbandszeitschrift und die Teilnahme an den Veranstaltungen des Vereins. Wenn bestimmte Mitglieder von der Benutzung ausgeschlossen werden sollen, bedarf dies einer entsprechenden Grundlage in der Satzung.

- **Gleichbehandlung/Sonderrechte**

  Grundsätzlich haben alle Vereinsmitglieder die gleichen Rechte. Es gilt der Grundsatz der Gleichbehandlung aller Mitglieder, d. h. jedes Mitglied hat unter gleichen Voraussetzungen einen Anspruch auf Gleichstellung und Gleichbehandlung durch alle Vereinsorgane[208]. Der Anspruch ist unentziehbar; eine Ungleichbehandlung ist nur mit Zustimmung des Betroffenen möglich. Die Satzung kann jedoch unterschiedliche Arten von Mitgliedschaften mit unterschiedlichen Rechten und Pflichten vorsehen. Dann gilt der Gleichbehandlungsgrundsatz nur unter den Mitgliedern mit Mitgliedschaften derselben Art[209].

  Wie sich aus § 35 BGB ergibt, kann die Satzung jedoch Sonderrechte für einzelne Mitglieder vorsehen. Sonderrechte sollten als solche in der Satzung bezeichnet werden; ggf. muss durch Auslegung ermittelt werden, ob es sich um ein Sonder-

---

[203] OLG Saarbrücken NZG 2008, 677.
[204] OLG Hamburg NZG 2010, 317.
[205] LG Karlsruhe RPfleger 1987, 164.
[206] Reichert, Rn. 802.
[207] BGH NJW-RR 1992, 507.
[208] BGH NJW 2010, 3521; Stöber/Otto, Rn. 336.
[209] BGH NJW 1990, 2877.

recht handelt. Neben einem erhöhten Stimmrecht und einem Vetorecht gegen die Beschlüsse bestimmter Gremien können dies bspw. das Recht auf einen dauernden Sitz im Vorstand oder in einem anderen Vereinsorgan sein oder das Recht zur Bestellung und Abberufung von Organmitgliedern. Sonderrechte eines Mitglieds können nicht ohne dessen Zustimmung beseitigt oder eingeschränkt werden (§ 35 BGB). Dies ist weder durch Mitgliederbeschluss noch durch eine Satzungsänderung möglich, sofern das betroffene Mitglied nicht zustimmt[210]. Sollen Sonderrechte begründet werden, müssen alle Mitglieder zustimmen, die diese Vorzugsrechte nicht erhalten[211].

Durch die Satzung können die Rechte und Pflichten der Mitglieder eingeschränkt, erweitert und konkretisiert werden. Unentziehbar sind das Recht zur Beschlussanfechtung, das Austrittsrecht und das Recht auf Teilnahme an der Mitgliederversammlung. Unentziehbar sind ferner die Minderheitenrechte nach § 37 BGB. Die Satzung kann weitere unentziehbare Mitgliedsrechte festlegen.
Die Ausübung der Mitgliedschaftsrechte kann – sofern die Satzung nichts anderes bestimmt – keinem anderen überlassen werden (§§ 38 Abs. 2, 40 BGB). Die Ausübung durch den gesetzlichen Vertreter ist aber zulässig.

1.3 Pflichten der Mitglieder

Pflichten der Vereinsmitglieder werden im Gesetz nicht genannt. Sie können nur in der Satzung, etwaigen Nebenordnungen oder durch die Vereinsorgane festgelegt werden. Zu beachten ist, dass jede Verpflichtung, die nicht schon selbst in der Satzung normiert ist, jedenfalls einer satzungsmäßigen Grundlage bedarf, d. h. die Satzung muss eine entsprechende Verpflichtung für die Mitglieder ausdrücklich zulassen. Sie kann die nähere Ausgestaltung jedoch einem Beschluss der Mitgliederversammlung oder einem Vereinsgremium überlassen.
Für die in der Satzung festgelegten Mitgliedspflichten gilt der Gleichbehandlungsgrundsatz, d. h. die Mitglieder dürfen ohne sachlichen Grund nicht ungleich belastet werden. Sonderpflichten, also Pflichten, die nur einzelne Mitglieder treffen, können diesen nur mit deren Zustimmung auferlegt werden.

- **Beitragspflicht**

  Eine der typischen Mitgliedspflichten ist die Pflicht, bestimmte regelmäßige Beiträge zu leisten[212]. Die Satzung kann die Mitglieder ferner verpflichten, außerordentliche Beiträge (sog. Umlagen) zu erbringen. Auch Aufnahmebeiträge sind bei entsprechender Satzungsregelung zulässig und zunehmend üblich[213]. Die Beiträge

---

210 RGZ 80 S. 389.
211 Reichert, Rn. 864.
212 Siehe dazu oben Gliederungspunkt B.2.4.7, S. 50.
213 Stöber/Otto, Rn. 356.

können in Geld oder Sachwerten bestehen. Mitgliedspflichten können auch darin bestehen, zur Förderung des Vereinszwecks näher beschriebene Dienstleistungen oder sonstige Handlungen vorzunehmen, zu dulden oder zu unterlassen[214].

Die Beitragspflicht beginnt mit der Begründung des Mitgliedschaftsverhältnisses und endet, wenn die Mitgliedschaft erlischt. Hat das Mitglied seine Mitgliedschaft unter Beachtung einer Kündigungsfrist gekündigt, so besteht die Beitragsfrist auch während des Laufs dieser Frist. Die Beitragspflicht endet ferner mit der Eröffnung des Insolvenzverfahrens über das Vermögen des Vereins[215].

Im Hinblick auf die Fälligkeit, den Verzug und die Verjährung der Beitragsschuld gelten die allgemeinen Vorschriften des BGB. Ist die Beitragspflicht nach dem Kalender bestimmt (Jahres- oder Monatsbeitrag jeweils zum ...), so greift § 286 Abs. 2 Nr. 1 BGB. Das Mitglied kommt in Verzug, ohne dass es einer Mahnung bedarf. Eine Geldschuld ist während des Verzugs zu verzinsen und zwar mit acht Prozentpunkten über dem Basiszinssatz pro Jahr (§ 288 BGB). Ist das Vereinsmitglied Verbraucher (§ 13 BGB), so beträgt der Verzugszinssatz fünf Prozentpunkte über dem Basiszinssatz. Die Satzung kann einen höheren Zinssatz festlegen. Zudem kann der Verein einen darüber hinaus gehenden Verzugsschaden geltend machen. Der Anspruch auf die Beitragsleistung verjährt innerhalb von drei Jahren (§ 195 BGB), wobei die Frist mit dem Ende des Jahrs beginnt, in dem der Anspruch entstanden ist (§ 199 Nr. 1 BGB).

- **Treuepflicht und sonstige Pflichten**

  Auch ohne ausdrückliche Regelung haben die Mitglieder gegenüber dem Verein eine Treuepflicht. Sie sind danach verpflichtet, den Vereinszweck zu fördern. Dies bedeutet insbesondere, dass die Vereinsmitglieder alles zu unterlassen haben, was dem Verein oder dem Verbandszweck schadet.

  Die Satzung kann den Mitgliedern Verhaltenspflichten auferlegen und deren Missachtung sanktionieren[216]. Ein Dachverband kann bspw. anordnen, dass seine Mitgliedsvereine bestimmte Regelungen in ihre Satzungen übernehmen oder für ihre Mitglieder als verbindlich erklären müssen.

- **Mitverwaltungspflichten**

  Die Vereinsmitglieder sind nicht verpflichtet, aktiv am Vereinsleben teilzunehmen. Gegen die zum Teil vertretene Auffassung, die Satzung könne den Mitgliedern bestimmte Mitverwaltungspflichten auferlegen[217], bestehen Bedenken[218].

---

[214] Sauter/Schweyer/Waldner, Rn. 347.

[215] BGH DB 2007, 1753.

[216] Reichert, Rn. 944.

[217] So Soergel/Hadding, § 38 Rn. 22.

[218] Siehe dazu Reichert, Rn. 940.

1.4 Beendigung der Mitgliedschaft[219]

Das Ende der Mitgliedschaft in einem Verein kann verschiedene Gründe haben. Das Gesetz nennt als Grund nur den Fall des Austritts aus dem Verein (§ 39 BGB). Aber auch der Tod eines Mitglieds führt in Ermangelung einer abweichenden Regelung zum Ende der Mitgliedschaft. Bei Mitgliedern, die Körperschaften oder Personengesellschaften sind, endet die Mitgliedschaft mit deren Vollbeendigung. Die Mitgliedschaft kann ferner mit dem Eintritt besonderer, in der Satzung benannter Beendigungsgründe enden. Schließlich kann der Verein ein Mitglied ausschließen oder aus der Mitgliederliste streichen.

1.4.1 Austritt

Den Austritt aus dem Verein regelt § 39 BGB. Die Vereinigungs- und Koalitionsfreiheit gemäß Art. 9 GG beinhalten negativ auch das Recht, jederzeit aus einem Verein wieder auszutreten[220]. Das Austrittsrecht kann nicht – auch nicht durch Individualvereinbarung – ausgeschlossen werden. Gegen die Austrittsfreiheit verstoßende Satzungsbestimmungen sind nach § 134 BGB nichtig[221].

§ 39 Abs. 2 BGB überlässt die Frage, wie der Austritt zu vollziehen ist, der Satzung. Grundsätzlich setzt der Austritt eine auf Beendigung der Mitgliedschaft gerichtete, einseitige, empfangsbedürftige Willenserklärung des Mitglieds voraus[222]. Sofern die Satzung nichts anderes bestimmt, kann die Austrittserklärung formlos abgegeben werden. Es genügt, dass der Erklärung der unmissverständliche Wille zum Ausscheiden aus dem Verein zu entnehmen ist; die Worte „Austritt“ oder „Kündigung“ müssen nicht verwendet werden[223]. Selbst ein konkludent erklärter Austritt ist möglich, sofern die Satzung nicht die Schriftform für die Austrittserklärung vorschreibt. Die Austrittserklärung ist grundsätzlich bedingungsfeindlich. Etwas anderes ist nur dann zulässig, wenn der Bedingungseintritt ausschließlich von den Entscheidungen des Vereins abhängt[224].

Die Entgegennahme der Austrittserklärung ist eine Vertretungshandlung, die nur vom Vorstand i. S. von § 26 Abs. 1 Satz 2 BGB wahrgenommen werden kann. Bei mehreren Vorstandsmitgliedern genügt es, wenn die Erklärung einem Vorstandsmitglied zugeht (§ 26 Abs. 2 Satz 2 BGB).

Die Satzung kann für die Austrittserklärung Formvorschriften vorsehen. Überwiegend wird Schriftform i. S. von § 127 Satz 1 BGB verlangt. Auch eine per Fax über-

---

[219] Siehe dazu bereits oben B.2.4.6, S. 46.

[220] BVerfG NJW 1979, 699.

[221] BayObLG DB 1973, 2518.

[222] RGZ 78 S. 134.

[223] Reichert, Rn. 1085.

[224] Reichert, Rn. 1086.

mittelte Erklärung wahrt die Schriftform[225]. Umstritten ist, ob die Satzung für die Austrittserklärung die Übermittlung mittels eingeschriebenen Briefs vorschreiben darf[226]. Wurde eine Austrittserklärung nicht per Einschreiben versandt, obwohl dies in der Satzung vorgeschrieben ist, und ist diese Erklärung dem Verein zugegangen, so stellt sich die Frage, ob eine solche Erklärung dennoch wirksam ist. Im Zweifel soll die Übermittlung per Einschreiben nur sicherstellen, dass die Sendung den Empfänger fristgerecht erreicht hat. In diesem Fall ist eine nicht per Einschreiben versandte Erklärung, die einem Vorstandsmitglied persönlich übergeben wurde, dennoch wirksam[227].

Die Satzung kann vorsehen, dass der Austritt nur zum Schluss eines Geschäftsjahrs erfolgen kann (§ 39 Abs. 2 1. Halbs. BGB). Gemäß § 39 Abs. 2 2. Halbs. BGB kann in der Vereinssatzung eine bis zu zweijährige Kündigungsfrist festgelegt werden. Die Kündigungsfrist muss für alle Mitglieder mit Mitgliedschaften derselben Art gleich sein. Eine Verlängerung der Zwei-Jahres-Frist kommt auch dann nicht in Betracht, wenn ein Austritt nur zum Ende eines Geschäftsjahrs zulässig ist.

Geht eine Kündigungserklärung verspätet zu, so gilt sie für den nächsten danach zulässigen Termin. Das austretende Mitglied muss im Zweifelsfall sowohl den Zugang als auch den Zeitpunkt des Zugangs seiner Austrittserklärung beweisen[228].

Ist in der Satzung nichts Abweichendes geregelt, so stehen dem Vereinsmitglied seine Mitgliedschaftsrechte bis zum Ablauf der Kündigungsfrist uneingeschränkt zu. Auch die Mitgliedschaftspflichten bestehen bis zum Ende der Mitgliedschaft.

Während des Laufs einer Kündigungsfrist kann die Austrittserklärung nur mit Zustimmung des Vereins zurückgenommen werden. Ist die Kündigungsfrist abgelaufen oder wurde eine fristlose Kündigung erklärt, so kommt eine Rücknahme nicht mehr in Betracht. Es bleibt nur noch die Neuaufnahme in den Verein.

Liegen Umstände vor, die es dem Vereinsmitglied unzumutbar machen, die Vereinsmitgliedschaft bis zum Ablauf der Kündigungsfrist fortzusetzen, so steht ihm das Recht zum sofortigen Austritt aus wichtigem Grund zu (§ 314 Abs. 1 Satz 2 BGB). Wer einen wichtigen Kündigungsgrund geltend macht, muss dessen tatsächliche Voraussetzungen im Streitfall beweisen[229]. Der wichtige Grund kann sowohl in der Sphäre des kündigenden Mitglieds als auch in der Sphäre des Vereins oder in dem Verhalten von anderen Vereinsmitgliedern liegen[230]. Ein wichtiger Grund kann insbesondere gegeben sein, wenn der Verein Mitgliedsbeiträge oder Umlagen erhöht, welche die Mitglieder wirtschaftlich nicht unerheblich belasten[231].

---

[225] BGH NJW-RR 1996, 866.

[226] Siehe dazu oben Gliederungspunkt B.2.4.6.1, S. 46.

[227] BAG NJW 1957, 358.

[228] Palandt/Heinrichs/Ellenberger, § 130 Rn. 21.

[229] BGH NJW 2003, 431.

[230] Reichert, Rn. 1115.

[231] LG Hamburg NJW-RR 1999, 1708.

1.4.2 Ausschluss

Der Ausschluss aus dem Verein ist die Geltendmachung eines Kündigungsrechts, durch welches das Dauerrechtsverhältnis zwischen dem Verein und dem Mitglied einseitig durch den Verein beendet wird[232].

Zweckmäßigerweise werden die Gründe, die den Verein zum Ausschluss eines Mitglieds berechtigen, explizit in der Satzung genannt. Daneben hat der Verein das Recht, ein Mitglied bei Vorliegen eines wichtigen Grunds auszuschließen. Der Ausschluss aus wichtigem Grund kommt selbst dann in Betracht, wenn die Satzung keine Bestimmung über den Ausschluss eines Mitglieds enthält.

Das Ausschlussverfahren sowie das zuständige Ausschlussorgan sollten in der Satzung geregelt werden. Ist die Zuständigkeit für den Ausschließungsbeschluss in der Satzung nicht geregelt, so entscheidet die Mitgliederversammlung. Der Ausschließungsbeschluss muss ordnungsgemäß zustande gekommen sein. Es müssen die in der Satzung für die Ausschließung vorgesehenen Bestimmungen eingehalten sein. Der Beschluss muss insbesondere vom zuständigen Vereinsorgan gefasst werden. Dabei sind die für die Beschlussfassung dieses Organs bestehenden gesetzlichen und satzungsmäßigen Bestimmungen zu beachten. Dem betroffenen Mitglied ist vor Beschlussfassung Gelegenheit zur Stellungnahme zu geben. Die Gründe für den Ausschluss sind im schriftlich zu begründenden Ausschließungsbeschluss darzulegen. Die Tatsachen, auf denen die Ausschließung beruht, müssen ggf. vom Verein dargelegt und bewiesen werden.

Die Vereinssatzung kann vorsehen, dass die Mitgliedschaft automatisch endet, wenn in der Person des betroffenen Mitglieds ein entsprechender Ausschlusstatbestand verwirklicht wird. Dies kann bspw. bei einem Verzug mit der Zahlung der Mitgliedsbeiträge der Fall sein.

1.4.3 Streichung aus der Mitgliederliste

Der Verein kann die Mitgliedschaft einseitig auch dadurch für beendet erklären, dass er das betreffende Mitglied aus der Liste der Mitglieder streicht. Eine solche Beendigung der Mitgliedschaft ist nur zulässig, wenn dies in der Satzung vorgesehen ist und die Satzung den Tatbestand, der zur Streichung berechtigt, hinreichend bestimmt umschreibt. Ferner muss die Satzung das Organ bestimmen, das für die Streichung zuständig ist.

1.4.4 Rechtsfolgen

Mit der Beendigung der Mitgliedschaft erlischt das Rechtsverhältnis zwischen dem Verein und seinem bisherigen Mitglied. Damit entfällt die Bindung des Mitglieds an

[232] BGHZ 9 S. 157.

die Satzung und an sonstige Nebenordnungen und Vereinsbeschlüsse. Es erlöschen alle Mitgliedsrechte. Die bis zum Zeitpunkt des Ausscheidens bereits begründeten Pflichten bleiben hingegen erhalten; Vereinsbeiträge werden bis zum Tag der Beendigung der Mitgliedschaft geschuldet.
Das ausscheidende Mitglied hat keinen Anspruch auf Rückerstattung seiner Leistungen an den Verein, bspw. in Form eines Abfindungsguthabens. Am Vereinseigentum hat das ausscheidende Mitglied keinen Anteil. Ggf. kann aber die Vereinssatzung Abfindungs- oder Rückzahlungsansprüche anordnen.

2 Organe

Die Mitgliederversammlung und der Vorstand i. S. von § 26 BGB sind die zwingend notwendigen Organe eines Vereins. Die Vereinsautonomie gibt dem Verein aber das Recht, durch entsprechende Satzungsbestimmungen zusätzliche Organe zu schaffen.

2.1 Mitgliederversammlung[233]

Die Mitgliederversammlung ist in der Regel das oberste Organ des Vereins. In ihr erfolgt die Willensbildung der Vereinsmitglieder. Unter einer Mitgliederversammlung ist eine nach Ort und Zeit vom zuständigen Vereinsorgan einberufene Zusammenkunft der Mitglieder zu verstehen. Als ordentliche Mitgliederversammlung wird die Versammlung bezeichnet, die in regelmäßigen Abständen stattfindet, in der der Vorstand Rechenschaft ablegt und in der bestimmte, wiederkehrende Beschlüsse (Entlastung des Vorstands und Wahl von Organmitgliedern) gefasst werden. Außerordentliche Mitgliederversammlungen sind hingegen Versammlungen, die aus einem besonderen Anlass einberufen werden.

2.1.1 Einberufung

Zuständigkeit

Wer die Mitgliederversammlung einberuft, ergibt sich aus der Satzung. Ist dort nichts bestimmt, fällt es in die Zuständigkeit des Vorstands. Die Einladung hat dann durch den Vorstand in vertretungsberechtigter Anzahl zu erfolgen[234]. Ggf. kann die Satzung aber auch bestimmen, dass jedes Vorstandsmitglied allein zur Mitgliederversammlung einladen kann. Die Wirksamkeit der Einberufung setzt keinen Vorstands-

[233] Siehe dazu auch oben Gliederungspunkt B.2.4.9, S. 54.

[234] Sauter/Schweyer/Waldner, Rn. 157; Stöber/Otto, Rn. 646; a. A. Reichert, Rn. 1234, nach dessen Auffassung jedes Vorstandsmitglied alleine handeln kann.

beschluss voraus, auch wenn dieser nach den internen Geschäftsführungsregeln erforderlich sein sollte.
Das Einberufungsorgan kann das Einberufungsrecht nicht an eine andere Person, z. B. einen Geschäftsführer, delegieren[235]. Die Einberufung durch einen Nichtberechtigten kann auch nicht nachträglich genehmigt werden[236]. Zulässig ist es jedoch, wenn sich das Einberufungsorgan der Hilfe Dritter – einer Geschäftsstelle oder eines Boten – bedient. Aus der Einladung muss jedoch hervorgehen, wer der Einberufende ist.
Das für die Einberufung der Mitgliederversammlung zuständige Organ ist auch dafür zuständig, die Versammlung ggf. wieder abzusagen oder zu verlegen[237].

Anlass zur Einberufung

Nach § 36 BGB ist die Mitgliederversammlung in den durch die Satzung bestimmten Fällen sowie dann einzuberufen, wenn das Interesse des Vereins dies erfordert. Die Einberufung hat ferner gemäß § 37 Abs. 1 BGB zu erfolgen, wenn eine Minderheit von einem Zehntel der Mitglieder dies schriftlich unter Angabe des Zwecks und der Gründe verlangt[238].

Form

Die Form, in der die Mitgliederversammlung einzuberufen ist, muss gemäß § 58 Nr. 4 BGB in der Satzung festgelegt sein. Ist schriftlich einzuladen, so kann das Einberufungsorgan zwischen einfachem Brief und Einschreibesendung wählen; auch per Telefax kann dann einberufen werden[239]. Das Schreiben muss vom einladenden Organ unterschrieben sein[240]. Für eine Einberufung per E-Mail ist eine satzungsmäßige Grundlage erforderlich[241].

Frist

Die Einladung zur Mitgliederversammlung muss fristgemäß erfolgen. Die Bestimmung der Einberufungsfrist ist der Satzung vorbehalten. Ist dort keine Frist genannt, so muss die Zeit zwischen Einberufung und dem Tag der Versammlung so veranschlagt werden, dass möglichst jedes Mitglied in der Lage ist, sich auf die Versammlung vorzubereiten und an ihr teilzunehmen. In der Regel sollte die Frist zwischen

---

[235] Reichert, Rn. 1241.
[236] Beschlüsse einer solchen Versammlung sind unwirksam, vgl. BGHZ 11 S. 231; OLG Hamm NJW-RR 1989, 1532.
[237] RGZ 166 S. 129; OLG Hamm DB 1992, 265.
[238] Siehe dazu bereits oben Gliederungspunkt B. 2.4.9, S. 54.
[239] Reichert, Rn. 1360.
[240] BGH GmbHR 2006, 538 für die GmbH.
[241] BGH GmbHR 2006, 538 für die GmbH.

vier und acht Wochen betragen. Für die rechtzeitige Absendung trägt der Verein die Beweislast. Auch bei der Wahl des Termins und des Orts der Mitgliederversammlung muss sich das Einberufungsorgan darum bemühen, dass es allen Mitgliedern ohne besondere Anstrengung möglich ist, an der Versammlung teilzunehmen. Es besteht kein Grundsatz, dass die Mitgliederversammlung am Sitz des Vereins abzuhalten ist[242].

Adressaten

Zur Mitgliederversammlung sind sämtliche teilnahmeberechtigten Mitglieder einzuladen; das sind auch solche, die kein Stimmrecht haben. Werden einzelne Mitglieder nicht eingeladen, kann dies die Unwirksamkeit eines von der Mitgliederversammlung gefassten Beschlusses zur Folge haben[243].

Inhalt der Einberufung

Gemäß § 32 Abs. 1 Satz 2 BGB ist zur Gültigkeit eines Beschlusses der Mitgliederversammlung erforderlich, dass der Gegenstand der Beschlussfassung bei der Einberufung bezeichnet wird. Dazu ist zeitgleich[244] mit der Einberufung die Tagesordnung mitzuteilen, aus welcher die Gegenstände der Versammlung zu entnehmen sind. Sinn und Zweck der Bekanntmachung der Tagesordnung ist es, die Mitglieder vorab zu informieren, damit sie sich vorbereiten und entscheiden können, ob eine Teilnahme an der Versammlung notwendig ist. Dementsprechend aussagekräftig haben Tagesordnungspunkte und ggf. die ergänzenden Ausführungen zu sein. So genügt es bei einer beabsichtigten Satzungsänderung nicht, in der Tagesordnung lediglich eine „Satzungsänderung“ anzukündigen, vielmehr muss zumindest mitgeteilt werden, welche Bestimmung der Satzung geändert werden soll[245]. Sinnvoll ist es, zudem den wesentlichen Inhalt der Satzungsänderung oder sogar den Wortlaut der beabsichtigten Neufassung bekannt zu machen und ggf. noch eine Begründung zu geben, warum die Satzungsänderung angestrebt wird. Wird ein Tagesordnungspunkt „Verschiedenes“ angekündigt oder lediglich die „Beratung“ eines bestimmten Themas, so ermöglicht dies nur eine Diskussion, aber keine verbindliche Beschlussfassung.

Ergänzung der Tagesordnung

Grundsätzlich kann jedes Mitglied die Aufnahme bestimmter Punkte in die Tagesordnung verlangen. Die Satzung kann dazu Regelungen treffen, die eine bestimmte Form oder Frist für solche Anträge vorsehen, oder verlangen, dass der Antrag von einer bestimmten Anzahl von Mitgliedern unterstützt werden muss.

---

[242] BGH WM 1985, 568.

[243] BGH NJW 1973, 235.

[244] § 32 Abs. 1 Satz 2 BGB „... bei der Berufung ...“.

[245] OLG Frankfurt/Main ZIP 1985, 213.

Vollversammlung

Von einer Vollversammlung wird gesprochen, wenn sämtliche teilnahmeberechtigten Vereinsmitglieder in der Versammlung anwesend sind. Eine derartige Vollversammlung kann durch einstimmigen Beschluss auf die Einhaltung aller Ladungsformalitäten verzichten und damit trotz Einberufungsmängeln wirksam Beschlüsse fassen[246].

2.1.2 Durchführung und Beschlussfassung

Zutrittsberechtigung

Zutritt zur Mitgliederversammlung haben grundsätzlich nur die Vereinsmitglieder. Weder die Mitglieder noch dritte Personen haben einen Anspruch auf eine öffentliche Durchführung der Versammlung. Die Mitgliederversammlung kann die Öffentlichkeit oder die Anwesenheit von einzelnen Nichtmitgliedern jedoch zulassen. Im Zweifel muss darüber eine Abstimmung herbeigeführt werden.

Versammlungsleitung

Wer die Mitgliederversammlung leitet, bestimmt sich nach der Satzung. Trifft die Satzung keine Regelung oder greift diese Regelung wegen Verhinderung der vorgesehenen Person nicht, so ist der Vorstand als geschäftsführendes Organ des Vereins zur Leitung der Versammlung berufen. Die Hauptaufgabe des Versammlungsleiters liegt in der sachgerechten Erledigung der in der Mitgliederversammlung anstehenden Geschäfte. Dazu hat der Versammlungsleiter alle Befugnisse und Rechte, die einen ordnungsgemäßen Verlauf der Mitgliederversammlung sicherstellen.

Versammlungsablauf

Es empfiehlt sich, eingangs der Versammlung die ordnungsgemäße Einladung und die Beschlussfähigkeit festzustellen. Zur Überprüfung der Beschlussfähigkeit und im Hinblick auf die Abstimmungen ist es ratsam, eine Anwesenheitsliste zu führen. Zu den Anfangsformalitäten gehört auch die Bekanntgabe der Tagesordnung. Sofern Ergänzungsanträge zur Tagesordnung vorliegen, sind diese mitzuteilen und es ist über ihre Zulässigkeit zu entscheiden. Der Versammlungsleiter hat das Recht, von der in der Einladung bekannt gemachten Reihenfolge der Tagesordnungspunkte nach eigenem pflichtgemäßen Ermessen abzuweichen.
Nach der Feststellung der Tagesordnung beginnt die Erledigung der einzelnen Tagesordnungspunkte. Der Versammlungsleiter muss die Wortmeldungen der einzel-

[246] BGH NZG 2003, 127; BGH NJW-RR 2000, 1278.

nen Mitglieder beachten. Das Rederecht ist Mitgliedschaftsrecht. Bei Bedarf kann er die Redezeit begrenzen. Sofern notwendig, kann er einem Redner auch das Wort entziehen.

Der Vorstand ist der Mitgliederversammlung gegenüber gemäß § 27 Abs. 3 i. V. mit § 666 BGB zur Auskunft über seine Geschäftsführung verpflichtet. In der Regel erstattet der Vorstand der (ordentlichen) Mitgliederversammlung daher einen Rechenschaftsbericht[247]. Korrespondierend zu dieser Rechenschafts- und Auskunftspflicht hat jedes Mitglied ein Fragerecht im Hinblick auf die Verhältnisse des Vereins[248]. Der Vorstand darf die Auskunft in entsprechender Anwendung von § 51a Abs. 2 Satz 1 GmbHG nur verweigern, wenn Anhaltspunkte dafür bestehen, dass das Mitglied die Informationen zu vereinsfremden Zwecken benutzt und dem Verein dadurch ein erheblicher Nachteil entsteht.

Beschlussfassung

Liegt zu einem Tagesordnungspunkt ein Beschlussvorschlag vor, so hat der Versammlungsleiter die Abstimmung darüber durchzuführen. Das Abstimmungsverfahren legt er, sofern nicht durch die Satzung vorgegeben, nach eigenem Ermessen fest. Es empfiehlt sich, vor der Abstimmung den Inhalt des Antrags zu wiederholen. Es entscheidet gemäß § 32 Abs. 1 Satz 3 BGB die Mehrheit der abgegebenen gültigen Stimmen. Enthaltungen sind unbeachtlich. Zu beachten ist, dass Gesetz und Satzung besondere Stimmenmehrheiten (Einstimmigkeit oder qualifizierte Mehrheit) vorschreiben können. Nach Auszählung der Stimmen ist das Abstimmungsergebnis zu verkünden.

Gemäß § 38 Satz 2 BGB kann ein Mitglied sein Stimmrecht nur selbst ausüben. Handelt es sich bei den Vereinsmitgliedern nicht um natürliche Personen oder um Minderjährige, so wird (abgesehen von den Fällen der §§ 112, 113 BGB) das Stimmrecht durch den gesetzlichen Vertreter wahrgenommen. Die rechtsgeschäftliche Übertragung (Stimmrechtsvollmacht) ist nur zulässig, wenn dies in der Satzung vorgesehen ist. Die Satzung sollte nähere Regelungen zur Person des Bevollmächtigten treffen. Auch ohne Regelung in der Satzung ist die Bevollmächtigung eines anderen Mitglieds zulässig. Ob auch Nichtmitglieder bevollmächtigt werden können, ist umstritten[249].

Aus § 32 Abs. 1 Satz 2 BGB folgt, dass über Gegenstände, die bei der Einberufung nicht zur Beschlussfassung angekündigt wurden, keine Beschlüsse gefasst werden

---

[247] Siehe Gliederungspunkt F.1.1, S. 193.

[248] BGHZ 152 S. 339; KG NJW-RR 1999, 1486.

[249] Dagegen: Palandt/Heinrichs/Ellenberger, § 38 Rn. 3; Staudinger/Weick, § 38 Rn. 4; dafür: MünchKomm/Reuter, § 32 Rn. 34; Reichert, Rn. 1518. Siehe dazu auch oben Gliederungspunkt B.2.4.9, S. 54.

können. Die Satzung kann allerdings Abweichendes bestimmen, indem Regeln für sog. Dringlichkeitsanträge aufgestellt werden.

Protokoll

Über die Mitgliederversammlung ist ein Protokoll zu fertigen. Gemäß § 58 Nr. 4 BGB hat die Satzung Bestimmungen über die Protokollierung der Beschlüsse zu enthalten. Das Protokoll hat die wesentlichen Vorgänge in der Mitgliederversammlung festzuhalten. Ein Ablaufprotokoll ist nicht erforderlich. Es genügt ein Ergebnisprotokoll, das vom Versammlungsleiter und dem Protokollführer zu unterschreiben ist. Die Ergebnisse müssen möglichst genau festgehalten werden. Bei wichtigen Beschlüssen empfiehlt sich die wörtliche Wiedergabe. Das Abstimmungsergebnis sollte mit dem konkreten Auszählungsergebnis festgehalten werden.
Das Protokoll kann sowohl während als auch nach der Versammlung angefertigt werden. Die Protokollierung eines Beschlusses ist keine Wirksamkeitsvoraussetzung, sondern lediglich ein Beweismittel. Zur Gültigkeit des Protokolls ist eine Genehmigung durch dieselbe oder eine nachfolgende Mitgliederversammlung nicht erforderlich.

Beschlussmängel

Anders als bei der Aktiengesellschaft, GmbH und Genossenschaft wird im Vereinsrecht nicht zwischen nichtigen und anfechtbaren Beschlüssen unterschieden. Der Beschluss der Mitgliederversammlung eines Vereins ist vielmehr entweder wirksam oder unwirksam (nichtig). Die Unwirksamkeit eines Beschluss ist durch Feststellungsklage geltend zu machen. Ein Urteil, das die Nichtigkeit eines Beschlusses feststellt, wirkt nicht nur zugunsten des Klägers, sondern für und gegen alle Mitglieder. Je nach Schwere des Beschlussmangels wird zwischen absolut nichtigen Beschlüssen und solchen unterschieden, bei denen die Fehlerhaftigkeit innerhalb angemessener Zeit gerügt werden muss[250].

2.2 Vorstand[251]

Neben der Mitgliederversammlung ist der Vorstand das zweite gesetzlich zwingend vorgeschriebene Organ des Vereins. Jeder Verein muss einen Vorstand haben, der ihn gemäß § 26 Abs. 1 Satz 2 BGB gerichtlich und außergerichtlich vertritt. Die Bezeichnung als Vorstand ist nicht zwingend. Zwar bezeichnet das Gesetz das zur Vertretung des Vereins berufene Organ als Vorstand, an diese Bezeichnung muss sich der Verein aber nicht halten.

[250] Ausführlich Reichert, Rn. 1975 ff.

[251] Siehe dazu bereits oben Gliederungspunkt B.2.4.8, S. 52.

2.2.1 Bestellung

Unter der Bestellung des Vorstands ist die Berufung einer oder mehrerer Personen in die Organstellung zu verstehen. Sie ist zu unterscheiden von einer etwaigen schuldrechtlichen Anstellung, die durch den Abschluss eines Anstellungsvertrags zwischen dem Verein und dem Vorstandsmitglied begründet wird[252]. Die Bestellung ist ein einseitiger körperschaftlicher Akt. Für die Bestellung des Vorstands ist das in der Satzung bestimmte Vereinsorgan zuständig. Ergibt sich aus der Satzung dazu nichts, so erfolgt gemäß § 27 Abs. 1 BGB die Bestellung des Vorstands durch Beschluss der Mitgliederversammlung. Ist in der Satzung nichts anderes bestimmt, so ist derjenige gewählt, der die einfache Mehrheit der abgegebenen Stimmen erreicht hat; ungültige Stimmen und Stimmenthaltungen werden nicht gezählt. Sind mehrere Vorstandsmitglieder zu wählen, so steht es im Ermessen des Versammlungsleiters, ob er eine Einzelabstimmung oder aber eine Blockabstimmung anordnet. Etwas anderes gilt, wenn die Satzung bestimmte Vorstandsfunktionen vorsieht. Sofern nicht der Vorstand selbst nach der Satzung eine Zuordnung dieser Funktionen vornimmt, ist in der Mitgliederversammlung für jeden Posten ein gesonderter Wahlgang durchzuführen; insbesondere die sog. Blockwahl, bei der der gesamte Vereinsvorstand zusammen in einem Wahlgang gewählt wird und somit eine Entscheidung nur für oder gegen einen als Liste zusammengefassten Wahlvorschlag möglich ist, ist ohne entsprechende Satzungsregelung unzulässig[253].

Auf schriftlichem Weg können Vorstandsmitglieder nur gewählt werden, wenn sämtliche Vereinsmitglieder dem Verfahren zustimmen (§ 32 Abs. 2 BGB).

Die Satzung kann persönliche Voraussetzungen für die Berufung in den Vereinsvorstand normieren, bspw. ein Mindest- oder Höchstalter, die Ausübung eines bestimmten Berufs oder eine sonstige fachliche Eignung. Falls in der Satzung nichts anderes bestimmt ist, kann auch ein Nichtmitglied in den Vereinsvorstand berufen werden (sog. Fremdorganschaft). Auch eine juristische Person kann zum Vorstand bestellt werden; sie übt das Amt durch ihre gesetzlichen Vertreter aus. Geschäftsunfähige können hingegen nicht Vorstand eines Vereins sein. Beschränkt Geschäftsfähige können zum Vorstand bestellt werden. Da das Vorstandsamt aber mit Pflichten verbunden ist, ist die Bestellung nur wirksam, wenn der gesetzliche Vertreter der Annahme des Vorstandsamts zustimmt.

Die Vorstandsbestellung ist bedingungsfeindlich. Sie wird nicht schon mit der Beschlussfassung des Bestellungsorgans wirksam, sondern erst dann, wenn der Betreffende die Bestellung annimmt[254]. Die Annahme ist erforderlich, da niemand zur Ausübung des Vorstandsamts gezwungen werden kann. Auch die Vereinssatzung kann eine derartige Verpflichtung nicht normieren. Die Annahme kann ausdrücklich oder

---

[252] Siehe dazu unten Gliederungspunkt C.2.2.5, S. 93.

[253] BGH NJW 1974, 183; KG RPfleger 2012, 350; OLG Rostock vom 26.6.2012, 1 W 16/12.

[254] BGH NJW 1975, 2101.

konkludent erfolgen; sie kann auch schon im Voraus erklärt werden. Mit der ordnungsgemäßen Durchführung der Wahl und der Annahme durch den Gewählten ist die Vorstandsbestellung wirksam. Die nachfolgende Eintragung im Vereinsregister ist nur deklaratorisch.
Statt der Wahl durch die Mitgliederversammlung kann die Satzung bestimmen, dass der Vorstand auf andere Art und Weise bestellt wird. In Betracht kommt die Wahl durch ein anderes Vereinsorgan oder die Bestellung durch einen externen Dritten. Auch die Selbstergänzung des Vorstands durch Zuwahl (Kooptation) kann durch die Satzung zugelassen werden. Schließlich kann die Satzung geborene Vorstandsmitglieder vorsehen, d. h. Personen, die als Inhaber eines bestimmten öffentlichen oder privaten Amts Vorstandsmitglieder sein sollen. Auch in diesem Fall setzt die Bestellung jedoch die Annahme des Amts durch den Betreffenden voraus.
Die Vorstandsmitglieder sind gesetzlich verpflichtet, jede Änderung des Vorstands zur Eintragung in das Vereinsregister anzumelden. Anmeldepflichtig ist der neue Vorstand, der zugleich das Ausscheiden des alten Vorstands anmeldet. Da der Anmeldende bereits Vorstand sein muss, kann er die Anmeldung nicht vor Beginn seiner Amtszeit vornehmen. Der alte Vorstand darf bei der Anmeldung nicht mehr mitwirken, da seine Organstellung beendet ist. Der Anmeldung ist eine Abschrift der Urkunde, aus der sich die Neubestellung ergibt (in der Regel das Versammlungsprotokoll), beizufügen. Zur Eintragung in das Vereinsregister sind nur Veränderungen im Vorstand anzumelden, d. h. bei der erneuten Bestellung der zuletzt amtierenden Vorstandsmitglieder ist eine Anmeldung nicht erforderlich.

2.2.2 Notbestellung durch das Amtsgericht

Soweit die erforderlichen Mitglieder des Vorstands fehlen, sind sie in dringenden Fällen gemäß § 29 BGB für die Zeit bis zur Behebung des Mangels durch das Amtsgericht zu bestellen. Voraussetzung für eine derartige Notbestellung ist zunächst einmal, dass mindestens ein Vorstandsmitglied, welches für die Beschlussfassung oder Vertretung des Vereins zwingend erforderlich ist, aus dem Vorstand ausgeschieden oder aus tatsächlichen oder rechtlichen Gründen an der Ausübung seines Amts gehindert ist. Dies ist der Fall bei Tod oder Geschäftsunfähigkeit eines Vorstandsmitglieds, bei Ablauf der Amtsdauer, bei Amtsniederlegung, bei langer schwerer Krankheit oder längerer Abwesenheit. Nicht ausreichend ist hingegen die bloße Untätigkeit des Vorstands oder wenn sich der mehrgliedrige Vorstand nicht auf eine Linie einigen kann. Aus Rechtsgründen kann eine Verhinderung eines Amtsinhabers vorliegen, wenn er in bestimmten Angelegenheiten wegen Befangenheit vom Stimmrecht ausgeschlossen ist (§ 34 BGB) oder wenn § 181 BGB (Verbot des InsichGeschäfts und der Doppelvertretung) der Vertretungshandlung des Vorstandsmitglieds entgegensteht.

Die Notbestellung nach § 29 BGB kommt auch dann in Betracht, wenn Streit oder Unklarheit darüber bestehen, ob noch Vorstandsmitglieder vorhanden sind oder nicht. Dies kann dann der Fall sein, wenn die Wirksamkeit einer Amtsniederlegung oder einer Abberufung streitig ist. In diesem Fall hat das Amtsgericht über diese Frage vorab zu entscheiden; allerdings erfolgt nur eine summarische Prüfung[255].

Eine Notbestellung durch das Amtsgericht kommt nur in dringenden Fällen in Betracht, d. h. es muss sofortiges Handeln erforderlich sein, um Schaden von dem Verein oder einem anderen Beteiligten abzuwenden. Der drohende Schaden braucht kein Vermögensschaden zu sein. Ein dringender Fall liegt nicht vor, wenn der Verein selbst in der Lage ist, rechtzeitig einen neuen Vorstand zu bestellen[256].

Zuständig für die Notbestellung ist das Amtsgericht, das für den Bezirk, in dem der Verein seinen (Rechts-)Sitz hat, das Vereinsregister führt. Beim Amtsgericht zuständig ist der Rechtspfleger. Das Gericht wird nicht von sich aus, sondern nur auf Antrag eines Beteiligten tätig. Antragsberechtigt ist jedes Vereinsmitglied, jedes Vorstandsmitglied, jeder Gläubiger des Vereins sowie jeder, der gegen den Verein ein Recht verfolgt. Der Antrag kann formfrei gestellt werden, insbesondere schriftlich oder zu Protokoll der Geschäftsstelle. Der Antragsteller kann bestimmte Personen als Notvorstandsmitglieder vorschlagen. In diesem Fall sollte er seinem Antrag Erklärungen der betreffenden Personen beifügen, in welchen diese sich für den Fall ihrer Bestellung bereit erklären, das Amt zu übernehmen. Das Gericht ist an diese Vorschläge nicht gebunden[257].

Gegen die Bestellung eines Notvorstands können jedes Vereinsmitglied und jedes Vorstandsmitglied Rechtsmittel einlegen. In Betracht kommen die Rechtsmittel der Beschwerde und weiteren Beschwerde, die an keine Frist gebunden sind. Anwaltszwang besteht lediglich für die Einlegung der weiteren Beschwerde. Diese Rechtsmittel stehen auch dem Antragsteller bei Ablehnung seines Antrags zu. Der Beschluss des Amtsgerichts wirkt rechtsbegründend, d. h. die Bestellung bleibt so lange wirksam, bis sie ggf. durch Beschluss des Beschwerdegerichts aufgehoben wird. Dies gilt selbst dann, wenn die Voraussetzungen für die Notbestellung tatsächlich nicht gegeben waren[258].

Die Bestellung zum Notvorstandsmitglied ist erst dann vollzogen, wenn nach dem entsprechenden Beschluss des Amtsgerichts der Bestellte das Amt annimmt. Das gerichtlich bestellte Vorstandsmitglied erhält regelmäßig die volle Rechtsstellung, die das fehlende Vorstandsmitglied nach der Satzung und dem Gesetz innehat. Das Gericht kann jedoch die Befugnisse des Bestellten auf einzelne oder bestimmte Angelegenheiten beschränken. Zudem kann das Amtsgericht die Bestellung des Notvor-

[255] Sauter/Schweyer/Waldner, Rn. 295.
[256] BayObLG DB 1995, 2364.
[257] KG RPfleger 2012, 634.
[258] BGHZ 24 S. 47.

stands befristen. Die vom Gericht bestellten Vorstandsmitglieder sind von Amts wegen in das Vereinsregister einzutragen.
Das Amt des Notvorstands endet automatisch mit dem Wegfall des Bestellungsgrunds, insbesondere mit der Wahl eines neuen Vorstandsmitglieds durch das zuständige Vereinsorgan. Wird der gerichtlich Bestellte nunmehr ordentlich gewählt, so handelt es sich dabei nicht um eine Wiederwahl. Das bedeutet insbesondere, dass die Wahl zur Eintragung in das Vereinsregister anzumelden ist.

2.2.3 Amtszeit

Die Dauer des Vorstandsamts ist im Gesetz nicht geregelt und wird in der Regel durch die Satzung bestimmt. Besagt die Satzung zur Dauer des Amts nichts, so ist es dem Bestellungsorgan überlassen, im Bestellungsbeschluss die Amtszeit festzulegen. Erfolgt keine Befristung durch das Bestellungsorgan oder die Satzung, so gilt die Bestellung bis auf Widerruf.
Die Amtszeit beginnt grundsätzlich mit der Annahme der Bestellung. Soll sie später beginnen, muss dies im Bestellungsbeschluss oder in der Satzung so bestimmt sein.
Eine automatische Verlängerung des Vorstandsamts, z. B. bis zur Neuwahl oder Wiederwahl des Vorstands, gibt es nicht. Vielmehr endet mit Ablauf der Amtszeit das Amt des Vorstands. Um Vakanzen zu vermeiden, sollte in der Satzung allerdings vorgesehen werden, dass der Vorstand so lange im Amt bleibt, bis eine Neu- oder Wiederwahl erfolgt ist.

2.2.4 Beendigung des Vorstandsamts

Verschiedene Tatbestände führen zur Beendigung des Vorstandsamts.

- **Ende der Amtszeit, Tod oder Wegfall persönlicher Voraussetzungen**

  Das Vorstandsamt endet automatisch mit dem Ende der in der Satzung oder dem Bestellungsakt bestimmten Amtszeit.

  Eine automatische Beendigung des Vorstandsamts tritt ferner mit dem Tod des Vorstandsmitglieds ein und wenn das Vorstandsmitglied geschäftsunfähig wird. Das Vorstandsamt endet zudem bei Wegfall der persönlichen Eigenschaften oder sonstigen Voraussetzungen, die nach der Satzung für die Vorstandsbestellung zwingend erforderlich sind, oder bei Eintritt eines anderen in der Satzung festgelegten Ereignisses (Erreichen einer bestimmten Altersgrenze).

- **Abberufung**

  Möchte der Verein ein Vorstandsmitglied seines Amts entheben, so erfolgt dies durch die Abberufung. Zuständig für die Abberufung ist grundsätzlich das Vereinsorgan, das für die Bestellung zuständig ist[259]. Die Abberufung des Vorstands ist jederzeit zulässig (§ 27 Abs. 2 Satz 1 BGB). Ein wichtiger Grund ist für die Abberufung nicht erforderlich. Die Satzung kann den Widerruf allerdings auf den Fall beschränken, dass ein wichtiger Grund vorliegt (§ 27 Abs. 2 Satz 2 BGB).

Ein wichtiger Grund ist immer dann gegeben, wenn dem Verein die Beibehaltung des Vorstandsmitglieds bis zum Ablauf seiner Amtszeit nicht mehr zugemutet werden kann. Das Gesetz nennt als wichtige Gründe für eine Abberufung eine grobe Pflichtverletzung oder Unfähigkeit zur ordnungsgemäßen Geschäftsführung. Die Satzung kann weitere wichtige Gründe aufführen. Ein Verschulden des Vorstandsmitglieds ist nicht erforderlich, der wichtige Grund muss nicht in der Person des Vorstandsmitglieds liegen. Wie sich aus § 40 BGB ergibt, kann die Widerruflichkeit der Vorstandsbestellung nicht ausgeschlossen werden.

§ 84 Abs. 3 Satz 4 AktG, wonach der Widerruf der Bestellung zum Vorstandsmitglied so lange wirksam ist, bis seine Unwirksamkeit rechtskräftig festgestellt ist, findet auf den Vereinsvorstand keine entsprechende Anwendung[260].

- **Amtsniederlegung (Rücktritt)**

  Das Vorstandsmitglied hat zudem von sich aus die Möglichkeit, sein Amt niederzulegen. Ein ehrenamtlich tätiges Vorstandsmitglied kann sein Amt jederzeit niederlegen; ein Grund ist dazu nicht erforderlich. Eine Niederlegung zur Unzeit ist jedoch nur zulässig, wenn ein wichtiger Grund für die Amtsniederlegung gegeben ist. Eine zur Unzeit erklärte Amtsniederlegung ist zwar wirksam, sie verpflichtet aber zum Ersatz des dem Verein dadurch entstandenen Schadens.

  Besteht mit dem Vorstandsmitglied ein Dienstvertrag, so ist umstritten, ob es sein Amt jederzeit und ohne Grund oder nur aus wichtigem Grund niederlegen darf. Während einige die Auffassung vertreten, die Amtsniederlegung sei nur aus wichtigem Grund möglich – wenn es dem Vorstandsmitglied nicht zugemutet werden kann, bis zum regulären Ende seiner Amtszeit im Amt zu bleiben[261] – sind andere der Ansicht, dass auch ein entgeltlich beschäftigtes Vorstandsmitglied sein Amt jederzeit niederlegen darf, ohne dass ein wichtiger Grund dafür vorliegt[262]. Rechtsprechung zum Vereinsrecht liegt zu dieser Frage nicht vor, allerdings hat der Bundesgerichtshof für den Geschäftsführer einer GmbH entschieden, dass dieser auch ohne wichtigen Grund seine Organstellung jederzeit wirksam niederlegen kann[263].

---

[259] BGH NJW 1991, 1727.

[260] BGH DB 1977, 84; zustimmend Reichert, Rn. 2298; kritisch Sauter/Schweyer/Waldner, Rn. 270.

[261] Palandt/Heinrichs/Ellenberger, § 27 Rn. 3; Sauter/Schweyer/Waldner, Rn. 274; Staudinger/Weick, § 27 Rn. 10.

[262] MünchKomm/Reuter, § 27 Rn. 38; Reichert, Rn. 2317; Soergel/Hadding, § 27 Rn. 16.

[263] BGH NJW 1993, 1198; BGH NJW 1995, 2850.

Sofern weitere Vorstandsmitglieder amtieren, gibt der Rücktrittswillige seine Rücktrittserklärung gegenüber einem anderen Vorstandsmitglied ab. Bei einem Alleinvorstand scheitert eine Erklärung gegenüber sich selbst regelmäßig an § 181 BGB. Ist die Mitgliederversammlung für die Bestellung des Vorstands zuständig, so ist ihr gegenüber die Amtsniederlegung zu erklären. Kann die Zeit bis zur Mitgliederversammlung nicht abgewartet werden, so kann ein Notvorstand gemäß § 29 BGB zur Entgegennahme der Erklärung bestellt werden.

- **Registereintragung**

  Das Ausscheiden eines Vorstandsmitglieds aus dem Amt ist zur Eintragung in das Vereinsregister anzumelden (§ 64 BGB). Dies gilt selbst dann, wenn das Vorstandsmitglied aufgrund eines Versäumnisses im Vereinsregister gar nicht eingetragen ist, denn die Publizität des Vereinsregisters bezieht sich auch auf das Ausscheiden nicht eingetragener Vorstandsmitglieder. Zur Anmeldung befugt sind die verbleibenden bzw. neuen Vorstandsmitglieder. Der Anmeldung ist eine Urkunde über die Änderung in Abschrift beizufügen (§ 67 Abs. 1 Satz 2 BGB).

2.2.5 Anstellungsverhältnis/Auftragsverhältnis

Von dem körperschaftlichen Akt der Vorstandsbestellung ist das schuldrechtliche Rechtsverhältnis zwischen dem Vorstandsmitglied und dem Verein zu unterscheiden. Übt ein Vorstandsmitglied seine Tätigkeit ehrenamtlich aus, so findet auf das schuldrechtliche Verhältnis zwischen ihm und dem Verein Auftragsrecht (§§ 662 ff. BGB) Anwendung. Gleichzeitig mit der Bestellung wird (konkludent) ein Auftragsverhältnis begründet. Daraus folgt insbesondere, dass das Vorstandsmitglied gemäß § 670 BGB nur den Ersatz seiner Aufwendungen, aber keine Vergütung für Arbeitszeit und Arbeitskraft verlangen kann[264]. Ersetzt werden Auslagen wie Porto und Telefonkosten, Reise- und Übernachtungskosten sowie verauslagte Vergütungen für Leistungen, die Dritte für den Verein erbracht haben[265]. Der Ersatzanspruch besteht jedoch nur, wenn das Vorstandsmitglied die Aufwendungen für erforderlich halten durfte. Eine Vergütung für seine Tätigkeit oder eine Entschädigung für einen etwaigen Verdienstausfall erhält das Vorstandsmitglied hingegen nicht.

Die rein ehrenamtliche Vorstandstätigkeit ist jedoch nicht zwingend. Durch eine entsprechende Satzungsbestimmung kann dem Verein die Möglichkeit gegeben werden, mit den Vorstandsmitgliedern einen Anstellungsvertrag abzuschließen, in dem eine entgeltliche Tätigkeit vereinbart wird[266]. Dies wird mit Wirkung zum 1.1.2015 durch eine entsprechende Ergänzung des § 27 Abs. 3 BGB ausdrücklich

---

[264] BGH WM 2008, 736; BGH NJW-RR 1988, 745; Palandt/Heinrichs/Ellenberger, § 27 Rn. 5; Stöber/Otto, Rn. 378 und 478. A. A. Beyme NWB 2012, 4088 und Arnold, FS Reuter (2010) S. 3.

[265] Zur steuerrechtlichen Behandlung des Auslagenersatzes siehe D.5.11.1, S. 163.

[266] Stöber/Otto, Rn. 497.

auch gesetzlich klargestellt[267]. Das Vertragsverhältnis ist als Dienstvertrag in der Form eines Geschäftsbesorgungsvertrags zu qualifizieren (§§ 675, 611 ff. BGB). Für den Abschluss (und ggf. die Kündigung) des Vertrags ist das Vereinsorgan zuständig, dem die Vorstandsbestellung obliegt[268]. Da eine Vergütung der Vorstandstätigkeit eine satzungsgemäße Grundlage erfordert, kommt in der Regel eine konkludente Vergütungsvereinbarung nicht in Betracht. Auch Sitzungsgelder oder Aufwandspauschalen, die einen tatsächlich nicht entstandenen Aufwand ersetzen, sind (verdeckte) Leistungsvergütung und bedürfen daher einer satzungsmäßigen Grundlage[269].
Vorstandsmitglieder, die für ihre Tätigkeit eine dienstvertragliche Vergütung erhalten, unterliegen der Versicherungspflicht in der Renten- (§ 1 Satz 1 Nr. 1 SGB VI) und Arbeitslosenversicherung (§ 25 SGB III).
Außer durch Kündigung endet das Anstellungsverhältnis zwischen dem Verein und dem Vorstandsmitglied mit dem Ablauf einer vertraglich vereinbarten Befristung oder dem Eintritt einer auflösenden Bedingung, durch einvernehmliche Vertragsaufhebung oder durch den Tod des Vorstandsmitglieds. Da das schuldrechtliche Anstellungsverhältnis von dem körperschaftlichen Organverhältnis zu unterscheiden ist, endet das eine nicht zwangsläufig mit der Beendigung des anderen. Bei einem ehrenamtlichen Vorstand führt das Ende der Organstellung auch gleichzeitig zur Beendigung des schuldrechtlichen Auftragsverhältnisses. Besteht hingegen ein Dienstvertrag, so endet dieser in der Regel nicht mit dem Ende der Organstellung. Dies gilt vor allem dann, wenn die Bestellung zum Vorstandsmitglied nach § 27 Abs. 2 Satz 1 BGB widerrufen wird. Wird der Dienstvertrag nicht gleichzeitig gekündigt, ist durch Auslegung zu ermitteln, ob in der Abberufung auch gleichzeitig die Kündigung liegen soll. Legt ein Vorstandsmitglied sein Amt aus wichtigem Grund nieder, so beinhaltet dies regelmäßig nicht zugleich die Kündigung des Anstellungsvertrags.

2.2.6 Vertretung

Gemäß § 26 Abs. 1 Satz 2 BGB wird der Verein gerichtlich und außergerichtlich durch den Vorstand vertreten. Der Vorstand ist der gesetzliche (organschaftliche) Vertreter. Bei einem mehrgliedrigen Vorstand wird der Verein, sofern nicht Abwei-

---

[267] Siehe den Gesetzentwurf BT-Drs. 17/11632 S. 22 f. Mit dem hinausgeschobenen Inkrafttreten soll den Vereinen die Möglichkeit gegeben werden, falls noch nicht vorhanden, eine entsprechende Satzungsregelung einzufügen. Es kommt damit zu einer Friktion gegenüber der steuerlichen Situation, denn die Finanzverwaltung hatte eine Frist zur Anpassung der Satzung bis zum 31.12.2010 gesetzt, siehe dazu Gliederungspunkt D.5.11.2, S. 164.

[268] BGH NJW 1991, 1727. Reichert, Rn. 2118, weist zu Recht darauf hin, dass dies problematisch bzw. unpraktikabel wird, wenn die Bestellungskompetenz bei der Mitgliederversammlung liegt. In diesem Fall sollte die Satzung die Zuständigkeit für den Abschluss des Dienstvertrags einem anderen Organ, dem Gesamtvorstand oder einem Dritten zuweisen.

[269] Zur steuerrechtlichen Behandlung von Aufwandspauschalen siehe D.5.11.2, S. 164.

chendes in der Satzung geregelt ist, durch die Mehrheit der Vorstandsmitglieder vertreten (§ 26 Abs. 2 BGB). Die Satzung kann stattdessen anordnen, dass zur Vertretung des Vereins das Handeln aller Vorstandsmitglieder erforderlich ist. Sie kann aber auch bestimmen, dass die Vertretung durch je zwei Vorstandsmitglieder gemeinsam oder durch jedes Vorstandsmitglied einzeln erfolgen kann. Vorstandsmitglieder von der Vertretung des Vereins ganz auszuschließen ist hingegen unzulässig, denn dem Vorstand i. S. von § 26 Abs. 1 Satz 2 BGB dürfen nur Personen angehören, die auch zur Vertretung des Vereins (einzeln oder gemeinsam mit anderen) berechtigt sind. Gehören dem als Vorstand bezeichneten Vereinsorgan hingegen auch Personen an, die nicht vertretungsberechtigt sind, so muss in der Satzung klargestellt sein, dass diese nicht Vorstand i. S. von § 26 BGB sind.
Sind zur Vertretung des Vereins zwei oder mehrere Vorstandsmitglieder erforderlich, so müssen sie ihre Willenserklärung nicht zwingend gleichzeitig abgeben. Zulässig ist insbesondere die Genehmigung eines von einem Vorstandsmitglied alleine geschlossenen Vertrags durch die übrigen zur Vertretung erforderlichen Vorstandsmitglieder. Bei einseitigen Rechtsgeschäften sind die §§ 174, 180 BGB zu beachten. D. h. eine Genehmigung kommt nur dann in Betracht, wenn der Erklärungsgegner die von dem einzelnen Vorstandsmitglied behauptete Vertretungsmacht bei der Vornahme des Rechtsgeschäfts nicht beanstandet hat. Vorstandsmitglieder, die nur gemeinsam zur Vertretung des Vereins berechtigt sind, können sich auch im Vorhinein gegenseitig zur Abgabe von Willenserklärungen ermächtigen. Auch insofern sind bei einseitigen Rechtsgeschäften die §§ 174, 180 BGB zu beachten. Das allein handelnde Vorstandsmitglied sollte also eine entsprechende Ermächtigungsurkunde vorlegen können.
Besteht der Vorstand des Vereins aus zwei Personen, die den Verein nur gemeinsam vertreten können, so wird beim Wegfall eines Vorstandsmitglieds das andere nicht alleinvertretungsberechtigt[270]. Solange ein zweites Vorstandsmitglied nicht bestellt ist (ggf. im Wege der Notbestellung gemäß § 29 BGB), ist der Verein nicht handlungsfähig. Etwas anderes gilt nur, falls in der Satzung bestimmt ist, dass, sofern nur ein Vorstandsmitglied amtiert, dieses den Verein alleine vertritt.
Die Vertretungsmacht des Vorstands ist grundsätzlich unbeschränkt. Sie erstreckt sich damit auf alle Rechtsgeschäfte und Handlungen, die vom Vereinszweck gedeckt sind. Eine am Vereinszweck gemessene Überschreitung der Vertretungsmacht kommt allenfalls dann in Betracht, wenn es für den Geschäftsgegner ohne Weiteres erkennbar ist, dass das betreffende Geschäft außerhalb des Vereinszwecks liegt[271].
Im Gegensatz zur GmbH oder Aktiengesellschaft kann die Vertretungsmacht des Vereinsvorstands auch mit Wirkung gegenüber Dritten beschränkt werden. Voraussetzung ist, dass die Beschränkung in der Satzung niedergelegt und in das Vereins-

[270] Sauter/Schweyer/Waldner, Rn. 231; s. auch OLG Hamburg, NJW-RR 1988, 1182 zur GmbH.
[271] Sauter/Schweyer/Waldner, Rn. 233, a. A. Reichert, Rn. 2545: nur bei Missbrauch der Vertretungsmacht.

register eingetragen ist (§§ 26 Abs. 1 Satz 3, 64 BGB). Beschränkungen dieser Art können insbesondere darin bestehen, dass der Vorstand zur Vornahme bestimmter Geschäfte nicht befugt ist oder dass er bestimmte Geschäfte nur mit der Zustimmung anderer Vereinsorgane oder bestimmter Institutionen vornehmen darf. Dass die Vertretungsmacht mit Wirkung nach außen beschränkt sein soll, muss in der Satzung eindeutig zum Ausdruck kommen[272]. Ist dies nicht der Fall, so ist im Zweifel davon auszugehen, dass es sich nicht um Beschränkung der Vertretungsmacht mit Wirkung gegenüber Dritten, sondern nur um eine dem Vorstand vereinsintern auferlegte Pflicht handelt[273].
Der Vorstand kann einem Dritten oder einem seiner Mitglieder eine rechtsgeschäftliche Vollmacht erteilen. Zur Vollmachtserteilung bedarf es der Vertretung des Vereins durch Vorstandsmitglieder in vertretungsberechtigter Anzahl. Unproblematisch ist dies bei Vollmachten für bestimmte Einzelgeschäfte. Unzulässig ist hingegen eine Generalvollmacht, die auf die Umwandlung einer Mehr- oder Gesamtvertretung in eine Einzelvertretungsbefugnis hinauslaufen würde.
Die Vorstandsmitglieder eines Vereins haben die Beschränkungen des § 181 BGB zu beachten. Diese Vorschrift verbietet grundsätzlich, dass ein Vertreter des Vereins im Namen des Vereins mit sich selbst ein Rechtsgeschäft vornimmt (Verbot des Selbstkontrahierens). Dasselbe gilt für ein Geschäft, bei dem das Vorstandsmitglied zugleich den Verein und einen Dritten vertritt (sog. Doppelvertretung). Die Bestimmung des § 181 BGB ist jedoch dispositiv. D. h. generell oder im Einzelfall kann das Vorstandsmitglied von den Beschränkungen befreit werden. Im Einzelfall können betreffende Geschäfte durch Beschluss des für die Bestellung und Abberufung des Vorstands zuständigen Vereinsorgans gestattet werden. Ist hingegen die generelle Befreiung von den Beschränkungen des § 181 BGB gewünscht, so bedarf dies einer satzungsmäßigen Ermächtigung. Die Befreiung eines Vorstandsmitglieds von den Beschränkungen des § 181 BGB ist, sofern sie nicht nur einen Einzelfall betrifft, in das Vereinsregister einzutragen[274].
Zur Entgegennahme von Willenserklärungen (passive Vertretung) ist auch bei einem mehrgliedrigen Vorstand stets jedes Vorstandsmitglied allein berechtigt (§ 28 Abs. 2 BGB).

2.2.7 Geschäftsführung

Wie sich aus § 27 Abs. 3 BGB ergibt, obliegt dem Vorstand nach dem gesetzlichen Leitbild neben der Vertretung des Vereins auch die Geschäftsführung. Geschäftsfüh-

---

[272] BGH NJW-RR 1996, 866.
[273] Sauter/Schweyer/Waldner, Rn. 235.
[274] Sauter/Schweyer/Waldner, Rn. 239.

rung ist jede im Dienste des Vereins stehende Tätigkeit, sowohl in tatsächlicher wie in rechtsgeschäftlicher Hinsicht[275].
Die Satzung kann die Geschäftsführung weitestgehend auch einem anderen Organ übertragen, bspw. einem personell erweiterten Vorstand („Gesamtvorstand") oder einem Geschäftsführer.

Vorstandssitzungen

Nach § 28 BGB richtet sich die Beschlussfassung innerhalb eines mehrgliedrigen Vorstands nach den §§ 32, 34 BGB. Nach dem gesetzlichen Leitbild werden Vorstandsbeschlüsse daher in Vorstandssitzungen gefasst. Auf schriftlichem Wege ist ein Beschluss nur dann möglich, wenn alle Vorstandsmitglieder zustimmen. Die Satzung kann allerdings davon abweichende Regelungen aufstellen.
Zur Vorstandssitzung müssen alle Vorstandsmitglieder unter Angabe des Ortes und der Zeit der Sitzung geladen werden. Die Terminierung einer Vorstandssitzung und die Einladung der Vorstandsmitglieder ist, soweit die Satzung oder eine Geschäftsordnung nichts anderes bestimmt, Sache des Vorsitzenden des Vorstands. Ist der Vorstandsvorsitzende verhindert, so erfolgt die Einberufung durch seinen Stellvertreter. Der Ort der Sitzung ist mangels anderer Angaben in der Satzung oder einer Geschäftsordnung in das Ermessen des Einberufenden gestellt. Die Wahl des Versammlungsorts muss sich im Rahmen des für alle übrigen Vorstandsmitglieder Zumutbaren halten. Dies gilt ebenso hinsichtlich des Zeitpunkts der Vorstandssitzung. Auf anderweitige Verpflichtungen der Vorstandsmitglieder, soweit diese bekannt sind, ist angemessen Rücksicht zu nehmen. Unterbleibt die erforderliche Ladung auch nur eines einzigen Vorstandsmitglieds und nimmt dieses auch nicht an der Sitzung teil, so sind die gefassten Beschlüsse in der Regel nichtig.
Für die Form und Frist der Einladung bestehen keine gesetzlichen Vorgaben. Vorgaben können jedoch durch Satzung oder eine Geschäftsordnung gemacht werden. Die Ladungsfrist muss angemessen zu sein.
Voraussetzung für die Beschlussfassung in einer Vorstandssitzung ist weiterhin, dass die Gegenstände der Beschlussfassung (Tagesordnung) bei der Einberufung mitgeteilt werden. Die Mitteilung ist so zu fassen, dass die Vorstandsmitglieder erkennen können, worum es in der Vorstandssitzung geht, und sich entsprechend darauf vorbereiten können. Die Mitteilung der Tagesordnung ist nur dann entbehrlich, wenn dies in der Satzung explizit geregelt ist.
Selbstverständlich können sämtliche Vorstandsmitglieder auch ohne Beachtung aller Förmlichkeiten zu einer Vorstandssitzung zusammentreten und dort wirksame Beschlüsse fassen, wenn alle damit einverstanden sind.

---

[275] Soergel/Hadding, § 26 Rn. 10.

Über Vorstandssitzungen ist eine Niederschrift anzufertigen. Diese sollte den Tag, Ort, Beginn und Ende der Sitzung, die Teilnehmer, die Tagesordnung, etwaige Anträge und die gefassten Beschlüsse enthalten.

Beschlussfassung

Umstritten ist die Frage, ob ein nicht vollständig besetzter Vereinsvorstand beschlussfähig ist. Nach einer verbreiteten Auffassung kann ein nicht vollständig besetzter Vorstand bis zu seiner Vervollständigung keine wirksamen Beschlüsse mehr fassen[276]. Dies hat zur Konsequenz, dass der Verein bis zur Bestellung eines Nachfolgers handlungsunfähig ist. Etwas anderes gelte nur dann, wenn die Satzung das Erscheinen einer Mindestzahl von Vorstandsmitgliedern für die Beschlussfähigkeit vorschreibt[277]. Vorzugswürdig ist hingegen die Auffassung, die die Beschlussfähigkeit in entsprechender Anwendung des § 108 Abs. 2 Satz 4 AktG auch dann bejaht, wenn dem Vorstand die nach der Satzung vorgeschriebene Anzahl von Mitgliedern nicht angehört[278]. Wegen der ungeklärten Rechtslage empfiehlt es sich, zum Erhalt der Handlungsfähigkeit des Vereins eine Regelung im Sinne des § 108 Abs. 2 Satz 4 AktG ausdrücklich in die Satzung aufzunehmen[279].

Von der vollständigen Besetzung aller Vorstandsämter zu unterscheiden ist der Fall, dass nicht sämtliche Vorstandsmitglieder an der Beschlussfassung mitwirken. Dies beeinträchtigt die Beschlussfähigkeit des Vorstands grundsätzlich nicht. Etwas anderes gilt nur, wenn die Satzung oder die Geschäftsordnung die Anwesenheit aller oder einer Mindestanzahl von Vorstandsmitgliedern vorschreibt oder die fehlenden Vorstandsmitglieder nicht ordnungsgemäß geladen wurden.

Bei der Beschlussfassung des Vorstands entscheidet nach dem Wortlaut des Gesetzes die Mehrheit der abgegebenen Stimmen (§§ 32 Abs. 1 Satz 3, 28 BGB). Stimmenthaltungen und ungültige Stimmen werden nicht gezählt.

Ein Vorstandsmitglied ist von der Beschlussfassung wegen Befangenheit ausgeschlossen, wenn die Beschlussfassung die Vornahme eines Rechtsgeschäfts oder einen Rechtsstreit zwischen ihm und dem Verein betrifft (§§ 28, 34 BGB).

Ressortzuständigkeiten

Bilden mehrere Personen den Vorstand, so gilt der Grundsatz der Gesamtgeschäftsführung, d. h. alle Vorstandsmitglieder müssen bei den Geschäftsführungsmaßnahmen mitwirken. In der Regel ist jedoch die Aufteilung der Geschäftsführung nach

[276] BayObLGZ 1985, 24; BayObLGZ 1988, 170; LG Münster NZG 1998, 352; LG Dresden NZG 1999, 171; BayObLGZ 2003, 89; Reichert, Rn. 2405.

[277] Sauter/Schweyer/Waldner, Rn. 245a.

[278] LG Münster NZG 1998, 352; LG Dresden NZG 1999, 171; Sauter/Schweyer/Waldner, Rn. 245a; Stöber/Otto, Rn. 516; bejahend auch im Fall einer Genossenschaftssatzung: BGH, NJW 1952, 343.

[279] Vgl. auch Otto jurisPK-BGB, § 28 Rn. 5.

Sachgebieten geboten. In diesem Fall führt das einzelne Vorstandsmitglied die in sein Sachgebiet fallenden laufenden Vereinsgeschäfte alleine und eigenverantwortlich.
Die Aufteilung der Vereinsgeschäfte auf verschiedene Ressorts und verschiedene Vorstandsmitglieder kann bereits in der Satzung erfolgen. Sie kann aber auch in einer Geschäftsordnung für den Vorstand enthalten sein, dann sollte allerdings die Satzung den Erlass der Geschäftsordnung nebst Ressortaufteilung zulassen[280]. Wenn die Geschäftsverteilung in der Satzung oder einer Geschäftsordnung geregelt ist, beschränkt sich die Verantwortlichkeit des einzelnen Vorstandsmitglieds auf das ihm übertragene Ressort. Voraussetzung dafür ist allerdings eine klare und eindeutige, schriftliche Aufgabenfestlegung[281]. Es besteht grundsätzlich keine gegenseitige Aufsichtspflicht. Jedes Vorstandsmitglied kann sich vielmehr darauf verlassen, dass die anderen Vorstandsmitglieder ihre Aufgaben gewissenhaft und ordnungsgemäß erledigen, es sei denn, es bestehen Anhaltspunkte für das Gegenteil. Dann ist jedes Vorstandsmitglied verpflichtet, die notwendigen Maßnahmen zu ergreifen.

Aufgabenübertragung

Ohne ausdrückliche Erlaubnis in der Satzung darf der Vorstand die Geschäftsführung nicht an eine andere Person oder Stelle übertragen. Vielmehr hat der Vorstand seine Geschäfte gemäß § 664 Abs. 1 BGB im Zweifel selbst wahrzunehmen. Zwar braucht er nicht jedes Geschäft persönlich vorzunehmen, wesentlich ist jedoch, dass er auch bei der Einschaltung eines Geschäftsführers[282] oder von Angestellten die Leitung des Vereins in Händen behält und die Verantwortung für deren Handeln trägt. Dies beinhaltet insbesondere die Pflicht, Tätigkeitsanweisungen zu geben und den Beauftragten zu überwachen. Die Vereinssatzung darf die Geschäftsführungsaufgabe – jedenfalls zum Teil – auf ein anderes Vereinsorgan delegieren. Allerdings muss der Vorstand stets insofern an der internen Meinungsbildung (Geschäftsführung) teilhaben, als diese mit der Vertretungshandlung nach außen unmittelbar zusammenhängt[283].

2.3 Sonstige Organe

Der Verein muss zwingend zwei Organe haben, nämlich die Mitgliederversammlung und den Vorstand. Es steht dem Verein aber frei, durch entsprechende Satzungsbestimmungen weitere Vereinsorgane zu bilden.
Die Bildung weiterer Vereinsorgane bestimmt sich ausschließlich nach der Satzung. In der Satzung sind die Zusammensetzung, Bestellung, Amtsdauer und Beschlussfas-

[280] Reichert, Rn. 2610.
[281] Reichert, Rn. 2615.
[282] Siehe zum Geschäftsführer unten Gliederungspunkt C.2.3.2, S. 101.
[283] Sauter/Schweyer/Waldner, Rn. 250.

sung sowie die Zuständigkeit für jedes zusätzliche Organ zu regeln. Einzelheiten können einer Geschäftsordnung vorbehalten bleiben, die sich das Organ entweder selbst gibt oder die ihm von einem anderen Vereinsorgan vorgegeben wird. Den weiteren Organen können grundsätzlich alle Befugnisse eingeräumt werden, die nicht kraft Gesetzes zwingend dem Vorstand oder der Mitgliederversammlung zugewiesen sind; denkbar sind bspw. Überwachungs- und Beratungsfunktionen. Einem fakultativen Organ können aber auch (wesentliche) Teile der Geschäftsführung übertragen werden. Wichtig ist eine exakte Abgrenzung der Aufgaben und Kompetenzen gegenüber den anderen Organen.

2.3.1 Besonderer Vertreter

Gemäß § 30 BGB kann für gewisse Geschäfte neben dem Vorstand ein besonderer Vertreter bestellt werden. Streitig ist, ob die Bestellung für „gewisse" Geschäfte einen beschränkten Aufgabenkreis erfordert oder ob dem besonderen Vertreter auch die „Erledigung aller laufenden Geschäfte des Vereins" zugewiesen werden kann. Überwiegend wird vertreten, dass sich die Tätigkeit auf einen begrenzten Geschäftskreis beziehen muss[284]. Nach anderer Ansicht erfordert die Bestellung für „gewisse" Geschäfte nur, dass der Tätigkeitsbereich hinreichend bestimmt ist; dies schließe eine Bestellung auch für alle Geschäfte des Vereins nicht aus[285].

Nach dem Wortlaut des § 30 BGB bedarf die Bestellung eines besonderen Vertreters einer satzungsmäßigen Grundlage. Deshalb wird die Auffassung vertreten, dass beim Fehlen einer entsprechenden Satzungsbestimmung die Bestellung eines besonderen Vertreters unzulässig und damit unwirksam sei[286]. Nach wohl herrschender Meinung soll es allerdings genügen, wenn die Satzung Geschäftskreise vorsieht, für die ein besonderer Vertreter erforderlich ist; selbst eine langjährige Übung soll ausreichend sein[287].

Die Bestellung und Abberufung des besonderen Vertreters bestimmt sich nach der Satzung, die auch festlegen kann, dass der Vorstand oder ein anderes Organ den besonderen Vertreter ernennt. Enthält die Satzung keine derartigen Regelungen, so ist die Mitgliederversammlung zuständig. Der besondere Vertreter hat in seinem Wirkungskreis dieselbe Stellung wie der Vorstand und ist demzufolge auch im Vereinsregister einzutragen.

Nach dem Gesetz erstreckt sich die Vertretungsmacht des besonderen Vertreters im Zweifel auf alle Rechtsgeschäfte, die der ihm zugewiesene Geschäftskreis gewöhnlich mit sich bringt. Allerdings kann die Satzung die Vertretungsmacht des besonderen

[284] OLG Hamm DNotZ 1978, 293; MünchKomm/Reuter, § 30 Rn. 8; Sauter/Schweyer/Wandner, Rn. 313.

[285] OLG München ZStV 2013, 60.

[286] Sauter/Schweyer/Waldner, Rn. 313.

[287] Palandt/Heinrichs/Ellenberger, § 30 BGB, Rn. 4.

Vertreters auch beschränken oder ganz ausschließen. Insbesondere können seine Vertretungshandlungen an die vorherige Zustimmung eines anderen Vereinsorgans, bspw. des Vorstands, gebunden werden. Eine Beschränkung der Vertretungsmacht des besonderen Vertreters oder ein gänzlicher Ausschluss ist in das Vereinsregister einzutragen und gilt dann in gleicher Weise gegen Dritte wie die eingetragene Beschränkung der Vertretungsmacht des Vorstands.

2.3.2 Geschäftsführer und Geschäftsstelle

Ein Berufsverband unterhält in der Regel zur Bewältigung seiner Verwaltungsaufgaben eine Geschäftsstelle. Die Leitung der Geschäftsstelle obliegt zumeist einem (hauptamtlichen) Geschäftsführer. Ihm wird die Durchführung der Geschäfte des Berufsverbands übertragen, wobei seine Befugnis im Regelfall auf die Geschäfte der laufenden Verwaltung beschränkt ist. Zu den Geschäften der laufenden Verwaltung zählen solche, die nicht von grundsätzlicher Bedeutung sind, sondern mit einer gewissen Regelmäßigkeit wiederkehren und nach feststehenden Verwaltungsregeln erledigt werden können.

Der Vorstand bedient sich bei der Bewältigung seiner Aufgaben der Geschäftsstelle, über die bspw. sämtlicher Schriftverkehr des Berufsverbands abgewickelt wird. Die Verantwortung für den organisatorischen Bereich der Geschäftsstelle und die Überwachung der in der Geschäftsstelle tätigen Angestellten obliegt dem Vorstand. Er kann diese Aufgabe zum Teil auf den Geschäftsführer delegieren und sich dann selbst auf die Überwachung des Geschäftsführers beschränken.

Soweit die Satzung keine abweichende Regelung getroffen hat, bestellt die Mitgliederversammlung den Geschäftsführer. Oft sieht die Satzung allerdings die Bestellung durch den Vorstand vor oder räumt diesem ein Vorschlagsrecht ein. Dies ist interessengerecht, da der Geschäftsführer eng mit dem Vorstand zusammenarbeitet. Der Geschäftsführer ist im Regelfall hauptamtlich für den Berufsverband tätig. Das Bestellungsorgan schließt mit ihm eigenverantwortlich einen Dienstvertrag und ist auch für dessen Beendigung zuständig.

Soll der Geschäftsführer den Verband auch nach außen vertreten, stehen folgende Gestaltungsmöglichkeiten zur Verfügung:

- Der Geschäftsführer kann zum besonderen Vertreter gemäß § 30 BGB bestellt werden, der den Berufsverband bei Geschäften der laufenden Verwaltung vertritt. Der besondere Vertreter wird von der Mitgliederversammlung bestellt, soweit die Satzung kein anderes Bestellungsorgan vorsieht. Er ist in das Vereinsregister einzutragen.
- Der Geschäftsführer kann als Vorstandsmitglied bestellt werden. Als Mitglied des Vorstands erhält er Vertretungsbefugnis nach § 26 Abs. 2 BGB, die aber durch die Satzung dahingehend eingeschränkt werden kann, dass er den Verein alleine nur

bis zu einem bestimmten Betrag verpflichten kann. Die Einschränkung der Vertretungsbefugnis muss im Vereinsregister eingetragen werden (§ 64 BGB).
- Dem Geschäftsführer kann vom Vorstand eine rechtsgeschäftliche Vollmacht zur Vertretung des Vereins erteilt werden, wobei der Umfang der Vollmacht näher zu bestimmen ist.

3 Haftung

3.1 Haftung des Verbands

Der eingetragene Verein ist als juristische Person selbst Träger von Rechten und Pflichten. Die Mitglieder des Vereins trifft grundsätzlich keine persönliche Haftung. Eine Haftung des Berufsverbands kann sich aus vertraglichen und gesetzlichen Haftungstatbeständen ergeben. Da der Verband nicht selbst handelt, kommt es entscheidend auf die Verwirklichung eines Zurechnungstatbestands an.

3.1.1 Organhaftung

§ 31 BGB als Zurechnungstatbestand

Als juristische Person nimmt der Verein durch seine Organe am Rechtsverkehr teil; er muss sich daher deren Verhalten als eigenes zurechnen lassen. Gemäß § 31 BGB ist der Verein für den Schaden verantwortlich, den der Vorstand, ein Mitglied des Vorstands oder ein anderer verfassungsmäßig berufener Vertreter des Vereins durch eine in Ausführung der ihm zustehenden Verrichtungen begangene, zum Schadensersatz verpflichtende Handlung einem Dritten zugefügt hat. Der Verein haftet also für pflichtwidriges Verhalten seines Vorstands als Gremium insgesamt, einzelner Vorstandsmitglieder, eines besonderen Vertreters und sonstiger in der Satzung vorgesehener Repräsentanten. Durch § 31 BGB sollen der Verein und der Geschädigte so gestellt werden, als hätte statt des Vereins eine natürliche Person gehandelt. Dem Geschädigten soll das Vereinsvermögen als Haftungsmasse zur Verfügung stehen und dem Verein soll hinsichtlich der ihn repräsentierenden Personen jede Entlastungsmöglichkeit (etwa nach § 831 BGB) genommen werden.

§ 31 BGB ist keine Vorschrift, die selbst eine Haftung begründet, sondern eine Zurechnungsnorm. Sie setzt voraus, dass ein Vereinsrepräsentant durch sein Verhalten (Tun oder Unterlassen) einen Haftungstatbestand verwirklicht hat[288]. § 31 BGB sorgt dann dafür, dass dem Verein dieses Verhalten als eigenes zugerechnet wird und der

[288] BGH NJW 2003, 2984.

Verein damit selbst den Haftungstatbestand verwirklicht hat, sodass sich etwaige Ansprüche unmittelbar gegen den Verein richten.
Als Anspruchsgrundlagen kommen sämtliche Haftungstatbestände in Betracht, insbesondere Haftung aus Vertragsverletzungen, aus unerlaubter Handlung und aus Gefährdungshaftung.

Von § 31 BGB erfasste Vereinsrepräsentanten

§ 31 BGB gilt zunächst einmal für alle organschaftlichen Vertreter des Vereins, d. h. für den Vorstand i. S. von § 26 Abs. 1 BGB und für den besonderen Vertreter nach § 30 BGB. Mitglieder eines sog. erweiterten Vorstands, die keine Vertretungsmacht haben, sind zwar keine Vorstandsmitglieder i. S. von § 31 BGB. Allerdings wird § 31 BGB analog auf schadensstiftende Maßnahmen von Vereinsorganen oder Repräsentanten angewendet, auch wenn diese selbst keine Vertretungsbefugnis haben. Dies gilt bspw. für die Mitgliederversammlung, einen Beirat oder den erweiterten Vorstand, wenn diese durch ihr Verhalten einen Haftungstatbestand verwirklichen[289]. Vertreter des Vereins i. S. von § 31 BGB ist nicht nur derjenige, dessen Vereinsamt in der Satzung vorgesehen ist, sondern darüber hinaus auch derjenige, der ohne ein solches Amt wesentliche Funktionen des Vereins selbstständig und eigenverantwortlich nach außen ausübt und den Verein auf diese Weise repräsentiert[290].

Handeln in vereinsamtlicher Eigenschaft

Der Vorstand oder sonstige Vereinsrepräsentant muss den Haftungstatbestand in vereinsamtlicher Eigenschaft verwirklicht haben. D. h. das betreffende Verhalten (Tun oder Unterlassen) muss in einem objektiven und engen Zusammenhang mit seiner Tätigkeit für den Verein stehen[291]. Nicht zugerechnet wird dem Verein hingegen ein Verhalten, mit welchem der Vereinsrepräsentant sich so weit aus seinem Aufgabenkreis entfernt hat, dass es für Außenstehende erkennbar ist, dass er nicht mehr für den Verein handelt[292]. Handelt bspw. ein Vorstandsmitglied allein in einer privaten Angelegenheit, so trifft den Verein keine Haftung.
Die Organhaftung umfasst auch die Haftung des Vereins wegen Organisationsmängeln, Aufsichtspflichtverletzungen und Verletzung von Verkehrssicherungspflichten, denn in diesen Fällen hat das zuständige Vereinsorgan es unterlassen, die Geschäfte des Vereins ordnungsgemäß zu organisieren[293].

---

[289] Reichert, Rn. 3495.
[290] BGH NJW 1968, 391; BGH NJW 1986, 2941; BGH NJW 1998, 1854.
[291] BGHZ 49 S. 19.
[292] BGHZ 99 S. 298.
[293] Stöber/Otto, Rn. 604; Reichert, Rn. 3553 ff.

Anspruchsinhaber

Inhaber des Anspruchs aus § 31 BGB in Verbindung mit der jeweiligen Anspruchsgrundlage können sowohl eine außerhalb des Vereins stehende Person als auch ein Vereinsmitglied sein[294].

Gesamtschuldnerische Haftung von Verein und Repräsentant

Die Haftung des Vereins über § 31 BGB befreit den Betreffenden nicht von der persönlichen Haftung. Hat der Vereinsrepräsentant in seiner Person einen Haftungstatbestand verwirklicht, so haften er und der Verein als Gesamtschuldner.

3.1.2 Haftung für Erfüllungsgehilfen

Nach § 278 BGB wird dem Verein ein Verschulden der Personen zugerechnet, derer er sich zur Erfüllung seiner Verbindlichkeiten bedient (Erfüllungsgehilfen). Erfüllungsgehilfe ist jeder, der mit dem Willen des Vereins bei der Erfüllung einer diesem obliegenden Verbindlichkeit als dessen Hilfsperson tätig ist[295]. Es genügt ein tatsächlicher Zusammenhang; ein Rechtsverhältnis muss zwischen dem Schuldner (= dem Verein) und dem Erfüllungsgehilfen nicht bestehen. Ferner ist unerheblich, ob der Erfüllungsgehilfe den Weisungen des Schuldners unterliegt oder ob dieser ihn ordnungsgemäß ausgewählt und überwacht hat. Entscheidend ist allein, dass sich der Schuldner des Erfüllungsgehilfen bei der Erfüllung der ihn treffenden Pflichten bedient hat[296]. Allerdings muss das schadensstiftende Verhalten des Erfüllungsgehilfen in einem unmittelbaren Zusammenhang mit den Aufgaben stehen, die ihm von dem Schuldner zugewiesen wurden. Die Haftung des Vereins entfällt daher, wenn der Erfüllungsgehilfe den Schaden nur „bei Gelegenheit" der ihm übertragenen Aufgaben verursacht hat[297].

§ 31 BGB ist Spezialnorm im Verhältnis zu § 278 BGB. Sofern es um Repräsentanten des Vereins geht, wird daher § 278 BGB durch § 31 BGB verdrängt.

3.1.3 Haftung für Verrichtungsgehilfen

Unabhängig von vertraglichen Ansprüchen oder einem bestehenden Schuldverhältnis haftet der Verein als Geschäftsherr für Schäden, die eine von ihm eingesetzte Person (Verrichtungsgehilfe) in Ausführung der ihr zugewiesenen Tätigkeit einem Dritten widerrechtlich zugeführt hat (§ 831 BGB).

---

[294] BGH NJW-RR 1991, 281.

[295] BGH NJW 1988, 1907.

[296] BGH NJW 1996, 451.

[297] BGH NJW 1977, 2259.

Verrichtungsgehilfe ist, wer den Weisungen des Geschäftsherrn unterliegt. Ihm muss von dem Geschäftsherrn eine Tätigkeit übertragen worden sein, die in einem engen Zusammenhang mit dem schadensstiftenden Ereignis steht. Während bei § 278 BGB ein schuldhaftes Verhalten des Erfüllungsgehilfen erforderlich ist, greift die Haftung nach § 831 BGB unabhängig von einem Verschulden der Hilfsperson. Der Verrichtungsgehilfe muss allein den objektiven Tatbestand einer unerlaubten Handlung verwirklichen.
Der Berufsverband kann sich jedoch durch den Nachweis entlasten, dass er seine Leitungsaufgaben ordnungsgemäß wahrgenommen hat und bei der Beschaffung und Wartung von Vorrichtungen und Gerätschaften sowie bei der Auswahl des Verrichtungsgehilfen die erforderliche Sorgfalt beachtet wurde (§ 831 Abs. 1 Satz 2 BGB).

3.2 Persönliche Haftung von Organmitgliedern

Auch wenn aus Rechtsgeschäften, die im Namen des Vereins getätigt werden, zunächst einmal der Verein haftet, kommt daneben oder stattdessen auch eine persönliche Haftung der Vorstandsmitglieder in Betracht.
Überschreitet ein Vorstandsmitglied die Grenzen seiner Vertretungsmacht, so wird der Verein grundsätzlich nicht verpflichtet. Das Vorstandsmitglied haftet dann als Vertreter ohne Vertretungsmacht auf Vertragserfüllung oder Schadensersatz. Wenn allerdings der Vertragspartner die beschränkte Vertretungsmacht kennt, kennen musste oder fahrlässig nicht kannte, so hat er keine Ansprüche gegen das Vorstandsmitglied. Eine Beschränkung der Vertretungsmacht muss der Vertragspartner in der Regel kennen, wenn sie in das Vereinsregister eingetragen ist.
Wurde die Vertretungsmacht nur im Innenverhältnis des Vorstands zum Verein eingeschränkt, bspw. dadurch, dass zunächst die Zustimmung des gesamten Vorstands oder eines anderen Organs einzuholen ist, und werden derartige Vorgaben missachtet, so wird im Außenverhältnis der Verein uneingeschränkt verpflichtet. Für eine persönliche Haftung des Vorstandsmitglieds gegenüber dem Vertragspartner besteht dann kein Raum. Das handelnde Vorstandsmitglied ist dem Verein jedoch wegen der Verletzung der ihm im Innenverhältnis gesetzten Grenzen zum Schadensersatz verpflichtet.
Begeht das Vorstandsmitglied in Ausübung seines Vorstandsamts eine unerlaubte Handlung, so ist neben der Organhaftung des Vereins (§ 31 BGB) regelmäßig auch eine persönliche Haftung des Vorstandsmitglieds gegeben. Verein und Vorstandsmitglied haften dann als Gesamtschuldner. Das gleiche gilt für die Verwirklichung eines Gefährdungstatbestands.
Schließlich kommt eine persönliche Haftung eines Vorstandsmitglieds aufgrund gesetzlicher Spezialtatbestände in Betracht:

- Gemäß § 42 Abs. 2 Satz 2 BGB haften die Vorstandsmitglieder den Vereinsgläubigern für einen Schaden, der aus der verspäteten Stellung eines Insolvenzantrags resultiert. Die Vorstandsmitglieder sind gemäß § 42 Abs. 2 Satz 1 BGB verpflichtet, im Falle der Zahlungsunfähigkeit oder Überschuldung des Vereins die Eröffnung des Insolvenzverfahrens zu beantragen. Diese Pflicht trifft jedes Vorstandsmitglied einzeln. Kommt ein Vorstandsmitglied dieser Pflicht nicht rechtzeitig nach, so haftet es den Gläubigern persönlich für den aus der Verzögerung resultierenden Schaden. Den Gläubigern, die aus der verzögerten Stellung des Insolvenzantrags eine schlechtere Befriedigungsquote im Insolvenzverfahren erhalten, haften die Vorstände in Höhe des sog. Quotenschadens. Neugläubigern, die einen Anspruch gegenüber dem Verein erst nach dem Zeitpunkt erworben haben, zu dem der Insolvenzantrag bereits hätte gestellt sein müssen, haften die Vorstände auf Ersatz des Vertrauensschadens. Diese Gläubiger sind so zu stellen, als hätten sie den Vertrag mit dem Verein nicht abgeschlossen. Die Verzögerung des Insolvenzantrags kann zudem strafrechtliche Konsequenzen für die Vorstandsmitglieder haben.

- § 39 AO normiert die steuerlichen Pflichten des Vereinsvorstands. Hierzu gehören Aufzeichnungs- und Buchführungspflichten, die Verpflichtung zur Abgabe von Steuererklärungen, die Pflicht zur Auskunftserteilung gegenüber den Finanzbehörden und die Verpflichtung zur Zahlung von Steuern aus den vorhandenen Vereinsmitteln[298]. Wenn der Vorstand diese Pflichten vorsätzlich oder grob fahrlässig verletzt, haften die einzelnen Vorstandsmitglieder dafür auf Ersatz der ausgefallenen Steuern. Alle Vorstandsmitglieder haften als Gesamtschuldner. Eine Beschränkung dieser Haftung kann sich allenfalls daraus ergeben, dass in der Satzung oder einer Geschäftsordnung einem bestimmten Vorstandsmitglied die Verwaltung des Vereinshaushalts und damit die Beachtung der steuerlichen Pflichten zugewiesen wurde. In diesem Fall trifft die persönliche Haftung nur dieses Vorstandsmitglied.
- Ist der Verein Arbeitgeber, so ist er gesetzlich verpflichtet, die Sozialversicherungsbeiträge ordnungsgemäß und rechtzeitig abzuführen. Wird diese Pflicht verletzt, so besteht eine persönliche Haftung der Vorstandsmitglieder bzw. des Vorstandsmitglieds, dem dieser Aufgabenkreis zugewiesen ist. Zudem ist die Nichtabführung von Sozialversicherungsbeiträgen strafrechtlich relevant.

Eine Haftung der Vorstandsmitglieder für pflichtwidriges Verhalten kommt nicht nur im Außenverhältnis, sondern auch im Innenverhältnis gegenüber dem Verein in Betracht. Die Vorstandsmitglieder haben bei Ausübung ihres Amts die sich aus Gesetz, Vertrag, Satzung, Vereinsordnung und vereinsinternen Regelungen ergebenden Pflichten und Vorgaben zu beachten. Sofern sie diese Pflichten schuldhaft verletzen, sind sie dem Verein zum Ersatz des daraus resultierenden Schadens verpflichtet. Dabei reicht grundsätzlich eine fahrlässige Pflichtverletzung aus. Fahrlässig handelt

[298] Siehe Gliederungspunkt D.9, S. 188 sowie Schießl/Küpperfahrenberg, DStR 2006 S. 445.

bereits derjenige, der die im Verkehr erforderliche Sorgfalt außer Acht lässt. Entscheidend ist dabei, ob ein verständiges und ordentliches Organmitglied die bestehende Pflicht erfüllt hätte.
Wer sich ehrenamtlich engagiert, soll nicht dem vollen Haftungsrisiko ausgesetzt sein. Aus diesem Grunde wurde im Jahre 2009 mit der Einführung des § 31a BGB eine Haftungsprivilegierung für ehrenamtliche Vorstandsmitglieder eingeführt[299], die im Jahre 2013 nochmals erweitert und auf andere Organmitglieder und besondere Vertreter ausgedehnt wurde[300]. Erfasst sind damit auch die Mitglieder fakultativer Organe und sonstige Repräsentanten, auf welche § 31 BGB analog angewendet wird.
Nach § 31a Abs. 1 BGB haften Vereinsrepräsentanten (Organmitglieder und besondere Vertreter im Sinne von § 30 BGB), die für ihre Tätigkeit eine Vergütung von maximal 720 EUR p. a. erhalten, gegenüber dem Verein und den Vereinsmitgliedern nur für Vorsatz und grobe Fahrlässigkeit. Werden sie von einem Dritten für einen Schaden in Anspruch genommen, den sie bei Wahrnehmung ihrer Vereinsaufgaben verursacht haben, so haben sie gegenüber dem Verein nach § 31a Abs. 2 BGB einen Freistellungsanspruch, es sei denn, sie haben den Schaden vorsätzlich oder grob fahrlässig verursacht.
Für die Vergütungsschwelle von 720 EUR ist das Kalenderjahr entscheidend, in dem die haftungsrelevante Handlung begangen wurde; nachträgliche Vergütungsverzichte sind unbeachtlich[301]. Der Begriff „Vergütung" umfasst alle Geld- oder Sachleistungen und sonstige Vergünstigungen, einschließlich der Gewährung geldwerter Vorteile; nicht jedoch der bloße Aufwendungsersatz im Sinne von § 670 BGB.
Die nach § 31a BGB privilegierten Personen haften dem Verein nur für Vorsatz und grobe Fahrlässigkeit. Grobe Fahrlässigkeit liegt vor, wenn die erforderliche Sorgfalt nach den gesamten Umständen in ungewöhnlich hohem Maße verletzt wurde und das außer Acht gelassen worden ist, was jedem hätte einleuchten müssen[302].
Die Haftungserleichterung greift nur, wenn die Betreffenden satzungsmäßige Vereinsaufgaben im Rahmen des Vereinszwecks wahrgenommen haben.
Die Haftungserleichterung des § 31a Abs. 1 Satz 1 BGB gilt für die Fälle, in denen der Verein selbst den Schaden erlitten hat und Rückgriff bei den verantwortlichen Repräsentanten nehmen will. Diese Haftungserleichterung kann auch durch die Satzung nicht verschärft werden[303].

---

[299] Gesetz zur Begrenzung der Haftung von ehrenamtlich tätigen Vereinsvorständen, BT-Drs. 16/135337, dazu Augsten/Walter DStZ 2010, 148; Burghard ZIP 2010, 358; Ehlers NJW 2011, 2689; Wörle-Himmel DStR 2010, 759.

[300] Gesetz zur Stärkung des Ehrenamts, BGBl. 2013 I, 556; BT-Drs. 17/11632, dazu Frings NWB 2013, 693; Schauhoff/Kirchhain, FR 2013, 301.

[301] Burghard, ZIP 2010, 358; Stöber/Otto, Rn. 621.

[302] BGH NJW 1984, 789.

[303] Dies folgt aus § 40 Satz 1 BGB, der nur § 31a Abs. 1 Satz 2 BGB für dispositiv erklärt.

§ 31a Abs. 1 Satz 2 BGB erstreckt die Haftungserleichterung auf die Fälle, in denen nicht der Verein, sondern andere Vereinsmitglieder geschädigt wurden. Die Vorschrift schließt Ansprüche der Mitglieder gegen Repräsentanten aus, es sei denn sie beruhen auf vorsätzlichem oder grob fahrlässigem Verhalten. § 31a Abs. 1 Satz 2 BGB ist dispositiv (§ 40 Satz 1 BGB), d. h. die Satzung kann bestimmen, dass die Haftungserleichterung unter den Mitgliedern nicht gelten soll.

Hat der privilegierte Vereinsrepräsentant einen vereinsfremden Dritten geschädigt, so bleibt seine Haftung diesem gegenüber unberührt. Er hat aber nach § 31a Abs. 2 BGB unter den Voraussetzungen der Haftungsprivilegierung einen Freistellungsanspruch gegenüber dem Verein.

Sind mehrere Vorstandsmitglieder für den Schaden verantwortlich, haften sie dem Verein als Gesamtschuldner. Der Verein kann entscheiden, welches Vorstandsmitglied er in Anspruch nimmt, und jedes einzelne auf den vollen Schaden in Anspruch nehmen. Untereinander richtet sich der Ausgleich der haftenden Vorstandsmitglieder nach § 426 BGB. Allenfalls eine in der Satzung oder einer Geschäftsordnung verankerte Ressortaufteilung kann dazu führen, dass die ressortfremden Organmitglieder dem Verein nicht haften. Eine solche aus der Ressortzuständigkeit resultierende Haftungsverschonung greift jedoch nur, wenn keine Hinweise auf das Fehlverhalten eines Vorstandsmitglieds vorlagen. Lagen solche Hinweise vor, waren die anderen Organmitglieder zum Eingreifen verpflichtet und haften, falls sie pflichtwidrig untätig geblieben sind.

3.3 Haftung der Vereinsmitglieder

Grundsätzlich haftet für die Verbindlichkeiten des Vereins nur der Verein mit seinem Vereinsvermögen. Ein Haftungsdurchgriff von Gläubigern des Vereins auf das Privatvermögen der Vereinsmitglieder kommt daher in der Regel nicht in Betracht. Die Rechtsprechung hat eine Durchgriffshaftung ausnahmsweise dann zugelassen, wenn die rechtliche Selbstständigkeit des Vereins von den Vereinsmitgliedern bewusst missbraucht wurde oder wenn die Vermögenssphären von Verein und Vereinsmitgliedern derart vermischt wurden, dass eine Heraustrennung des Vereinsvermögens und dessen gesonderte Inanspruchnahme nicht mehr möglich waren[304].

In der Kolping-Entscheidung hatte das Oberlandesgericht Dresden zudem einen Fall der Durchgriffshaftung angenommen, wenn ein Verein sich unter Verletzung des Nebenzweckprivilegs in erheblichem Umfang wirtschaftlich betätigt[305]. Die Vereinsmitglieder, die Kenntnis von dieser wirtschaftlichen Betätigung hatten und ihr keinen Einhalt geboten haben, sollten nach Auffassung des Oberlandesgerichts persönlich für die Verbindlichkeiten des Vereins haften. Diese Rechtsfortbildung wurde

[304] BGHZ 54, 222; BGHZ 78, 318.

[305] OLG Dresden ZIP 2005, 1680; dazu Reuter NZG 2008, 650.

jedoch vom Bundesgerichtshof verworfen[306]. Die Überschreitung des Nebenzweckprivilegs führe nicht zu einem Haftungsdurchgriff auf die Vereinsmitglieder. Die vom Oberlandesgericht angenommene akzessorische Haftung der Mitglieder für Vereinsverbindlichkeiten (Durchgriffshaftung) wegen Rechtsformmissbrauchs stehe mit dem geltenden Gesetzesrecht (§§ 21 ff., 43 Abs. 2 BGB) nicht in Einklang. Sanktion für eine zweckwidrige unternehmerische Betätigung des eingetragenen Vereins sei das Amtslöschungsverfahren oder die behördliche Entziehung der Rechtsfähigkeit. Erst durch einen derartigen Rechtsakt wird die Rechtsfähigkeit des Vereins beseitigt und erst ab diesem Zeitpunkt ist vom Gesetz eine persönliche Haftung der Vereinsmitglieder vorgesehen.

[306] BGH-Urteil vom 10.12.07, II ZR 239/05, BGHZ 175, 12

D Besteuerung der Verbandstätigkeit

1 Allgemeines

Als Interessenverband ist der Berufsverband bestrebt, das Ansehen, den Einfluss und die wirtschaftliche Lage seiner Mitglieder zu stärken. Gleichwohl haben Berufsverbände im Lauf der Zeit Rechte erworben, die früher ausschließlich den Trägern der Hoheitsgewalt vorbehalten waren. Infolgedessen sind sie ihrer Bedeutung und ihrer Tätigkeit nach zwischen den voll steuerpflichtigen bürgerlich-rechtlichen Vereinen und den Körperschaften des öffentlichen Rechts bzw. den gemeinnützigen Körperschaften einzuordnen. Diese generelle Einordnung findet sich auch im Steuerrecht wieder. So gelten für die Besteuerung zunächst die gleichen Grundsätze wie im Rahmen der Vereinsbesteuerung.

Berufsverbände als Vereine sind grundsätzlich gemäß § 1 Abs. 1 Nr. 4 bzw. Nr. 5 KStG unbeschränkt körperschaftsteuerpflichtig, sofern sie ihre Geschäftsleitung oder ihren Sitz in Deutschland haben. Die Hinwendung zu öffentlichen Aufgaben führt jedoch zur Anwendung subjektiver Steuerbefreiungen – im Wesentlichen § 5 Abs. 1 Nr. 5 KStG –, wie dies im größeren Umfang auch Körperschaften des öffentlichen Rechts sowie gemeinnützigen Körperschaften zugestanden wird. Über Art und Umfang der Steuerbefreiung wird für den jeweiligen Besteuerungsabschnitt (Veranlagungszeitraum) entschieden; dieser entspricht gemäß § 31 Abs. 1 KStG i. V. mit § 25 Abs. 1 EStG grundsätzlich dem Kalenderjahr.

Ansonsten sind Berufsverbände partiell steuerpflichtig; die im Praxisalltag bedeutsamste Form der partiellen Steuerpflicht wird durch die Unterhaltung eines wirtschaftlichen Geschäftsbetriebs begründet. Weitere partielle Steuerpflichten entstehen beim Bezug steuerabzugspflichtiger Kapitalerträge oder im Rahmen der ergänzenden Belastung des Gewinns aus einem wirtschaftlichen Geschäftsbetrieb mit Kapitalertragsteuer. Die Steuerfreiheit der übrigen Verbandsbereiche bleibt unberührt.

Bürgerlich-rechtliche Vereine, die nicht im Interesse der Allgemeinheit wirken, sind dagegen dem Grunde nach in vollem Umfang steuerpflichtig[307]; eine exakte Abgrenzung zwischen ihnen und den steuerbefreiten Berufsverbänden sowie den gemeinnützigen Körperschaften ist geboten.

Berufsverbände sind immer als Körperschaften organisiert, ohne dass jedoch die konkret gewählte Rechtsform einen Einfluss auf die steuerliche Bewertung hat.

---

[307] BFH v. 29.11.1967 – I 67/65, BStBl. 1968 II, 236.

Lediglich einen öffentlich-rechtlichen Charakter dürfen Berufsverbände nicht aufweisen.

2 Steuersubjekt

2.1 Hauptverein

Gemäß § 1 Abs. 1 Nr. 4 KStG sind die sonstigen juristischen Personen des privaten Rechts in Deutschland unbeschränkt körperschaftsteuerpflichtig, sofern sie ihre Geschäftsleitung oder ihren Sitz im Inland haben. Hierunter sind auch Berufsverbände in der Rechtsform des eingetragenen Vereins zu subsumieren, da ihre Rechtsverhältnisse durch privatrechtliche Vorschriften geregelt sind, und sie – im Gegensatz zu den juristischen Personen des öffentlichen Rechts – keine hoheitlichen Befugnisse besitzen.

Für nichtrechtsfähige Vereine resultiert die unbeschränkte Körperschaftsteuerpflicht aus § 1 Abs. 1 Nr. 5 KStG. Bei diesen kann allerdings die Abgrenzung zur Gesellschaft bürgerlichen Rechts Probleme bereiten. Der nichtrechtsfähige Verein muss wirtschaftlich als Vermögensträger anzusehen sein; dies erfordert eine entsprechende körperschaftliche Organisation. Liegt eine solche nicht vor bzw. wird sie von der Finanzverwaltung in Zweifel gezogen, ist der „Verband" tatsächlich eine Gesellschaft bürgerlichen Rechts, deren Einkünfte ggf. einheitlich und gesondert festgestellt und unmittelbar bei den „Mitgliedern" zu versteuern sind[308]. Eine Körperschaftsteuerpflicht besteht dann nicht; ebenso wenig sind die steuerlichen Begünstigungen des Berufsverbandsstatus nutzbar.

Zur Begründung der unbeschränkten Körperschaftsteuerpflicht muss entweder die Geschäftsleitung oder der Sitz des Berufsverbands in Deutschland liegen.

- Die Geschäftsleitung ist nach § 10 AO der Mittelpunkt der geschäftlichen Oberleitung. Sie befindet sich an dem Ort, an dem die leitenden Personen tatsächlich die wesentlichen Entscheidungen treffen[309]. Dies sind in der Regel die Geschäftsräume des Verbands; bei mehreren Standorten wird der Ort der Geschäftsleitung dort vermutet, wo sich die Büroräume des Vorstands bzw. Geschäftsführers befinden. Unbeachtlich ist dagegen der Ort, an dem die geschäftlichen Entscheidungen ausgeführt werden.

  Bei kleineren Verbänden, die über keine eigenen bzw. angemieteten Geschäftsräume verfügen, kann der Ort der Geschäftsleitung auch die Privatwohnung des Vorstands bzw. Geschäftsführers sein.

[308] Siehe Alvermann, FR 2006 S. 262 (263).

[309] Es handelt sich um eine Tatfrage; RFH v. 20.12.1933 – IA 133/32, RStBl. 1934, 140.

Die Geschäftsleitung eines Berufsverbands kann nach seiner Definition zu einem bestimmten Zeitpunkt nur einem einzigen Ort zuzuordnen sein. Eine Verlegung ist möglich. Konsequenterweise führt die Verlegung der Geschäftsleitung vom Inland ins Ausland et vice versa – sofern der Sitz im Ausland liegt – zu einem Wechsel der persönlichen Steuerpflicht.

- Der Sitz[310] eines Berufsverbands wird regelmäßig durch die Satzung festgelegt und ist insoweit leicht und unzweifelhaft zu bestimmen (§ 11 AO). Es handelt sich um ein rein rechtliches Merkmal. Sitz und Geschäftsleitung brauchen nicht beide im Inland zu liegen. Ein inländischer Sitz ist immer dann von Bedeutung, wenn sich die Geschäftsleitung im Ausland befindet.

Liegen sowohl Geschäftsleitung als auch Sitz eines Berufsverbands im Ausland, ist dieser ausländische Verband nach § 2 KStG lediglich beschränkt körperschaftsteuerpflichtig. Der Körperschaftsteuer unterliegen die inländischen Einkünfte nach § 49 EStG. Ob die Einkünfte im Inland verbleiben oder ins Ausland transferiert werden, ist unbeachtlich. Bei einem ausländischen Berufsverband ist die persönliche Steuerbefreiung nach § 5 Abs. 1 Nr. 5 KStG nach Auffassung der Finanzverwaltung nicht anwendbar[311], sodass bspw. inländische Vermietungseinkünfte eines ausländischen Berufsverbands in Deutschland grundsätzlich der Besteuerung unterliegen[312].
Auch Zusammenschlüsse von Berufsverbänden, also bspw. Bundes-, Landes-, Dach-, Spitzenverbände, internationale Verbände, deren Mitglieder wiederum eigenständige Berufsverbände sind, sind ebenfalls Berufsverbände im Sinne des § 5 Abs. 1 Nr. 5 KStG und damit eigenständiges Steuersubjekt, sofern die obigen Voraussetzungen in Bezug auf Geschäftsleitung und Sitz erfüllt sind[313].

2.2 Regionale Untergliederungen

Großvereine verfügen teilweise über regionale Untergliederungen auf Landes-, Bezirks- oder Ortsebene. Diese findet man regelmäßig bei Gesamtvereinen, aber auch bei vielen Dachverbänden[314]. Bei letzteren handelt es sich um einen Zusammenschluss von rechtlich selbstständigen Verbänden, sodass sich die nachfolgende Problematik nur bei Gesamtvereinen stellen kann.

---

[310] Siehe Gliederungspunkt B.2.4.2, S. 43.
[311] § 5 Abs. 2 Nr. 2 KStG.
[312] Dies erscheint nicht mehr haltbar. Siehe EuGH v. 16.6.2011 – C 10/10, BFH/NV 2011, 1467; EuGH v. 14.9.2006 – C 386/04, HFR 2006, 1163 zu einer ausländischen Stiftung mit inländischen Vermietungseinkünften; siehe auch BFH v. 20.12.2006 – I R 94/02, BFH/NV 2007, 805.
[313] R 16 Abs. 1 Satz 4 KStR 2004.
[314] Zu den Begrifflichkeiten siehe Gliederungspunkt B.2.6, S. 59.

Untergliederungen von Gesamtvereinen sind rechtlich eigenständig als eingetragener Verein organisiert[315]. Alternativ können sie auch als nichtrechtsfähige Untergliederungen des Großvereins organisiert sein. In diesen Fällen stellt sich die Frage, ob diese Untergliederungen eine Abteilung des Gesamtvereins bilden oder ob sie als nichtrechtsfähige Vereine gemäß § 1 Abs. 1 Nr. 5 KStG selbstständig unbeschränkt körperschaftsteuerpflichtig sind[316].

Nach Auffassung der Finanzverwaltung liegt ein selbstständiges Steuersubjekt im Sinne des Körperschaftsteuerrechts vor, wenn eine regionale Untergliederung

- über eigene satzungsmäßige Organe (Vorstand, Mitgliederversammlung) verfügt,
- über diese auf Dauer nach außen im eigenen Namen auftritt und
- eine eigene Kassenführung hat[317].

Nicht erforderlich ist, dass die regionale Untergliederung – neben der Satzung des Hauptvereins – noch eine eigene Satzung hat. Zweck, Aufgaben und Organisation der Untergliederung können sich auch aus der Satzung des Hauptvereins ergeben[318]. Insofern ist es ausreichend, dass die Satzung von der Mitgliederversammlung des Hauptvereins beschlossen worden ist.

Die körperschaftsteuerliche Behandlung als nichtrechtsfähiger Verein führt auch zu einer umsatzsteuerlichen Selbstständigkeit der regionalen Untergliederung. Sie kann damit – unter den im Einzelfall zu prüfenden weiteren Voraussetzungen des § 2 Abs. 1 UStG – selbstständiger Unternehmer neben dem Hauptverein sein[319].

Das Vorliegen eines eigenständigen Steuersubjekts durch eine regionale Untergliederung ist aufgrund der obigen Voraussetzungen gestaltbar. Für den Großverein an sich ergeben sich unter Umständen positive wie auch negative Effekte. Positiv kann sein, dass der regionalen Untergliederung eigenständige Freibeträge zustehen oder sowohl der Großverein als auch die regionale Untergliederung für sich betrachtet noch jeweils als umsatzsteuerlicher Kleinunternehmer anzusehen sind. Negativ kann sich auswirken, dass bei einer Selbstständigkeit ein negatives Ergebnis des wirtschaftlichen Geschäftsbetriebs des Hauptvereins nicht mehr mit einem positiven Ergebnis des wirtschaftlichen Geschäftsbetriebs der regionalen Untergliederung saldiert werden kann. Veranstaltet bspw. ein (nichtrechtsfähiger) Ortsverband ein Sommerfest, welches finanziell nicht aus der Verbands-, sondern über eine gesondert geführte Kasse abgerechnet wird, können die daraus erzielten Einnahmen steuerpflichtig werden[320].

---

[315] Insoweit handelt es sich um eigenständige Steuersubjekte; siehe die vorhergehenden Ausführungen.

[316] R 16 Abs. 1 Satz 4 KStR 2004.

[317] Abschn. 2.2. Abs. 7 UStAE.

[318] Vgl. Abschn. 2.2. Abs. 7 UStAE.

[319] Analoge Anwendung von Nr. 2 zu § 51 Abs. 1 AEAO.

[320] BFH v. 18.12.1996 – I R 16/96, BStBl. 1997 II, 361.

Auf funktionale Untergliederungen – bspw. (Fach-)Abteilungen des Hauptvereins – sind obige Grundsätze nicht übertragbar; diese begründen kein eigenständiges Steuersubjekt[321].

2.3 Tochtergesellschaften

Träger von (ertrag-)steuerlichen Rechten und Pflichten sind nach § 1 Abs. 1 Nr. 1 KStG auch Kapitalgesellschaften, d. h. die Aktiengesellschaft, die Kommanditgesellschaft auf Aktien sowie die GmbH, die ihre Geschäftsleitung oder ihren Sitz im Inland haben. Bei Berufsverbänden werden in der Praxis regelmäßig mehrere GmbHs als Tochtergesellschaften eingesetzt; grundsätzlich ist jedoch auch die kleine Aktiengesellschaft als Tochtergesellschaft denkbar.

Die GmbH erlangt ihre Rechtsfähigkeit gemäß § 11 Abs. 1 GmbHG mit konstitutiver Eintragung in das Handelsregister; sie ist ein eigenständiges Steuersubjekt in Bezug zum Hauptverein.

Die unbeschränkte Körperschaftsteuerpflicht nach § 1 Abs. 1 Nr. 1 KStG beginnt nicht erst mit der Erlangung der Rechtsfähigkeit durch die Eintragung in das Handelsregister; sie erstreckt sich vielmehr auch auf die mit Abschluss des notariellen Gesellschaftsvertrags errichtete Vorgesellschaft, d. h. die GmbH im Gründungsstadium[322].

3 (Ertrag-)Steuerliche Sphären des Verbands – ein Überblick

Bei der Besteuerung sind bis zu drei Vermögenssphären – ideeller Bereich, Vermögensverwaltung, wirtschaftlicher Geschäftsbetrieb – zu unterscheiden, die ein Berufsverband als einheitlich zu betrachtendes Steuersubjekt haben kann[323]. Die Zuordnung zu den drei Sphären dient der Abgrenzung bestimmter Einkünfte voneinander, um sie der „richtigen" Besteuerung zu unterwerfen.

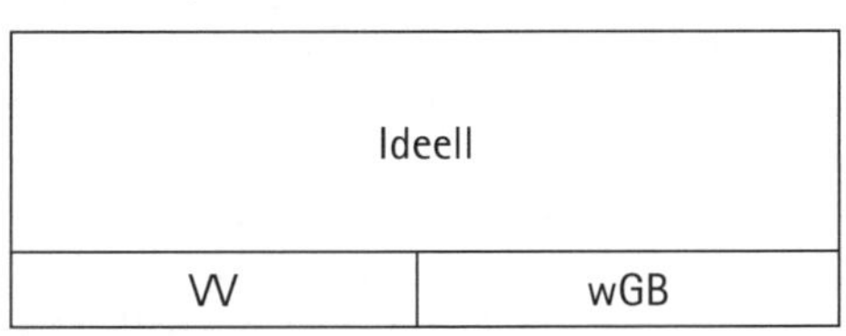

Abb. 1: Steuerliche Sphären eines Berufsverbands

[321] § 51 Satz 3 AO zu gemeinnützigen Körperschaften.

[322] BFH v. 14.10.1992 – I R 17/92, BStBl. 1993 II, 352; v. 13.12.1989 – I R 98-99/86, BStBl. 1990 II, 468.

[323] Zur Problematik bei unselbstständigen regionalen Untergliederungen eines Verbands siehe den vorangehenden Gliederungspunkt.

Der Berufsverband ist in seiner Entscheidung grundsätzlich frei, auf welche Weise er die für die Verfolgung seiner satzungsmäßigen berufsständischen Zwecke notwendigen Mittel erwirtschaftet. Zu beachten ist jedoch, dass eine nicht dem Verbandszweck dienende wirtschaftliche Betätigung allein dazu dienen darf, Mittel für die berufsständischen Zwecke zu erwirtschaften. Sie darf nicht zu einem Selbstzweck werden, da sonst die Steuerbegünstigung abzuerkennen wäre[324].

3.1 Ideeller Bereich

Der Berufsverband bewegt sich im sog. ideellen Bereich, wenn er ausschließlich zur Erfüllung der berufsständischen[325] Satzungszwecke tätig wird und keine Leistungen gegen Entgelt erbringt. Dieser Bereich rechtfertigt die privilegierte steuerliche Behandlung. Im ideellen Bereich werden im Wesentlichen Einnahmen aus (echten[326]) Mitgliedsbeiträgen (inklusive etwaiger Aufnahmegebühren) vereinnahmt. Diese Beiträge, die aufgrund der Satzung von den Mitgliedern in ihrer Eigenschaft als Mitglieder erhoben werden, bleiben nach § 8 Abs. 5 KStG bei der Ermittlung des Einkommens außer Ansatz. Dies gilt unabhängig von der Anerkennung als Berufsverband. Denkbar sind auch (echte) Zuschüsse bspw. der öffentlichen Hand sowie Zuwendungen von Seiten Dritter.

Erbringt der Berufsverband keinerlei Gegenleistung zum Erhalt von freigiebigen Zuwendungen, liegt echtes Mäzenatentum vor. Die Zuwendung der Mittel erfolgt aus rein altruistischen Motiven; sie wird regelmäßig freiwillig und vollkommen unentgeltlich[327] erfolgen, sodass vom Wesen her eine klassische Spende vorliegt. Aufgrund der fehlenden Gemeinnützigkeit eines Berufsverbands ist dieser nicht berechtigt, dem Zuwendenden eine Zuwendungsbestätigung auszustellen. Die praktische Bedeutung für die Finanzierung von Berufsverbänden ist gering.

Die Zuwendung kann unter Umständen eine Schenkungsteuerpflicht beim Berufsverband auslösen. Eine solche liegt vor, wenn zum einen innerhalb eines Zehnjahreszeitraumes mehr als der schenkungsteuerliche Freibetrag in Höhe von 20.000 EUR[328] zugewandt wird und die Zuwendung zum anderen aus einem Privatvermögen erfolgt. In diesem Fall hat der Berufsverband eine Schenkungsteuererklärung gegenüber dem zuständigen Finanzamt abzugeben. Erfolgt die Zuwendung aus einem

---

[324] Sog. Gepräge-Problematik nach R 16 Abs. 1 Satz 6 KStR 2004.

[325] Diese Einschränkung ist insoweit notwendig, als die Nennung eines wirtschaftlichen Geschäftsbetriebs in der Satzung steuerunschädlich ist; R 16 Abs. 1 Satz 5 KStR 2004.

[326] Zur Diskussion echter versus unechter Mitgliedsbeitrag siehe Gliederungspunkt D.5.6, S. 150.

[327] Bei gemeinnützigen Organisationen werden von der Finanzverwaltung trotz des Gebots der Unentgeltlichkeit noch Gegenleistungen toleriert, die nur einen geringen absoluten Wert haben und die auch im Verhältnis zur Höhe der Zahlung gering sind (z. B. preiswertes Buchpräsent, das im Zusammenhang mit der Tätigkeit der Körperschaft steht). Dies ist u. E. hier analog anzuwenden.

[328] § 16 Abs. 1 Nr. 5 i. V. mit § 15 Abs. 1 ErbStG.

Betriebsvermögen, ist grundsätzlich von einem steuermindernden Betriebsausgabenabzug nach § 4 Abs. 4 EStG auszugehen, sofern ein Zusammenhang zwischen dem Betrieb und dem Berufsverband erkennbar ist.
Für die Einnahmen des ideellen Bereichs gewährt § 5 Abs. 1 Nr. 5 KStG eine eingeschränkte sachliche Befreiung von der Körperschaftsteuer. Bei der Tätigkeit eines Berufsverbands handelt es sich nicht um einen stehenden Gewerbebetrieb; insofern besteht eine Gewerbesteuerpflicht für den ideellen Bereich nicht. Nach § 2 Abs. 3 GewStG gilt die Tätigkeit von Vereinen nur als Gewerbebetrieb, soweit sie einen wirtschaftlichen Geschäftsbetrieb unterhalten.

3.2 Vermögensverwaltung

Ein Berufsverband kann im ideellen Bereich sowie aufgrund seiner wirtschaftlichen Betätigung mitunter erhebliche Vermögenswerte ansammeln. Ein Gebot der zeitnahen Mittelverwendung – wie bei gemeinnützigen Vereinen nach § 55 Abs. 1 Nr. 5 AO – existiert nicht; demzufolge finden auch die Regelungen über eine zulässige Rücklagenbildung nach § 58 Nr. 6 und 7 AO[329] keine Anwendung. In welcher Form die Vermögensanlage erfolgt, ist dem Berufsverband grundsätzlich freigestellt. Aufgrund der Rechenschaftspflicht gegenüber seinen Mitgliedern wird es ihm jedoch nicht erlaubt sein, das Vermögen ungenutzt liegen zu lassen.
Welche Betätigungen als Vermögensverwaltung zu qualifizieren sind, ergibt sich aus ihrer Abgrenzung zum wirtschaftlichen Geschäftsbetrieb. Nach § 14 Satz 1 AO ist ein wirtschaftlicher Geschäftsbetrieb eine selbstständige nachhaltige Tätigkeit, durch die Einnahmen oder andere wirtschaftliche Vorteile erzielt werden, und die über den Rahmen einer Vermögensverwaltung hinausgeht. Vermögensverwaltung ist somit negativ vom wirtschaftlichen Geschäftsbetrieb abzugrenzen[330].
In § 14 Satz 3 AO werden die beiden Regelbeispiele zur Vermögensverwaltung ausgeführt: die verzinsliche Anlage von Kapitalvermögen bzw. die Vermietung und Verpachtung von unbeweglichem Vermögen. Eine abschließende Aufzählung enthält § 14 Satz 3 AO jedoch nicht[331].
Für die Frage, ob eine Betätigung steuerfreie Vermögensverwaltung oder steuerpflichtiger wirtschaftlicher Geschäftsbetrieb ist, sind nach herrschender Lehre die einkommensteuerlichen Abgrenzungsmerkmale „Vermögensverwaltung“ (Vermietung und Verpachtung, Kapitalvermögen) und „Gewerbebetrieb“ maßgebend[332]. Dabei sind die Begriffe nicht deckungsgleich; die Vermögensverwaltung i. S. des § 14 Satz 3 AO kann von den einkommensteuerlichen Maßstäben abweichen:

---

[329] Diese Regelungen sind ab 2014 im neuen § 62 AO zu finden.
[330] Siehe Tipke, in: Tipke/Kruse, § 14 Tz. 11.
[331] Siehe Fischer, in: HHSp, § 14 AO Rz. 71.
[332] Siehe Tipke, in: Tipke/Kruse, § 14 Tz. 11 m. w. N.; BFH v. 26.2.1992 – I R 149/90, BStBl. 1992 II, 693; abweichend Hüttemann, S. 147 ff.

- Die kurzfristige Vermietung an wechselnde Parteien stellt aus einkommensteuerlicher Sicht regelmäßig bereits einen Gewerbebetrieb dar; nach § 14 AO kann sie im Einzelfall noch Vermögensverwaltung sein[333].
- Die Beteiligung an einer Kapitalgesellschaft führt ertragsteuerlich zu Einkünften aus Kapitalvermögen. I. S. des § 14 AO liegt ein steuerpflichtiger wirtschaftlicher Geschäftsbetrieb vor, wenn die Körperschaft auf die Geschäftsführung der Beteiligungsgesellschaft laufenden Einfluss nimmt[334].

Bei der Vermögensverwaltung werden wirtschaftliche Vorteile dadurch erzielt, dass bereits vorhandenes Vermögen zur (i.d.R. längerfristigen) Erhaltung und Fruchtziehung eingesetzt wird. Die Substanz des Vermögens bleibt erhalten. Bei einem wirtschaftlichen Geschäftsbetrieb werden dagegen neue Werte erst durch Umschichtung geschaffen[335].
Der Umfang des verwalteten Vermögens ist für die Abgrenzung zwischen erwerbswirtschaftlicher und vermögensverwaltender Tätigkeit dagegen unbeachtlich[336]. Aus diesem Grund ist auch die Verpachtung eines ganzen Gewerbebetriebs Vermögensverwaltung[337]. Nach der Rechtsprechung des Bundesfinanzhofs wird der Bereich der Vermögensverwaltung jedoch überschritten, wenn nach dem Gesamtbild der Verhältnisse und unter Berücksichtigung der Verkehrsauffassung die Ausnutzung substantieller Vermögenswerte, und zwar durch Umschichtung gegenüber der Nutzung von vorhandenem Vermögen i. S. einer Fruchtziehung aus den zu erhaltenden Substanzwerten, in den Vordergrund tritt[338].
Analog den Einnahmen des ideellen Bereichs gewährt § 5 Abs. 1 Nr. 5 KStG auch für die Vermögensverwaltung eine Befreiung von der Körperschaftsteuer. Im Umkehrschluss aus § 2 Abs. 3 GewStG führt die Vermögensverwaltung zu keiner Gewerbesteuerpflicht.

3.3 Wirtschaftlicher Geschäftsbetrieb

Die Steuerbefreiung für Berufsverbände ist gemäß § 5 Abs. 1 Nr. 5 Satz 2 a) KStG ausgeschlossen, „soweit die Körperschaften oder Personenvereinigungen einen wirtschaftlichen Geschäftsbetrieb unterhalten". Insofern wird die Steuerbefreiung partiell nicht gewährt bzw. der Berufsverband ist mit seinem wirtschaftlichen Geschäftsbetrieb partiell (körperschaft-)steuerpflichtig; die Steuerfreiheit der übrigen Verbands-

[333] BFH v. 17.12.1957 – I 182/55 U, BStBl. 1958 III, 96. Siehe ausführlich Gliederungspunkt D.5.13, S. 170.
[334] Ausführlich siehe Gliederungspunkt G.2.4.2, S. 219.
[335] Siehe Fischer, in: HHSp, § 14 AO Rz. 71; Tipke, in: Tipke/Kruse, § 14 Tz. 12.
[336] BFH v. 18.3.1964 – IV 141/60 U, BStBl. 1964 III, 367; v. 12.3.1964 – IV 136/61, BStBl. 1964 III, 364.
[337] Siehe Tipke, in: Tipke/Kruse, § 14 Tz. 14.
[338] BFH v. 28.9.1987 – VIII R 64/84, BStBl. 1988 II, 65.

bereiche bleibt bestehen. Die partielle Steuerpflicht ist konsequent, da der Berufsverband mit diesen Tätigkeiten zu gewerblichen Unternehmen in Konkurrenz tritt; für eine bevorzugte steuerliche Behandlung bleibt kein Raum.
Wirtschaftliche Geschäftsbetriebe von Berufsverbänden unterliegen auch dann einer Steuerpflicht, wenn sie dem Grunde nach verbandsmäßigen Zwecken dienen. Eine Unterscheidung in steuerschädliche und steuerunschädliche (= Zweckbetriebe) wirtschaftliche Geschäftsbetriebe wird im Gegensatz zu gemeinnützigen Körperschaften nicht vorgenommen[339].

3.3.1 Wesen und Steuerfolgen

Die Legaldefinition des wirtschaftlichen Geschäftsbetriebs findet sich in § 14 Sätze 1 und 2 AO:

> *„Ein wirtschaftlicher Geschäftsbetrieb ist eine selbständige nachhaltige Tätigkeit, durch die Einnahmen oder andere wirtschaftliche Vorteile erzielt werden und die über den Rahmen einer Vermögensverwaltung hinausgeht. Die Absicht, Gewinn zu erzielen, ist nicht erforderlich.“*

Demnach liegt ein wirtschaftlicher Geschäftsbetrieb vor[340], wenn

- der Berufsverband eine Tätigkeit i. S. einer Leistung erbringt;

  Diese Tätigkeit kann in einem Tun, einem Dulden (i. S. einer Nutzungsüberlassung) oder einem Unterlassen bestehen. Sie kann sich aus verschiedenen Einzeltätigkeiten zusammensetzen, die den gemeinsamen Zweck haben, wirtschaftliche Vorteile zu erzielen.

- es sich um eine selbstständige Tätigkeit handelt;

  Selbstständig ist eine Tätigkeit dann, wenn sie von den steuerbegünstigten Bereichen des Berufsverbands sachlich abgrenzbar ist (sachliche Selbstständigkeit). Der wirtschaftliche Geschäftsbetrieb darf nicht mit anderen Tätigkeiten in der Weise zusammenhängen, dass die Ausübung des Geschäftsbetriebs ohne die an-

---

[339] Bei gemeinnützigen Körperschaften werden an sich steuerpflichtige wirtschaftliche Geschäftsbetriebe nach § 65 AO als steuerbegünstigte Zweckbetriebe qualifiziert, wenn (1) der wirtschaftliche Geschäftsbetrieb in seiner Gesamtrichtung dazu dient, die steuerbegünstigten satzungsmäßigen Zwecke zu verwirklichen, (2) die Zwecke nur durch einen solchen Geschäftsbetrieb erreicht werden können und (3) der wirtschaftliche Geschäftsbetrieb zu nicht begünstigten Betrieben derselben oder ähnlicher Art nicht in größerem Umfang in Wettbewerb tritt, als es bei der Erfüllung der steuerbegünstigten Zwecke unvermeidbar ist. Darüber hinaus enthalten die §§ 66 bis 68 AO sog. Katalogzweckbetriebe.

[340] Vgl. hier und im Folgenden Fischer, in: HHSp, § 14 AO Rz. 49–67 m. w. N.; Tipke, in: Tipke/Kruse, § 14 Tz. 5–14 m. w. N.

deren Tätigkeiten nicht möglich wäre, oder dass sie notwendiger Teil einer anderen Tätigkeit ist[341]. Der Berufsverband als juristische Person des privaten Rechts kann grundsätzlich nur selbstständig tätig sein[342].

- die Tätigkeit nachhaltig erbracht wird;

  Nachhaltigkeit liegt bei einer planmäßigen, andauernden, fortgesetzten Tätigkeit vor. Sie ist aber bereits dann anzunehmen, wenn ein Dauerverhältnis durch dauerndes Dulden oder Unterlassen geschaffen wird[343] oder eine einmalige Tätigkeit mit Wiederholungsabsicht unternommen wird[344].

- durch die Tätigkeiten Einnahmen oder andere wirtschaftliche Vorteile erzielt werden;

  Einnahmen sind dabei alle Zuflüsse in Geld oder Geldeswert; sie umfassen zudem sämtliche ertragsteuerbaren Wertzugänge wie auch das umsatzsteuerrechtliche Entgelt (als Gegenleistung). Eine Gewinnerzielungsabsicht ist nicht erforderlich; bereits die Absicht zur Erzielung von Einnahmen ist ausreichend.

  Einnahmen und andere wirtschaftliche Vorteile i. S. des § 14 AO werden nicht erzielt, wenn für die Tätigkeit ausschließlich (echte) Mitgliedsbeiträge sowie beitragsähnliche Umlagen erhoben werden[345].

- die wirtschaftliche Betätigung über den Rahmen der Vermögensverwaltung hinausgeht[346].

Ihrer Art nach unterschiedliche Tätigkeiten bilden regelmäßig mehrere wirtschaftliche Geschäftsbetriebe. Für steuerliche Zwecke sind sie zu einem wirtschaftlichen Geschäftsbetrieb zusammenzufassen. Steuerpflichtig ist allein der Berufsverband, der mit seinem (einem) wirtschaftlichen Geschäftsbetrieb der partiellen Steuerpflicht unterliegt[347].
Bemessungsgrundlage der Körperschaftsteuer ist nach § 7 Abs. 1 KStG das zu versteuernde Einkommen. Dieses ermittelt sich nach den allgemeinen Vorschriften des Einkommensteuergesetzes sowie etwaigen Spezialregelungen im Körperschaftsteuergesetz (§ 8 Abs. 1 KStG). Das Einkommen i. S. des § 8 Abs. 1 KStG ist um den Freibetrag nach § 24 Satz 1 KStG zu vermindern; der Freibetrag beträgt 5.000 EUR, höchstens jedoch das ermittelte Einkommen. Das verbleibende zu versteuernde Ein-

[341] BFH v. 15.10.1997 – I R 2/97, BFH/NV 1998, 633; v. 15.10.1997– I R 2/97, BStBl. 1998 II, 175.
[342] Bspw. BFH v. 26.2.1992 – I R 149/90, BStBl. 1992 II, 693.
[343] BFH v. 26.2.1992 – I R 149/90, BStBl. 1992 II, 693; BFH v. 21.8.1985 – I R 60/80, BStBl. 1986 II, 88.
[344] BFH v. 21.8.1985 – I R 60/80, BStBl. 1986 II, 88; AEAO zu § 64 Abs. 1, Nr. 2.
[345] R 16 Abs. 4 Satz 3 f. KStR 2004.
[346] Siehe die vorherigen Ausführungen zur Vermögensverwaltung.
[347] R 16 Abs. 7 Satz 1 f. KStR 2004.

kommen unterliegt nach § 23 Abs. 1 KStG rechtsformunabhängig einem Steuersatz von 15 %[348]. Auf die Körperschaftsteuer wird nach § 3 SolZG ein Solidaritätszuschlag in Höhe von 5,5 % erhoben.

Als Gewerbebetrieb gilt nach § 2 Abs. 3 GewStG auch die Tätigkeit eines Berufsverbands, soweit er einen wirtschaftlichen Geschäftsbetrieb unterhält. Für die Ermittlung des Gewerbeertrags bestimmt § 7 GewStG, dass der Gewerbeertrag dem Betrag des nach den Vorschriften des Einkommensteuergesetzes zu ermittelnden Gewinns aus Gewerbebetrieb, vermehrt um die Hinzurechnungen nach § 8 GewStG und vermindert um die Kürzungen nach § 9 GewStG, entspricht.

Insbesondere Hinzurechnungen im Bereich der Mieten, Leasingaufwendungen und Zinsaufwendungen können von wirtschaftlicher Bedeutung sein, sodass sich abweichend vom steuerlichen Gewinn ein höherer Gewerbeertrag ergeben kann, der eine Gewerbesteuerzahlung auslöst. Hinzuzurechnen ist nach § 8 Nr. 1 GewStG ein Viertel der Summe aus:

- Entgelten für sämtliche Schulden (auch gewährte Skonti)
- Renten und dauernde Lasten
- Gewinnanteilen eines stillen Gesellschafters
- 20 % der Miet- und Pachtzinsen (einschließlich Leasingraten) für bewegliche Wirtschaftsgüter
- 50 % der Miet- und Pachtzinsen (einschließlich Leasingraten) für die Nutzung unbeweglicher Wirtschaftsgüter
- einem Viertel der Aufwendungen für die zeitlich befristete Überlassung von Rechten (Konzessionen, Lizenzen)

Zur Entlastung insbesondere kleiner und mittlerer Unternehmen ist ein Betrag von 100.000 EUR in Abzug zu bringen. Dadurch wird bei vielen Berufsverbänden eine Hinzurechnung effektiv nicht erfolgen. Für die Hinzurechnung und Kürzungen sind für Zwecke der Besteuerung geeignete Aufzeichnungen zu führen.

Der Gewerbeertrag[349] des Berufsverbands ist gemäß § 11 Abs. 1 Satz 3 Nr. 2 GewStG auf volle 100 EUR nach unten abzurunden und um einen Freibetrag von 5.000 EUR, höchstens jedoch in Höhe des abgerundeten Gewerbeertrags, zu kürzen. Die Gewerbesteuer wird aufgrund des Gewerbesteuermessbetrags in Höhe von 3,5 % mit einem Hebesatz festgesetzt und erhoben; der Hebesatz wird von der jeweiligen Gemeinde bestimmt[350]. Dieser bewegt sich normalerweise zwischen 300 und 500 %; bei einem angenommenen Hebesatz von 400 % beträgt der Gewerbesteuersatz somit (3,5 % * 400 % =) 14 %. Die Gewerbesteuer ist damit in ihrer Bedeutung der Körperschaft-

[348] In den VZ 2001 bis 2007 betrug der Körperschaftsteuersatz 25 % (Ausnahme: VZ 2003: 26,5 %).

[349] Die sog. Gewerbekapitalsteuer ist für Veranlagungszeiträume ab 1998 abgeschafft worden.

[350] § 16 GewStG.

steuer vergleichbar. Seit 2008 ist sie zudem ebenfalls nicht mehr als Betriebsausgabe abzugsfähig.
Gewinne des wirtschaftlichen Geschäftsbetriebs unterliegen damit – unter Außerachtlassung der Unterschiede bei den Bemessungsgrundlagen – einer Gesamtsteuerbelastung von ca. 30 %[351].

3.3.2 Dauerverluste

Zweck eines wirtschaftlichen Geschäftsbetriebs ist die Erzielung von Einnahmen; der wirtschaftliche Geschäftsbetrieb sollte zumindest kostendeckend wirtschaften und nicht mit Mitteln aus dem steuerbefreiten Bereich subventioniert werden.
Der Berufsverband tritt mit seinen wirtschaftlichen Tätigkeiten zu gewerblichen Unternehmen in Konkurrenz; insofern sind Verluste aufgrund der allgemeinen Marktgegebenheiten nicht auszuschließen. Auch der Berufsverband kann sich den unternehmerischen Risiken nicht entziehen.
Etwaige Verluste sind demzufolge grundsätzlich steuerlich anzuerkennen. Bei der Körperschaftsteuer können sie gemäß § 8 Abs. 1 KStG i. V. mit § 10d Abs. 1 EStG bis zu einem Betrag von 1.000.000 EUR[352] vom Gesamtbetrag der Einkünfte des unmittelbar vorangegangenen Veranlagungszeitraums abgezogen werden (Verlustrücktrag); der Verlustrücktrag kann auf Antrag des Steuerpflichtigen der Höhe nach weiter begrenzt werden. Ein verbleibender Verlust ist nach § 10d Abs. 2 EStG unbeschränkt vortragsfähig; nicht ausgeglichene negative Einkünfte sind bis zu einem Gesamtbetrag der Einkünfte von einer Million EUR unbeschränkt, darüber hinaus bis zu 60 % des eine Million EUR übersteigenden Gesamtbetrags abzuziehen.
Im Rahmen der Gewerbesteuer sind Verluste nur vortragsfähig; es gibt keinen Verlustrücktrag. Der Verlustvortrag ist seit 2004 wie bei der Körperschaftsteuer der Höhe nach begrenzt[353].
Erwirtschaftet ein Berufsverband mit seinem wirtschaftlichen Geschäftsbetrieb mehrere Jahre hintereinander Verluste (sog. Dauerverluste), stellt sich die Frage nach deren Ursachen. Resultieren die Verluste aus dem entgeltlichen Geschäft mit Mitgliedern, besteht zum einen die Gefahr des Vorliegens einer verdeckten Gewinnausschüttung. Ein ordentlicher und gewissenhafter Kaufmann würde hierfür auch von seinen Mitgliedern ein angemessenes, zumindest kostendeckendes Entgelt verlangen[354]. Fehlt ein solches angemessenes Entgelt, führt dies steuerlich gesehen zu einer

---

[351] 15 % Körperschaftsteuer zzgl. 0,825 % Solidaritätszuschlag zzgl. 14 % Gewerbesteuer (bei einem Hebesatz von 400 %).

[352] Dieser Betrag gilt erstmals für negative Einkünfte, die bei der Ermittlung des Gesamtbetrags der Einkünfte des VZ 2013 nicht ausgeglichen werden können. Für Vorjahre beträgt der Verlustrücktrag maximal 511.500 EUR.

[353] § 10a GewStG.

[354] BFH v. 19.8.1998 – I R 21/98, BStBl. 1999 II, 99; v. 13.8.1997 – I R 85/96, BStBl. 1998 II, 161.

verhinderten Vermögensmehrung, die als verdeckte Gewinnausschüttung i. S. des § 8 Abs. 3 Satz 2 KStG zu qualifizieren ist. Das Einkommen des wirtschaftlichen Geschäftsbetriebs ist um die verdeckte Gewinnausschüttung zu erhöhen; der Verlustabzug wird steuerlich eliminiert[355].
Zum anderen kann diese Tätigkeit aber auch bereits durch die Mitgliedsbeiträge abgegolten worden sein; als Konsequenz lägen zumindest teilweise unechte Mitgliedsbeiträge vor[356]. Es kommt zu einer Vermengung des ideellen und des wirtschaftlichen Bereichs. Durch diese Vermengung dienen die Mitgliedsbeiträge nicht mehr den allgemeinen beruflichen oder wirtschaftlichen Interessen der Mitglieder, sondern der Wahrnehmung besonderer geschäftlicher Interessen. Folglich können die Mitgliedsbeiträge bis zur Höhe eines Ergebnisses von null EUR als pauschalierte Gegenleistung angenommen werden[357]. Es besteht die Gefahr einer zusätzlichen Belastung mit Umsatzsteuer, sofern die Mitglieder des Berufsverbands nicht vorsteuerabzugsberechtigt sein sollten.
Die Rechtsfolgen verdeutlicht folgendes, stark vereinfachtes Beispiel[358]. Die ertragsteuerlichen Konsequenzen gleichen sich bei Vorliegen einer verdeckten Gewinnausschüttung sowie von unechten Mitgliedsbeiträgen:

Gewinn sonstige wGB	100.000 EUR
./. Verlust wGB „Seminare"	./. 100.000 EUR
zu versteuerndes Einkommen	0 EUR

Verlust des wGB „Seminare" ist als Dauerverlust zu qualifizieren:

Gewinn sonstige wGB	100.000 EUR
./. Dauerverlust wGB „Seminare"	./. 0 EUR
zu versteuerndes Einkommen	100.000 EUR

⇒ „Ertragsteuerlast" wegen Nichtanerkennung des Dauerverlusts: ca. 30.000 EUR

Nach R 16 Abs. 7 Satz 2 KStR 2004 werden die Ergebnisse der wirtschaftlichen Geschäftsbetriebe für Zwecke der Besteuerung zusammengefasst. Insofern könnte – analog der Regelung in § 64 Abs. 2 AO bei gemeinnützigen Körperschaften – argumentiert werden, dass ein steuerschädlicher Dauerverlust nur vorliegt, wenn bei der Saldierung sämtlicher wirtschaftlicher Geschäftsbetriebe des Berufsverbands ein Verlust entsteht[359].
Selbst dieser ist bei gemeinnützigen Körperschaften unschädlich, wenn

---

[355] Siehe Engelsing/Linnartz, NWB 2003 S. 4721 (4722).
[356] Zur Abgrenzung zu echten Mitgliedsbeiträgen siehe D.5.6, S. 150.
[357] R 42 Abs. 3 Satz 2 KStR 2004.
[358] In Anlehnung an Engelsing/Linnartz, NWB 2003 S. 4721 (4722).
[359] AEAO zu § 55, Nr. 4 bei gemeinnützigen Körperschaften.

- dem ideellen Bereich in den sechs vorangegangenen Jahren Gewinne des einheitlichen wirtschaftlichen Geschäftsbetriebs in mindestens gleicher Höhe zugeführt worden sind[360];
- es sich bei dem Neuaufbau um einkalkulierte Anlaufverluste handelt, die binnen drei Jahren insgesamt ausgeglichen sind[361] (Im Vergleich zu einem „normalen" Gewerbebetrieb besteht somit frühzeitiger Handlungsbedarf);
- der Verlust ausschließlich durch die Berücksichtigung von anteiligen Abschreibungen auf gemischt genutzte Wirtschaftsgüter entstanden ist[362];
- der Verlust auf einer Fehlkalkulation beruht[363];
- die Körperschaft innerhalb von zwölf Monaten nach Ende des Wirtschaftsjahrs, in dem der Verlust entstanden ist, dem ideellen Tätigkeitsbereich wieder Mittel in entsprechender Höhe zuführt[364].

Eine einheitliche Rechtsauffassung in Bezug auf diesen Analogieschluss existiert nicht. Eine bewusste Schlechterstellung von Berufsverbänden gegenüber gemeinnützigen Organisationen ist nicht erkennbar, sodass ein Analogieschluss sachgerecht erscheint.

Aus Vorsichtsgründen sind gleichwohl Dauerverluste von (Teil-)Geschäftsbetrieben zu vermeiden[365]. Dies gilt umso mehr, wenn der Berufsverband sowohl gegenüber fremden Dritten als auch gegenüber Mitgliedern tätig ist und lediglich das Mitgliedergeschäft defizitär sein sollte. Bestehen Dauerverluste in einzelnen (Teil-)Geschäftsbetrieben, sind diese unschädlich, wenn die oben aufgeführten Sondersituationen zur Anwendung kommen. Dies erfordert eine sachgerechte Dokumentation durch den Berufsverband[366].

3.3.3 Gebrägetheorie

Aufgrund des Nebenzweckprivilegs[367] ist es Berufsverbänden als Idealvereinen gestattet, sich in untergeordnetem Umfang wirtschaftlich zu betätigen. Auch aus steuerlicher Sicht stellt sich die Frage, in welchem Umfang ein Berufsverband sich wirtschaftlich betätigen darf, ohne seine Ausrichtung auf berufsständische Zwecke zu verlieren. So steht jegliche wirtschaftliche Tätigkeit eines Berufsverbands unter dem Vorbehalt, dass sie nicht zum Selbstzweck des Berufsverbands werden darf. Wird sie jedoch zum Selbstzweck in der Weise, dass die wirtschaftliche Tätigkeit derart prä-

[360] AEAO zu § 55, Nr. 4 Satz 4.
[361] AEAO zu § 55, Nr. 8 Satz 3.
[362] AEAO zu § 55, Nr. 6 Satz 1.
[363] AEAO zu § 55, Nr. 6 Satz 1.
[364] AEAO zu § 55, Nr. 6 Satz 1.
[365] Vgl. Engelsing/Linnartz, NWB 2003 S. 4721 (4723).
[366] Siehe Engelsing/Linnartz, NWB 2003 S. 4721 (4723).
[367] Siehe Gliederungspunkt B.2.2, S. 35.

gend wird, dass die ideelle Tätigkeit erkennbar dahinter zurücktritt, drohen die steuerlichen Vergünstigungen als Berufsverband versagt zu werden[368].
In Abschn. 8 Abs. 1 Satz 8 KStR 1995[369] wurde noch ausgeführt, dass ein Verband „z. B. dann nicht unter die Vorschrift des § 5 Abs. 1 Nr. 5 KStG (fällt), wenn die Verbandstätigkeit so weit hinter die wirtschaftliche Tätigkeit zurücktritt, dass der wirtschaftliche Geschäftsbetrieb dem Verband das Gepräge gibt". Seit dem Veranlagungszeitraum 2004 enthalten die Körperschaftsteuer-Richtlinien 2004 in R 6 Abs. 1 Satz 6 folgende Aussage zum Gepräge:

> *„Die Steuerbefreiung entfällt, wenn nach dem Gesamtbild der tatsächlichen Geschäftsführung die nicht dem Verbandszweck dienende wirtschaftliche Tätigkeit dem Verband das Gepräge gibt."*

Im Vergleich zu den Körperschaftsteuer-Richtlinien 1995 wird der Anwendungsbereich der Geprägetheorie erheblich eingeschränkt. Nunmehr sind nicht mehr sämtliche wirtschaftliche Aktivitäten eines Berufsverbands schädlich im Sinne der Geprägetheorie. Vielmehr nimmt die Finanzverwaltung eine Zweiteilung vor: Nur die nicht dem Verbandszweck dienende wirtschaftliche Tätigkeit kann – nach dem Gesamtbild der tatsächlichen Verhältnisse – dem Berufsverband noch ein schädliches Gepräge geben. Diese Zweiteilung erinnert an die vergleichbare Einteilung im Gemeinnützigkeitsrecht. Dort werden die wirtschaftlichen Aktivitäten kraft Gesetz in steuerfreie (= Zweckbetrieb) und steuerpflichtige (= wirtschaftlicher Geschäftsbetrieb) wirtschaftliche Aktivitäten unterteilt.

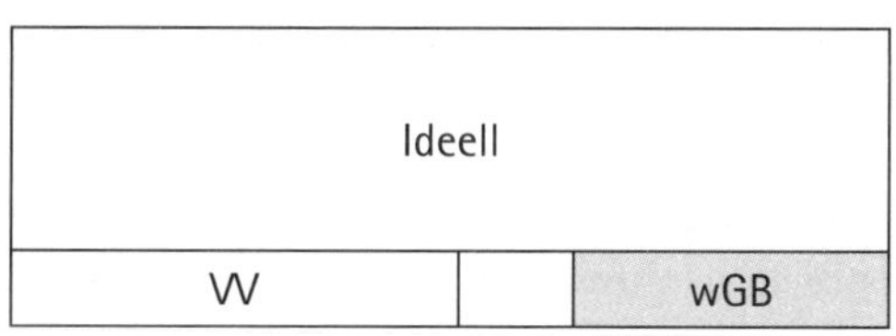

Schädliche Tätigkeit i. S. eines Gepräges, da nicht dem Verbandszweck dienende wirtschaftliche Betätigung

Abb. 2: Schädliche wirtschaftliche Betätigung i. S. eines Gepräges

Im Rahmen der praktischen Umsetzung ist fraglich, wann ein Gepräge konkret vorliegt und nach welchen Kriterien hierbei vorzugehen ist. Zunächst ist zu klären, welche wirtschaftlichen Tätigkeiten primär dem Verbandszweck dienen. Im Extremfall könnten dies grundsätzlich sämtliche wirtschaftlichen Tätigkeiten sein[370]. So erzielt

---

[368] Vgl. Alvermann, FR 2006 S. 262 (266 f.).
[369] Diese Richtlinien galten bis zum Veranlagungszeitraum 2003.
[370] So Eggers, DStR 2007 S. 461 (464).

der Berufsverband durch sie zusätzliche Einnahmen, die wiederum die Verbandsarbeit zu finanzieren helfen. Dies scheint jedoch zu weit zu gehen, da die Körperschaftsteuer-Richtlinie ansonsten weitestgehend obsolet wäre; sie würde lediglich noch nicht dem Verbandszweck dienende, defizitäre wirtschaftliche Aktivitäten umfassen. Gleichwohl ist davon auszugehen, dass ein Großteil der wirtschaftlichen Aktivitäten unmittelbar und nicht nur als Finanzierung mittelbar den Verbandszwecken dient[371]. In Bezug auf die verbleibenden, schädlichen wirtschaftlichen Aktivitäten ist dann zu fragen, welches Kriterium zu einer Prägung führen kann. Dabei ist zu beachten, dass die Geprägetheorie im Gemeinnützigkeitsrecht weitestgehend aufgegeben worden ist[372]. Wirtschaftliche, nicht dem Verbandszweck dienende Tätigkeiten sind unschädlich, wenn sie durch Gewinne dafür Sorge tragen, dass die Verbandstätigkeit umgesetzt werden kann[373]. Schädlich im Sinne der Geprägetheorie können dann aber nur noch defizitäre, nicht dem Verbandszweck dienende Tätigkeiten sein[374]. Bei derartigen Tätigkeiten besteht dann wiederum regelmäßig ein Eigeninteresse des Verbandes, diese möglichst zu minimieren bzw. einzustellen. Zur Vermeidung jeglicher Auseinandersetzung mit den Finanzbehörden kann auch die Ausgliederung der wirtschaftlichen Aktivitäten in eine Service-Gesellschaft zielführend sein[375].

4 Umsatzsteuer

Die Umsatzsteuer ist eine Verkehrsteuer und allgemeine Verbrauchsteuer, d. h. Steuergegenstand sind bei ihr nicht Einkommen, Vermögen, Ertrag oder Kapital, sondern Umsätze als Vorgänge des Geschäftsverkehrs. Ihr Grundgedanke liegt in der Belastungsneutralität auf der Ebene des leistenden Unternehmers. Dieser muss auf die von ihm erbrachten Leistungen Umsatzsteuer abführen; gleichzeitig steht ihm aus den an ihn erbrachten Leistungen, die ihm von anderen Unternehmern in Rechnung gestellt werden, ein Vorsteuerabzug zu. Erst der Endverbraucher soll mit der Umsatzsteuer wirtschaftlich belastet werden; aus diesem Grund steht ihm kein Vorsteuerabzug zu.

Nach § 1 Abs. 1 UStG unterliegen der Umsatzsteuer sämtliche Lieferungen und sonstigen Leistungen, die ein Unternehmer im Inland gegen Entgelt im Rahmen seines Unternehmens ausführt. Umsatzsteuerbar sind zudem die Einfuhr von Gegenstän-

---

[371] So erfordert auch das Nebenzweckprivileg, dass sich die unternehmerische Tätigkeit im Rahmen des Vereinszwecks hält und sich bei natürlicher Betrachtungsweise als in die ideelle Tätigkeit ergänzendes und objektiv sinnvolles Mittel zur Förderung des Vereinszwecks darstellen soll (siehe Gliederungspunkt B.2.2, S. 35).

[372] Siehe AEAO zu § 56.

[373] Vgl. Mueller-Thuns/Jehke, DStR 2010 S. 905 (908); Kühner, DStR 2009 S. 1786 (1790).

[374] Vgl. Mueller-Thuns/Jehke, DStR 2010 S. 905 (908) in Bezug auf die Verlustübernahme bei Tochter-Kapitalgesellschaften.

[375] Ausführlich siehe Gliederungspunkt G.2.1, S. 210 ff.

den aus dem Drittlandsgebiet ins Inland (Einfuhrumsatzsteuer) und der innergemeinschaftliche Erwerb. Sind diese Voraussetzungen nicht erfüllt, sind die entsprechenden Umsätze nach dem deutschen Umsatzsteuerrecht nicht steuerbar.

4.1 Berufsverband als Unternehmer

Anders als das Körperschaft- bzw. Gewerbesteuerrecht kennt das Umsatzsteuerrecht keine allgemeine Steuerbefreiung für Berufsverbände. Besondere Vergünstigungen für die Person des Steuerschuldners würden ihrem Wesen als Verkehrsteuer widersprechen[376]. Auch ein Berufsverband kann unternehmerisch tätig sein; er gilt als Unternehmer, sofern der Verband ein selbstständig tätiges Gebilde ist, das nachhaltig Leistungen gegen Entgelt ausführt[377].
Gemäß § 2 Abs. 1 UStG ist Unternehmer, wer eine gewerbliche oder berufliche Tätigkeit selbstständig ausübt. Gewerblich oder beruflich ist jede nachhaltige Tätigkeit zur Erzielung von Einnahmen. Eine Gewinnerzielungsabsicht ist nicht erforderlich; die Absicht zur Erzielung von Einnahmen reicht bereits aus. Eine Tätigkeit zur Erzielung von Einnahmen ist dann gegeben, wenn die Tätigkeit im Rahmen eines Leistungsaustauschs ausgeübt wird, d. h. Leistungen gegen Entgelt bewirkt werden. Diese allgemeinen umsatzsteuerlichen Vorschriften gelten grundsätzlich auch für einen Berufsverband[378].
Bewirken Berufsverbände gegen Entgelt nachhaltig Lieferungen und sonstige Leistungen, sind insoweit sie Unternehmer und erbringen damit grundsätzlich umsatzsteuerbare Leistungen. Die unternehmerische Betätigung resultiert bspw.

- aus dem Betreiben einer Kantine, in der der Berufsverband seine Mitarbeiter gegen Entgelt beköstigt[379];
- aus dem Vertrieb von Fachzeitschriften;
- aus der Vermietung und Verpachtung von Seminarräumen bzw. Immobilien des Berufsverbands;
- aus der Durchführung von Seminaren, Kongressen und ähnlichem;
- aus Leistungen des Berufsverbands an seine Service-GmbH.

Die Umsatzsteuerpflicht umfasst jedoch nur den unternehmerischen Bereich. Dies ist gemäß Abschn. 2.10. Abs. 1 Satz 6 UStAE die gesamte zur Ausführung der entgeltlichen Leistungen entfaltete Tätigkeit einschließlich aller unmittelbar hierfür dienenden Vorbereitungen. Die nichtsteuerbare Verbandstätigkeit, die bspw. durch (echte)

---

[376] Vgl. Schleder, Rz. 917.

[377] Abschn. 2.1 Abs. 1 S.1 UStAE.

[378] Der Begriff des Berufsverbands findet sich explizit nur in der umsatzsteuerlichen Befreiungsvorschrift des § 4 Nr. 22 a) UStG.

[379] Aus ertragsteuerlicher Sicht wird insoweit ein wirtschaftlicher Geschäftsbetrieb begründet.

Mitgliedsbeiträge/Zuschüsse finanziert wird, wird neben dem umsatzsteuerpflichtigen Unternehmen ausgeübt. Die Nichtsteuerbarkeit gilt dabei ebenfalls für die sog. Hilfsgeschäfte, auch wenn sie wiederholt oder mit einer gewissen Regelmäßigkeit ausgeführt werden[380]. Als Hilfsgeschäfte sind nach Abschn. 2.10. Abs. 1 Satz 11 UStAE anzusehen:

- Veräußerungen von Gegenständen, die im nichtunternehmerischen Bereich eingesetzt waren, z. B. der Verkauf von gebrauchten PKW[381], Einrichtungsgegenständen und Altpapier
- Überlassung des Telefons an im nichtunternehmerischen Bereich tätige Arbeitnehmer zur privaten Nutzung
- Überlassung von im nichtunternehmerischen Bereich eingesetzten PKW an Arbeitnehmer zur privaten Nutzung

Ein Berufsverband kann folglich einen unternehmerischen und einen nichtunternehmerischen Bereich haben. Die Unternehmereigenschaft beschränkt sich nur auf den Bereich der steuerpflichtigen Tätigkeiten. Der nichtunternehmerische Bereich ist grundsätzlich weiter in nichtwirtschaftliche Tätigkeiten im engeren Sinne und unternehmensfremde Tätigkeiten zu unterteilen[382]. Als unternehmensfremde Tätigkeiten gelten Entnahmen für den privaten Bedarf des Unternehmers als natürliche Person bzw. seines Personals. Bei Berufsverbänden fällt darunter bspw. die private Nutzungsmöglichkeit des Dienst-PKW. Unter die nichtwirtschaftlichen Tätigkeiten im engeren Sinne werden alle übrigen nichtunternehmerischen Tätigkeiten subsumiert, die keine unternehmensfremden Tätigkeiten sind. Hierzu zählen bspw. die unentgeltlichen Tätigkeiten des Berufsverbands, die aufgrund der ideellen Verbandszwecke verfolgt werden[383]. Diese Unterscheidung ist in Bezug auf die unterschiedliche Vorsteuerabzugsberechtigung notwendig[384].

4.2 Umsatzsteuerbare Leistungen

Leistungen eines Berufsverbands unterliegen dem deutschen Umsatzsteuerrecht, sofern es sich um Lieferungen und sonstige Leistungen handelt, die der Berufsverband als Unternehmer im Inland gegen Entgelt in seinem unternehmerischen Bereich ausführt.

---

[380] Abschn. 2.10. Abs. 1 Satz 10 UStAE.

[381] Enthält der PKW Bestandteile, für die der Verband zum Vorsteuerabzug berechtigt war, stellt der Verkauf bspw. an eine Privatperson eine unentgeltliche Wertabgabe dar. In Höhe des Werts der in den PKW eingebauten Bestandteile liegt zum Zeitpunkt der Abgabe ein umsatzsteuerbarer Vorgang vor; BFH v. 18.10.2001 – V R 106/98, BFH/NV 2002, 298.

[382] BMF v. 2.1.2012 – IV D 2 – S 7300/11/10002, BStBl. 2012 I, 60; Abschn. 2.3. Abs. 1a UStAE.

[383] BFH v. 6.5.2010 – V R 29/09, BStBl. 2010 II, 885.

[384] Siehe Gliederungspunkt D.4.5, S. 134.

Lieferungen eines Verbands sind gemäß § 3 Abs. 1 UStG Leistungen, durch die der Verband oder in seinem Namen ein Dritter den Abnehmer oder in dessen Auftrag einen Dritten befähigt, im eigenen Namen über einen Gegenstand zu verfügen; dem Abnehmer wird die Verfügungsmacht über den Gegenstand verschafft.
Erfolgt die Lieferung unentgeltlich, ist sie nur dann umsatzsteuerbar, sofern es sich um eine unentgeltliche Wertabgabe handelt (unternehmensfremde Tätigkeit[385]). Nach § 3 Abs. 1b UStG werden einer Lieferung gegen Entgelt gleichgestellt (unter der Voraussetzung, dass der übertragende Gegenstand zum vollen oder teilweisen Vorsteuerabzug berechtigt hat):

- die Entnahme eines Gegenstands durch den Verband aus seinem unternehmerischen Bereich für Zwecke, die außerhalb dieses unternehmerischen Bereichs liegen
- die unentgeltliche Zuwendung eines Gegenstands durch den Berufsverband an sein Personal für dessen privaten Bedarf (Dies gilt nicht bei Aufmerksamkeiten, d. h. bei gelegentlichen Sachzuwendungen bis zu einem Wert von 35 EUR.)
- jede andere unentgeltliche Zuwendung eines Gegenstands, ausgenommen Geschenke von geringem Wert

Als sonstige Leistungen werden nach § 3 Abs. 9 UStG Leistungen bezeichnet, die keine Lieferungen sind. Sonstige Leistungen können auch in einem Unterlassen oder Dulden einer Handlung oder eines Zustands bestehen. Eine solche Duldung liegt bspw. vor, wenn der Berufsverband die Nutzung seines Namens im Rahmen des Sponsorings zulässt[386].
Wie Lieferungen können auch sonstige Leistungen unentgeltlich erbracht werden. Insofern unterliegen diese unternehmensfremden Tätigkeiten als unentgeltliche Wertabgaben nach § 3 Abs. 9a UStG ebenfalls der Umsatzbesteuerung. So kann die unentgeltliche Erbringung einer Dienstleistung für Zwecke, die außerhalb des Unternehmens des Berufsverbands liegen, oder dem privaten Bedarf seines Personals dienen, der Umsatzsteuer unterliegen.
Lieferungen und sonstige Leistungen sind jedoch nur dann umsatzsteuerbar, wenn sie im Inland im Rahmen eines Leistungsaustauschs erfolgen. Eine Lieferung wird regelmäßig dort ausgeführt, wo sich der Gegenstand zur Zeit der Verschaffung der Verfügungsmacht befindet. Eine sonstige Leistung wird nach § 3a Abs. 1 UStG nach der Grundregel an dem Ort ausgeführt, an dem der Berufsverband sein Unternehmen betreibt. Erbringt der Berufsverband jedoch kulturelle, künstlerische, wissenschaftliche, unterrichtende, unterhaltende oder ähnliche Leistungen, werden diese nach § 3a Abs. 2 Nr. 3 a) UStG dort ausgeführt, wo der Berufsverband jeweils aus-

---

[385] BMF v. 2.1.2012 – IV D 2 – S 7300/11/10002, BStBl. 2012 I, 60.

[386] Aus Abschn. 1.1. Abs. 27 UStAE geht insoweit nicht eindeutig hervor, ob auch diese sog. Duldungsleistungen aus Sicht der Finanzverwaltung nicht umsatzsteuerbar sind.

schließlich oder zum wesentlichen Teil tätig wird. Demzufolge ist die Durchführung eines Kongresses im Ausland ggf. in Deutschland nicht umsatzsteuerbar.
Die Bestimmung des Orts ist regelmäßig bei einer Auslandsberührung schwierig. Liegt der Ort der Leistung in einem anderen Land der Europäischen Union, ist die Leistung zwar in Deutschland nicht steuerbar; ggf. unterliegt der Berufsverband jedoch in dem Mitgliedsstaat der dortigen Umsatzbesteuerung.
Ein Leistungsaustausch setzt nach Abschn. 1.1 Abs. 1 UStAE voraus, dass ein Berufsverband als Leistender und ein Leistungsempfänger vorhanden sind und der Leistung eine Gegenleistung[387] (Entgelt) gegenübersteht; Leistung und Gegenleistung müssen in einem wechselseitigen Zusammenhang stehen. So fehlt es bei einem echten Schadensersatz an einem Leistungsaustausch. Der Schadensersatz wird nicht geleistet, weil der Leistende eine Lieferung oder sonstige Leistung erhalten hat, sondern weil er nach Gesetz oder Vertrag für den Schaden und seine Folgen einzustehen hat[388].
Vergleicht man die umsatzsteuerliche (nicht umsatzsteuerbar/umsatzsteuerbar) mit der ertragsteuerlichen Abgrenzung (ideeller Bereich/Vermögensverwaltung/wirtschaftlicher Geschäftsbetrieb), kommt man zu folgenden Ergebnissen:

- Der ideelle Bereich ist aufgrund des fehlenden Leistungsaustauschs nicht umsatzsteuerbar.
- Wirtschaftliche Geschäftsbetriebe führen immer zu umsatzsteuerbaren Leistungen[389].
- Umsatzsteuerbare Leistungen liegen nicht nur in wirtschaftlichen Geschäftsbetrieben vor, sie können auch im Rahmen der Vermögensverwaltung gegeben sein.

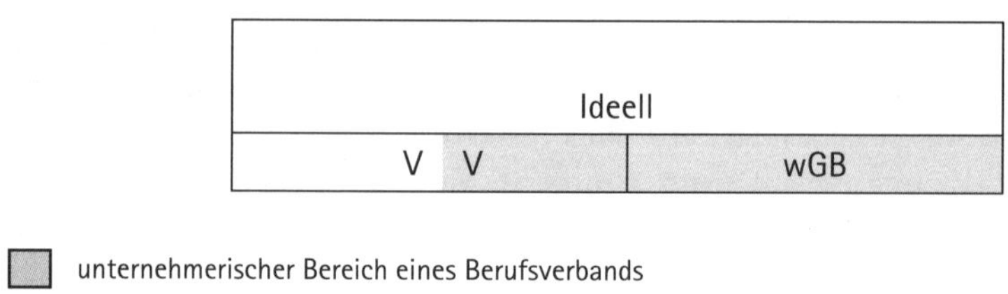

Abb. 3: Abgrenzung unternehmerischer und nichtunternehmerischer Bereich

---

[387] Besonderheit bei unentgeltlichen Wertabgaben.
[388] Abschn. 1.3. UStAE mit Beispielen zur Abgrenzung von echtem (= nicht umsatzsteuerbarem) und unechtem (= umsatzsteuerpflichtigem) Schadensersatz.
[389] Dies unter der Prämisse, dass der Ort der Leistung in Deutschland liegt; andernfalls kann eine Leistung des Berufsverbands in Deutschland nicht steuerbar sein, da sie in dem anderen Land grundsätzlich umsatzsteuerbar ist.

4.3 Umsatzsteuerpflicht bzw. -befreiung

Umsatzsteuerbare Leistungen eines Berufsverbands sind nicht zwangsläufig auch umsatzsteuerpflichtig. So enthält § 4 UStG einen abschließenden Katalog von Leistungen, die zwar umsatzsteuerbar, aber von der deutschen Umsatzsteuer befreit sind. Für Berufsverbände sind die folgenden Befreiungen regelmäßig von Bedeutung:

- Umsätze, die unter das Grunderwerbsteuergesetz fallen (§ 4 Nr. 9 a) UStG)

  Durch die umsatzsteuerliche Befreiung soll eine Doppelbelastung mit einer weiteren Verkehrsteuer, die der Umsatzsteuer ähnlich ist, vermieden werden. Dabei sind sämtliche Umsätze, die unter das Grunderwerbsteuergesetz fallen, von der Umsatzsteuer befreit, selbst wenn sie von der Grunderwerbsteuer befreit sind oder die Grunderwerbsteuer erlassen wird. Entscheidend ist, dass sie grunderwerbsteuerbar sind. Dabei ist zu beachten, dass unter das Grunderwerbsteuergesetz nur Rechtsvorgänge fallen, die sich auf inländische Grundstücke beziehen.
- Nutzungsüberlassungen von Grundstücken und Grundstücksteilen (§ 4 Nr. 12 UStG)

  Durch die Steuerbefreiung der Vermietungsumsätze sollte das sozialpolitische Ziel erreicht werden, insbesondere die Wohnungsmieten niedrig zu halten[390, 391].
- Seminarleistungen (§ 4 Nr. 21 a) UStG bzw. § 4 Nr. 22 a) UStG)

  Obige Vorschriften befreien die Aus- und Fortbildung von der Umsatzsteuer[392]. Der Einräumung der Steuerbefreiung lag die Überlegung zugrunde, dass den einzelnen Trägern von Bildungseinrichtungen oft erhebliche Zuschüsse seitens der öffentlichen Hand gewährt werden mussten. Eine zusätzliche Belastung mit Umsatzsteuer hätte höhere Zuschüsse notwendig gemacht[393].

Aufgrund der Befreiung von der Umsatzsteuer steht dem Berufsverband aus diesen Umsätzen regelmäßig auch kein Vorsteuerabzug zu. Dies kann für den Berufsverband ggf. nachteilig sein, bspw. dann, wenn die Leistungsempfänger des Verbands selbst vorsteuerabzugsberechtigt wären. § 9 UStG sieht für bestimmte umsatzsteuerfreie Leistungen eine Optionsmöglichkeit vor. Diese ist von Interesse, wenn der Verband seine Leistungen gegenüber vorsteuerabzugsberechtigten Unternehmern erbringt oder die abziehbare Vorsteuer höher ist als die Umsatzsteuer für seine Leistungen.

Der Verband kann auf die Inanspruchnahme der Steuerbefreiung nach § 4 Nr. 9 a) und Nr. 12 UStG verzichten, wenn der Umsatz an einen anderen Unternehmer für

---

390 Siehe Heidner, in: Bunjes/Geist, UStG, § 4 Nr. 12 Rz. 1.

391 Ausführlich hierzu siehe Gliederungspunkt D.5.13, S. 170.

392 Ausführlich hierzu siehe Gliederungspunkt D.5.1.2, S. 140.

393 Siehe Theler, in: Rau u. a., Kommentar Umsatzsteuergesetz, § 4 Nr. 22 Rz. 31.

dessen Unternehmen ausgeführt wird. Im Rahmen des § 4 Nr. 12 UStG ist es zudem gemäß § 9 Abs. 2 UStG erforderlich, dass der Leistungsempfänger das Grundstück ausschließlich für Umsätze verwendet bzw. zu verwenden beabsichtigt, die den Vorsteuerabzug nicht ausschließen. Der Berufsverband hat das Vorliegen der Voraussetzungen nachzuweisen[394].

4.4 Bemessungsgrundlage sowie Berechnung

Der Umsatz wird bei Lieferungen und sonstigen Leistungen gemäß § 10 Abs. 1 Satz 1 UStG nach dem Entgelt bemessen. Dabei ist Entgelt alles, was der Leistungsempfänger zum Erhalt der Leistung aufwendet, jedoch abzüglich der Umsatzsteuer. Beim Kauf ist dies regelmäßig der (Netto-)Kaufpreis.

Bei den einer Lieferung gleichgestellten unentgeltlichen Wertabgaben ist Bemessungsgrundlage grundsätzlich der Einkaufspreis zuzüglich Nebenkosten für den Gegenstand oder für einen gleichartigen Gegenstand im Zeitpunkt der Abgabe; dies entspricht regelmäßig dem Wiederbeschaffungspreis (Abschn. 10.6. Abs. 1 UStAE). Ist ein solcher nicht ermittelbar, umfasst die Bemessungsgrundlage alles, was der Berufsverband für die Anschaffung des abgegebenen Gegenstands – wie Einkaufspreis oder Herstellungskosten – aufgewendet hat (Selbstkosten), soweit sie zum vollen oder teilweisen Vorsteuerabzug berechtigt haben[395].

Bei sonstigen Leistungen als unentgeltlichen Wertabgaben richtet sich die Bemessungsgrundlage gemäß § 10 Abs. 4 Nr. 2 UStG nach den bei der Ausführung der Leistung entstandenen Kosten. Wird ein Gegenstand für verbandsfremde Zwecke abgegeben, umfasst die Bemessungsgrundlage nur die Kosten (ggf. einschließlich anteiliger Anschaffungskosten), die zum vollen oder teilweisen Vorsteuerabzug berechtigt haben. Die Selbstkosten hat der Berufsverband auch dann mindestens anzusetzen (sog. Mindestbemessungsgrundlage, § 10 Abs. 5 UStG), wenn der Verband Leistungen gegenüber seinen Mitgliedern erbringt.

Regelmäßig werden der Besteuerung des Berufsverbands die Solleinnahmen zugrunde gelegt (Besteuerung nach vereinbarten Entgelten; § 16 Abs. 1 Satz 1 UStG). Auf Antrag des Verbands kann das zuständige Finanzamt auch die Besteuerung nach den vereinnahmten Entgelten gemäß § 20 Abs. 1 UStG gestatten. Dies bewirkt regelmäßig Liquiditäts- bzw. Zinsvorteile beim Verband, da die Umsatzsteuer erst dann ans Finanzamt abzuführen ist, wenn der Leistungsempfänger die Rechnung beglichen hat. Voraussetzung für die Besteuerung nach vereinnahmten Entgelten ist,

[394] § 9 Abs. 2 Satz 2 UStG.

[395] Abschn. 10.6. Abs. 3 Satz 5 UStAE.

- dass der Gesamtumsatz im vorangegangenen Wirtschaftsjahr nicht mehr als 500.000 EUR[396] betragen hat oder
- der Verband von der Verpflichtung, Bücher zu führen und aufgrund jährlicher Bestandsaufnahmen regelmäßig Abschlüsse zu machen, nach § 148 AO befreit ist.

Der Antrag des Verbands an das für ihn zuständige Finanzamt ist an keine Frist gebunden. Die Genehmigung erstreckt sich wegen des Prinzips der Abschnittsbesteuerung stets auf das volle Kalenderjahr[397].
Für steuerbare und auch steuerpflichtige Umsätze gelten die allgemeinen Grundsätze. Der Steuersatz beträgt gemäß § 12 Abs. 1 UStG derzeit 19 %, sofern nicht der ermäßigte Steuersatz von 7 % nach Abs. 2 zu berücksichtigen ist. Dieser ermäßigte Steuersatz kommt bei Berufsverbänden für den Verkauf von Büchern und Zeitschriften in Betracht.[398]
Für die Leistungen seines unternehmerischen Bereichs ist der Berufsverband gemäß § 14 Abs. 2 Nr. 2 UStG berechtigt, eine Rechnung auszustellen. Er muss eine Rechnung innerhalb von sechs Monaten nach der Leistungserbringung erstellen, soweit er einen Umsatz an einen anderen Unternehmer für dessen Unternehmen oder an eine juristische Person des öffentlichen Rechts ausführt.
Rechnungen müssen gemäß § 14 Abs. 4 UStG die folgenden Angaben enthalten:

Nr. 1 den vollständigen Namen und die vollständige Anschrift des leistenden Berufsverbands und des Leistungsempfängers,

Nr. 2 die Steuernummer oder die Umsatzsteuer-Identifikationsnummer des Berufsverbands,

Nr. 3 das Ausstellungsdatum,

Nr. 4 eine fortlaufende Nummer mit einer oder mehreren Zahlenreihen, die zur Identifizierung der Rechnung vom Berufsverband einmalig vergeben wird (Rechnungsnummer),

Nr. 5 die Menge und die Art (handelsübliche Bezeichnung) der gelieferten Gegenstände oder den Umfang und die Art der sonstigen Leistung,

Nr. 6 den Zeitpunkt der Lieferung oder sonstigen Leistung (bei der Versteuerung nach vereinnahmten Entgelten den Zeitpunkt der Vereinnahmung des Entgelts oder eines Teils des Entgelts, sofern der Zeitpunkt der Vereinnahmung feststeht und nicht mit dem Ausstellungsdatum der Rechnung übereinstimmt),

Nr. 7 das nach Steuersätzen und einzelnen Steuerbefreiungen aufgeschlüsselte Entgelt (ggf. eine im Voraus vereinbarte Minderung des Entgelts),

Nr. 8 den anzuwendenden Umsatzsteuersatz, den auf das Entgelt entfallenden Steuerbetrag sowie bei der Anwendung einer Steuerbefreiung einen Hinweis auf diese.

---

[396] § 20 Abs. 2 UStG.

[397] Abschn. 20.1. Abs. 1 Satz 5 UStAE.

[398] § 12 Abs. 2 Nr. 1 UStG.

Bei einer sog. Kleinbetragsrechnung, d. h. einer Rechnung, deren Gesamtbetrag 150 EUR nicht übersteigt, sind lediglich die Angaben Nr. 1 in Bezug auf den leistenden Berufsverband, Nr. 3, Nr. 5 sowie Nr. 7 und Nr. 8 in einer Summe zwingend anzugeben[399].

Für den nichtunternehmerischen Bereich ist es dem Berufsverband versagt, Rechnungen mit gesondertem Umsatzsteuerausweis auszustellen. Einen trotzdem ausgewiesenen Steuerbetrag schuldet der Berufsverband nach § 14c Abs. 2 UStG; er hat jedoch die Möglichkeit, die Rechnung zu berichtigen. Der Leistungsempfänger ist nicht berechtigt, den unberechtigt ausgewiesenen Steuerbetrag als Vorsteuer abzuziehen[400]. Eine Abrechnung über den Mitgliedsbeitrag ist regelmäßig keine Rechnung im umsatzsteuerlichen Sinne. Die Regelungen des § 14 Abs. 4 UStG sind nicht einschlägig.

4.5 Vorsteuerabzug

Der Berufsverband hat zum einen Umsatzsteuer auf seine steuerpflichtigen Leistungen an das Finanzamt abzuführen. Zum anderen kann er die von anderen Unternehmen ihm in Rechnung gestellte Umsatzsteuer als Vorsteuer von seiner Umsatzsteuerzahllast abziehen. Zwingende Voraussetzung ist hierfür unter anderem, dass eine ordnungsgemäße Rechnung[401] i. S. des § 14 Abs. 4 UStG vorliegt. Sofern die weiteren Voraussetzungen des § 15 UStG vorliegen, kann die Vorsteuer nur insoweit abgezogen werden, als sie mit umsatzsteuerpflichtigen Umsätzen in einem wirtschaftlichen Zusammenhang steht. Vorsteuerbeträge, die den nichtunternehmerischen Bereich und dort die nichtwirtschaftlichen Tätigkeiten im engeren Sinne betreffen, sind dagegen nicht abzugsfähig; sie stellen somit echte Kosten für den Berufsverband dar. Vorsteuerbeträge des nichtunternehmerischen Bereichs, die unternehmensfremde Tätigkeiten betreffen, sind in den Grenzen des § 15 Abs. 1b UStG abzugsfähig.

---

[399] § 33 UStDV.

[400] Abschn. 2.10. Abs. 2 Satz 3 UStAE.

[401] Siehe die Pflichtangaben im vorherigen Gliederungspunkt.

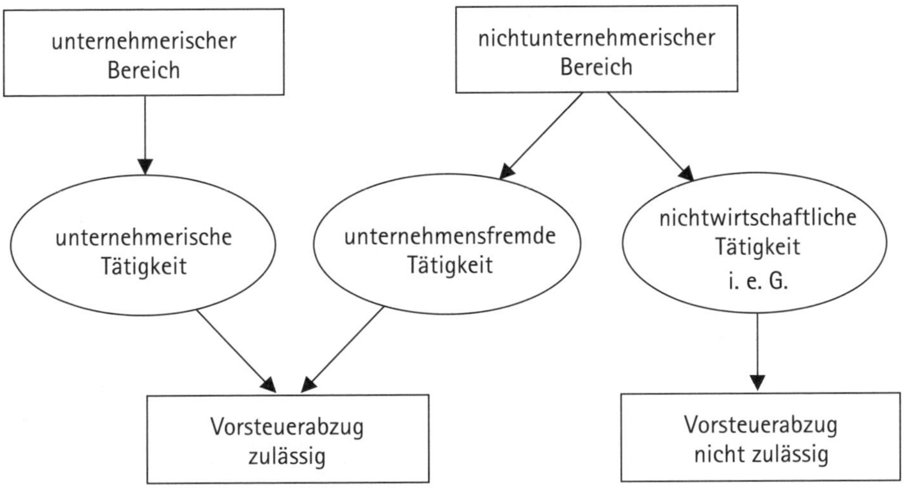

Abb. 4: Potenzielle Bereiche aus umsatzsteuerlicher Sicht

Eine genaue, sachgerechte Zuordnung zum unternehmerischen bzw. nichtunternehmerischen Bereich des Berufsverbands ist vielfach nicht möglich. Aus diesem Grunde sieht die Finanzverwaltung in Abschn. 2.10. Abs. 6 ff. UStAE ein vereinfachtes Aufteilungsverfahren für Vorsteuerbeträge vor. Auf Antrag des Berufsverbands können die Vorsteuern, die teilweise dem unternehmerischen und teilweise dem nichtunternehmerischen Bereich zuzurechnen sind (vor allen Dingen Gemeinkosten), auf diese Bereiche nach dem Verhältnis aufgeteilt werden, das sich aus folgender Gegenüberstellung ergibt:

- Einnahmen aus dem unternehmerischen Bereich abzüglich der Einnahmen aus Hilfsgeschäften dieses Bereichs
- Einnahmen aus dem nichtunternehmerischen Bereich abzüglich der Einnahmen aus Hilfsgeschäften dieses Bereichs

Im Einzelfall kann das Finanzamt auch ein anderes Aufteilungsverfahren zulassen, sofern es nicht zu einem offensichtlich unzutreffenden Ergebnis führt. Der Berufsverband hat sich nach Abschn. 2.10. Abs. 8 Satz 3 UStAE zu verpflichten, das vereinbarte Aufteilungsverfahren mindestens für fünf Kalenderjahre anzuwenden. Ein Wechsel des Verfahrens gestattet das Finanzamt jeweils nur zu Beginn eines Besteuerungszeitraums[402].

[402] Abschn. 2.10. Abs. 8 Satz 4 UStAE.

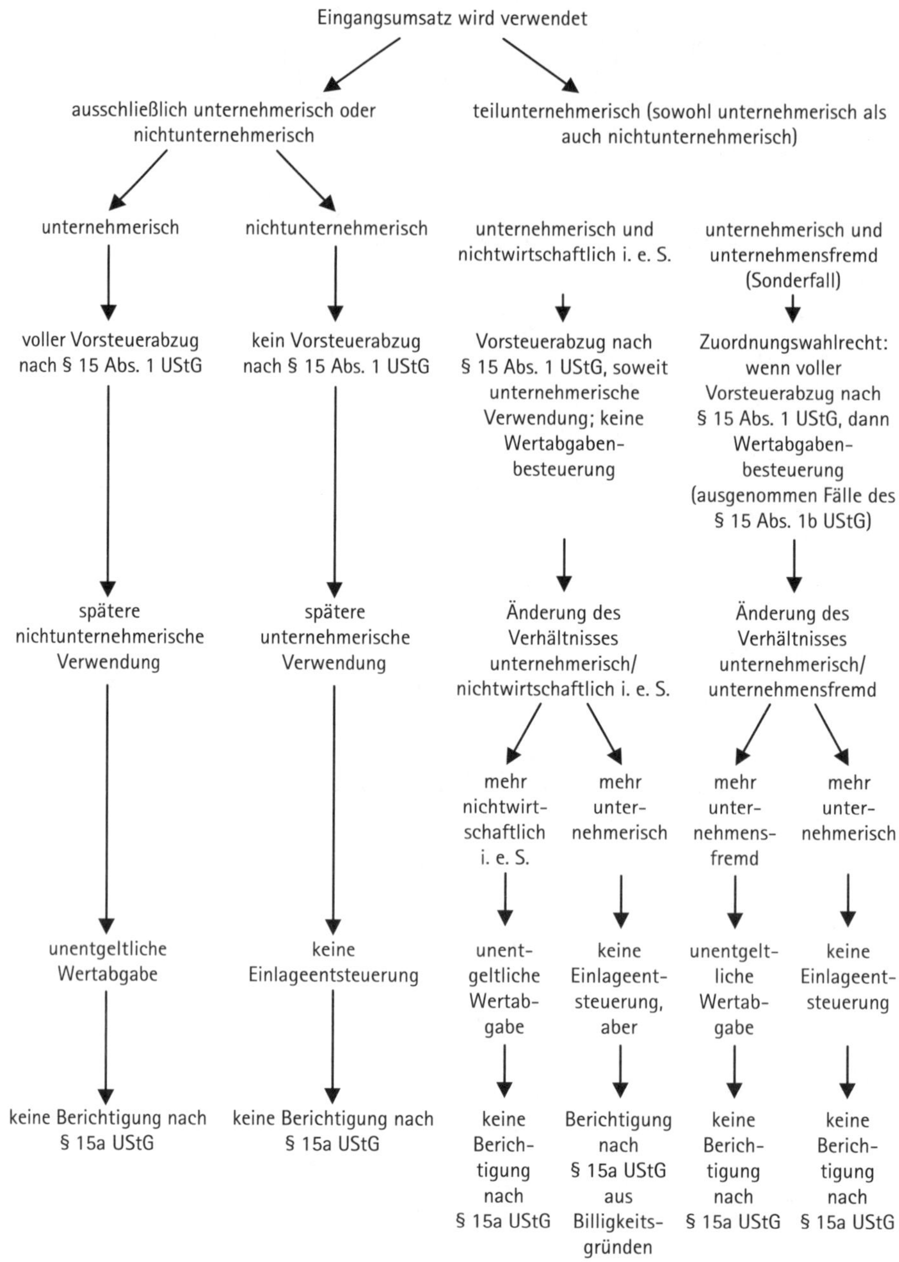

Abb. 5: Verwendung eines Eingangsumsatzes und Vorsteuerabzug[403]

[403] BMF v. 2.1.2012 – IV D 2 – S 7300/11/10002, BStBl. 2012 I, 60.

Wechselt ein Gegenstand aus dem nichtunternehmerischen in den unternehmerischen Bereich eines Berufsverbands und umgekehrt, wirkt sich dies auf den vorzunehmenden Vorsteuerabzug aus[404]. Sofern ein Gegenstand des nichtunternehmerischen Bereichs teilweise oder ganz im unternehmerischen Bereich verwendet wird, dürfen nach Abschn. 15a.1. Abs. 7 UStAE nur diejenigen Vorsteuern abgezogen werden, die unmittelbar durch die unternehmerische Verwendung anfallen. Demzufolge sind die auf die Anschaffung oder Herstellung dieser Gegenstände anfallenden Vorsteuerbeträge nicht abzugsfähig. Wird ein Gegenstand des unternehmerischen für den nichtunternehmerischen Bereich verwendet, bleibt der Vorsteuerabzug grundsätzlich erhalten; die nichtunternehmerische Nutzung ist jedoch als unentgeltliche Wertabgabe umsatzsteuerpflichtig.

4.6 Kleinunternehmer

Nach der sog. Kleinunternehmerregelung gemäß § 19 UStG entfällt die Pflicht zur Abführung der Umsatzsteuer, wenn

- der Umsatz zuzüglich der darauf entfallenden Umsatzsteuer im vorangegangenen Kalenderjahr 17.500 EUR nicht überstiegen hat und
- im laufenden Kalenderjahr 50.000 EUR voraussichtlich nicht übersteigen wird.

Diese Grenzen bemessen sich nach der Summe der vereinnahmten Entgelte, gekürzt um die darin enthaltenen Umsätze von Wirtschaftsgütern des Anlagevermögens.
Zu beachten ist, dass bei der Ermittlung obiger Umsatzgrenzen nach § 19 Abs. 3 UStG die meisten umsatzsteuerbefreiten Umsätze nicht zu berücksichtigen sind. Dies kann bspw. dazu führen, dass ein hauptsächlich im Bereich der Aus- und Fortbildung tätiger Berufsverband umsatzsteuerlich als Kleinunternehmer gilt, da die Aus- und Fortbildungsumsätze aufgrund ihrer Umsatzsteuerbefreiung nach § 4 Nr. 21 a) bb) bzw. Nr. 22 a) UStG nicht mitzählen.
Als Kleinunternehmer ist der Berufsverband konsequenterweise nicht mehr berechtigt, Vorsteuerbeträge geltend zu machen. Aus diesem Grund enthält § 19 UStG eine Optionsmöglichkeit. Der Berufsverband kann dem Finanzamt nach § 19 Abs. 2 UStG bis zur Unanfechtbarkeit der Steuerfestsetzung den Verzicht auf die Kleinunternehmerregelung erklären. Er ist – nach der Unanfechtbarkeit der Steuerfestsetzung – für mindestens fünf Jahre an diese Erklärung gebunden. Die Verzichtserklärung kann nur mit Wirkung vom Beginn eines Kalenderjahrs an widerrufen werden. Der Berufsverband hat den Widerruf spätestens bis zur Unanfechtbarkeit der Steuerfestsetzung des Kalenderjahrs zu erklären, für das er gelten soll.

[404] BMF v. 2.1.2012 – IV D 2 – S 7300/11/10002, BStBl. 2012 I, 60.

4.7 Steuerschuldnerschaft des Leistungsempfängers

Grundsätzlich schuldet der leistende Unternehmer die Steuer für Leistungen, die er erbracht hat (§ 13a UStG). § 13b Abs. 5 Satz 1 UStG ordnet jedoch für bestimmte Umsätze abweichend von diesem Grundsatz an, dass nicht der leistende Unternehmer, sondern der Leistungsempfänger Schuldner der Umsatzsteuer ist, wenn er ein Unternehmer oder eine juristische Person ist. Wichtig ist, dass die Umkehrung der Steuerschuldnerschaft auch in den Fällen greift, wenn der Berufsverband auch unternehmerisch tätig ist, die konkrete Leistung aber für den nichtunternehmerischen Bereich bezogen wird[405]. Mittels der Steuerschuldnerschaft des Leistungsempfängers soll die Besteuerung sichergestellt werden[406].
Für einen Berufsverband kann die Steuerschuldnerschaft des Leistungsempfängers im Wesentlichen aus nachfolgenden Gründen von Bedeutung sein:

- Nach § 13b Abs. 2 Nr. 1 UStG schuldet der Berufsverband die Umsatzsteuer für Werklieferungen und nicht unter § 13b Abs. 1 UStG fallende sonstige Leistungen eines im Ausland ansässigen Unternehmers.

- § 13b Abs. 2 Nr. 2 UStG wird nur in Einzelfällen von Bedeutung sein. Danach wechselt die Steuerschuldnerschaft auf den Berufsverband für Lieferungen sicherungsübereigneter Gegenstände durch den Sicherungsgeber an den Sicherungsnehmer außerhalb des Insolvenzverfahrens.

- § 13b Abs. 2 Satz 1 Nr. 3 UStG erfasst Umsätze, die unter das Grunderwerbsteuergesetz fallen. Erwirbt nunmehr ein Berufsverband eine Immobilie, ist der Berufsverband – bei entsprechender Option des Verkäufers – verpflichtet, Umsatzsteuer aus dem Immobilienerwerb an das Finanzamt abzuführen, auch wenn er selbst die Immobilie für den nichtunternehmerischen Bereich erworben hat. Die Kenntnis der Steuerschuldnerschaft ist insofern von wesentlicher Bedeutung, da es im Rahmen von Immobilienerwerben regelmäßig um größere Umsatzsteuerbeträge geht.

  Zwar ist der Verkäufer als leistender Unternehmer gemäß § 14a Abs. 5 UStG verpflichtet, eine Rechnung auszustellen und in dieser auf die Steuerschuldnerschaft des Berufsverbands hinzuweisen. Fehlt ein solcher Hinweis, ist der Berufsverband gleichwohl Steuerschuldner[407].

  Voraussetzung für die Steuerschuldnerschaft ist jedoch, dass der Berufsverband auch (überhaupt) unternehmerisch tätig ist[408]. Beschränkt sich die Tätigkeit eines

[405] § 13b Abs. 5 Satz 3 UStG.
[406] Siehe Stadie, in: Rau u. a., Kommentar Umsatzsteuergesetz, § 13b Rz. 3.
[407] Vgl. Stadie, in: Rau u. a., Kommentar Umsatzsteuergesetz, § 13b Rz. 11 f.
[408] § 13b Abs. 2 Satz 3 UStG.

Verbands allein auf den nichtunternehmerischen Bereich, besteht eine Steuerschuldnerschaft des Berufsverbands nicht.

Die Regelungen zur Steuerschuldnerschaft des Leistungsempfängers sind gemäß § 13b Abs. 5 Satz 4 UStG nicht einschlägig, sofern der Berufsverband als Kleinunternehmer keine Umsatzsteuer abzuführen hat.

5 ABC der steuerlichen Einordnung ausgewählter Bereiche

5.1 Aus- und Fortbildung

5.1.1 Ertragsteuerliche Einordnung

Aufgrund seiner Zweckrichtung und der damit verbundenen intimen Branchenkenntnis ist ein Berufsverband idealiter geeignet, Seminare bzw. Fortbildungsveranstaltungen für seinen Berufsstand bzw. Wirtschaftszweig durchzuführen. Wird für geeignet befundenes Wissen unentgeltlich der interessierten Öffentlichkeit vermittelt, ist der Verband im Rahmen seiner ideellen Sphäre tätig[409]. Unentgeltlich bedeutet dabei, dass die Zuhörer für die Teilnahme tatsächlich keinerlei Gegenleistung zu erbringen haben. Selbst die Erhebung einer (geringfügigen) Gebühr zur Abgeltung der Verwaltungskosten verhindert die Unentgeltlichkeit. Die im Rahmen derartiger Seminare getätigten Aufwendungen können nicht steuermindernd geltend gemacht werden, da der ideelle Bereich grundsätzlich von der Körperschaft- und der Gewerbesteuer befreit ist[410].

Werden die Seminare gegen Entgelt angeboten und durchgeführt, verlässt der Berufsverband seinen ideellen, steuerbegünstigten Bereich und wird gewerblich tätig. Er tritt somit in Konkurrenz zu gewerblichen Seminaranbietern, sodass auch die partielle Verwehrung der Steuerbegünstigungen sachgerecht ist.

Der Berufsverband begründet einen wirtschaftlichen Geschäftsbetrieb „Seminarwesen" und unterliegt mit den hieraus erzielten Einkünften grundsätzlich der Körperschaft- und der Gewerbesteuer[411].

Die Aufwendungen, die den Teilnehmern bei derartigen Veranstaltungen entstehen, können Werbungskosten (R 9.3 Abs. 2 LStR 2011) oder Betriebsausgaben sein.

---

[409] Vgl. Engelsing/Latsch, NWB 2006 S. 6715 f.

[410] § 5 Abs. 1 Nr. 5 KStG, § 8 Abs. 5 KStG und § 3 Nr. 10 GewStG.

[411] Die für gemeinnützige Körperschaften weiterführenden Befreiungen in § 64 Abs. 3 sowie § 68 Nr. 8 AO gelten für Berufsverbände nicht.

5.1.2 Inanspruchnahme umsatzsteuerlicher Befreiungsvorschriften

Mangels Vorliegen eines Leistungsaustauschs sind unentgeltliche Seminarleistungen nicht umsatzsteuerbar. Im Rahmen seiner entgeltlichen Seminarangebote bzw. Fortbildungsveranstaltungen erbringt der Berufsverband dagegen eine umsatzsteuerbare sonstige Leistung, deren Ort sich grundsätzlich in Deutschland befindet, da dort der Berufsverband seinen Sitz hat. Ist der Leistungsempfänger dagegen kein Unternehmer oder eine nicht unternehmerisch tätig juristische Person, der auch keine Umsatzsteuer-Identifikationsnummer erteilt worden ist, werden nach § 3a Abs. 3 Nr. 3 a) UStG u. a. kulturelle, wissenschaftliche, unterrichtende oder ähnliche Leistungen dort ausgeführt, wo der Berufsverband jeweils ausschließlich oder zum wesentlichen Teil tätig wird. Damit wird der Ort ebenfalls regelmäßig in Deutschland liegen.

5.1.2.1 § 4 Nr. 22 a) UStG

Entgeltliche, umsatzsteuerbare Seminarleistungen sind unter den Voraussetzungen des § 4 Nr. 22 a) UStG[412] von der Umsatzsteuer befreit. Befreit sind danach wissenschaftliche oder belehrende Vorträge, Kurse und andere Veranstaltungen unter anderem von Einrichtungen, die den Zwecken eines Berufsverbands dienen. Es werden grundsätzlich alle möglichen Formen der Bildungstätigkeit von der Befreiungsvorschrift erfasst. Die Frage der Veranstaltungsdurchführung – ob Einzelveranstaltung oder Veranstaltungsreihe – ist für die Anwendung dieser Vorschrift unbeachtlich.
Zur Anwendung der obigen Vorschrift müssen drei Voraussetzungen kumulativ vorliegen:

- Durchführung von Vorträgen, Kursen und anderen Veranstaltungen wissenschaftlicher oder belehrender Art

  Begünstigt sind zunächst sämtliche Veranstaltungen, bei denen das gesprochene Wort im Vordergrund steht. Daneben sind auch Arbeitsgemeinschaften, Seminare, Exkursionen und andere Veranstaltungen wissenschaftlicher oder belehrender Art unter die Vorschrift zu subsumieren. Seit 1968 wird auf das Erfordernis des wissenschaftlichen Charakters der Vorträge usw. verzichtet; infolgedessen sind seitdem auch Kurse zur Berufsausbildung und -fortbildung steuerbefreit.

- Durchführung durch eine Einrichtung, die dem Zweck eines Berufsverbands dient

  Nach dem Gesetzeswortlaut sind nur die in der Vorschrift ausdrücklich bezeichneten Einrichtungen begünstigt. Der Unternehmerkreis ist begrenzt; Seminarleis-

[412] Im Zuge des Gesetzgebungsverfahren zum Jahressteuergesetz 2013 sollten die Paragrafen § 4 Nr. 22 a) und Nr. 21 UStG neu und teilweise zusammengefasst werden (BR-Drs. 302/12 v. 25.5.2012). Das Vorhaben ist dann aber nicht weiter umgesetzt worden.

tungen, die von Einzelpersonen oder andern als den angeführten begünstigten Zusammenschlüssen abgehalten werden, sind deshalb nicht steuerfrei.

Einrichtungen und damit auch Service-GmbH dienen dem Zweck eines Berufsverbands, wenn sie von einem Berufsverband betrieben werden oder wenn sie ihre Tätigkeit ausschließlich für einen Berufsverband ausüben. Ebenso liegt eine begünstigte Einrichtung vor, wenn sie für mehrere Berufsverbände tätig sind[413].

Aus dem Gesetzeswortlaut ist nicht unmittelbar ersichtlich, ob die Einrichtung insoweit oder insgesamt dem Zweck eines Berufsverbands dienen muss. Nach dem Gesetzeszweck sollen die Eintrittspreise und Teilnehmergebühren niedrig gehalten werden, um damit die Bildungseinrichtung einem möglichst großen Hörerkreis zugänglich zu machen. Gerade die Berufsausbildung und die Berufsfortbildung zählen zu den wichtigsten Aufgaben der Berufsverbände.

- Verwendung der Einnahmen überwiegend zur Deckung der Kosten

  Die Anwendung der Steuerfreiheit nach § 4 Nr. 22 a) UStG setzt zwingend voraus, dass die Einnahmen überwiegend zur Deckung der mit der Seminardurchführung unmittelbar verbundenen Kosten verwendet werden müssen. Hierunter fallen die Dozentenhonorare, Aufwendungen für die Veranstaltungswerbung, Mieten für die Tagungsräume usw. Die Möglichkeit der Erzielung von Gewinnen aus Seminartätigkeiten wird den genannten Einrichtungen durch die gesetzliche Formulierung damit nicht per se versagt, wohl aber dahingehend eingeschränkt, dass sie ihre Einnahmen zu mehr als 50 % zur Kostendeckung verwenden müssen.

  Für die Prüfung der gesetzeskonformen Einnahmeverwendung ist aus Praktikabilitätsgründen auf den Besteuerungszeitraum abzustellen. Anhaltspunkte, wonach jeder einzelne Umsatz auf die notwendige Einhaltung der Kostendeckung hin zu überprüfen ist, lassen sich aus der gesetzlichen Formulierung nicht ableiten[414].

Vielfach sind die Teilnehmer von Seminaren, Workshops bzw. Kongressen selbst Unternehmer. Sie sind regelmäßig vorsteuerabzugsberechtigt, sodass bei Ihnen eine in Rechnung gestellte Umsatzsteuer als Vorsteuer abzugsfähig wäre; sie würden durch die Umsatzsteuer wirtschaftlich nicht belastet. Aufgrund der Umsatzsteuerbefreiung des § 4 Nr. 22 a) UStG steht dem Berufsverband dagegen kein Vorsteuerabzug zu. Zielführend kann es in diesen Fallkonstellationen sein, die Seminare, Workshops bzw. Kongresse von einer Service-GmbH[415] durchführen zu lassen. Diese erfüllt regelmäßig nicht die Voraussetzungen des § 4 Nr. 22 a) UStG, d. h. sie muss ihre

---

[413] Siehe Hünneskens, in: Hartmann/Metzenmacher, UStG, E § 4 Nr. 22 Rz. 17; Theler, in: Rau u. a., Kommentar Umsatzsteuergesetz, § 4 Nr. 22, Tz. 121.

[414] So aber Theler, in: Rau u. a., Kommentar Umsatzsteuergesetz, § 4 Nr. 22, Tz. 193.

[415] Siehe Gliederungspunkt G.2.4.1, S. 218.

Seminarleistungen mit Umsatzsteuer fakturieren. Aufgrund der Vorsteuerabzugsberechtigung haben die Teilnehmer dadurch keinen Nachteil; die Service-GmbH kommt aber in den vollen Genuss des Vorsteuerabzugs auf ihre Eingangsleistungen.

5.1.2.2 § 4 Nr. 21 a) bb) UStG

Die umsatzsteuerbaren Seminarleistungen sind unter bestimmten Voraussetzungen auch nach § 4 Nr. 21 a) bb) UStG von der Umsatzsteuer befreit. Ein Wahlrecht zur Inanspruchnahme dieser Steuerbefreiung besteht nicht. Soweit die Voraussetzungen vorliegen, sind die Leistungen zwingend von der Umsatzsteuer befreit. Die Vorschrift begünstigt allgemein- und berufsbildende Einrichtungen, soweit diese durch eine entsprechende Bescheinigung[416] der zuständigen Landesbehörde den Nachweis führen, auf einen Beruf oder eine staatlich anerkannte Prüfung vorzubereiten. Die entsprechende Bescheinigung bindet die Finanzbehörden für den in ihr genannten Zeitraum; somit kann die Bescheinigung auch eine Rückwirkung entfalten[417].

Berufsbildende Einrichtungen im Sinne des Gesetzes sind Organisationen, die Kenntnisse und Fähigkeiten vermitteln, die zur Ausübung bestimmter beruflicher Tätigkeiten notwendig sind[418]. Begünstigt sind dabei nicht nur die erstmalige Berufsausbildung, sondern auch die berufliche Fortbildung sowie die berufliche Umschulung. Die im Hinblick auf die Berufsbildung erforderlichen Unterrichtsleistungen der Einrichtungen erfordern unter anderem ein festliegendes Lehrprogramm und Lehrpläne zur Vermittlung des Unterrichtsstoffs im Hinblick auf das angestrebte Lehrgangsziel. Die Veranstaltung einzelner Vorträge bzw. Seminare erfüllt zwar für sich gesehen nicht die Voraussetzungen einer Unterrichtsleistung, jedoch ist es unschädlich, wenn einzelne Vorträge in ein Lehrprogramm aufgenommen werden[419].

Auf welcher Rechtsgrundlage die Steuerbefreiung zu gewähren ist, ist für einen Berufsverband grundsätzlich unerheblich. Der potenzielle Vorteil der Befreiungsvorschrift gemäß § 4 Nr. 21 a) bb) UStG besteht jedoch in seiner Kombination mit § 4 Nr. 21 b) bb) UStG. Danach sind u. U. auch die einzukaufenden Leistungen externer Dozenten von der Umsatzsteuer befreit, sodass die auf den Eingangsrechnungen der Dozenten an den Verband ggf. lastende Umsatzsteuerbelastung als Kostenfaktor wegfällt. Eine Umsatzsteuerpflicht der Dozententätigkeit wirkt sich insofern unmittelbar auf die Kosten des Berufsverbands aus und schlägt sich damit auch in den Teilnehmergebühren nieder. Ein Abzug der in Rechnung gestellten Umsatzsteuer als

---

[416] Die Bescheinigung kann auch vom Finanzamt gestellt werden. Siehe zu einer vergleichbaren Bescheinigung nach § 4 Nr. 20 a) UStG, BVerwG v. 4.5.2006 – 10 C 10.05, BFH/NV Beilage 2007, 132.

[417] BFH v. 24.9.1998 – V R 3/98, BStBl. 1999 II, 147.

[418] Abschn. 4.21.2 Abs. 1 Satz 4 UStAE.

[419] Abschn. 4.21.2. Abs. 2 Sätze 6 und 7 UStAE.

Vorsteuer ist nämlich dem steuerbegünstigten Verband gemäß § 15 Abs. 2 Nr. 1 UStG verwehrt[420].

Nach § 4 Nr. 21 b) bb) UStG sind auch die Leistungen selbstständig tätiger Lehrer umsatzsteuerfrei, soweit diese Unterrichtsleistungen an allgemeinbildenden oder berufsbildenden Einrichtungen im Sinne des § 4 Nr. 21 a) bb) UStG erbringen[421]. Unterrichtstätigkeiten im Sinne dieser Vorschrift zeichnen sich dadurch aus, dass Kenntnisse im Rahmen festliegender Lehrprogramme und -pläne vermittelt werden[422]. Dabei wird es für die Annahme einer Unterrichtstätigkeit nach Auffassung der Finanzverwaltung als ausreichend angesehen, wenn der selbstständig tätige Referent durch seinen Beitrag im Rahmen einer umfangreichen Fortbildungsveranstaltung die entsprechenden Kenntnisse und/oder Fertigkeiten vermittelt und sich dabei z. B. auf vorangegangene oder zukünftige Unterrichtsinhalte bezieht[423].

Einzelne Vorträge erfüllen für sich gesehen hingegen nicht die Voraussetzungen einer Unterrichtstätigkeit und werden nicht von der Befreiungsvorschrift des § 4 Nr. 21 b) bb) UStG erfasst[424].

Weitere zwingende Voraussetzung für die Steuerfreiheit der Dozententätigkeiten ist der Nachweis des Dozenten, an einer begünstigten Bildungseinrichtung im Sinne des § 4 Nr. 21 a) bb) UStG tätig zu sein. Der geforderte Nachweis erfolgt regelmäßig durch eine entsprechende Bescheinigung der Bildungseinrichtung. Diese soll nach Abschn. 4.21.3. Abs. 4 UStAE die folgenden Angaben enthalten:

- Bezeichnung und Anschrift des Berufsverbands
- Name und Anschrift des externen Dozenten
- Bezeichnung des Fachs, des Kurses oder Lehrgangs, in dem der externe Dozent unterrichtet
- Unterrichtszeitraum
- Versicherung über das Vorliegen einer Bescheinigung nach § 4 Nr. 21 a) bb) UStG für den oben bezeichneten Unterrichtsbereich

Obgleich beauftragte externe Dozenten Bildungstätigkeiten erbringen, die dem Grunde nach auch unter § 4 Nr. 22 a) UStG subsumiert werden können, kann die Steuerfreiheit ihrer Leistungen indes nicht aus dieser Vorschrift hergeleitet werden.

---

[420] Vgl. Engelsing/Latsch, NWB 2006 S. 6715 (6719).

[421] Derartige Unterrichtsleistungen sind nach § 4 Nr. 21 b) bb) UStG nur steuerfrei, wenn sie von einem selbstständigen Lehrer persönlich – und nicht durch von diesem beauftragte selbstständige Dozenten – erbracht werden; BFH v. 23.8.2007 – V R 10/05, BFH/NV 2007, 2217.

[422] Abschn. 4.21.3. Abs. 2 Satz 1 UStAE.

[423] OFD Frankfurt v. 15.4.2002 – S 7179 A 25 – St I 22, UR 2003, 204.

[424] Abschn. 4.21.3. Abs. 2 Satz 5 UStAE.

Die Vorschrift des § 4 Nr. 22 a) UStG begünstigt lediglich die Bildungstätigkeiten der im Gesetz explizit genannten Unternehmer[425].
Die für den Seminarveranstalter unterschiedlichen Kostenbelastungen, die aus der Anwendung der beiden Befreiungsvorschriften resultieren, und die damit einhergehenden Gewinnauswirkungen werden aus nachfolgendem, stark vereinfachtem Beispiel deutlich[426]:

Seminarleistungen umsatzsteuerbefreit gemäß	§ 4 Nr. 22 a) UStG	§ 4 Nr. 21 a) bb) UStG
Erträge aus Seminargebühren	10.000 EUR	10.000 EUR
./. Aufwendungen Dozentenhonorare	7.140 EUR	6.000 EUR
./. Sonstige Aufwendungen (Miete, Werbung etc.) ohne Vorsteuerabzug	2.380 EUR	2.380 EUR
„Gewinn"	480 EUR	1.620 EUR

Die Gewinndifferenz in Höhe von 1.140 EUR entspricht dem Betrag der nicht abziehbaren Vorsteuer für in Rechnung gestellte Dozentenhonorare im Falle der Umsatzsteuerbefreiung gemäß § 4 Nr. 22 a) UStG.

5.1.2.3 Besonderheiten bei Verpflegung

Auf dem heutigen Seminarmarkt ist es üblich, neben der reinen Vortragstätigkeit auch Leistungen in Form von Beköstigung oder Beherbergung anzubieten. Das „Leistungsspektrum" der Seminaranbieter kann die Darreichung von Pausengetränken und „Snacks", das gemeinsame Mittag- und Abendessen sowie Übernachtungen bei mehrtägigen Seminaren umfassen[427].
Fraglich ist, ob und in welchem Umfang diese Leistungen noch als unselbstständige Hilfsleistungen der Hauptleistung „Seminar" angesehen werden können. Eine unselbstständige Hilfsleistung im Rahmen der Beköstigung liegt jedoch nur vor, wenn sie nicht über die im Rahmen eines Seminars üblicherweise gereichten Pausengetränke sowie Plätzchen hinausgeht. Eine derartige Verpflegung mit kalten oder kleinen Gerichten im Seminarraum, wie z. B. bei Kaffeepausen, sind unerlässlich für die Durchführung von ganztägigen Seminaren[428]. Diese Leistungen sind als unselbstständige Nebenleistungen zur Hauptleistung „Seminartätigkeit" zu werten und teilen

[425] BFH v. 27.9.2007 – V R 75/03, BFH/NV 2008, 172. Eine Befreiung des Umsatzes kann sich in Einzelfällen aus der direkten Anwendung von Art. 132 Abs. 1 Buchst. j) MwStSystRL ergeben; danach befreien Mitgliedstaaten den von Privatlehrern erteilten Schul- und Hochschulunterricht von der Umsatzsteuer, sofern diese für eigene Rechnung und in eigener Verantwortung handeln; EuGH v. 14.6.2007 – C 445/05 „Wilhelm Haderer", HFR 2007, 806.

[426] In Anlehnung an Engelsing/Latsch, NWB 2006 S. 6715 (6719).

[427] Vgl. Engelsing/Latsch, NWB 2006 S. 6715 (6719).

[428] Vgl. BFH v. 7.10.2010 – V R 12/10, BFH/NV 2011, 540.

damit umsatzsteuerrechtlich das Schicksal der Hauptleistung[429]. Bei der Verpflegung von Seminarteilnehmern handelt es sich nicht um eine für die Aus- und Fortbildung unerlässliche Leistung, sondern um eine hierfür nur nützliche Maßnahme, die vorrangig dazu dient, den Komfort und das Wohlbefinden bei der Inanspruchnahme der Bildungsmaßnahme zu steigern.[430] Übersteigt die Verpflegung jedoch wertmäßig die eigentliche Seminarleistung, wird im Regelfall eine umsatzsteuerliche Trennung zu den Bereichen „Seminar" bzw. „Verpflegung" vorzunehmen sein.
Handelt es sich um eigenständige Leistungen neben der Seminartätigkeit, ist die Leistung umsatzsteuerbar. Die Zusatzleistungen in Form von Beherbergung und Beköstigung fallen grundsätzlich nicht unter den Befreiungskatalog des § 4 UStG[431]. Eine Ausnahme gilt für den Fall der Beköstigung und Beherbergung von Jugendlichen im Rahmen von Erziehungs-, Ausbildungs- und Fortbildungsmaßnahmen durch entsprechende Einrichtungen; hier greift die explizite Befreiungsvorschrift des § 4 Nr. 23 UStG.
Wird den Teilnehmern neben der eigentlichen Seminarleistung zusätzlich ein Mittagsimbiss oder Mittagessen angeboten, ist dies eine eigenständige steuerbare sonstige Leistung, die aber gerade nicht steuerbefreit, sondern in vollem Umfang umsatzsteuerpflichtig ist. Bei Berufsverbänden unterliegen die Verpflegungs- und Beherbergungsleistungen als wirtschaftlicher Geschäftsbetrieb dem Regelsteuersatz von 19 %.
Auf die Erhebung der Umsatzsteuer für steuerpflichtige Verpflegungs- und Beherbergungsleistungen wird jedoch grundsätzlich verzichtet, soweit Berufsverbände mit ihren steuerpflichtigen Leistungen die Umsatzgrenzen des § 19 UStG unterschreiten (Kleinunternehmer). Ein Verzicht auf die Anwendung der Kleinunternehmerregelung ist nach § 19 Abs. 2 Satz 1 UStG mit fünfjähriger Bindungswirkung ausdrücklich zugelassen.
In der Rechnung für die Teilnehmer ist der unterschiedlichen Umsatzbesteuerung Rechnung zu tragen. Eine ordnungsgemäße Rechnung erfordert eine Aufteilung der Entgelte, die umsatzsteuerbefreit bzw. umsatzsteuerpflichtig sind.

5.1.2.4 Vorsteuerabzug

Aufgrund der Umsatzsteuerbefreiung der Seminartätigkeit schließt das Umsatzsteuergesetz rechtssystematisch den Vorsteuerabzug für Eingangsrechnungen aus, soweit die bezogenen Leistungen in unmittelbarem wirtschaftlichem Zusammenhang mit den steuerfreien Seminartätigkeiten stehen (§ 15 Abs. 2 Nr. 1 UStG). Betroffen sind hiervon insbesondere Aufwendungen – für die Dozenten, Werbung und ggf. die Raummiete –, bei denen ein Abzug der in Rechnung gestellten Umsatzsteuer als Vorsteuer nicht zugelassen wird.

[429] Abschn. 3.10. Abs. 5 Satz 1 UStAE.
[430] BFH v. 7.10.2010 – V R 12/10, BFH/NV 2011, 540.
[431] Abschn. 4.22.1. Abs. 3 Satz 5 UStAE.

Die Anwendung der Umsatzsteuerbefreiung ist für den Berufsverband nicht zwingend vorteilhaft: Handelt es sich bei den Teilnehmern um vorsteuerabzugsberechtigte Unternehmer, wäre eine in Rechnung zu stellende Umsatzsteuer bei diesen ein durchlaufender Posten; sie würden von einer Umsatzbesteuerung wirtschaftlich nicht belastet, während dem Verband ein Vorsteuerabzug zustehen würde. Ein Wahlrecht hat der Berufsverband jedoch nicht. Die Befreiung von der Umsatzsteuer ist zwingend, wenn die Voraussetzungen der entsprechenden Befreiungsvorschrift im Katalog des § 4 UStG vorliegen[432].
Hinsichtlich der angebotenen Leistungen für Beherbergung und Beköstigung – soweit die Beköstigung über eine übliche Darreichung von Pausensnacks und –getränken hinausgeht – liegen indes eigenständige steuerbare und steuerpflichtige sonstige Leistungen der Seminaranbieter vor. Vorsteuerbeträge aus entsprechenden Eingangsrechnungen können daher mit der zu zahlenden Umsatzsteuer verrechnet werden. Aus diesem Grunde wird es sich bei dem „Einkauf" von Mittagessen regelmäßig um einen durchlaufenden Posten bei den Berufsverbänden handeln. Sie kaufen die Leistungen mit 19 % Umsatzsteuer ein und berechnen sie mit demselben Umsatzsteuersatz an ihre Teilnehmer weiter.
Sofern der Berufsverband allerdings zulässigerweise von der Anwendung der Kleinunternehmerregelung Gebrauch macht, scheidet ein Vorsteuerabzug gemäß § 19 Abs. 1 Satz 4 UStG aus.

5.1.2.5 Dokumentationserfordernisse

Soweit ein Berufsverband neben den eigentlichen steuerfreien Seminarleistungen zusätzliche steuerpflichtige Leistungen in Form von Verpflegung und Beherbergung erbringt, ist eine belegmäßige Trennung der Bereiche „Seminare" und „Verpflegung" geboten[433]. Dies ergibt sich zum einen aus dem Erfordernis, bei Rechnungserstellung eine Aufschlüsselung des Entgelts in steuerpflichtige und steuerfreie Leistungen vorzunehmen. Zum anderen ist die belegmäßige Trennung der Bereiche Grundlage für die gebotene Aufteilung in abziehbare und nichtabziehbare Vorsteuerbeträge aus bezogenen Eingangsleistungen.
Aufteilungsprobleme ergeben sich bei Pauschalrechnungen (sog. Tagungspauschalen) von Hotels oder Gaststätten, bei denen die gesamten Hotelleistungen (Raumgestellung, Beherbergung, Beköstigung etc.) ohne nähere Spezifizierung in einem Rechnungsbetrag ausgewiesen werden[434]. Eine genaue Zuordnung ist regelmäßig nicht möglich. Mangels Vorliegen eines geeigneten Aufteilungsmaßstabs können Vorsteuerbeträge allenfalls im Wege einer Schätzung oder ggf. einer tatsächlichen

[432] BVerwG v. 4.5.2006 – 10 C 10/05, HFR 2006, 926 in Bezug auf § 4 Nr. 20 a) Satz 2 UStG.
[433] Vgl. Engelsing/Latsch, NWB 2006 S. 6715 (6722).
[434] Vgl. Engelsing/Latsch, NWB 2006 S. 6715 (6722).

Verständigung mit der Finanzverwaltung zugeordnet werden[435]. Zur Vermeidung dieser Schätzproblematik sollte auf eine Rechnung hingewirkt werden, in der das Entgelt getrennt nach den jeweiligen Einzelleistungen des Hotels ausgewiesen ist.

5.2 Bürogemeinschaft von Berufsverbänden

Gerade bei kleineren Berufsverbänden kann es zur Verringerung der (fixen)Geschäftsstellenkosten sinnvoll sein, Kooperationen mit anderen Berufsverbänden einzugehen. Eine Möglichkeit besteht darin, eine Bürogemeinschaft als Gesellschaft bürgerlichen Rechts zu betreiben. Die Bürogemeinschaft kann dann die Geschäftsbesorgung sowie die berufsständischen Aufgaben der beteiligten Berufsverbände übernehmen. Durch die Zusammenführung des Fachpersonals der einzelnen Berufsverbände ist es möglich, Personal einzusparen und die Einflussmöglichkeit und Durchsetzungsfähigkeit der Verbände zu steigern[436].

Entscheidend für die Vorteilhaftigkeit einer Bürogemeinschaft kann sein, ob den Einsparungen, bspw. beim Personal, zusätzliche Kosten in Form der Umsatzsteuer gegenüberstehen. Die Problematik ist insofern von wesentlicher Bedeutung, als die Verbände – sofern die Bürogemeinschaft ihnen gegenüber umsatzsteuerpflichtige Leistungen erbringt – die anfallende Umsatzsteuer regelmäßig nicht als Vorsteuer geltend machen können.

Aus § 2 Abs. 1 Satz 3 UStG ergibt sich, dass eine Personenvereinigung auch dann steuerbare Leistungen gegen Entgelt im Rahmen eines Leistungsaustauschs nach § 1 Abs. 1 Nr. 1 Satz 1 UStG ausführen kann, wenn sie nur gegenüber ihren Mitgliedern tätig wird. Maßgebend ist, ob die Personenvereinigung (die Bürogemeinschaft) ihren Mitgliedern (den Berufsverbänden) Leistungen zuwendet, für die sie ein (Sonder-) Entgelt erwartet und erhält. Der Annahme eines Leistungsaustauschs steht weder entgegen, dass die Bürogemeinschaft für alle Mitgliedsverbände gleichartige Leistungen ausführt[437], noch dass sie durch ihre Tätigkeit Leistungen gleichzeitig für alle Mitglieder erbringt[438].

Die an sich somit umsatzsteuerbaren Dienstleistungen der Bürogemeinschaft an ihre Mitgliedsverbände können in der Regel unter keine der in § 4 UStG aufgeführten Umsatzsteuerbefreiungen subsumiert werden. 2001 hat der Bundesfinanzhof jedoch entschieden, dass auf derartige Leistungen ggf. unmittelbar die Umsatzsteuerbefrei-

---

[435] So BFH v. 7.10.2010 – V R 12/10, BFH/NV 2011, 540 zur Schätzung von Seminaren mit Verpflegung.

[436] Zu Personal- bzw. Sachmittelgestellung eines Berufsverbands an einen zweiten siehe Gliederungspunkt D.5.4, S. 149.

[437] BFH v. 20.8.1992 – V R 2/88, BFH/NV 1993, 204.

[438] BFH v. 4.7.1985 – V R 107/76, BStBl. 1986 II, 153.

ung nach Art. 132 Abs. 1 Buchst. f MwStSystRL[439] Anwendung finden kann[440]. Danach befreien die Mitgliedsstaaten folgende Umsätze von der Umsatzsteuer:

> *„f) Dienstleistungen, die selbständige Zusammenschlüsse von Personen, die eine Tätigkeit ausüben, die von der Steuer befreit ist oder für die sie nicht Steuerpflichtige sind, an ihre Mitglieder für unmittelbare Zwecke der Ausübung dieser Tätigkeit erbringen, soweit diese Zusammenschlüsse von ihren Mitgliedern lediglich die genaue Erstattung des jeweiligen Anteils an den gemeinsamen Kosten fordern, vorausgesetzt, dass diese Befreiung nicht zu einer Wettbewerbsverzerrung führt;“*

Die praktische Umsetzung dieser EU-Umsatzsteuerbefreiung erfordert aus zweierlei Gründen Fingerspitzengefühl: Zum einen behandelte der Bundesfinanzhof die Mitgliedsverbände im obigen Urteilsfall als Nicht-Unternehmer. Demzufolge könnte die Anwendung bereits zu verneinen sein, wenn die Mitgliedsverbände ihrerseits geringfügige umsatzsteuerbare bzw. umsatzsteuerpflichtige Leistungen erbringen. Zum anderen sind Ausnahmen von der allgemeinen Umsatzsteuerpflicht regelmäßig eng auszulegen. Entscheidend wird sein, dass eine etwaige Umsatzsteuerbefreiung der Leistungen der Bürogemeinschaft zu keiner Wettbewerbsverzerrung führt.
Das Eingehen einer Bürogemeinschaft kann aber im kleinen Rahmen – bspw. bei der Anschaffung und dem Betrieb von Büroequipment wie Druckern und Servern – sinnvoll sein, sofern die Bürogemeinschaft die Grenze des Kleinunternehmers nach § 19 UStG[441] nicht überschreitet. Die Leistungen der Bürogemeinschaft können den beteiligten Berufsverbänden ohne Umsatzsteuer in Rechnung gestellt werden; die Vorsteuer aus dem Geräteerwerb ist dann aber auch nicht abzugsfähig.

5.3 Geschäftsstelle

Gemäß R 16 Abs. 6 KStR 2004 stellt die Tätigkeit der Geschäftsstelle eines Berufsverbands keinen wirtschaftlichen Geschäftsbetrieb dar. Dies ist damit zu begründen, dass die administrativen Leistungen der Geschäftsstelle regelmäßig durch Mitgliedsbeiträge finanziert werden; der Berufsverband wird durch das Unterhalten der Geschäftsstelle allgemein in die Lage versetzt, seinen berufsständischen Zwecken nachzukommen.
Der Geschäftsstelle werden von Seiten der Finanzverwaltung auch die üblichen Hilfsgeschäfte zugeordnet. Nach R 16 Abs. 6 Satz 2 KStR 2004 bildet der Verkauf von

[439] Richtlinie 2006/112/EG des Rates vom 28.11.2006 über das gemeinsame Mehrwertsteuersystem (vormals Art. 13 Teil A Abs. 1 Buchst. f) der 6. EG-Richtlinie).
[440] BFH v. 27.9.2001 – V R 37/01, BFH/NV 2002, 378.
[441] Siehe hierzu Gliederungspunkt D.4.6, S. 137.

Altmaterial, Einrichtungsgegenständen, Maschinen, Kraftfahrzeugen und dergleichen eine Einheit mit der Tätigkeit der Geschäftsstelle. Die Tätigkeiten begründen gleichfalls keinen wirtschaftlichen Geschäftsbetrieb, da es an der erforderlichen Selbstständigkeit fehlt.
Zu beachten ist jedoch zweierlei: Zum einen können die obigen Verkaufshandlungen zu einem umsatzsteuerpflichtigen Leistungsaustausch führen, soweit sie nachhaltig erbracht werden. Zum anderen ist nur der Verkauf von Gegenständen der Vermögensverwaltung zuzuordnen, die der Geschäftsstelle zugeordnet sind. Gegenstände, die dem Betriebsvermögen eines wirtschaftlichen Geschäftsbetriebs zuzurechnen sind, führen auch bei ihrer Veräußerung zu steuerpflichtigen Einnahmen in dem jeweiligen wirtschaftlichen Geschäftsbetrieb.
Zur entgeltlichen Mitbenutzung der Geschäftsstelle durch Dritte bzw. andere Berufsverbände siehe den nachfolgenden Gliederungspunkt D.5.4.

5.4 Personal-/Sachmittelgestellung

Sowohl die Personal- als auch die Sachmittelgestellung an Dritte gegen Entgelt führt grundsätzlich zur Begründung eines wirtschaftlichen Geschäftsbetriebs.
Eine Ausnahme lässt die Finanzverwaltung jedoch für den Fall zu, dass Entgelte für die Mitbenutzung der Geschäftsstelle, einzelner Räume oder Einrichtungsgegenstände der Geschäftsstelle durch einen anderen Berufsverband vereinnahmt werden[442]. Ein wirtschaftlicher Geschäftsbetrieb wird insofern nicht begründet. Entsprechendes gilt nach R 16 Abs. 6 Satz 5 KStR 2004 auch, wenn für einen anderen Berufsverband Personal zur Verfügung gestellt und dafür Entgelt vereinnahmt wird.
Personal- und Sachmittelgestellungen unter Berufsverbänden werden ertragsteuerlich als Vermögensverwaltung angesehen. Dies darf aber nicht dazu führen, umsatzsteuerliche Aspekte zu vernachlässigen. Personal- und Sachmittelgestellungen führen regelmäßig zu einem umsatzsteuerbaren und auch umsatzsteuerpflichtigen Leistungsaustausch[443]. Gerade bei gegenseitigen Hilfestellungen ohne Entgeltausgleich ist zwingend zu beachten, dass hierdurch ein tauschähnlicher Umsatz vorliegen kann.

5.5 Lobbytätigkeiten

Zentrale Aufgabe eines Berufsverbands ist die Vertretung der allgemeinen, den Mitgliedern aus ihrer beruflichen oder unternehmerischen Tätigkeit erwachsenden ideellen und wirtschaftlichen Interessen gegenüber den gesetzgeberischen Körperschaften, den Verwaltungsbehörden usw. Dabei soll der Verband die Wünsche seiner Mitglieder als eine gemeinsame Zielsetzung geltend machen und nach Möglichkeit

[442] R 16 Abs. 6 Satz 4 KStR 2004.
[443] Nach § 4 Nr. 12 UStG ist die Vermietung von Grundstücken von der Umsatzsteuer befreit.

durchsetzen. Beim Lobbying[444] kommt es zu einem wechselseitigen, sachbezogenen Informationsaustausch zwischen Wirtschaftsvertretern, Verbänden und politischen Entscheidungsträgern.
Die Interessenvertretung ist die ureigenste Aufgabe des Berufsverbands. Die Aufwendungen für Kaminabende, politische oder parlamentarische Abende, Fachaussprachen, Eingaben an die Gesetzesorgane sowie die damit jeweils verbundenen Vorarbeiten wie Monitoring, Analyse oder Positionierung des Verbands, sind regelmäßig Aufwand im ideellen Bereich, da der Verband unentgeltlich im Interesse des Berufsstands bzw. des Wirtschaftszweigs tätig wird. Aus etwaigen zugekauften Leistungen steht dem Berufsverband kein Vorsteuerabzug zu.

5.6 Mitgliedsbeiträge

Die Finanzierung eines Berufs- bzw. Wirtschaftsverbands ist regelmäßig auf den Erhalt von Mitgliedsbeiträgen gerichtet. Mitgliedsbeiträge stellen gemäß § 8 Abs. 5 KStG grundsätzlich kein Entgelt für die Tätigkeit des Vereins dar, soweit sie den Verein als Empfänger lediglich in die Lage versetzen sollen, seine satzungsmäßige Tätigkeit an sich auszuüben[445]. Analoges gilt grundsätzlich auch bei sog. Aufnahmegebühren bzw. Umlagen[446]. Soweit ein Verband zur Erfüllung seiner den Gesamtbelangen sämtlicher Mitglieder dienenden satzungsmäßigen Gemeinschaftszwecke tätig wird und dafür sog. echte Mitgliedsbeiträge erhebt, die dazu bestimmt sind, ihm die Erfüllung dieser Aufgaben zu ermöglichen, fehlt es nach Abschn. 1.4. Abs. 1 Satz 1 UStAE an einem umsatzsteuerlichen Leistungsaustausch mit dem einzelnen Mitglied[447]. Der Berufsverband ist insofern kein Unternehmer[448]. Demzufolge steht den Mitgliedern aus den Beitragsrechnungen auch kein Vorsteuerabzug zu. Dies ist immer dann nachteilig, wenn die Mitglieder des Berufsverbands dem Grunde nach vorsteuerabzugsberechtigte Unternehmen sind.
Voraussetzung für die Annahme echter Mitgliedsbeiträge ist, dass die Beiträge gleich hoch sind oder nach einem für alle Mitglieder verbindlichen Bemessungsmaßstab gleichmäßig errechnet werden. Insofern ist es nicht zu beanstanden, wenn die Beiträge nach einer einheitlichen Staffel erhoben oder die Höhe der Beiträge nach persönlichen Merkmalen der Mitglieder – z. B. Einkommen, Umsatz, Anzahl Beschäftigte bzw. Lebensalter, Stand, Vermögen, usw. – abgestuft werden[449]. Eine solche

---

[444] Ursprung im lateinischen „lobia“ Galerie bzw. Wandelhalle, in der ein informeller politischer Meinungs-/Informationsaustausch stattfinden konnte.
[445] So auch BFH v. 4.7.1985 – V R 107/76, BStBl. 1986 II, 153; BFH v. 9.5.1974 – V R 128/71, BStBl. 1974 II, 530.
[446] Siehe Gliederungspunkt D.5.7, S. 155.
[447] BFH v. 12.4.1962 – V 134/59-U, BStBl. 1962 III, 260.
[448] BFH v. 28.11.1963 – II 181/61-U, BStBl. 1964 III, 114.
[449] Abschn. 1.4. Abs. 2 Satz 2 UStAE; FG Hamburg v. 16.4.2003 – VII 335/98, DStRE, 110 rkr.

einheitliche Staffel liegt auch vor, wenn die Beiträge an Dachverbände nach der Anzahl der Mitglieder in den im Dachverband zusammengeschlossenen Verbänden berechnet werden[450]. Eine Differenzierung in aktive und passive Mitglieder ist ebenfalls unschädlich[451].

Die Berechnung der Mitgliedsbeiträge nach einem einheitlichen Maßstab ist ein Indiz für einen echten Mitgliedsbeitrag. Gleichwohl kann aus einem gleichen Bemessungsmaßstab nicht zwangsläufig geschlossen werden, dass echte Mitgliedsbeiträge vorliegen[452]. Auch einer gleichmäßigen Beitragserhebung kann ein Leistungsaustausch zugrunde liegen, wenn die Verbandstätigkeit im Wesentlichen darauf gerichtet ist, den Mitgliedern – trotz gleichmäßiger Beitragszahlung – individuelle Leistungen je Mitglied zukommen zu lassen. Beispielhaft sind Beiträge zu Lohnsteuerhilfevereinen und Werbeverbänden zu erwähnen[453].

Erbringt der Berufsverband jedoch Leistungen, die den Sonderbelangen einzelner Mitglieder dienen, und erhebt er hierfür Beiträge, liegt ein umsatzsteuerbarer Leistungsaustausch vor (sog. unechter Mitgliedsbeitrag)[454]. Dies gilt selbst dann, wenn sämtliche Mitglieder an der betreffenden Betätigung des Berufsverbands interessiert sind und sie wünschen[455]. Aus diesem Grund indizieren auch Staffelbeiträge, bei denen die Beitragshöhe vom (tatsächlichen oder erwarteten) individuellen Leistungsbezug des jeweiligen Mitglieds abhängig ist, eine (Teil-)Entgeltlichkeit[456]. Werden die Leistungen des Berufsverbands nach dem Umfang der tatsächlichen oder vermuteten Inanspruchnahme der Verbandsleistungen durch das einzelne Mitglied bemessen, liegen besondere, entgeltliche, umsatzsteuerpflichtige Verbandsleistungen vor[457].

Die Leistung des Mitglieds ist in diesen Fällen auf eine konkrete Gegenleistung des Verbands gerichtet. So zeigt es sich in der Praxis, dass viele Verbände ihren Mitgliedern individuelle Vorteile erbringen bzw. zumindest anbieten. Dies liegt im Wesentlichen darin begründet, dass potenzielle Mitglieder immer häufiger nach dem kon-

---

[450] FG Hamburg v. 25.3.2002 – VII 245/99, EFG 2002, 1123 rkr.

[451] Siehe Alvermann, FR 2006 S. 262 (264).

[452] BFH v. 8.9.1994 – V R 46/92, BStBl. 1994 II, 957.

[453] BFH v. 16.12.1998 – I R 36/98, BStBl. 1999 II, 366; v. 29.8.1973 – I R 234/71, BStBl. 1974 II, 60 (Lohnsteuerhilfeverein) sowie FG Baden-Württemberg v. 19.12.1990 – 3 K 7/87, EFG 1992, 766; BFH v. 15.7.1966 – III 179/64, BStBl. 1966 III, 638 (Werbeverband).

[454] BFH v. 4.7.1985 – V R 107/76, BStBl. 1986 II, 153.

[455] BFH v. 29.11.1967 – I 67/65, BStBl. 1968 II, 236.

[456] Siehe Alvermann, FR 2006 S. 262 (263).

[457] FG München v. 26.11.2009 – 14 K 4217/06, DStRE 2011, 625; BFH v. 8.9.1994 – V R 46/92, BStBl. 1994 II, 957; v. 21.4.1993 – XI R 84/90, BFH/NV 1994, 60. Im Fall des FG Hessen v. 19.3.2004 – 6 V 2351/03, EFG 2004, 1873 rkr. war bereits durch Satzung ausdrücklich geregelt, dass die Beiträge ausschließlich als Entgelte für individuell den Mitgliedern des Verbands zufließende Vorteile anzusehen sind.

kreten Nutzen fragen, den eine Mitgliedschaft ihnen bringen soll. Nachfolgend ein paar Beispiele, die jedoch nicht zwangsläufig zu einem Leistungsaustausch führen:

- Ermäßigungen im Rahmen von Seminaren, Fortbildungen, Kongressen
- (individuelle) Rechtsberatung sowie Gewährung von Rechtsschutz
- Abschluss von Rahmenverträgen bei Handys, Telefonen, Versicherungen, usw.
- Vergünstigungen beim Bezug von (Fach-)Zeitschriften
- Ermäßigungen bei Mitgliedschaften in anderen Verbänden

Zur Frage der Umsatzsteuerbarkeit von Mitgliedsbeiträgen hat der Europäische Gerichtshof in seinem „Kennemer Golfclub-Urteil“ Stellung bezogen[458]. Der EuGH führte zu der entscheidenden Frage aus:

> *„Insoweit ergibt sich aus der Rechtsprechung des Gerichts, dass Besteuerungsgrundlage einer Dienstleistung alles das ist, was als Gegenleistung für den geleisteten Dienst empfangen wird, und dass eine Dienstleistung nur dann steuerpflichtig ist, wenn zwischen dem geleisteten Dienst und der erhaltenen Gegenleistung ein unmittelbarer Zusammenhang besteht [...]. Eine Leistung ist somit nur dann steuerpflichtig, wenn zwischen dem Leistenden und dem Leistungsempfänger ein Rechtsverhältnis besteht, in dessen Rahmen gegenseitige Leistungen ausgetauscht werden, wobei die vom Leistenden empfangende Vergütung den tatsächlichen Gegenwert für die dem Leistungsempfänger erbrachte Dienstleistung darstellt [...].*
>
> *In dem beim vorlegenden Gericht anhängigen Verfahren ändert, wie die Kommission vorträgt, der Umstand, dass der Jahresbeitrag ein Pauschalbeitrag ist und nicht jeder persönlichen Nutzung des Golfplatzes zugeordnet werden kann, nichts daran, dass zwischen den Mitgliedern eines Sportvereins [...] und dem Verein selbst gegenseitige Leistungen ausgetauscht werden.*
>
> *Die Leistungen des Vereins bestehen nämlich darin, dass er seinen Mitgliedern dauerhaft Sportanlagen und damit verbundene Vorteile zur Verfügung stellt, und nicht darin, dass er auf Verlangen seiner Mitglieder gezielte Leistungen erbringt. Somit besteht ein unmittelbarer Zusammenhang zwischen den Jahresbeiträgen der Mitglieder eines Sportvereins wie des im Ausgangsverfahren in Rede stehenden und den von diesem Verein erbrachten Leistungen.“*

---

[458] EuGH v. 21.3.2002 – C 174/00, BFH/NV 2002, 95.

Das EuGH-Urteil ist zu den Mitgliedsbeiträgen eines Sportvereins ergangen; gleichwohl ist es aber auch für sämtliche sonstige Mitgliedsbeiträge von Bedeutung. Der Europäische Gerichtshof bestätigt seine bisherige Rechtsprechung, wonach Umsatzsteuerbarkeit besteht, wenn zwischen dem geleisteten Dienst und der erhaltenen Gegenleistung ein unmittelbarer Zusammenhang besteht[459]. Damit dies überhaupt geprüft werden kann, muss einer der Beteiligten eine Dienstleistung erbringen. Erhält das Mitglied von seinem Verband keine Dienstleistung, so ist die Frage der Umsatzsteuerbarkeit obsolet.

Dem obigen Urteil kann nicht entnommen werden, dass jedes Tätigwerden eines Vereins gegenüber seinen Mitgliedern zwangsläufig als Dienstleistung angesehen werden müsste. Im Gegenteil führt es aus, dass Mitgliedsbeiträge Gegenleistungen darstellen „können". Insoweit ist eine differenzierte Betrachtung notwendig. Es ist zu prüfen, ob sich Leistung und Gegenleistung gegenüberstehen. Dies entspricht dem nach deutschem Recht maßgeblichen Kriterium für einen Leistungsaustausch.

Interessant ist das Urteil des Europäischen Gerichtshofs aber hinsichtlich der Aussage, dass ein umsatzsteuerbarer Mitgliedsbeitrag bereits vorliegen kann, wenn ein Vereinsmitglied seinen Beitrag zahlt, ohne von der Möglichkeit z. B. des Golfspielens tatsächlich auch Gebrauch zu machen, d. h. bereits die Möglichkeit einer Gegenleistung soll ausreichen. Dies entspricht jedoch gleichfalls der deutschen Rechtsprechung[460]. Auch hiernach kommt es nicht darauf an, ob das einzelne Mitglied von dem Leistungsangebot des Vereins tatsächlich Gebrauch macht.

Das Bundesfinanzministerium hat auf das obige EuGH-Urteil nicht weiter reagiert. Der Umsatzsteueranwendungserlass enthält die bisherigen Formulierungen zur Unterscheidung zwischen echten und unechten Mitgliedsbeiträgen. Daraus ist zu folgern, dass nach Auffassung der Finanzverwaltung das EuGH-Urteil im Einklang mit dem bisherigen Rechtsverständnis von Finanzverwaltung und Rechtsprechung steht und insoweit kein Anpassungs- oder Änderungsbedarf bestanden hat.

Aus alledem folgt, dass es nach wie vor nicht sinnvoll ist, wenn ein Berufsverband ohne nähere Prüfung – aufgrund des EuGH-Urteils – sämtliche Beitragsrechnungen an seine Mitglieder mit Umsatzsteuerausweis ausstellt. Vielmehr ist es weiterhin erforderlich, zwischen der Wahrnehmung allgemeiner satzungsmäßiger Gemeinschaftszwecke – nicht umsatzsteuerbar (echter Mitgliedsbeitrag) – und der Wahrnehmung individueller Sonderbelange – umsatzsteuerbar (unechter Mitgliedsbeitrag) – zu unterscheiden. Gerade bei Berufsverbänden werden die Mitglieder vielfach vorsteuerabzugsberechtigte Unternehmer sein. In diesen Fällen kann es aus rein

---

[459] Zu beachten ist, dass der grundsätzlichen Umsatzsteuerbarkeit nicht zur Umsatzsteuerpflicht führt, da Art. 132 Abs. 1 m) MwStSysRl derartige Umsätze von der Umsatzsteuer befreit. Diese Vorschrift ist bislang aber nicht hinreichend im deutschen Umsatzsteuergesetz umgesetzt worden. Siehe FG Brandenburg v. 10.5.2012, 5 K 5347/09.

[460] BFH v. 23.1.2001; V B 129/00; BFH/NV 2001, 940; BFH v. 9.5.1974 – V R 128/71, BStBl. 1974 II, 530.

umsatzsteuerlicher Sicht sinnvoll sein, einen möglichst hohen Anteil an unechten Mitgliedsbeiträgen zu vereinbaren. Die Mitglieder haben durch die in Rechnung gestellte Umsatzsteuer keinen Nachteil, da sie gerade vorsteuerabzugsberechtigt sind. Der Berufsverband kommt jedoch in den Genuss des anteiligen Vorsteuerabzugs. Dadurch kann es in Einzelfällen notwendig sein, den gesamten Mitgliedsbeitrag in „echte" und „unechte" Beitragsbestandteile aufzuteilen. Nur die unechten Beitragsbestandteile sind mit Umsatzsteuer auszuweisen. Die zentrale Bemessungsgrundlage bildet das Entgelt i. S. des § 10 Abs. 1 Satz 2 UStG. Entgelt ist alles, was der Leistungsempfänger aufwendet, um die Leistung zu erhalten, jedoch abzüglich der Umsatzsteuer. Ist ein Entgelt nicht geflossen bzw. nicht ermittelbar, so treten Ersatzwerte an seine Stelle. § 10 Abs. 5 Nr. 1 i. V. mit Abs. 4 UStG enthält eine Mindestbemessungsgrundlage für den auf die steuerbaren Leistungen entfallenden Anteil der Beiträge bzw. für Leistungen, die ein Verband zu unangemessen niedrigen Entgelten an seine Mitglieder ausführt[461]; es sind die Selbstkosten anzusetzen, soweit sie zum vollen oder teilweisen Vorsteuerabzug berechtigt haben[462].

Beispiel:

Ein Verband wendet ca. 20 % seiner Zeit dafür auf, Einzelberatungen für seine Mitglieder zu erbringen. Er ist nicht „branchennützig" (= echter Mitgliedsbeitrag), sondern „unternehmensnützig" (= unechter Mitgliedsbeitrag) tätig, da er insoweit im Wettbewerb zu anderen Dienstleistern am Markt steht.

Unterstellt man nun ein jährliches Beitragsaufkommen von 1 Million EUR, besteht ein umsatzsteuerliches Risiko von (1 Mio. EUR * 20 % = 200.000 daraus 19 % =) 31.933 EUR. Berücksichtigt man noch, dass die steuerliche Festsetzungsverjährung bis zu sieben Jahre betragen kann, erhöht sich das umsatzsteuerliche Gefährdungspotenzial auf 223.529 EUR[463]. Dies übersteigt regelmäßig das finanzielle Polster eines Berufsverbands, sodass die Steuerzahlungen existenzbedrohend sein können.

Die skizzierte Problematik entschärft sich, wenn der Berufsverband vorsteuerabzugsberechtigte Mitglieder hat. Hier wird sich die Umsatzsteuer regelmäßig über korrigierte Mitgliedsrechnungen – sofern die Korrektur vom Arbeitsaufwand her vertretbar ist – einnehmen lassen, sodass das steuerliche Risiko lediglich im Risiko der Steuerzinsen liegt.
Werden auch die echten, nicht steuerbaren Beitragsbestandteile mit Umsatzsteuer ausgewiesen, handelt es sich insoweit um einen unrichtigen Steuerausweis. Nach § 14c UStG ist auch die unberechtigt ausgewiesene Umsatzsteuer an das Finanzamt abzuführen, sofern keine Rechnungskorrektur vorgenommen wird.

---

[461] OFD Karlsruhe v. 15.8.2007 – S 7200, DStR 2007, 1679.
[462] § 10 Abs. 4 Nr. 2 Satz 1 UStG.
[463] Ohne Berücksichtigung der zusätzlich anfallenden Steuerzinsen von 6 % p. a.

5.7 (Sonder-)Umlagen

Zu den Mitgliedsbeiträgen[464] gehören nach R 16 Abs. 4 Satz 4 KStR 2004 auch Umlagen, die von allen Mitgliedern in gleicher Höhe oder nach einem bestimmten Maßstab erhoben werden. Dieser Maßstab kann von demjenigen zur Erhebung der Mitgliedsbeiträge abweichen. Solche beitragsähnliche Umlagen liegen z. B. bei der Gemeinschaftswerbung und bei der Durchführung von Betriebsvergleichen vor.
Voraussetzung für die Anerkennung als nicht umsatzsteuerbare Sonderumlage ist, dass zumindest 80 % der Mitglieder des Berufsverbands oder der Mitglieder eines zu dem Berufsverband gehörenden Berufs- oder Wirtschaftszweigs zu dieser Umlage herangezogen werden. Werden mehr als 20 % nicht zur Zahlung der Umlage herangezogen, ist ein wirtschaftlicher Geschäftsbetrieb anzunehmen.
Ebenso wie bei echten und unechten Mitgliedsbeiträgen ist ggf. eine Aufteilung in nicht steuerbare bzw. steuerpflichtige Sonderumlagen nach den bei den Mitgliedsbeiträgen beschriebenen Grundsätzen vorzunehmen[465].

5.8 Nutzung von Kapitalvermögen

Die Nutzung von Kapitalvermögen ist einer der beiden in § 14 Satz 3 AO genannten typischen Fälle der Vermögensverwaltung. Unter die Nutzung von Kapitalvermögen sind zu subsumieren:

- die verzinsliche Anlage desselben
- der Erwerb, die Verwaltung sowie die Veräußerung von Wertpapieren (einschließlich der Veräußerung innerhalb der einjährigen Spekulationsfrist[466])
- grundsätzlich das Halten von Beteiligungen an Tochter-Kapitalgesellschaften[467]

Die Grenze zum wirtschaftlichen Geschäftsbetrieb wird jedoch überschritten, wenn sich der Berufsverband wie ein gewerblicher Wertpapierhändler verhält[468]. Die vom Berufsverband entfaltete Tätigkeit ist in diesen (Ausnahme-) Fällen dem Bild eines „Wertpapierhandelsunternehmens" i. S. des § 1 Abs. 3d Satz 2 KredWG bzw. eines „Finanzunternehmens" i. S. des § 1 Abs. 3 KredWG vergleichbar. Der Bundesfinanzhof[469] nimmt eine gewerbliche Wertpapierhandelstätigkeit insbesondere an, wenn ein Tätigwerden für andere und für fremde Rechnung vorliegt. Darüber hinaus muss der Wertpapierhandel eine der Haupttätigkeiten darstellen.

---

[464] Siehe den vorherigen Gliederungspunkt.
[465] Siehe Gliederungspunkt D.5.6, S. 150.
[466] Niedersächsisches FG v. 24.11.1988 – VI 308/87, EFG 1989, 253.
[467] R 16 Abs. 5 Satz 3 KStR 2004. Siehe ausführlich Gliederungspunkt G.2.4.2, S. 219.
[468] Zu den Abgrenzungskriterien siehe bspw. Althoff/Engelsing, StuB 1999 S. 737; Roser, EStB 2004 S. 506; Sorgenfrei, FR 1999 S. 61.
[469] Bspw. BFH v. 30.7.2003 – X R 7/99, BFH/NV 2004, 690.

Die vom Bundesfinanzhof aufgestellten Grenzen zum gewerblichen Wertpapierhandel werden von Berufsverbänden regelmäßig nicht überschritten werden, zumal der selbst umfassende An- und Verkauf von Wertpapieren an sich nicht schädlich ist. Die Gefahr der Zurechnung zum wirtschaftlichen Geschäftsbetrieb besteht jedoch in den Fällen, in denen der Berufsverband die Nutzung von Kapitalvermögen nachhaltig auch für Vereinsmitglieder oder weitere Dritte betreibt, um auch für diese wirtschaftliche Vorteile erzielen zu können[470].

5.9 Rechtsschutz/-beratung

Vielfach gewähren Berufsverbände ihren Mitgliedern als besonderen wirtschaftlichen Vorteil satzungsmäßig Rechtsschutz[471], Prozessvertretung sowie Rechtsberatung in Fragestellungen, die sich aus ihrer Berufsausübung ergeben. Diese Tätigkeiten werden dann entweder von eigenen Juristen des Verbands ausgeübt oder von fremden Dritten eingekauft.

Sofern das Mitglied für die Leistungsinanspruchnahme, d. h. für die Beratung, ein gesondertes Entgelt zu entrichten hat, handelt es sich beim Berufsverband um einen wirtschaftlichen Geschäftsbetrieb.

Lange Zeit war jedoch fraglich, ob auch die „kostenlose" – da über die Mitgliedsbeiträge finanzierte – Einräumung dieser Leistungen dem ideellen Bereich oder einem wirtschaftlichen Geschäftsbetrieb zuzuordnen ist. Eine Zuordnung zum ideellen Bereich ist zulässig, sofern diese Dienstleistungen den allgemeinen wirtschaftlichen und allen Angehörigen des Berufsstands eigentümlichen Interessen dienen. Dienen sie jedoch den Sonderbelangen der einzelnen Mitglieder, wird ein wirtschaftlicher Geschäftsbetrieb begründet. Dies trifft selbst dann zu, wenn sämtliche Mitglieder an diesen Dienstleistungen interessiert sind und sie wünschen[472]. Etwas anderes gilt aber dann, wenn eine Rechtsfrage vom Verband geklärt wird, welche von allgemeinem Interesse für den Berufsstand ist.

Aus Sicht der Mitglieder haben obige Leistungen regelmäßig dieselbe Qualität wie der Versicherungsschutz bei einer allgemeinen Rechtsschutzversicherung. Es handelt sich um Dienstleistungen, wie sie auch am allgemeinen Markt angeboten werden (können).

---

[470] Ebenso Alvermann, FR 2006 S. 262 (267).

[471] Die Finanzverwaltung subsumiert unter dem Begriff „Rechtsschutz" sowohl die Rechtsberatung als auch die Prozessführung für Mitglieder; Eggers, DStR 2007 S. 461 (466) mit Verweis auf FinMin. NRW v. 10.7.2002 – S 2725 – 2 – V B 4, n. v.

[472] BFH v. 29.11.1967 – I 67/65, BStBl. 1968 II, 236.

Der Schutz des marktwirtschaftlichen Wettbewerbs vor möglichen Beeinträchtigungen erfordert somit, dass auch der Rechtsschutz bzw. die Rechtsberatung als wirtschaftlicher Geschäftsbetrieb zu qualifizieren sind[473].
Die Steuerbefreiung des Berufsverbands an sich ist durch die Nennung des Rechtsschutzes bzw. der Rechtsberatung in der Satzung nicht gefährdet. Seit 2002 ist es auch von Seiten der Finanzverwaltung nicht zu beanstanden, wenn auch die wirtschaftliche Tätigkeit in der Satzung ausgewiesen ist[474].
Die Gewinnermittlung erfolgt nach den allgemeinen Grundsätzen[475]; der Berufsverband hat die Aufwendungen für die (individuelle) Rechtsberatung in seiner Buchführung systematisch zu erfassen. Aus Vereinfachungsgründen beanstandet die Finanzverwaltung es nicht, wenn das steuerliche Ergebnis des wirtschaftlichen Geschäftsbetriebs „Rechtsberatung" pauschal mit null EUR angesetzt wird[476]. Voraussetzung hierfür ist, dass den Betriebsausgaben nur Einnahmen aus Mitgliedsbeiträgen gegenüberstehen. Es wird unterstellt, dass Mitgliedsbeiträge als Entgelt für die rechtsberatende Tätigkeit und mithin als Betriebseinnahmen nur in der Höhe zu erfassen sind, in der mit der Rechtsberatung zusammenhängende Betriebsausgaben entstanden sind.
In dieser Höhe sind grundsätzlich auch die Mitgliedsbeiträge für umsatzsteuerliche Zwecke in unechte Mitgliedsbeiträge umzuqualifizieren. Ein Umsatzsteuerausweis erfolgt jedoch insoweit nicht, als die Umsatzsteuerbefreiung nach § 4 Nr. 10 b) UStG Anwendung findet[477]. Damit können Berufsverbände Rechtsberatungsleistungen insbesondere bei nicht vorsteuerabzugsberechtigten Mitgliedern, wie bspw. Ärzten, regelmäßig kostengünstiger als bspw. Rechtsanwälte erbringen; zudem unterliegen sie nicht den entsprechenden Gebührenverordnungen.

---

[473] R 16 Abs. 4 Satz 10 KStR 2004; FG München v. 2.6.2000 – 7 K 4322/98, EFG 2000, 1146. So auch BFH v. 15.10.1997 – I R 2/97, BStBl. 1998 II, 175 bei einem gemeinnützigen Verein. Alvermann, FR 2006 S. 262 (269) sieht dies zumindest dann als unzutreffend an, wenn die Beratung vom Satzungszweck umfasst ist.

[474] R 16 Abs. 1 Satz 5 KStR 2004; OFD Hannover v. 6.6.2002 – S 2725 – 32 – StH 233/S 2725 – 20 – StO 214, DStR 2002, 1305; OFD Kiel v. 7.3.2002 – S 2727 A – St 262, KStK § 5 KStG Karte E 4.

[475] Siehe Gliederungspunkt D.7.2, S. 180.

[476] R 16 Abs. 1 Satz 5 KStR 2004; OFD Hannover v. 6.6.2002 – S 2725 – 32 – StH 233/S 2725 – 20 – StO 214, DStR 2002, 1305; OFD Kiel v. 7.3.2002 – S 2727 A – St 262, KStK § 5 KStG Karte E 4. Die OFD Hannover v. 8.12.2005 – S 2725 – 20 – StO 241, DStZ 2006, 170 verlangt zudem, dass diese Tätigkeit eine Nebentätigkeit von untergeordneter Bedeutung darstellt.

[477] So Eggers, DStR 2007 S. 461 (466) mit Verweis auf FinMin. NRW v. 16.4.2002 – S 2725 – 2 – V B 4, n. v. Dem Vernehmen nach soll ein BMF-Schreiben in Vorbereitung sein, welches auch die umsatzsteuerliche Einordnung überdenkt.

5.10 Sponsoring

Zur Finanzierung seiner Verbandsaktivitäten ist es für einen Berufsverband wichtig, sich verstärkt alternative Finanzierungsquellen, wie das Sponsoring, zu erschließen. Unter „Sponsoring" wird üblicherweise die Gewährung von Geld oder geldwerten Vorteilen durch Unternehmen zur Förderung von Personen, Gruppen und/oder Organisationen in sportlichen, kulturellen, kirchlichen, wissenschaftlichen, sozialen, ökologischen oder ähnlich bedeutsamen gesellschaftspolitischen Bereichen verstanden, mit der regelmäßig auch eigene unternehmensbezogene Ziele der Werbung oder Öffentlichkeitsarbeit verfolgt werden[478]. Zu den förderungsfähigen Organisationen zählen neben gemeinnützigen Organisationen grundsätzlich auch Berufsverbände[479]. So beruht die persönliche Freistellung der Berufsverbände von der (Körperschaft-)Steuerpflicht „auf der gesetzespolitischen Anerkennung ihres Wirkens als eines Wirkens im Interesse der Allgemeinheit"[480].
Die grundsätzlichen ertragsteuerlichen Probleme des Sponsorings regelt die Finanzverwaltung in ihren sog. Sponsoring-Erlassen[481]. Aufgrund der Vielzahl der möglichen Ausgestaltungen des Sponsorings in der Praxis ergeben sich jedoch regelmäßig Abgrenzungsprobleme in den Grenzbereichen zwischen ideellem Bereich, Vermögensverwaltung und wirtschaftlichem Geschäftsbetrieb; diese Fälle erfordern bzw. erzwingen immer wieder Einzelfallentscheidungen[482].

5.10.1 Fehlende Gegenleistung

In Einzelfällen[483] kann es vorkommen, dass ein Berufsverband keine Gegenleistung zum Erhalt des Geldes oder der Sachzuwendung zu erbringen hat. Ein Sponsoring liegt dann (noch) nicht vor, sondern vielmehr Mäzenatentum. Die Zuwendung der Mittel erfolgt aus rein altruistischen Motiven; sie wird regelmäßig freiwillig und vollkommen unentgeltlich erfolgen.
Eine derartige freigiebige Zuwendung ist dem ideellen Bereich des Berufsverbands zuzuordnen. Die Zuwendung ist folglich körperschaft- und gewerbesteuerfrei zu vereinnahmen. Ebenso wenig fällt Umsatzsteuer mit der Folge an, dass der Berufs-

---

[478] BMF v. 18.2.1998 – IV B 2 – S 2144 – 40/98, IV B 7 – S 0183 – 62/98, BStBl. 1998 I, 212 ("Sponsoring-Erlass").
[479] So auch Engelsing/Rohde, NWB 2004 S. 4811; Möhlenkamp, NWB 2004 S. 4823; zweifelnd Eggers, DStR 2007 S. 461 (465).
[480] BFH v. 29.11.1967 – I 67/65, BStBl. 1968 II, 236.
[481] Abschn. 1.1. Abs. 23 UStAE geändert durch BMF v. 13.11.2012 – IV D 2 – S 7100/08/10007:3, BStBl. 2012 I, 1169 zur umsatzsteuerlichen Behandlung; BMF v. 18.2.1998 – IV B 2 – S 2144 – 40/98, IV B 7 – S 0183 – 62/98, BStBl. 1998 I, 212 zur ertragsteuerlichen Behandlung des Sponsorings.
[482] Vgl. Engelsing/Rohde, NWB 2004 S. 4811.
[483] So auch Eggers, DStR 2007 S. 461 (465).

verband auch keine Rechnung über den zugewendeten Betrag ausstellen darf. Eine Zuwendungsbestätigung darf aufgrund der fehlenden Gemeinnützigkeit nicht ausgestellt werden.
Sofern es sich um eine freigiebige Zuwendung handelt, ist aber die Schenkung- bzw. Erbschaftsteuer zu beachten. Eine freigiebige Zuwendung ist gemäß § 7 Abs. 1 Nr. 1 ErbStG grundsätzlich schenkungsteuerpflichtig; für Berufsverbände existieren keine besonderen Befreiungsvorschriften[484].
Eine schenkungsteuerbare und ggf. auch -pflichtige Zuwendung erfordert einen endgültigen Wertetransfer auf den Berufsverband[485]. Während dies bei Dritten regelmäßig erfüllt sein wird, könnte sich die Vermögensposition eines zuwendenden Mitglieds durch die Zuwendung verbessern. Dies bspw. dann, wenn er bei Liquidation des Verbands eine erhöhte Ausschüttung erwarten kann – soweit die Satzung dies nicht ausschließt[486]. Unabhängig davon entsteht eine Schenkungsteuerschuld nur in den Fällen, in denen die freigiebige Zuwendung innerhalb eines Zehnjahreszeitraumes den schenkungsteuerlichen Freibetrag in Höhe von 20.000 EUR übersteigt; die praktische Bedeutung bleibt gering[487].

5.10.2 (Geringfügige) Gegenleistung

Gestattet der Berufsverband seinem Sponsor, dass dieser selbst zu Werbezwecken oder zur Imagepflege auf seine Leistungen an den Berufsverband hinweist, ohne dass sich der Berufsverband an dieser Maßnahme aktiv beteiligt, liegen sog. Duldungsleistungen vor. Allein das sponsernde Unternehmen lässt bspw. unter seinem Firmennamen auf dem Briefkopf, in Werbeanzeigen und/oder auf der Verpackung seiner Produkte den Satz „Sponsor der XY-Körperschaft" oder das Logo des Berufsverbands drucken[488].
Im Rahmen von sog. Höflichkeitsgesten weist dagegen der gesponserte Berufsverband unter Verwendung des Namens, Emblems oder Logos des Sponsors, jedoch ohne besondere Hervorhebung, auf die Unterstützung durch den Sponsor hin[489]. Der Abschluss eines Sponsoring-Vertrags mit der Verpflichtung zur Durchführung spezifizierter Leistungen steht dieser Wertung nicht entgegen. Höflichkeitsgesten liegen bspw. vor[490], wenn

- die Körperschaft in der unteren Zeile ihrer Plakate für einen Kongress die Namen der sponsernden Firmen (mit und ohne Firmenlogo) druckt,

[484] Vgl. Eggers, DStR 2007 S. 1752 (1753).
[485] BFH v. 15.3.2007 – II R 5/04, BStBl. 2007 II, 472.
[486] Siehe Gliederungspunkt C.1.4.4, S. 82.
[487] § 16 Abs. 1 Nr. 5 ErbStG i. V. mit § 15 Abs. 1 ErbStG.
[488] OFD Frankfurt v. 7.5.2003 – S 2741 A – 86 – St II 12, DStR 2003, 1206.
[489] Vgl. Buchna, Gemeinnützigkeit, S. 666 f.
[490] In Anlehnung an Schleder, Rz. 788.

- in einem Ausstellungskatalog oder der Verbandszeitschrift auf einer Seite unter der Überschrift „Wir danken unseren Sponsoren" die Namen oder Logos der sponsernden Unternehmen abgedruckt werden,
- ein Saal/Raum nach dem Sponsor benannt wird[491],
- anlässlich z. B. der Ausstellungseröffnung über das Wirken eines Berufsstands eine Pressekonferenz anberaumt wird, auf der der Sponsor einen größeren Scheck überreicht (Hierüber berichtet die örtliche Presse unter Hinweis darauf, dass die erfolgreiche Veranstaltung dank der Unterstützung des Sponsors ermöglicht wurde.),
- auf der Rückseite der Eintrittskarten der Name des Sponsors gedruckt wird,
- auf der Homepage der Körperschaft ein Logo des Sponsors platziert wird, ohne dass dieses mit der Homepage des Sponsors verlinkt wird[492].

Sponsoringeinnahmen aus Duldungsleistungen und Höflichkeitsgesten stellen grundsätzlich Einnahmen eines wirtschaftlichen Geschäftsbetriebs dar; die Einnahmen werden jedoch von der Finanzverwaltung aus Billigkeitsgründen als Bestandteil der Vermögensverwaltung ertragsteuerfrei gestellt[493].
Zum Bereich der ertragsteuerfreien Vermögensverwaltung nach § 14 Abs. 3 AO gehören die Einnahmen, die eine Körperschaft aus der entgeltlichen Übertragung ihrer Werberechte im Ganzen oder eines bestimmten, abgrenzbaren Teils der Werbemöglichkeit an eine oder mehrere Werbeagenturen erzielt[494]. Die Verpachtung der Werberechte wird jedoch nur dann anerkannt, wenn die Pachteinnahmen so bemessen sind, dass der Werbeagentur (und nicht dem Berufsverband) ein angemessener Gewinn verbleibt, der mit ca. 10 % der Werbeeinnahmen zu veranschlagen ist.
Diese Regelung stammt ursprünglich aus dem Sportbereich; sie könnte auch auf Berufsverbände analog anzuwenden sein[495]. Eine enge Abstimmung mit dem Finanzamt – bspw. in Form einer verbindlichen Auskunft – bietet sich an.
Aus umsatzsteuerlicher Sicht handelt es sich nach Auffassung der Finanzverwaltung um nichtumsatzsteuerbare Leistungen, soweit Höflichkeitsgesten vorliegen[496]. Duldungsleistungen sind nicht explizit erwähnt. Gleichwohl sind u. E. entsprechend der Höflichkeitsgesten auch Duldungsleistungen nicht umsatzsteuerbar, da der Verband bei diesen noch weniger als bei Höflichkeitsgesten in irgendeiner Form tätig wird. Bei Vorliegen von umsatzsteuerbaren Leistungen wäre eine Befreiung gemäß

[491] BayFinMin v. 11.2.2000 – 33 – S 0183 – 12/14 – 59238, KStK § 5 Abs. 1 Nr. 9 KStG Karte 24.1.1.
[492] Zur Internetseite eines gemeinnützigen Vereins; BayFinMin v. 11.2.2000 – 33 – S 0183 – 12/14 – 59238, KStK § 5 Abs. 1 Nr. 9 KStG Karte 24.1.1.
[493] So auch Schleder, Rz. 791; Thiel, DB 1998 S. 846.
[494] AEAO zu § 67a Nr. 9. Zum sog. Werbemobil siehe OFD Karlsruhe/Stuttgart v. 28.4.2000 – S 7100, UStK S-7100 Karte 16.
[495] Vgl. Engelsing/Rohde, NWB 2004 S. 4811 (4813).
[496] Abschn. 1.1. Abs. 23 UStAE.

Art. 132 Abs. 1 l) MwStSysRL denkbar. Diese befreit Dienstleistungen, die Berufsverbände gegenüber ihren Mitgliedern in deren gemeinsamem Interesse gegen einen satzungsgemäß festgelegten Beitrag erbringen; diese Befreiungsnorm findet aber hier keine Anwendung, da Sponsoring regelmäßig dem Einzelinteresse eines Mitglieds dient und zudem nicht satzungsgemäß festgelegt ist[497]. Die Überlassung von Werberechten wird dagegen regelmäßig als tauschähnlicher Umsatz umsatzsteuerbar und umsatzsteuerpflichtig sein[498].

5.10.3 Aktive Gegenleistung

Wird der gesponserte Berufsverband über die obigen geringfügigen Gegenleistungen, d. h. mit besonderer Hervorhebung, selbst aktiv tätig, erbringt er „klassische“ Werbeleistungen[499]. In der Praxis ist dies regelmäßig bei Industrieschauen im Rahmen der Mitgliederversammlung bzw. eines Kongresses gegeben. Zur Finanzierung bzw. finanziellen Entlastung der Mitgliederversammlung bzw. des Kongresses wird Ausstellern ermöglicht, ihre Produkte dem berufsspezifischen Fachpublikum im Foyer oder separaten Räumlichkeiten zu präsentieren.
Werbeeinnahmen sind Einnahmen eines wirtschaftlichen Geschäftsbetriebs.
Aktive Werbetätigkeit[500] liegt vor, wenn

- der Berufsverband Werbebeiträge, insbesondere Produktwerbung in seiner Verbandszeitschrift aufnimmt,
- er dem Sponsor auf eigenen Veranstaltungen die Möglichkeit einräumt, Erklärungen zum Unternehmen und seinen Produkten abzugeben,
- der Sponsorenname auf dem Plakat größer als der Kongresshinweis ist,
- Tafeln und/oder Banderolen auf einem Jahreskongress aufgestellt werden, auf denen sich nur der Name des Sponsors befindet,
- dem Sponsor aktive Werbeaussagen wie „Der XY-Verband empfiehlt das Produkt XYZ.“ gestattet werden,
- eine Veranstaltung bzw. ein Wettbewerb nach seinem Sponsor benannt wird („XY-Pokal“),
- Werbeflächen auf dem Verbandsfahrzeug in Eigenregie vermarktet werden,
- die Logos der Sponsoren auf der Homepage des Berufsverbands mit den jeweiligen Unternehmensseiten verlinkt werden[501].

---

[497] Siehe Möhlenkamp, NWB 2004 S. 4824.
[498] BFH v. 11.7.2012 – XI R 11/11, BFH/NV 2013, 326.
[499] Zur Frage, wann aktive Werbeleistungen vorliegen, siehe FG München v. 15.5.2006 – 7 K 4052/03 (Az. BFH I R 42/06).
[500] Siehe Schleder, Rz. 788.
[501] Zur Verlinkung durch einen gemeinnützigen Verein; BayFinMin v. 11.2.2000 – 33 – S 0183 – 12/14 – 59238, KStK § 5 Abs. 1 Nr. 9 KStG Karte 24.1.1. Aber auch Abschn. 1.1. Abs. 23 UStAE.

Als Folge des wirtschaftlichen Geschäftsbetriebs sind die Einnahmen sowohl körperschaft- als auch gewerbesteuerpflichtig. Infolge des Leistungsaustauschs sind diese Werbeeinnahmen steuerbar und auch umsatzsteuerpflichtig; die Einnahmen unterliegen dem Regelsteuersatz von derzeit 19 %.
Bei der Gewinnermittlung sind von den Werbegeldern nur die Ausgaben, die unmittelbar durch den wirtschaftlichen Geschäftsbetrieb veranlasst worden sind, sowie die anteiligen Gemeinkosten abzuziehen, die auf den wirtschaftlichen Geschäftsbetrieb entfallen. Ausgaben, die auch ohne Sponsoring in gleicher Höhe im ideellen Bereich angefallen wären, dürfen den Gewinn des wirtschaftlichen Geschäftsbetriebs nicht mindern. Wird bspw. eine (steuerpflichtige) Industrieschau in denselben Räumlichkeiten wie die (steuerbegünstigte) Mitgliederversammlung abgehalten, haben die Raumkosten ihre primäre Ursache in der Mitgliederversammlung und sind insofern nicht abzugsfähig. In Zweifelsfällen wird es aus Vereinfachungsgründen nicht zu beanstanden sein, Ausgaben anhand eines sachgerechten Maßstabs – z. B. nach der beanspruchten Fläche – aufzuteilen[502]. Werden dagegen separate Räumlichkeiten für die Industrieschau angemietet, sind diese höheren Zusatzkosten infolge der Werbung beim wirtschaftlichen Geschäftsbetrieb steuerlich abzugsfähig.
Regelmäßig werden den Werbeeinnahmen nur wenige Betriebsausgaben zuzuordnen sein. Dies hat den Gesetzgeber bei gemeinnützigen Organisationen dazu veranlasst, einen besonderen pauschalierten Betriebsausgabenabzug einzuräumen. Nach § 64 Abs. 6 Nr. 1 AO kann der Besteuerung ein Gewinn von 15 % der Einnahmen bei „Werbung für Unternehmen, die im Zusammenhang mit der steuerbegünstigten Tätigkeit einschließlich Zweckbetrieben stattfindet,“ zugrunde gelegt werden. Eine analoge Anwendung bei Berufsverbänden ist sicherlich wünschenswert.

5.10.4 Abgrenzungsprobleme bei mehreren Maßnahmen

Bei Kongressen ist zu beobachten, dass dem Sponsor verschiedene Bündel an (Sponsoring- bzw. Werbe-)Maßnahmen als Platin-, Gold- oder Silberpaket angeboten werden. Schwierigkeiten können sich immer dann ergeben, wenn es sich um vereinbarte Leistungen (in einem Vertragswerk) handelt, die – nach obigen Kriterien – unterschiedlichen Sphären beim Berufsverband zuzuordnen sind[503].
Die Aufteilung der Zahlungen des Sponsors auf die unterschiedlichen Sphären ist zulässig, wenn ein objektiver Aufteilungsmaßstab existiert. Nicht notwendig ist dagegen, dass über die Leistungen separate Verträge abgeschlossen werden.

Beispiel:

Die XY-Aktiengesellschaft schaltet in der Zeitschrift eines Berufsverbands mehrere Anzeigen. Darüber hinaus erhält sie die Erlaubnis, auf ihrem Briefkopf auf die Unter-

[502] So im Bereich der Gemeinnützigkeit, AEAO zu § 64, Nr. 5 und 6.
[503] Siehe Engelsing/Rohde, NWB 2004 S. 4811 (4813).

stützung der Organisation hinzuweisen. Für beide Maßnahmen bezahlt die XY-Aktiengesellschaft 16.000 EUR, wobei die Anzeigen nach der allgemein gültigen Anzeigenpreisliste einen Wert von 13.000 EUR haben.

Eine Aufteilung ist insofern zulässig, als ein objektiver Aufteilungsmaßstab existiert. 13.000 EUR sind dem steuerpflichtigen wirtschaftlichen Geschäftsbetrieb „Anzeigen" zuzuordnen, 3.000 EUR sind aufgrund der Billigkeitsmaßnahme der Finanzverwaltung ertragsteuerfrei.
Fehlt ein objektiver Aufteilungsmaßstab, ist eine klare und nachvollziehbare Aufteilung nicht möglich. Hier wird die Finanzverwaltung regelmäßig die gesamten Einnahmen dem steuerpflichtigen wirtschaftlichen Geschäftsbetrieb zuordnen.
Zur Vermeidung dieser steuerlichen Problematik kann es im Rahmen von größeren Sponsoringmaßnahmen sinnvoll sein, über die einzelnen Maßnahmen separate Verträge abzuschließen. Dies läuft ggf. der ursprünglichen Idee der Bündelung von Sponsoring-Paketen zuwider, da nun einzelne Leistungen konkret zu benennen und zu bewerten sind.
Die jeweils zu vereinbarenden (Teil-)Entgelte erfordern ein ausgewogenes Verhältnis zum wirtschaftlichen Wert der jeweiligen Gegenleistung; bei einem krassen Missverhältnis wird die Finanzverwaltung wiederum wegen mangelndem objektiven Aufteilungsmaßstab die Einnahmen aus sämtlichen Verträgen einem wirtschaftlichen Geschäftsbetrieb zuordnen.

5.11 Verbandsgremien

Organmitglieder eines Berufsverbands können ehrenamtlich oder entgeltlich tätig sein. Die ehrenamtlichen Organmitglieder erhalten kraft der gesetzlichen Regelung in § 670 BGB den Ersatz ihrer Auslagen. Eine entgeltliche Tätigkeit, d. h. eine Vergütung der geleisteten Dienste, ist nur mit entsprechender Ermächtigung durch die Satzung möglich[504].

5.11.1 Auslagenersatz

Aufwendungen, die dem Mitglied eines Verbandsgremiums tatsächlich und nachweisbar entstanden sind, sind regelmäßig steuer- und sozialversicherungsfrei erstattungsfähig. Zu nennen sind hierbei erstattungsfähige Aufwendungen wie:

- Büromaterialien
- Porti
- Reisekosten (Fahrtkosten mit dem eigenen PKW in Höhe von 0,30 EUR je Entfernungskilometer; Kosten für öffentliche Verkehrsmittel; Parkgebühren)

[504] Siehe dazu oben Gliederungspunkt C.2.2.5, S. 93.

- Telefongebühren
- Verpflegungsmehraufwendungen (bis 31.12.2013: Abwesenheit von mindestens acht Stunden: 6 EUR; zwischen 14 und weniger als 24 Stunden: 12 EUR; mehr als 24 Stunden: 24 EUR; ab 1.1.2014: Abwesenheit von mehr als acht Stunden: 12 EUR; mindestens 24 Stunden: 24 EUR. Bei mehrtägigen Auswärtstätigkeiten, die eine Übernachtung beinhalten, kann sowohl für den An- als auch für den Abreisetag eine Verpflegungspauschale von 12 EUR als steuerfreier Spesenersatz angesetzt werden kann, ohne dass es einer zeitlichen Mindestabwesenheit an diesen Tagen bedarf.)
- Übernachtungskosten

Sofern ein höherer Ansatz als die obigen steuerfreien Pauschalen erstattet werden soll, müssen die tatsächlich entstandenen Kosten durch entsprechende Belege (Quittungen, Rechnungen) nachgewiesen werden. Diese Belege sind nach den steuerlichen Vorschriften aufbewahrungspflichtig und bis zu zehn Jahre in der Vereinsbuchhaltung aufzubewahren.
Nicht erstattungsfähig sind Buß- oder Verwarnungsgelder wie z. B. für falsches Parken oder Geschwindigkeitsüberschreitungen.

5.11.2 (Pauschale) Aufwandsentschädigungen

5.11.2.1 Einkommensteuer

(Pauschale) Aufwandsentschädigungen – es finden sich auch Begrifflichkeiten wie Sitzungs- oder Tagegelder – werden in der Regel für die mit der Tätigkeit verbundenen Mühen, den damit verbundenen Zeitaufwand oder den aufgrund der Sitzungsteilnahme entgangenen Verdienst gewährt. Diskussionswürdig ist, ob diese Einnahmen zu den Einkünften aus nichtselbstständiger oder selbstständiger Tätigkeit zu zählen sind. Wichtig ist dies insofern, als nur bei Einkünften aus nichtselbstständiger Arbeit ggf. eine (zusätzliche) Sozialversicherungspflicht besteht. Darüber hinaus hat der Berufsverband dann die Pflicht zum Einbehalt und zur Abführung von Lohnsteuer.
Vereinsorgane und Vereinsvorsitzende sind in ihrer Stellung und Tätigkeit vergleichbar mit einem GmbH-Geschäftsführer. Insofern können sie Arbeitnehmer des Vereins sein, soweit Art und Umfang ihrer Tätigkeit sowie das gezahlte Entgelt den Schluss zulassen, dass die Tätigkeit auch in Gewinnerzielungsabsicht ausgeübt wird[505].
Die an den Vorstand eines Vereins gezahlten Entgelte beruhen in diesen Fällen auf einem Dienstverhältnis und gehören dann grundsätzlich zu den Einkünften aus nichtselbstständiger Tätigkeit. Dies gilt auch, wenn das Entgelt für eine als ehrenamt-

[505] FG Köln v. 1.4.1987 – 11 K 513/84, EFG 1987, 524.

lich bezeichnete Tätigkeit gezahlt wird, als Auslagenersatz für die Tätigkeit bezeichnet ist, und wenn mit der Zahlung nicht nur tatsächlich entstandener Aufwand abgegolten wird, sondern auch die mit der Tätigkeit verbundenen Mühen, der entgangene Verdienst oder Zeitaufwand[506]. Die Abgrenzung ist nach den allgemeinen Regelungen zur Abgrenzung einer unselbständigen von einer selbständigen Tätigkeit vorzunehmen.

Übersteigt die Höhe der monatlichen Aufwandsentschädigung pro Person nicht 450 EUR, könnte es zweckmäßig sein, die Vorstandsmitglieder im Rahmen eines geringfügigen Beschäftigungsverhältnisses bei dem Verband anzustellen. Infolge dieses Mini-Jobs hat der Berufsverband 30 % an Sozialabgaben und Pauschalsteuer abzuführen; eine weitergehende persönliche Besteuerung beim Vorstand unterbleibt.

Ist das Vorstandsmitglied hauptberuflich freiberuflich tätig, ist eine andere Wertung vorzunehmen. Nach § 24 Nr. 1 a) EStG gehören zu den Einkünften aus selbstständiger Arbeit die Entschädigungen, die gewährt worden sind als Ersatz für entgangene oder entgehende Einnahmen. Der Bundesfinanzhof subsumiert hierunter auch die Aufwandsentschädigung für den Präsidenten eines Berufsverbands[507]. Begründet wird dies damit, dass mit der Aufwandsentschädigung den Vorstandsmitgliedern Nachteile im Zusammenhang mit ihrer freiberuflichen Betätigung abgegolten werden. Daraus rechtfertigt sich die steuerpflichtige Erfassung der gezahlten Entschädigung im Rahmen der freiberuflichen Einkünfte.

Die Vorstandsmitglieder üben eine ehrenamtliche Tätigkeit aus und erhalten hieraus eine Aufwandsentschädigung, nicht aber ein leistungsbezogenes Entgelt. Kennzeichnend für ein Ehrenamt ist die Unentgeltlichkeit der ausgeübten Tätigkeit. Die Aufwandsentschädigung kann nur dazu bestimmt sein, die durch die Ausübung des Ehrenamts entstehenden Nachteile in Bezug auf den Hauptberuf auszugleichen; es ist ein Surrogat für entgangenen Gewinn[508].

Maßgeblich für diese Zuordnung zum beruflichen Bereich ist die Gleichstellung mit den – beruflich (betrieblich) veranlassten – Beitragszahlungen[509]. Für die Frage der Zugehörigkeit zur beruflichen (betrieblichen) Sphäre kann die persönliche Mitarbeit in der Verbandstätigkeit nämlich nicht anders gewertet werden als der finanzielle Beitrag[510]. Demzufolge sind die mit der ehrenamtlichen Tätigkeit zusammenhängenden Kosten ebenso wie die zusätzlichen betrieblichen Aufwendungen, etwa die Kosten der Vertreterbestellung, bei der Ermittlung des Gewinns als Betriebsausgaben abzugsfähig. Im Umkehrschluss muss die Aufwandsentschädigung als Betriebseinnahme angesetzt werden.

---

[506] FG Rheinland v. 1.6.1994 – 1 K 1422/93, EFG 1995, 29; BFH v. 26.2.1988 – VI R 230/71, BStBl. 1975 II, 358.

[507] BFH v. 26.2.1988 – III R 241/84, BStBl. 1988 II, 615.

[508] BVerfG v. 19.11.1991 – 2 BVR 1545/91, DB 1991, 2573.

[509] § 9 Abs. 1 Nr. 3 EStG; BFH v. 18.9.1984 – VIII R 324/82, BStBl. 1985 II, 92.

[510] BFH v. 28.11.1980 – VI R 193/77, BStBl. 1981 II, 368.

Soweit die Aufwandsentschädigung über den Ersatz der bezeichneten Aufwendungen hinausgeht, kann sie allein den Ersatz ausgefallener Einnahmen bei der freiberuflichen Tätigkeit bezwecken, in deren Rahmen das Ehrenamt ausgeübt wird. Dabei braucht nicht geprüft zu werden, ob ein entsprechender Einnahmeausfall tatsächlich entstanden ist. Ausreichend ist, dass ein solcher mit hinreichender Wahrscheinlichkeit zu erwarten ist[511]. Allein auf dieser Grundlage erscheint im Übrigen auch die Bemessung der Aufwandsentschädigung durch den Berufsverband möglich.

5.11.2.2 Umsatzsteuer

Die Tätigkeit als Vorstandsmitglied ist – soweit es sich nicht um eine nichtselbständige Tätigkeit handelt – grundsätzlich umsatzsteuerbar. Vielfach werden die Vorstandsmitglieder unter die sog. Kleinunternehmerregelung gemäß § 19 UStG fallen. Danach entfällt die Pflicht zur Abführung der Umsatzsteuer, wenn der Umsatz zuzüglich der darauf entfallenden Umsatzsteuer im vorangegangenen Kalenderjahr 17.500 EUR nicht überstiegen hat und im laufenden Kalenderjahr 50.000 EUR voraussichtlich nicht übersteigen wird.

Zu beachten ist, dass bei der Ermittlung obiger Umsatzgrenzen nach § 19 Abs. 3 UStG die meisten umsatzsteuerbefreiten Umsätze nicht zu berücksichtigen sind, bspw. sind ärztliche Leistungen nach § 4 Nr. 14 UStG oder nach § 4 Nr. 26 a) oder b) UStG umsatzsteuerbefreite Aufwandsentschädigungen.

Die grundsätzlich umsatzsteuerbare ehrenamtliche Tätigkeit ist gemäß § 4 Nr. 26 b) UStG von der Umsatzsteuer befreit, wenn das Entgelt für diese Tätigkeit nur in Auslagenersatz und einer angemessenen Entschädigung für Zeitversäumnis besteht. Diese wird aus Vereinfachungsgründen bspw. an ehrenamtliche Vorstandsmitglieder – eine satzungsmäßige Ermächtigung vorausgesetzt – vielfach als eine pauschale Tätigkeitsvergütung bzw. Aufwandsentschädigung im Monat bezahlt. Die Umsatzsteuerfreiheit ist für Verbände insoweit von besonderer Bedeutung, als sie regelmäßig nicht vorsteuerabzugsberechtigt sind[512]. Zwar sind zunächst die Mitglieder des Vorstands umsatzsteuerpflichtig. Es ist jedoch zu erwarten, dass diese eine etwaige Umsatzsteuer zusätzlich vom Berufsverband einfordern werden[513]. Letztendlich wäre die in Rechnung zu stellende Umsatzsteuer für den Verband ein zusätzlicher Kostenfaktor[514].

§ 4 Nr. 26 b) UStG erfordert zunächst eine ehrenamtliche Tätigkeit[515]. Zu den ehrenamtlichen Tätigkeiten gehören alle Tätigkeiten, die in einem anderen Gesetz als dem Umsatzsteuergesetz ausdrücklich als solche genannt werden, die man im allgemeinen

---

511 BFH v. 5.10.1976 – VIII R 38/72, BStBl. 1977 II, 198.

512 Siehe Gliederungspunkt D.4.5, S. 134.

513 Engelsing, NWB 2012, S. 3064 (3065).

514 Vgl. Engelsing/Schmidt, NWB 2012, S. 643.

515 Vgl. hier und im Folgenden BMF v. 27.3.2013, IV D 3 – S 7185/09/10001-04, BStBl. 2013 I, 452; Engelsing/Schmidt, NWB 2013, S. 1474 ff.

Sprachgebrauch herkömmlicher Weise als ehrenamtlich bezeichnet oder die vom materiellen Begriff der Ehrenamtlichkeit umfasst werden[516]. Dieser setzt das Fehlen eines eigennützigen Erwerbsstrebens, die fehlende Hauptberuflichkeit und den Einsatz für eine fremdnützig bestimmte Einrichtung voraus[517]. Keine ehrenamtliche Tätigkeit wird angenommen, wenn der Zeitaufwand der Tätigkeit auf eine hauptberufliche Teilzeit- oder sogar Vollzeitbeschäftigung hindeutet[518]. Ebenso wenig darf sich das Entgelt nach der Qualifikation des Tätigen und seiner Leistung orientieren. Seitens der Finanzverwaltung sind Nichtbeanstandungsgrenzen[519] eingeführt worden, bei deren Einhaltung auf eine Angemessenheitsprüfung verzichtet wird. Die Möglichkeit der Einzelfallüberprüfung für Beträge, die über nachfolgende Grenzen hinausgehen, bleibt bestehen:

- max. 50 EUR je Tätigkeitsstunde;
- max. 17.500 EUR pro Jahr resultierend aus ehrenamtlichen Tätigkeiten nach § 4 Nr. 26 b) UStG.

  Abzustellen ist auf die tatsächliche Höhe der Aufwandsentschädigung im Vorjahr sowie auf die voraussichtliche Höhe derselben im laufenden Jahr. Bei der Ermittlung bleibt (echter) Auslagenersatz[520] unberücksichtigt.

  Der Berufsverband ist insoweit gehalten, bei seinen Vorstandsmitgliedern nachzufragen und entsprechend zu dokumentieren, ob sie für weitere Organisationen ehrenamtlich tätig sind und welche Aufwandsentschädigungen sie dort voraussichtlich erhalten werden[521].

Eine Entschädigung durch eine laufend gezahlte pauschale bzw. monatlich oder jährlich laufend gezahlte pauschale Vergütung führt nach Ansicht der Finanzverwaltung weiterhin grundsätzlich zur Nichtanwendung der Umsatzsteuerbefreiung. Abschn. 4.26.1 Abs. 5 UStAE sieht vor, dass die Zahlung pauschaler Entschädigungen dann unschädlich ist, wenn diese gemäß Vertrag, Satzung oder Beschluss eines laut Satzung hierzu befugten Gremiums – unter Angabe einer konkreten Anzahl an Tätigkeitsstunden pro Woche/Monat/Jahr – geregelt sind und die obigen Nichtbeanstandungsgrenzen eingehalten werden[522]. Der tatsächliche Zeitaufwand ist glaubhaft

---

[516] Siehe Leisner, NWB 2011, S. 2871 (2872 f.).

[517] BFH-Urteil vom 14.5.2008, XI R 70/07, BStBl. 2008 II, 912; zuletzt BFH-Urteil vom 20.8.2009, V R 32/08, BStBl. 2010 II, 88.

[518] BMF v. 27.3.2013, IV D 3 – S 7185/09/10001-04, BStBl. 2013 I, 452.

[519] Diese Nichtbeanstandungsgrenzen gelten bei Tätigkeiten, die nach dem 31.12.2012 ausgeführt werden.

[520] Siehe Gliederungspunkt D.5.11.1, S. 163.

[521] Vgl. Engelsing/Schmidt, NWB 2012, S. 643 (644).

[522] Es ist ausreichend, wenn die Anpassungen von Vertrag oder Satzung bzw. der Beschluss bis zum 31.3.2014 erfolgt (ist), BMF v. 27.3.2013, IV D 3 – S 7185/09/10001-04, BStBl. 2013 I, 452.

zu machen. In Zweifelsfällen könnten u. E. Aufzeichnungen über einen repräsentativen Zeitraum von drei Monaten oder die durchschnittliche Sitzungsanzahl und -dauer nebst An- und Abreise hilfreich sein[523].
Soweit der Jahresgesamtbetrag der Entschädigungen jedoch 2.400 EUR (sog. Übungsleiterpauschale nach § 3 Nr. 26 EStG) im Jahr nicht übersteigt, entfällt eine weitergehende Prüfung und es bedarf lediglich der Angabe von Tätigkeit und Entschädigungshöhe[524].
Geht das Entgelt über den Auslagenersatz und die angemessene Entschädigung für Zeitversäumnisse hinaus, besteht im vollen Umfang Umsatzsteuerpflicht, sofern das Vorstandsmitglied nicht als Kleinunternehmer von der Umsatzsteuer befreit ist.

5.12 Verbandszeitschrift

In der Verbandslandschaft sind Zeitschriften der unterschiedlichsten Verbände nicht mehr wegzudenken. Viele Verbände nutzen dieses Medium, um die Mitglieder über die Verbandstätigkeit sowie über allgemeine Fragen des Berufsstands zu unterrichten. Derartige Verbandszeitschriften werden regelmäßig kostenlos an die Mitglieder und nur an diese abgegeben. Die Herausgabe einer solchen reinen Verbandszeitschrift – ebenso wie die Herausgabe einer Festschrift[525] zum Verbandsjubiläum – ist dem ideellen Bereich zuzuordnen[526]. Die Finanzierung erfolgt ausschließlich über echte Mitgliedsbeiträge oder beitragsähnliche Umlagen, sodass ein umsatzsteuerbarer Leistungsaustausch nicht vorliegt[527].
Ist die für Mitglieder erhältliche Zeitschrift aber darüber hinaus am Markt auch für Nicht-Mitglieder gegen Entgelt erhältlich, ist die Herausgabe der Zeitschrift als wirtschaftlicher Geschäftsbetrieb anzusehen. Analoges gilt für die Herausgabe, das Verlegen oder den Vertrieb von Fachzeitschriften, Fachzeitungen und anderen fachlichen Druckerzeugnissen des Berufsstands bzw. Wirtschaftszweigs, einschließlich der Aufnahme von Fachanzeigen[528]. Ein Indiz für das Überschreiten des Status als reine Verbandszeitschrift könnte bspw. die Vergabe einer ISBN-/ISSN-Nummer sein.
Entrichtet das Mitglied für den Erhalt dieser (Fach-)Zeitschriften kein separates Entgelt, sondern erhält es sie aufgrund seiner Mitgliedschaft „kostenlos“, erfüllt der Berufsverband insoweit Sonderbelange seiner Mitglieder; es liegt ein steuerbarer und auch steuerpflichtiger Leistungsaustausch zwischen Berufsverband und Mitglied vor (sog. unechter Mitgliedsbeitrag)[529]. Der auf die steuerbaren Leistungen entfallende

[523] Siehe Engelsing/Schmidt, NWB 2013, S. 1474 ff.
[524] Abschn. 4.26.1 Abs. 5 UStAE.
[525] BFH v. 4.3.1976 – IV R 189/71, BStBl. 1976 II, 472.
[526] R 16 Abs. 4 Satz 12 KStR 2004.
[527] Abschn. 1.4. Abs. 6 Satz 1 UStAE.
[528] R 16 Abs. 4 Satz 11 KStR 2004.
[529] Abschn. 1.4. Abs. 6 Satz 2 UStAE.

Anteil des Mitgliedsbeitrags bemisst sich nach der Mindestbemessungsgrundlage gemäß § 10 Abs. 5 Nr. 1 i. V. mit Abs. 4 UStG[530]. Sofern in den (Fach-)Zeitschriften ein Teil abgrenzbar ist, der lediglich interne Vereinsmitteilungen enthält, ist er jedenfalls von der Besteuerung auszunehmen, da es insoweit an einem Leistungsaustausch im Verhältnis zu den Mitgliedern fehlt[531].

Wird in einer reinen Verbandszeitschrift Werbung aufgenommen, stellt sich die Frage der steuerlichen Konsequenzen: Werbung stellt unstreitig einen wirtschaftlichen Geschäftsbetrieb dar, da die Werbenden ein gesondertes Entgelt an den Berufsverband entrichten. Es infiziert also entweder die ideelle die gewerbliche Tätigkeit analog der Abfärbetheorie oder umgekehrt. Eine solche Abfärbetheorie gibt es bei der Besteuerung von Berufsverbänden jedoch nicht. Die Anzeigen- bzw. Annoncenwerbung in einer reinen Verbandszeitschrift begründet nach R 16 Abs. 4 Satz 13 KStR 2004 nur einen wirtschaftlichen Geschäftsbetrieb.

Aus diesem Grunde ist es sinnvoll, bereits in der Finanzbuchhaltung eine belegmäßige Trennung von ideellem und wirtschaftlichem Bereich vorzunehmen. Bei den sog. gemischt veranlassten Kosten, die sich nicht eindeutig einem der beiden Bereiche zuordnen lassen (z. B. Gemeinkostenbereich), scheidet eine Berücksichtigung als Betriebsausgabe des steuerpflichtigen wirtschaftlichen Geschäftsbetriebs grundsätzlich aus, wenn sie ihren primären Anlass im steuerfreien ideellen Bereich haben[532]. In Zweifelsfällen wird es aus Vereinfachungsgründen nicht zu beanstanden sein, die Aufteilung quotal – bspw. nach dem Umfang der Werbeseiten zum Gesamtumfang – vorzunehmen[533].

Vertreibt der Berufsverband Zeitschriften in seinem wirtschaftlichen Geschäftsbetrieb, handelt es sich um eine umsatzsteuerbare und auch umsatzsteuerpflichtige Leistung. Die Lieferung von Zeitungen und anderen periodischen Druckschriften, auch Bilder oder Werbung enthaltend, unterliegt dem ermäßigten Steuersatz gemäß § 12 Abs. 2 Nr. 1 UStG i. V. mit Anlage 2 Nr. 49 b). Hierbei ist darauf zu achten, dass die Werbung nicht überwiegt, da ansonsten der Regelsteuersatz nach § 12 Abs. 1 UStG zur Anwendung kommt[534].

Der Abdruck von Anzeigen und die Verteilung von (separaten) Werbebeilagen ist eine sonstige Leistung, die nicht der Steuerermäßigung für die Lieferung von Zeitschriften unterliegt; es kommt der Regelsteuersatz von derzeit 19 % zur Anwendung[535].

---

[530] OFD Karlsruhe v. 15.8.2007 – S 7200, DStR 2007, 1679.

[531] BFH v. 18.12.2002 – I R 60/01, BFH/NV 2003, 1025.

[532] BFH v. 27.3.1991 – I R 31/89, BStBl. 1992 II, 103.

[533] So im Bereich der Gemeinnützigkeit, AEAO zu § 64, Nr. 5 und 6; OFD Cottbus v. 10.9.1996 – S 0177 – 1 – St 123, DB 1996, 2004.

[534] FG Hamburg v. 17.4.2007 – 3 K 64/06, EFG 2007, 1994.

[535] BMF v. 5.8.2004 – IV B 7 – S 7220 – 38/04, BStBl. 2004 I, 638, Tz. 153.

5.13 Vermietung und Verpachtung

Die Vermietung und Verpachtung ist einer der beiden in § 14 Satz 3 AO genannten typischen Fälle der Vermögensverwaltung. Die Vermietung und Verpachtung umfasst nicht nur diejenige von Immobilien; auch die Verpachtung bspw. des Verbandslogos an eine Tochter-GmbH oder von Werberechten bzw. Werbeflächen ist grundsätzlich dem Bereich der Vermögensverwaltung zuzuordnen[536]. Analoges gilt für die Verpachtung eines gesamten Gewerbebetriebs, da die Größe bzw. der Umfang des vermieteten/verpachteten Vermögens für die Zuordnung zur Vermögensverwaltung unerheblich ist[537].

Werden neben der eigentlichen Vermietung bzw. Verpachtung entgeltliche Zusatzleistungen, wie bspw. Bereitstellung von Getränken, Personal, Tagungszubehör (Beamer, Flip-Chart usw.), erbracht, sind diese regelmäßig im wirtschaftlichen Geschäftsbetrieb zu erfassen.

Nach der Rechtsprechung des Bundesfinanzhofs wird der Bereich der Vermögensverwaltung jedoch überschritten, wenn nach dem Gesamtbild der Verhältnisse und unter Berücksichtigung der Verkehrsauffassung die Ausnutzung substantieller Vermögenswerte durch Umschichtung gegenüber der Nutzung von vorhandenem Vermögen i. S. einer Fruchtziehung aus den zu erhaltenden Substanzwerten in den Vordergrund tritt[538]. Nach Ansicht der Finanzverwaltung ist das übliche Maß überschritten, wenn der Berufsverband Räume nachhaltig für regelmäßig kurze Zeit, z. B. für Stunden oder einzelne Tage, an wechselnde Benutzer vermietet[539]. Die Überlassung von Standplätzen bei Ausstellungen, Kongressen und Messen des Berufsverbands ist demzufolge Bestandteil des wirtschaftlichen Geschäftsbetriebs[540].

Diese Auffassung überzeugt jedoch nicht, wenn der Berufsverband zur Auslastung seiner Kapazitäten seine ohnehin vorhandenen Räumlichkeiten zeitweise entgeltlich an andere Einrichtungen vermietet. Die Nutzung vorhandenen Vermögens i. S. einer Fruchtziehung steht weiterhin im Vordergrund; diese Art der wechselnden Vermietung ist weiterhin der Vermögensverwaltung zuzuordnen[541].

Zur Vermögensverwaltung zählt nicht nur die Vermietung und Verpachtung an sich, sondern auch der Verkauf der im Rahmen der Vermietung und Verpachtung einge-

---

[536] BFH v. 8.3.1967 – I 145/64, BStBl. 1967 II, 373 zur Verpachtung eines Verlagsrechts.

[537] Siehe Tipke, in: Tipke/Kruse, § 14 Tz. 14.

[538] BFH v. 28.9.1987 – VIII R 64/84, BStBl. 1988 II, 65 sowie bereits BFH v. 12.3.1964 – IV 136/61 S, BStBl. 1964 III, 364; v. 2.11.1971 – VIII R 1/71, BStBl. 1972 II, 360; v. 17.1.1973 – I R 191/72, BStBl. 1973 II, 260.

[539] R 16 Abs. 4 Satz 10 KStR 2004.

[540] Nach Ansicht von Alvermann, FR 2006 S. 262 (268), liegt noch Vermögensverwaltung vor, wenn der Verband bei derartigen Veranstaltungen einzelnen Sponsoren gegen Entgelt/Kostenbeteiligung gestattet, auf der Veranstaltung mit Produkten/Ausstellungen zu werben.

[541] So auch Alvermann, FR 2006 S. 262 (268) und Schauhoff, § 7 Rz. 63.Undifferenziert und damit wohl enger R 16 Abs. 4 Satz 10 KStR 2004.

setzten Wirtschaftsgüter. Auch hierbei handelt es sich noch um die Nutzung von vorhandenem Vermögen i. S. einer Fruchtziehung aus den zu erhaltenden Substanzwerten[542]. Die Grenze zum wirtschaftlichen Geschäftsbetrieb wird jedoch überschritten, wenn der Berufsverband innerhalb einer kurzen Zeitspanne mehrere Immobilien veräußert. Als Grundregel ist auf die sog. Drei-Objekt-Grenze zu verweisen. Danach liegt ein sog. gewerblicher Grundstückshandel vor, wenn der Steuerpflichtige innerhalb von fünf Jahren mehr als drei Objekte veräußert[543]. Es handelt sich um eine Grenze mit indizieller Bedeutung, die – in beide Richtungen – widerlegt werden kann[544].
Im Rahmen der Vermietung und Verpachtung ist einer Rechtsbeziehung zwischen Berufsverband und seiner Tochter-GmbH, an der er mehrheitlich beteiligt ist, eine besondere Bedeutung beizumessen. Vermietet der Berufsverband an seine Tochter-GmbH Büroräume oder überlässt er ihr das Verbandslogo zur Nutzung, finden regelmäßig die Rechtsgrundsätze der Betriebsaufspaltung Anwendung[545].

5.14 Zuschüsse

Zuschüsse, Zuwendungen und Beihilfen sind nach dem allgemeinen Sprachgebrauch freiwillige Leistungen; sie zielen nicht auf die Erlangung einer Gegenleistung[546]. Zu nennen sind Zuschüsse, die die Bundesagentur für Arbeit bestimmten Unternehmen zu den Löhnen und Ausbildungsvergütungen oder zu den Kosten für eine Arbeitsprobung bzw. für Probebeschäftigungen gewährt. Eine wesentliche Bedeutung haben auch die Forschungsbeihilfen der öffentlichen Hand. Für Berufsverbände sind sie insoweit wichtig, als sie damit neue Quellen zur Finanzierung ihrer berufsständischen Aktivitäten nutzen können.
Aus umsatzsteuerlicher Sicht kann es sich bei derartigen Zahlungen um

- Entgelt für eine umsatzsteuerbare Leistung an den Zuschussgeber (Zahlenden),
- (zusätzliches) umsatzsteuerbares Entgelt eines Dritten oder
- einen echten, d. h. nicht umsatzsteuerbaren Zuschuss

handeln. Allein die Behandlung als echter Zuschuss führt zu einer nicht steuerbaren Einnahme des ideellen Bereichs.
Die Abgrenzung zwischen Zuschuss und Entgelt richtet sich nach den allgemeinen Grundsätzen:

---

542 BFH v. 28.9.1987 – VIII R 64/84, BStBl. 1988 II, 65.

543 Vgl. statt vieler BFH v. 18.9.1991 – XI R 23/90, BStBl. 1992 II, 135; v. 6.4.1990 – III R 28/87, BStBl. 1990 II, 1057; Engelsing/Wassermeyer, StuB 2004, S. 433; Weber-Grellet, in: Schmidt, EStG, § 15 Rz. 47 ff. m. w. N.

544 BFH v. 20.4.2006 – III R 1/05, BStBl. 2007 II, 375.

545 Siehe ausführlich Gliederungspunkt G.2.5., S. 224.

546 Vgl. Heidner, in: Bunjes/Geist, UStG, § 10 Rz. 60 ff.

- Ein Entgelt für eine umsatzsteuerbare Leistung an den Zuschussgeber liegt vor, wenn der Berufsverband durch die Zahlung zu einem Handeln veranlasst wird, welches zumindest auch im unmittelbaren wirtschaftlichen Interesse des Zuschussgebers liegt. Die Zwecke, die der Zuschussgeber mit den Zahlungen verfolgt, können allenfalls Aufschluss darüber geben, ob die erforderliche innere Verknüpfung zwischen Leistung und Zahlung vorliegt. Die Annahme eines Leistungsaustauschs setzt weder auf der Seite des Zahlenden noch auf der Seite des Zahlungsempfängers rechtlich durchsetzbare Ansprüche voraus[547].

- Ein zusätzliches Entgelt eines Dritten ist eine solche Zahlung, die von einem anderen als dem Leistungsempfänger für die Lieferung oder sonstige Leistung des leistenden Berufsverbands als Zahlungsempfänger gewährt wird[548]. Es kommt regelmäßig nur in Betracht, wenn ein unmittelbarer Leistungsaustausch zwischen dem Berufsverband und dem zahlenden Dritten zu verneinen ist[549]. Ein zusätzliches Entgelt eines Dritten liegt vor, wenn der Leistungsempfänger einen Rechtsanspruch auf die Zahlung hat, die Zahlung in Erfüllung einer öffentlich-rechtlichen Verpflichtung gegenüber dem Leistungsempfänger oder zumindest im Interesse des Leistungsempfängers gewährt wird[550].

- Echte Zuschüsse werden dagegen nicht auf Basis eines Leistungsaustauschverhältnisses erbracht; eine innere Verknüpfung zwischen Leistung und Gegenleistung besteht nicht. Derartige Zuschüsse werden unabhängig von einer bestimmten Gegenleistung gewährt, weil z. B. der Berufsverband einen Anspruch auf die Zahlung hat oder weil in Erfüllung einer öffentlich-rechtlichen Verpflichtung bzw. im überwiegenden öffentlich-rechtlichen Interesse an ihn gezahlt wird[551]. Der Berufsverband erhält zudem einen echten Zuschuss, wenn er mit der Zahlung allgemein in die Lage versetzt werden soll, überhaupt tätig zu werden oder seine nach der Vereinssatzung obliegenden Aufgaben erfüllen zu können. U. U. sind schenkungsteuerliche Konsequenzen zu berücksichtigen.

Im Rahmen der Forschungsförderung ist anhand der Vergaberichtlinien o. Ä. zu prüfen, ob zwischen Leistung und Gegenleistung eine innere Verknüpfung in der Weise besteht, dass sich die Leistung des Berufsverbands auf den Erhalt der Forschungsförderung richtet[552]. Nach Abschn. 10.2. Abs. 8 Satz 2 UStAE sind Zuwendungen aus öffentlichen Kassen, die ausschließlich auf der Grundlage des Haushalts-

---

[547] BFH v. 9.10.2003 – V R 51/02, BStBl. 2004 II, 322; v. 23.2.1989 – V R 141/84, BStBl. 1989 II, 638.
[548] Abschn. 10.2. Abs. 3 UStAE.
[549] BFH v. 20.2.1992 – V R 107/87, BStBl. 1992 II, 705.
[550] BFH v. 25.11.1986 – V R 109/78, BStBl. 1987 II, 228.
[551] BFH v. 25.11.1986 – V R 109/78, BStBl. 1987 II, 228.
[552] BFH v. 30.1.1997 – V R 133/93, BStBl. 1997 II, 335.

rechts und den dazu erlassenen Allgemeinen Nebenbestimmungen vergeben werden, grundsätzlich echte Zuschüsse[553].

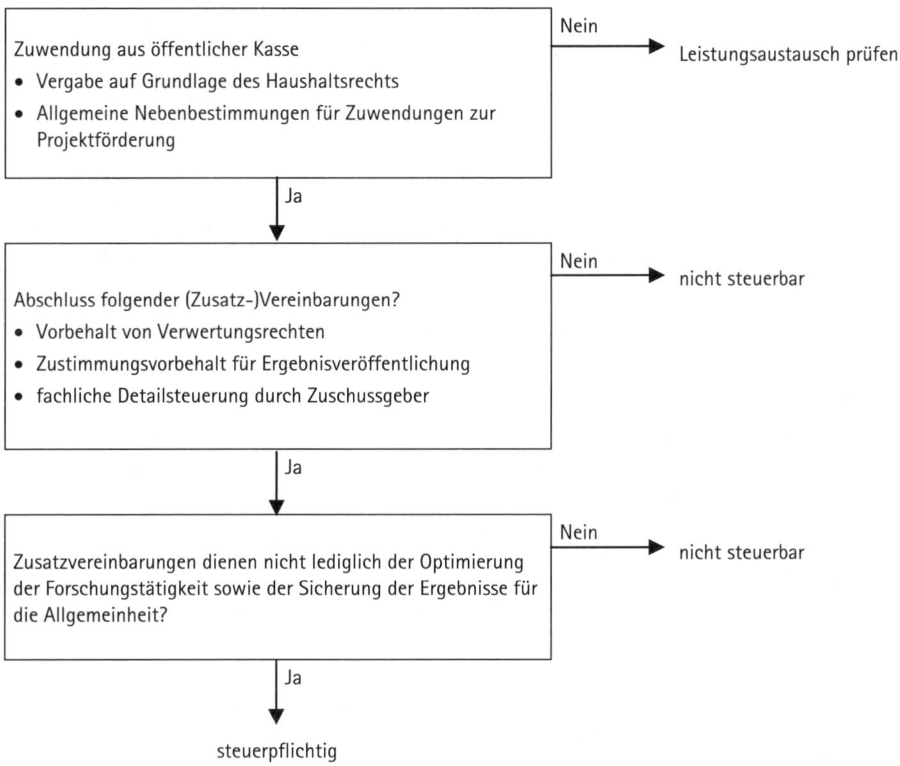

Abb. 6: Prüfschema zur umsatzsteuerlichen Behandlung von Projektförderung aus öffentlichen Kassen

5.15 Sonstige Betätigungen

Über die bereits ausgeführten, detailliert dargestellten Tätigkeitsbereiche hinaus können sich Berufsverbände noch in vielfältiger Weise wirtschaftlich betätigen. Nachfolgend werden beispielhaft weitere Betätigungen aufgelistet, die teilweise bereits vom Bundesfinanzhof entschieden worden sind. Die dabei vorgenommene grundsätzliche steuerliche Einordnung ist jedoch in Zweifelsfällen für jeden Einzelfall gesondert zu überprüfen.

[553] Siehe auch BMF v. 15.8.2006 – IV A 5 – S 7200 – 59/06, BStBl. 2006 I, 502.

- Die Beratung der Angehörigen des Berufsstands oder Wirtschaftszweigs einschließlich der Hilfe bei der Buchführung, bei dem Ausfüllen von Steuererklärungen und sonstigen Vordrucken, ist auf die Sonderbelange des einzelnen Mitglieds gerichtet und führt somit zu einem wirtschaftlichen Geschäftsbetrieb[554].

- Das Unterhalten einer Buchstelle führt zu einem wirtschaftlichen Geschäftsbetrieb[555].

- Verleihung von Ehrennadeln sowie Urkunden

  Im Rahmen der Mitgliederpflege ist es für einen Berufsverband von Bedeutung, besondere Leistungen seiner Mitglieder im Dienst des Berufsverbands hinreichend zu würdigen. Gerade bei größeren Verbänden ist es üblich, dass bestimmte Verbandszugehörigkeiten oder besondere Verdienste um die Belange des Verbands durch die Verleihung von Ehrennadeln oder Urkunden eine besondere Anerkennung erhalten.

  Die Ehrungen erfolgen grundsätzlich unentgeltlich; die Aufwendungen des Berufsverbands sind als Bestandteil des ideellen Bereichs steuerlich nicht abzugsfähig.

  In Dachverbandsstrukturen werden die Ehrennadeln usw. in manchen Fällen zentral beschafft und dann an die Untergliederungen veräußert. In einem solchen Fall begründet die (entgeltliche) Verleihung von Ehrennadeln, Urkunden usw. einen wirtschaftlichen Geschäftsbetrieb.

- Die Vorführung und der Verleih von Filmen und Tonbändern begründet einen wirtschaftlichen Geschäftsbetrieb (R 16 Abs. 4 Satz 10 KStR 2004).

- Vergabe von Gütesiegeln

  Besteht ein Vereinszweck in der Durchführung der Gütesicherung, der Überwachung sowie in der Auszeichnung der Erzeugnisse der Mitglieder mit einem Gütesiegel, ist der Verein insgesamt nicht als Berufsverband anzuerkennen[556].

  Dient der Verein jedoch berufsständischen Zwecken und vergibt er (auch) Gütesiegel, ist eine Anerkennung als Berufsverband grundsätzlich zulässig[557]. Der Berufsverband begründet insoweit einen wirtschaftlichen Geschäftsbetrieb. Es kommt zu einem Leistungsaustausch; der Berufsverband erlaubt seinen Mitglie-

---

[554] R 16 Abs. 4 Satz 10 KStR 2004.

[555] BFH v. 19.8.1998 – I R 21/98, BStBl. 1999 II, 99.

[556] BFH v. 11.8.1972 – II R 114/71, BStBl. 1973 II, 39; OFD Frankfurt am Main v. 26.6.2003 – S 0171 A – 142 – St II 12, KStG § 5 Karte H 157.

[557] Im Sinne der Geprägeproblematik (siehe Gliederungspunkt D.3.3.3, S. 124) ist davon auszugehen, dass die Vergabe von Gütesiegeln eine unschädliche wirtschaftliche Betätigung darstellt, da sie im Wesentlichen berufsständischen Zwecken dient.

dern als Gegenleistung das Führen des Gütesiegels und dessen Einsatz zu Werbezwecken sowie die Überwachung der Innehaltung der Gütebedingungen. Empfänger dieser Leistungen sind regelmäßig die Mitglieder und nicht der gesamte Berufsstand bzw. Wirtschaftszweig. Sofern der Berufsverband kein separates Entgelt für die Vergabe des Gütesiegels vereinnahmt, sind – zumindest teilweise – unechte Mitgliedsbeiträge anzunehmen.

- Inkasso

  Übernimmt der Berufsverband für seine Mitglieder (bewusst oder unbewusst[558]) Inkasso- oder Abrechnungsfunktionen, verlangt ein ordentlicher und gewissenhafter Kaufmann hierfür auch von seinen Mitgliedern ein angemessenes, zumindest kostendeckendes Entgelt[559]. Fehlt ein solches, kann dies zum einen steuerlich gesehen zu einer verhinderten Vermögensmehrung, die als verdeckte Gewinnausschüttung i. S. des § 8 Abs. 3 Satz 2 KStG anzusetzen ist, führen. Zum anderen kann diese Tätigkeit aber auch bereits durch die Mitgliedsbeiträge abgegolten worden sein; als Konsequenz lägen zumindest teilweise unechte Mitgliedsbeiträge vor.

- Betreiben einer Kantine bzw. eines Cafés

  Wird die Kantine durch den Berufsverband selbst betrieben, begründet sich dadurch ein wirtschaftlicher Geschäftsbetrieb[560]. Werden dabei Mahlzeiten kostenlos an die Arbeitnehmer des Berufsverbands abgegeben, ist nach Abschn. 1.8. Abs. 11 UStAE aus Vereinfachungsgründen als umsatzsteuerliche Bemessungsgrundlage der Betrag anzusetzen, der dem amtlichen Sachbezugswert nach der Sozialversicherungsentgeltverordnung entspricht, d. h. der als geldwerter Vorteil der Lohnsteuer unterworfen wird[561].

  Verpachtet der Berufsverband die Räumlichkeiten zum Betrieb einer Kantine, können die Pachteinnahmen Bestandteil der Vermögensverwaltung sein. Die Pachteinnahmen sind insoweit von der Umsatzsteuer nach § 4 Nr. 12 UStG befreit, als keine Betriebsvorrichtungen wie Tische, Stühle usw. mitverpachtet werden und der Berufsverband nicht zur Umsatzsteuer optiert hat.

- Die Unterhaltung von Laboratorien bzw. Untersuchungseinrichtungen führt gemäß R 16 Abs. 4 Satz 10 KStR 2004 zu einem wirtschaftlichen Geschäftsbetrieb.

---

[558] Bspw. durch Aushandeln von Standmieten auf Messen für seine Mitglieder und die Weiterleitung von Messezuschüssen.

[559] BFH v. 19.8.1998 – I R 21/98, BStBl. 1999 II, 99; v. 13.8.1997 – I R 85/96, BStBl. 1998 II, 161.

[560] R 16 Abs. 4 Satz 10 KStR 2004.

[561] R 8.1 Abs. 7 LStR 2011.

- Veranstaltung von Märkten, Leistungsschauen und Fachausstellungen

  Ein wesentliches Aufgabenfeld von Berufsverbänden ist in der Regel die Veranstaltung von Märkten, Leistungsschauen und/oder Fachausstellungen, mit denen die Mitglieder über aktuelle Entwicklungen ihres Berufsstands bzw. Wirtschaftszweigs informiert werden. Die Aussteller erhalten die Möglichkeit, ihre Produkte/Dienstleistungen ohne große Streuverluste einem relativ homogenen Fachpublikum vorzustellen. Die Einnahmen, die ein Berufsverband hierdurch erzielt, sind regelmäßig in vollem Umfang steuerpflichtig, da der Berufsverband insoweit einen wirtschaftlichen Geschäftsbetrieb begründet[562].

  Eine Gewinnpauschalierung mit 15 % der Einnahmen entsprechend § 64 Abs. 6 AO existiert für Berufsverbände nicht, auch wenn eine analoge Anwendung wünschenswert ist. Auf eine sachgerechte Kostenzuordnung ist Wert zu legen. Dies gilt insbesondere dann, wenn bspw. eine Industrieschau im Zusammenhang mit der Mitgliederversammlung des Verbands durchgeführt wird.

- Weiterleitung von Rabatten

  Dem Bundesfinanzhof lag 1997[563] folgender Sachverhalt zur Entscheidung vor: Eine Messegesellschaft erstattet einem Berufsverband einen gewissen Prozentsatz der Standmiete, die jedes Mitglied des Berufsverbands für seine Teilnahme an der Messe entrichten musste. Der Berufsverband leitet den „verdeckten Rabatt“ an die einzelnen Mitglieder weiter.

  Das Finanzamt vertrat die Auffassung, dass die an die Mitglieder gezahlten Messezuschüsse eine verdeckte Gewinnausschüttung des Berufsverbands darstellten. Der Bundesfinanzhof hat dies – zu Recht – abgelehnt. So hat der Berufsverband die Rabatte an seine Mitglieder nur deswegen weitergeleitet, weil er hierzu mit der Vereinnahmung der Messezuschüsse vertraglich verpflichtet gewesen ist; dies entspricht dem Handeln eines ordentlichen und gewissenhaften Kaufmanns.

- (Entgeltliche) Gestellung von Sicherheiten

  Bei der (entgeltlichen) Gestellung von Sicherheiten durch einen Berufsverband wird vorhandenes Vermögen genutzt, um einen Ertrag zu erzielen[564]. Zwar wird anders als bei der Überlassung von Kapital kein Zins im klassischen Sinne entrichtet; aus wirtschaftlicher Sicht stellt jedoch auch die für eine Bürgschaft zu entrichtende Avalprovision ein Entgelt für die Nutzung bzw. in diesem Fall für die Beschränkung der Nutzungsmöglichkeit des Kapitals dar. Demzufolge ist die Gestellung von Sicherheiten dem Charakter nach der Vermögensverwaltung zuzuordnen, sofern es sich um einzelne Vorgänge handelt. Erfolgt die Sicher-

---

[562] R 16 Abs. 4 Satz 10 KStR 2004.

[563] BFH v. 13.8.1997 – I R 85/96, BStBl. 1998 II, 161.

[564] Siehe Söffing/Thoma, BB 2003 S. 1091.

heitengestellung dagegen planmäßig und für eine Vielzahl von Mitgliedern oder Dritten, könnte die Grenze zum wirtschaftlichen Geschäftsbetrieb überschritten werden[565].

- Die Unterhaltung einer Sterbekasse stellt einen wirtschaftlichen Geschäftsbetrieb dar[566].

- Veranstaltung von Studienreisen

  Bei der Veranstaltung von Studienreisen kann es sich aus ertragsteuerlicher Sicht sowohl um eine ideelle als auch eine wirtschaftliche Tätigkeit des Berufsverbands handeln. Die jeweilige Zuordnung ist einzelfallabhängig, je nachdem ob die Studienreise ganz überwiegend dem privaten oder dem betrieblichen Interesse der Mitglieder dient[567].

  Aus umsatzsteuerlicher Sicht ist zu prüfen, ob nicht § 25 UStG zur Besteuerung von Reiseleistungen zur Anwendung kommt. Voraussetzung hierfür ist, dass der Berufsverband gegenüber den Reisenden als Reiseveranstalter im eigenen Namen und auf eigene Rechnung auftritt, der Berufsverband Reisevorleistungen von Dritten in Anspruch nimmt und die Reiseleistungen nicht an Mitgliedsunternehmen, sondern an den Endverbraucher erbringt. Der Vorteil der Anwendung von § 25 UStG liegt zum einen darin, dass für die Reiseleistungen ein einheitlicher Leistungsort festgelegt wird. Zum anderen bemisst sich die umsatzsteuerliche Bemessungsgrundlage nach der Marge, d. h. der Differenz zwischen dem Betrag, den der Reisende zum Erhalt der Studienreise bezahlt, und dem Betrag, den der Berufsverband für seine Reisevorleistungen aufwendet[568].

- Zentraleinkauf durch Dachverband

  Unterhält ein Dachverband einen Zentraleinkauf, bei dem die eingekauften Ausrüstungsgegenstände an die Landes- bzw. die Ortsverbände weiterveräußert werden, stellt dies einen wirtschaftlichen Geschäftsbetrieb i. S. des § 14 AO dar[569]. Denn der Verkauf des Ausrüstungsbedarfs an die Landes- und Ortsverbände ist eine selbstständige nachhaltige Tätigkeit, durch die Einnahmen erzielt werden, und die über den Rahmen einer Vermögensverwaltung hinausgeht[570].

---

[565] Siehe Alvermann, FR 2006 S. 267.

[566] R 16 Abs. 4 Satz 10 KStR 2004.

[567] Abgrenzungskriterien siehe R 12.2 EStR 2008; BFH v. 18.8.2005 – VI R 32/03, BFH/NV 2005, 2290 sowie Alvermann, AG 2007 S. 236 ff. m. w. N.

[568] § 25 Abs. 3 UStG.

[569] Gleiches gilt für den Einkauf durch einen Berufsverband und den Weiterverkauf an seine Mitglieder bzw. andere Berufsverbände.

[570] BFH v. 15.10.1997 – II R 94/94, BFH/NV 1998, 150.

6 Sonderregelung für Parteispenden

Mit Wirkung ab dem Veranlagungsjahr 2004 gilt eine Sonderregelung für Spenden von einem Berufsverband an politische Parteien[571]. Verwendet ein Berufsverband Mittel von mehr als 10 % seiner Einnahmen für die unmittelbare oder mittelbare Unterstützung oder Förderung politischer Parteien[572], ist die Steuerbefreiung vollständig nach § 5 Abs. 1 Nr. 5 Satz 2 Buchst. b) KStG ausgeschlossen. Als mittelbare Unterstützung gelten auch verdeckte Zuwendungen, z. B. Zuwendungen ohne ausreichende Gegenleistung. Eine solche liegt bspw. vor, wenn der Berufsverband Räume unentgeltlich oder verbilligt überlässt, er zinslose bzw. zinsverbilligte Darlehen gewährt oder den Wahlkampf eines Abgeordneten finanziert[573]. Zur Ermittlung des Quotienten ist nur auf die aufgrund der Einnahmen verfügbaren Mittel als Ausgangsgrundlage für die Bestimmung der 10 %-Grenze abzustellen[574]. Ohne Bedeutung ist es, aus welchen Quellen die für die unmittelbare oder mittelbare Unterstützung oder Förderung politischer Parteien verwendeten Mittel stammen.

Lässt ein Berufsverband bis zu 10 % seiner Einnahmen unmittelbar oder mittelbar einer politischen Partei zukommen, ist dies für die Steuerbefreiung des Verbands grundsätzlich nicht schädlich[575]. Gleichwohl unterliegt der Verband mit diesen Zuwendungen einer besonderen Körperschaftsteuerpflicht nach § 5 Abs. 1 Nr. 5 Satz 4 KStG. Die Körperschaftsteuer beträgt 50 % der Zuwendungen; der Freibetrag gemäß § 24 Satz 1 KStG in Höhe von 5.000 EUR findet keine Anwendung[576].

Die Zuwendung ist dem Finanzamt gegenüber auf dem amtlich vorgeschriebenen Vordruck KSt Ber 1 a[577] anzugeben. Eine jährliche Erklärungspflicht besteht auch dann, wenn keine Zuwendungen an politische Parteien geleistet worden sind – es sei denn, der Berufsverband hat aufgrund seines wirtschaftlichen Geschäftsbetriebs bereits jährlich eine Körperschaftsteuererklärung abzugeben[578].

---

[571] Sechstes Gesetz zur Änderung des Parteiengesetzes und anderer Gesetze v. 28.1.1994, BGBl. 1994 I, 142.

[572] Politische Parteien i. S. von § 2 des Parteiengesetzes.

[573] R 16 Abs. 3 Satz 7 KStR 2004.

[574] Vgl. Alber, in: Dötsch u. a., KStG, zu § 5 Abs. 1 Nr. 5 Rz. 30.

[575] Dies stand noch so ausdrücklich in R 8 Abs. 3 Nr. 4 KStR 1995.

[576] R 16 Abs. 7 Satz 4 KStR 2004.

[577] Siehe Anlage J.2.4, S. 292.

[578] Die Angaben zur besonderen Körperschaftsteuer werden dann bereits in den Zeilen 77b bis 77d (KSt 1 A) bzw. 70a bis 70c (KSt 1 B) abgefragt. Siehe ausführlich Gliederungspunkt D.9.2, S. 188.

Beispiel:

Wendet ein Verband einer politischen Partei 10.000 EUR (< 10 % seiner Einnahmen) zu, hat er zusätzlich 5.000 EUR als besondere Körperschaftsteuer an das für ihn zuständige Finanzamt abzuführen. Wirtschaftlich kostet die Zuwendung den Berufsverband somit 15.000 EUR.

Vor dem Hintergrund, dass der normale Körperschaftsteuersatz 1994 bei 45 % sowie der ermäßigte Körperschaftsteuersatz bei 42 % gelegen hat, sollte der besondere Körperschaftsteuersatz von 50 % die Zuwendung von Berufsverbänden an politische Parteien sanktionieren[579]. Die Schärfe dieser Sanktion hat seitdem zugenommen. So beträgt der Körperschaftsteuersatz seit dem 1.1.2008 lediglich 15 %. Eine Absenkung des „Strafsteuersatzes" de lege ferenda erscheint angezeigt[580].

7 Ermittlung der Besteuerungsgrundlagen

Die steuerrechtlichen Buchführungs- und Aufzeichnungspflichten haben in erster Linie eine Nachweisfunktion. Sie dienen der Ermittlung, ob die Steuerbegünstigungen zu Recht gewährt worden bzw. zu gewähren sind. Darüber hinaus dienen sie der Feststellung der Besteuerungsgrundlagen für den steuerpflichtigen wirtschaftlichen Geschäftsbetrieb.

7.1 Ideeller Bereich/Vermögensverwaltung

Der Vorstand eines Berufsverbands ist nach § 27 Abs. 3 i. V. mit § 666 BGB als Beauftragter verpflichtet, „dem Auftraggeber die erforderlichen Nachrichten zu geben, auf Verlangen über den Stand des Geschäfts Auskunft zu erteilen und nach der Ausführung des Auftrags Rechenschaft abzulegen". Gemäß § 259 BGB erstreckt sich der Umfang dieser Rechenschaftspflicht auf laufende Aufzeichnungen in Form einer geordneten und verständlichen Zusammenstellung der Einnahmen über die Ausgaben und das Vorhandensein entsprechender Belege. Weitergehende gesetzliche Rechnungslegungspflichten resultieren für den ideellen Bereich regelmäßig nicht[581].
Die Einnahmen (bspw. Mitgliedsbeiträge, Zuschüsse) und Ausgaben des ideellen Bereichs sind steuerlich neutral. Die Einnahmen können keiner der sieben Einkunftsarten des § 2 Abs. 1 EStG zugeordnet werden, weil es sich um keine Vermögensmehrungen handelt. Konsequenterweise können sich die mit den Einnahmen zusammenhängenden Ausgaben, die der Berufsverband für satzungsmäßige Zwecke aufwendet, ebenfalls steuerlich nicht auswirken[582].

---

[579] So auch Eggers, DStR 2007 S. 461 (465).

[580] Ebenso Eggers, DStR 2007 S. 461 (465).

[581] Ausführlich zu den Rechnungslegungspflichten siehe Gliederungspunkt F.1, S. 193.

[582] Z. B. § 3c EStG; § 10 Nr. 1 KStG.

Mitgliedsbeiträge, Umlagen und ggf. auch Aufnahmegebühren[583] werden aufgrund der Satzung von den Mitgliedern lediglich in ihrer Eigenschaft als Mitglieder erhoben; sie bleiben gemäß § 8 Abs. 5 KStG bei der Ermittlung des Einkommens außer Ansatz[584]. Die Ausgaben sind nach § 10 Nr. 1 KStG nicht abzugsfähig.
Separat vom ideellen Bereich sind die Einnahmen und Ausgaben der Vermögensverwaltung zu erfassen. Hierzu zählen nach § 14 Satz 3 AO die beiden Regelbeispiele zur Vermögensverwaltung: die verzinsliche Anlage von Kapitalvermögen bzw. die Vermietung und Verpachtung von unbeweglichem Vermögen. Eine abschließende Aufzählung enthält § 14 Satz 3 AO jedoch nicht[585].
Die Einnahmen und Ausgaben im Bereich der Vermögensverwaltung nehmen an den persönlichen Steuerbefreiungen des § 5 Abs. 1 Nr. 9 KStG teil; sie sind somit steuerlich unbeachtlich. Gleichwohl ist zu bedenken, dass bestimmte Tätigkeiten der Vermögensverwaltung zwar ertragsteuerlich begünstigt, aber umsatzsteuerpflichtig sein können. Demzufolge sind diese Umsätze in der jeweiligen Umsatzsteuervoranmeldung bzw. Umsatzsteuererklärung aufzunehmen[586].

7.2 Wirtschaftlicher Geschäftsbetrieb

Sofern der Berufsverband einen wirtschaftlichen Geschäftsbetrieb unterhält, unterliegt er mit dessen Ergebnis nach § 5 Abs. 1 Nr. 5 Satz 2 a) KStG partiell der Körperschaftsteuer; der wirtschaftliche Geschäftsbetrieb gilt zudem als Gewerbebetrieb gemäß § 2 Abs. 3 GewStG.
Die partielle Steuerpflicht führt zu einer auf den Bereich des wirtschaftlichen Geschäftsbetriebs beschränkten Einkommensermittlung. Steuersubjekt i. S. des § 1 Abs. 1 KStG ist der Berufsverband, nicht der wirtschaftliche Geschäftsbetrieb an sich. Die Einkünfte sind nach §§ 2 Abs. 2 Nr. 1 i. V. mit §§ 4 ff. EStG zwingend als Gewinn zu ermitteln. Die Gewinnermittlung erstreckt sich dabei sowohl auf die im Betrieb zu- und abgeflossenen Erträge und Aufwendungen als auch auf etwaige Veränderungen im Betriebsvermögen.
Zur Ermittlung des Ergebnisses kann der Berufsverband sich entweder des Betriebsvermögensvergleichs/Bestandsvergleichs gemäß § 8 Abs. 1 KStG i. V. mit §§ 4, 5 EStG oder – in Ermangelung einer Buchführung – aus Vereinfachungsgründen einer Einnahmenüberschussrechnung nach § 4 Abs. 3 EStG bedienen.
Aufgrund des geringen Umfangs wirtschaftlicher Geschäftsbetriebe bei vielen Berufsverbänden genügt in der Regel eine Einnahmenüberschussrechnung nach § 4 Abs. 3 EStG. Dies hat den Vorteil, dass über sämtliche drei Sphären des Berufsverbands das gleiche Rechnungslegungssystem verwandt werden kann.

---

[583] Soweit die Aufnahmegebühren kein Leistungsentgelt darstellen.
[584] Dies gilt unabhängig vom steuerlichen Status als Berufsverband.
[585] Siehe Fischer, in: HHSp, § 14 AO Rz. 87.
[586] Siehe Gliederungspunkt D.9, S. 188.

Die Einnahmenüberschussrechnung basiert auf dem Zu- und Abflussprinzip nach § 11 EStG. Betriebseinnahmen werden im Zeitpunkt der Vereinnahmung, Betriebsausgaben regelmäßig im Zeitpunkt der Verausgabung steuerwirksam erfasst. Hierunter fällt auch die Umsatzsteuer: Vereinnahmte Umsatzsteuer, d. h. für den Umsatz geschuldete Umsatzsteuer, sowie vom Finanzamt erstattete Vorsteuer stellen Betriebseinnahmen im Zeitpunkt der Vereinnahmung dar; verausgabte Umsatzsteuer, d. h. gezahlte Vorsteuer, sowie an das Finanzamt abgeführte Umsatzsteuer ist entsprechend im Zeitpunkt der Verausgabung als Betriebsausgabe zu erfassen. Regelmäßig wiederkehrende Ausgaben, die kurze Zeit vor Beginn oder kurze Zeit nach Beendigung des Kalenderjahrs geleistet werden, zu dem sie wirtschaftlich gehören, gelten als in diesem Kalenderjahr abgeflossen[587].

Das Zu- und Abflussprinzip findet bei Wirtschaftsgütern des Anlagevermögens keine Anwendung[588]. Deren Aufwendungen sind, sofern sie der Abnutzung unterliegen, auf die Nutzungsdauer des jeweiligen Wirtschaftsguts zu verteilen. Nach § 6 Abs. 2 Satz 1 EStG können geringwertige Wirtschaftsgüter bis zu einem Betrag von 410 EUR sofort oder über die jeweilige Nutzungsdauer abgeschrieben werden. Darüber hinaus kann für abnutzbare bewegliche Wirtschaftsgüter des Anlagevermögens, die einer selbstständigen Nutzung fähig sind, im Jahr der Anschaffung, Herstellung bzw. Einlage sowie Eröffnung des Betriebs nach § 6 Abs. 2a EStG ein Sammelposten gebildet werden, wenn der Wert für das einzelne Wirtschaftsgut 150 EUR, aber nicht 1.000 EUR übersteigt. Dieser Sammelposten ist im Wirtschaftsjahr der Bildung und den folgenden vier Wirtschaftsjahren mit jeweils 20 % gewinnmindernd aufzulösen. Scheidet ein Wirtschaftsgut, welches Bestandteil des Sammelpostens ist, aus dem Betriebsvermögen aus, wird der Sammelposten nicht vermindert.

In Abhängigkeit von der Größe des wirtschaftlichen Geschäftsbetriebs, der sich aus den Ergebnissen der einzelnen Teilgeschäftsbetriebe zusammensetzt, besteht für den wirtschaftlichen Geschäftsbetrieb eine Verpflichtung zur doppelten Buchführung. Eine solche liegt vor, wenn der wirtschaftliche Geschäftsbetrieb eine der in § 141 AO genannten Grenzen überschreitet und das Finanzamt zur Bilanzierung aufgefordert hat[589]. Darüber hinaus ist auch eine freiwillige Bilanzierung zulässig. Dies löst jedoch u. U. eine – ansonsten vermeidbare – Kapitalertragsteuerpflicht aus[590].

Die Ergebnisse der jeweiligen wirtschaftlichen Geschäftsbetriebe sind zunächst getrennt zu ermitteln und anschließend zum Gesamtergebnis des wirtschaftlichen Geschäftsbetriebs zusammenzufassen.

---

587 „Kurze Zeit" ist regelmäßig ein Zeitraum bis zu zehn Tagen; H 11 EStH 2011.

588 § 4 Abs. 3 Satz 3 EStG.

589 Zu den Voraussetzungen siehe Gliederungspunkt F.1.3, S. 196. A. A. Krämer, in: Dötsch u. a., KStG, zu § 4 Rz. 288, der die Grenzen auf die einzelnen wirtschaftlichen Geschäftsbetriebe und nicht den gesamten wirtschaftlichen Geschäftsbetrieb bezieht.

590 Siehe zur Kapitalertragsteuer Gliederungspunkt D.8, S. 183.

Ermittlung des zu versteuernden Einkommens im wirtschaftlichen Geschäftsbetrieb

	Saldierung der (Teil-) Ergebnisse der jeweiligen wGB aus Handelsbilanz
+/-	Korrekturen aufgrund abweichender steuerrechtlicher Ansatz- und Bewertungsvorschriften, z. B.:
	Absetzung für Abnutzung
	Abzinsung langfristiger Verbindlichkeiten
	Pensionsrückstellungen
+	steuerlich nicht abzugsfähige Betriebsausgaben, z. B.:
	Geschenke > 35 EUR (§ 4 Abs. 5 Nr. 1 EStG)
	30 % der Bewirtungsaufwendungen (§ 4 Abs. 5 Nr. 2 EStG)
	50 % der Aufsichtsratsvergütungen (§ 10 Nr. 4 KStG)
-	steuerfreie Erträge (z. B. Beteiligungserträge im wGB zu 95 %)
=	Ergebnis
-	abzugsfähige Spenden (§ 9 Abs. 1 Nr. 1 KStG)
=	Gesamtbetrag der Einkünfte
-	Verlustabzug nach § 10d EStG
=	Einkommen
-	Freibetrag in Höhe von 5.000 EUR, höchstens jedoch in Höhe des Einkommens (§ 24 Satz 1 KStG)
=	zu versteuerndes Einkommen

Sofern der wirtschaftliche Geschäftsbetrieb bilanzierungspflichtig ist, empfiehlt es sich regelmäßig, auch für die beiden übrigen Sphären zur Bilanzierung überzugehen, um nur ein Rechnungslegungssystem anzuwenden. In der Praxis sind jedoch auch Mischsysteme im Einsatz.

7.3 Zuordnung von Einnahmen/Ausgaben

Unabhängig von der gewählten Gewinnermittlungsmethode ist der Berufsverband lediglich mit seinem wirtschaftlichen Geschäftsbetrieb partiell steuerpflichtig – unter Beibehaltung der Steuerbegünstigungen für die verbleibenden Sphären. Damit ist eine Zuordnung von Einnahmen bzw. Ausgaben vorzunehmen, um die steuerliche Bemessungsgrundlage sachgerecht ermitteln zu können. Ebenso sind die jeweiligen Vermögenssphären durch die Entnahme- und Einlagegrundsätze voneinander abzugrenzen.

Bei der Ermittlung des Gewinns bzw. Einkommens des wirtschaftlichen Geschäftsbetriebs sind sämtliche Einnahmen zu berücksichtigen, die durch ihn veranlasst sind. Dementsprechend sind Einnahmen, die ihre Ursache im ideellen Bereich bzw. der Vermögensverwaltung haben, nicht Bestandteil der steuerlichen Bemessungsgrundlage. Eine Zuordnung wird regelmäßig eindeutig möglich sein, sodass sich nur in Einzelfällen Abgrenzungsprobleme ergeben werden.

Betriebsausgaben sind gemäß § 8 Abs. 1 KStG i. V. mit § 4 Abs. 4 EStG die Aufwendungen, die durch den Betrieb veranlasst sind. Handelt es sich um Aufwendungen, die dem wirtschaftlichen Geschäftsbetrieb unmittelbar zugeordnet werden können,

sind sie als Betriebsausgaben steuermindernd zu berücksichtigen. Hierzu zählt auch ein durch den wirtschaftlichen Geschäftsbetrieb verursachter Mehraufwand[591]. Aus kostenrechnerischer Sicht handelt es sich um die Einzelkosten sowie die eindeutig (unmittelbar) zuordenbaren Gemeinkosten.
Analog dürfen Aufwendungen, die dem ideellen Bereich sowie der Vermögensverwaltung unmittelbar zuzuordnen sind, nicht in der Gewinnermittlung des wirtschaftlichen Geschäftsbetriebs Berücksichtigung finden.
Bei den sog. gemischt veranlassten Kosten handelt es sich um Kosten, die sowohl durch die steuerfreie als auch durch die steuerpflichtige Tätigkeit veranlasst sind. Bei ihrer Zuordnung sind folgende Fallkonstellationen zu unterscheiden:

- Sind die Betriebsausgaben auch ohne den steuerpflichtigen Geschäftsbetrieb im ideellen Bereich angefallen, ist eine Berücksichtigung nicht möglich[592]. Diese Aufwendungen haben ihren primären Anlass im ideellen Bereich[593].
- Unabhängig von ihrer primären Veranlassung wird von der Finanzverwaltung eine anteilige Berücksichtigung gemischt veranlasster Aufwendungen zugelassen, sofern ein objektiver Aufteilungsmaßstab vorliegt. Die Aufteilung kann bspw. nach zeitlichen Gesichtspunkten erfolgen[594]; hierzu ist eine entsprechende Dokumentation seitens des Berufsverbands hilfreich. Auch die Personal- und Sachkosten für die allgemeine Verwaltung sind demnach im wirtschaftlichen Geschäftsbetrieb abzugsfähig, soweit sie bei einer Aufteilung nach objektiven Maßstäben teilweise darauf entfallen[595].

8 Fiktive Ausschüttung in den ideellen Bereich – Kapitalertragsteuer

Aufgrund von § 20 Abs. 1 Nr. 10 b) EStG erfolgt für Gewinne des wirtschaftlichen Geschäftsbetriebs – unter bestimmten Voraussetzungen – eine „fiktive" Ausschüttung an den ideellen Bereich des Berufsverbands. Die Begründung dieser auf den ersten Blick ungewöhnlich anmutenden, da fiktiven Ausschüttung an den ideellen Bereich liegt in dem Wechsel vom Anrechnungs- zum Halbeinkünfteverfahren in 2001. Die Gesetzessystematik des Halbeinkünfteverfahrens setzt sich aus zwei Komponenten zusammen[596]:

---

[591] Siehe Bott, in: Schauhoff, Handbuch der Gemeinnützigkeit, § 8 Rz. 270.
[592] BFH v. 5.6.2003 – I R 55/98, BFH/NV 2000, 85; v. 27.3.1991 – I R 76/01, BStBl. 1992 II, 103.
[593] AEAO zu § 64, Nr. 5.
[594] AEAO zu § 64, Nr. 6.
[595] AEAO zu § 64, Nr. 6 Satz 6.
[596] OFD Frankfurt am Main v. 21.9.2005 – S 2706a A – 1 St II 1.04, KStK § 4 KStG Karte A 35.

- zum einen aus der 15%igen Definitivbelastung des Einkommens bei der Körperschaft selbst mit Körperschaftsteuer und
- zum anderen aus der zusätzlichen ermäßigten Besteuerung beim Berufsverband als Letztempfänger dieses Einkommens mit Kapitalertragsteuer.

Die fiktive Ausschüttung ist somit der Ausgleich der fehlenden Halbeinkünftebesteuerung auf Ebene des „Verbrauchers" durch die Erhebung einer Kapitalertragsteuer; die Kapitalertragsteuer hat Abgeltungscharakter.

8.1 Persönlicher Anwendungsbereich

Nach § 20 Abs. 1 Nr. 10 b) Satz 1 i. V. mit Satz 4 EStG zählen zu den Einnahmen aus Kapitalvermögen der Gewinn des wirtschaftlichen Geschäftsbetriebs und die dem Berufsverband zugeflossenen verdeckten Gewinnausschüttungen, sofern

- der Gewinn durch Betriebsvermögensvergleich ermittelt wird und in der Bilanz nicht in eine Rücklage eingestellt wurde,
- oder, bei originärer Gewinnermittlung[597], wenn
  - die Summe der Umsätze (einschließlich steuerfreier Umsätze mit Ausnahme der Umsätze nach § 4 Nr. 8–10 UStG) über 350.000 EUR im Kalenderjahr liegt oder
  - der Gewinn (zuzüglich verdeckter Gewinnausschüttungen) über 30.000 EUR im Wirtschaftsjahr liegt,

und bei Veräußerung von Anteilen aus der Vermögensverwaltung, wenn

- einbringungsgeborene Anteile vorliegen[598].

Die Kapitalertragsteuerpflicht knüpft unabhängig davon an, ob der Gewinn aufgrund einer gesetzlichen Verpflichtung oder freiwillig durch Betriebsvermögensvergleich ermittelt wird[599]. Damit besteht eine Kapitalertragsteuerpflicht bereits in den Fällen der unterbliebenen Aufforderung zur Bilanzierung nach § 141 Abs. 2 AO oder bei Bewilligung von Erleichterungen nach § 148 AO. Wird die Verpflichtung zur Bilanzierung nicht beachtet oder trotz Überschreitens der Buchführungsgrenzen nicht bilanziert, ist der Gewinn des Berufsverbands nach den Grundsätzen des Be-

---

[597] Die Grenzen des § 20 Abs. 1 Nr. 10 b) EStG entsprachen bis einschließlich 2004 weitestgehend den Grenzen des § 141 Abs. 1 AO. Folglich war mit einer Mitteilung nach § 141 Abs. 2 AO zu rechnen. Zu beachten ist jedoch, dass die Buchführungspflicht nach § 141 Abs. 2 AO erst ab dem folgenden Wirtschaftsjahr greift; dagegen führt ein Überschreiten der Grenzen bereits im ersten Jahr zur Kapitalertragsteuer.

[598] Bei einbringungsgeborenen Anteilen besteht keine Wertgrenze.

[599] BMF v. 11.9.2002 – IV A 2 – S 1910 – 194/02, BStBl. 2002 I, 935 Rz. 16.

triebsvermögensvergleichs für Zwecke der Körperschaftsteuerveranlagung zu schätzen[600]. Aus diesem Gewinn ist der für die Kapitalertragsteuer maßgebende Gewinn abzuleiten[601].

Der Anwendungsbereich der Kapitalertragsteuerpflicht wird im Rahmen der originären Gewinnermittlung dadurch wesentlich begrenzt, dass die Umsatz- und Gewinngrenzen nach Auffassung der Finanzverwaltung auf jeden einzelnen wirtschaftlichen Geschäftsbetrieb gesondert anzuwenden sind[602]. Dies stellt zunächst eine erhebliche Erleichterung dar. Für Berufsverbände, deren einzelne wirtschaftliche Geschäftsbetriebe obige Grenzen unterschreiten, beseht kein Anreiz zum freiwilligen Übergang auf eine Bilanzierung; sie werden weiterhin eine Einnahmen-/Ausgabenrechnung vornehmen[603].

Soweit der Berufsverband insgesamt bereits handelsrechtlich zur Buchführung verpflichtet ist, findet die Vorschrift des § 20 Abs. 1 Nr. 10 b) EStG Anwendung[604] – auch wenn die verschiedenen einzelnen wirtschaftlichen Geschäftsbetriebe obige Grenzen unterschreiten würden. Ebenso sind Fälle denkbar, bei denen der Berufsverband mit einem wirtschaftlichen Geschäftsbetrieb die (Gewinn-)Grenze überschreitet, der gesamte wirtschaftliche Geschäftsbetrieb aber noch unter der Gewinngrenze liegt. In diesen Fällen soll eine Saldierung von Gewinnen und Verlusten der einzelnen wirtschaftlichen Geschäftsbetriebe vorgenommen werden dürfen, bevor die Kapitalertragsteuerpflicht greift[605].

8.2 Umfang der Kapitaleinkünfte

Ausgangsgröße für den Umfang der Kapitaleinkünfte ist der verwendbare Gewinn des wirtschaftlichen Geschäftsbetriebs, d. h. im Rahmen der maßgebenden handelsrechtlichen Betrachtung ist dies der Jahresüberschuss (§ 275 HGB); andernfalls der Gewinn nach § 4 Abs. 1 EStG[606]. Eine Korrektur um nichtabziehbare Aufwendungen nach § 4 Abs. 5 EStG oder § 10 KStG ist nicht vorzunehmen. Ebenso unterliegen dem Gewinnbegriff nach § 20 EStG der steuerfreie Gewinn nach § 8b KStG und die Verwendung von Vermögen des wirtschaftlichen Geschäftsbetriebs für den steuerbefreiten Bereich des Berufsverbands, da dies zu Entnahmen aus dem wirtschaftlichen Geschäftsbetrieb führt. Nach erfolgter Kürzung um Fehlbeträge aus Vorjahren erhält man den „verwendbaren Gewinn“ des einzelnen wirtschaftlichen Geschäftsbetriebs

---

[600] § 162 AO.

[601] BMF v. 11.9.2002 – IV A 2 – S 1910 – 194/02, BStBl. 2002 I, 935 Rz. 17.

[602] BMF v. 10.11.2005 – IV B 7 – S 2706a – 6/05, BStBl. 2005 I, 1029 Rz. 3.

[603] Vgl. Engelsing/Muth, DStR 2003 S. 917 (919).

[604] Vgl. Knoop, DStR 2006 S. 1263 (1266).

[605] So Alvermann, FR 2006 S. 262 (271); Schlotter, in: Littmann/Bitz/Pust, EStG, § 20 Rz. 917.

[606] Hier und im Folgenden BMF v. 10.11.2005 – IV B 7 – S 2706a – 6/05, BStBl. 2005 I, 1029; v. 11.9.2002 – IV A 2 – S 1910 – 194/02, BStBl. 2002 I, 935.

und damit die Höhe der fiktiven Ausschüttung. Ein Abzug von Werbungskosten ist weder beim Steuerabzug noch auf Ebene des Empfängers (Berufsverband) möglich[607]. Die Kapitalertragsteuerpflicht entsteht, wenn

- Gewinne des wirtschaftlichen Geschäftsbetriebs nicht den Rücklagen des wirtschaftlichen Geschäftsbetriebs zugeführt werden,
- verdeckte Gewinnausschüttungen vorliegen,
- zulässigerweise gebildete Rücklagen für Zwecke außerhalb des wirtschaftlichen Geschäftsbetriebs aufgelöst werden[608].

Im Umkehrschluss wird die Kapitalertragsteuerpflicht durch die Zuführung zu Rücklagen im wirtschaftlichen Geschäftsbetrieb vermieden; eine sachgerechte Abgrenzung zur Rücklagenbildung im ideellen Bereich bzw. der Vermögensverwaltung in einer Nebenrechnung ist sinnvoll.

Als Zuführung zu den Rücklagen, und damit zu einer Minderung des „verwendbaren Gewinns", galt dabei zunächst jedes Stehenlassen von Gewinnen als Eigenkapital des wirtschaftlichen Geschäftsbetriebs[609]. Nach der neueren Auffassung der Finanzverwaltung[610] ist eine Rücklagenbildung nur anzunehmen, wenn die Zwecke des wirtschaftlichen Geschäftsbetriebs ansonsten nicht nachhaltig erfüllt werden können. Voraussetzung hierfür soll sein, dass ein konkretes Vorhaben innerhalb bestehender konkreter Zeitvorstellungen umgesetzt werden soll. Fehlen konkrete Zeitvorstellungen, wird die Rücklagenbildung dennoch akzeptiert, wenn die Durchführung des Vorhabens glaubhaft und finanziell in angemessener Zeit möglich ist. Regelmäßig wird ein Beschluss der zuständigen Verbandsorgane notwendig sein[611].

Wird eine Beteiligung an einer Tochtergesellschaft – sowohl Personen- als auch Kapitalgesellschaft – im wirtschaftlichen Geschäftsbetrieb gehalten, erscheint zunächst fraglich, ob eine Rücklagenbildung zulässig sein kann. So wird eine Service-GmbH bereits auf ihrer Ebene Rücklagen nach vernünftiger kaufmännischer Beurteilung bilden; für eine weitere Bildung im wirtschaftlichen Geschäftsbetrieb erscheint kein Raum. Dagegen wird jedoch argumentiert, dass es auch möglich sein müsste, Mittel im wirtschaftlichen Geschäftsbetrieb zurückzubehalten, um die Tochtergesellschaft mit Mitteln für bestimmte Projekte auszustatten[612]. Eine Rücklagenbildung wäre zulässig, sofern der Berufsverband die Tätigkeiten nicht in eine Tochtergesellschaft ausgegliedert hätte; nichts anderes könnte im Falle der Ausgliederung gelten.

Neben der Rücklagenbildung entsteht eine Kapitalertragsteuerpflicht dann nicht, wenn

---

[607] § 43a Abs. 2 S. 1 EStG; § 8 Abs. 6 KStG.

[608] § 20 Abs. 1 Nr. 10 b) Satz 2 EStG.

[609] BMF v. 11.9.2002 – IV A 2 – S 1910 – 194/02, BStBl. 2002 I, 935 Rz. 23.

[610] BMF v. 8.8.2005 – IV B 7 – S 2706a – 4/05, BStBl. 2005 I, 831.

[611] So auch Eggers, DStR 2007 S. 461 (464).

[612] Vgl. Meining, DStR 2006 S. 352 (355).

- der Gewinn des wirtschaftlichen Geschäftsbetriebs bereits im laufenden Wirtschaftsjahr für Zwecke des wirtschaftlichen Geschäftsbetriebs verwendet worden ist.

  Insoweit ist die Rücklagenbildung zeitlich nicht mehr möglich.

- der Gewinn mit einem Verlustvortrag des wirtschaftlichen Geschäftsbetriebs verrechnet worden ist.

  Dies ist dem Gesetzestext nicht zu entnehmen. Solange der Gewinn jedoch nicht kapitalertragsteuerpflichtig wird, wenn er künftig innerhalb des wirtschaftlichen Geschäftsbetriebs verwendet wird, kann nichts anderes für eine sofortige Verwendung infolge der Verlustverrechnung gelten[613].

Ist die Rücklagenbildung (dem Grunde nach) zulässig, ist die nachfolgende Auflösung zu Zwecken außerhalb des wirtschaftlichen Geschäftsbetriebs grundsätzlich kapitalertragsteuerpflichtig. Einschränkend betrifft es jedoch nur die Auflösung derjenigen Rücklagen, die lediglich der neuen 15- bzw. 25%igen Körperschaftsteuer unterlegen haben; die Auflösung von sog. Altrücklagen mit einer Körperschaftsteuerbelastung von regelmäßig 40 % ist kapitalertragsteuerfrei[614]. Der wirtschaftliche Geschäftsbetrieb hat noch vorhandene Altrücklagen und Einlagen aus Zeiträumen vor dem Systemwechsel nachzuweisen und per 31.12.2000 als Anfangsbestand – unabhängig von der Gewinnermittlungsart – in ein steuerliches Einlagenkonto[615] zu übernehmen. Dessen Auflösung stellt nach § 20 Abs. 1 Nr. 10 b) Satz 5 i. V. mit Nr. 1 Satz 3 EStG keinen Kapitalertrag dar. Eine weitere Kapitalertragsteuerpflicht resultiert daraus nicht.

8.3 Entstehung und Durchführung der Besteuerung

Die Kapitalertragsteuer entsteht grundsätzlich im Zeitpunkt der Bilanzerstellung, spätestens jedoch nach acht Monaten nach Ablauf des Wirtschaftsjahrs (§ 44 Abs. 6 Satz 2 EStG)[616]. Bilanzerstellung bedeutet Bilanzfeststellung durch das verantwortliche Verbandsgremium. Bei Auflösung von Rücklagen oder einer außerbetrieblichen

[613] Vgl. Krämer, in: Dötsch u. a., KStG, zu § 4 Rz. 319 zu Regiebetrieben.

[614] Siehe Engelsing/Muth, DStR 2003 S. 917 (920).

[615] § 27 KStG ist nach Abs. 7 entsprechend auch auf den wirtschaftlichen Geschäftsbetrieb anzuwenden. Für die Höhe des Anfangbestands (§ 39 KStG) kann auf BMF-Schreiben v. 11.9.2002 – IV A 2 – S 1910 – 194/12, BStBl. 2002 I S. 935 Rz 25 ff. verwiesen werden (für den BgA).

[616] Nach § 52 Abs. 37a Satz 2 EStG ist diese Vorschrift erstmals auf Gewinne anzuwenden, die nach Ablauf des ersten Wirtschaftsjahrs erzielt werden, und auf die das Körperschaftsteuergesetz in der Fassung des Steuersenkungsgesetzes 2001 (v. 23.10.2000, BGBl. 2001 I, 1433) erstmals anzuwenden ist. Bei einem kalendergleichen Wirtschaftsjahr ist § 20 Abs. 1 Nr. 10 b) EStG erstmals auf Gewinne anzuwenden, die im Jahr 2002 erzielt wurden; so BFH v. 11.7.2007 – I R 105/05, n. v.; die Finanzverwaltung möchte die Kapitalertragsteuerpflicht bereits auf Gewinne, die in 2001 erzielt wurden, anwenden; BMF v. 9.8.2005 – IV B 7 – S 2706a – 5/05, DB 2005, 1935 Rz. 5; OFD Frankfurt am Main v. 21.9.2005 – S 2706a A – 1 – St II 1.04, KStK § 4 KStG Karte A 35.

Verwendung entsteht die Kapitalertragsteuer am Tag der Beschlussfassung. Sie ist nach § 44 Abs. 1 Satz 5 EStG bis zum Zehnten des Folgemonats beim örtlichen Finanzamt des Berufsverbands anzumelden und abzuführen.
Nach § 43 Abs. 1 Nr. 7c i. V. mit § 43a Abs. 1 Nr. 6 EStG beträgt die abzuführende Kapitalertragsteuer 15 % der Kapitalerträge des § 20 Abs. 1 Nr. 10 b) EStG zzgl. Solidaritätszuschlag. Der Berufsverband wird als Gläubiger, der wirtschaftliche Geschäftsbetrieb als Schuldner der Kapitalerträge fingiert[617].
Die Kapitalertragsteuer unterliegt beim Berufsverband keiner weiteren Milderung durch Abstandnahme von der Erhebung oder Erstattung[618]. Der Berufsverband kann mit seinem gesamten Vermögen für die Kapitalertragsteuer in Anspruch genommen werden (§ 32 Abs. 2 Nr. 1 KStG).

9 Steuerveranlagung

Ein besonderes Verfahren für die Anerkennung als Berufsverband gibt es nicht. Das örtlich zuständige Finanzamt entscheidet bei der jeweiligen Steuerart – zumeist im Rahmen der Körperschaftsteuerveranlagung –, ob die Steuervergünstigungen als Berufsverband zu gewähren sind. Dabei steht erst nach Ablauf eines Veranlagungszeitraums fest bzw. kann geprüft werden, ob die Voraussetzungen zur Anerkennung als Berufsverband erfüllt waren.
Die Voraussetzungen für die Inanspruchnahme der Steuervergünstigung gemäß § 5 Abs. 1 Nr. 5 KStG werden in der Regel alle drei Jahre (rückwirkend) überprüft. Die Finanzverwaltung beschränkt sich im Allgemeinen zunächst auf das letzte (dritte) Jahr, es sei denn, dass Hinweise auf Steuerpflicht in den übrigen Jahren vorliegen. Bei großen Berufsverbänden bietet sich die jährliche Abgabe an. Der Berufsverband hat den amtlich vorgeschriebenen Vordruck KSt Ber 1 grundsätzlich bis zum 31.5. elektronisch zu übermitteln; das Finanzamt kann die Abgabefrist im Einzelfall auf Antrag angemessen verlängern.
Zusammen mit der Erklärung sind für die Jahre der Erklärung jeweils die Bilanz, Gewinn- und Verlustrechnung, Tätigkeitsbericht usw. unverkürzt einzureichen. Soweit keine Bilanzen erstellt werden, ist ein möglichst weitgehend aufgegliederte Aufstellung über sämtliche Einnahmen und Ausgaben beizufügen. Mit der Unterschrift wird versichert, dass die tatsächliche Geschäftsführung den satzungsmäßigen Zwecken des Berufsverbands entspricht.
In Einzelfällen verzichtet das Finanzamt auf eine regelmäßige (turnusmäßige) Überprüfung des Berufsverbands, wenn nach seinem Kenntnisstand mit einiger Sicherheit auch dann keine Körperschaftsteuer zu erwarten ist, wenn die Steuerbefreiung als Berufsverband wegfällt.

[617] §§ 43 Abs. 2 und 44 Abs. 6 Satz 1 EStG.
[618] Vgl. Engelsing/Muth, DStR 2003 S. 917 (921).

Der amtliche Vordruck KSt Ber 1 a, der die besondere Körperschaftsteuerpflicht im Rahmen von Spenden an politische Parteien abfragt, ist jährlich jeweils bis zum 31.5. des Jahres elektronisch zu übermitteln. Dies kann unterbleiben, sofern der Berufsverband mit seinem wirtschaftlichen Geschäftsbetrieb zur jährlichen Abgabe einer Steuererklärung verpflichtet ist. Bereits in diesen Formularen werden die Angaben zur besonderen Körperschaftsteuer i. S. des § 5 Abs. 1 Nr. 5 Satz 4 KStG abgefragt[619]. Das Finanzamt stellt, sofern es den Verein als Berufsverband anerkennt, einen Freistellungsbescheid für die beantragten Jahre aus. Dieser gilt dann als Nachweis der Steuerbegünstigung als Berufsverband während des ganzen Zeitraums. Die Anerkennung als Berufsverband ist dem Grunde nach nicht vom Verein zu beantragen. Das Finanzamt ist nach § 88 AO von Amts wegen verpflichtet, die tatsächlichen und rechtlichen Verhältnisse zu ermitteln, die für die Steuerpflicht und Bemessung der Steuer wesentlich sind. Liegen die Voraussetzungen zur Anerkennung als Berufsverband vor, ist der Freistellungsbescheid zu gewähren. Ein Verzicht auf die Steuerbegünstigungen nach § 5 Abs. 1 Nr. 5 KStG ist dem Verband nicht möglich.
Erkennt das Finanzamt die Berufsverbandseigenschaft – entgegen der Auffassung des Verbands – nicht an, wird dies als Erläuterung in einem Körperschaftsteuerbescheid mitgeteilt. Der Verband kann diesen Bescheid dann mit dem Rechtsbehelf des Einspruchs nach § 347 Abs. 1 Nr. 1 AO anfechten. Der Rechtsbehelf ist beim zuständigen Finanzamt schriftlich einzureichen oder zur Niederschrift zu erklären[620]. Die Einspruchsfrist beträgt einen Monat (§ 355 AO). Sie beginnt mit Ablauf des Tags, an dem dem Berufsverband der Bescheid bekannt gegeben worden ist. Regelmäßig werden Bescheide durch einfachen oder eingeschriebenen Brief zugesandt. In diesen Fällen gilt die Bekanntgabe mit dem dritten Tag nach Aufgabe zur Post als bewirkt, es sei denn, dass der Bescheid zu einem späteren Zeitpunkt zugegangen ist.
Nach § 137 AO sind dem Finanzamt zudem die Umstände anzuzeigen, die für die steuerliche Erfassung von Bedeutung sind. Dies sind insbesondere:

- der Erwerb der Rechtsfähigkeit
- die Änderung der Rechtsform
- die Beschlüsse, durch die für steuerliche Vergünstigungen wesentliche Satzungsbestimmungen geändert werden
- die Verlegung der Geschäftsleitung oder des Sitzes
- die Auflösung

Mitteilungen obiger Art sind gemäß § 137 Abs. 2 AO innerhalb eines Monats seit dem meldepflichtigen Ereignis zu erstatten.
Unterhält der Berufsverband einen wirtschaftlichen Geschäftsbetrieb, ist er verpflichtet, jährlich Steuererklärungen für diesen wirtschaftlichen Geschäftsbetrieb abzuge-

[619] Siehe Zeilen 77b bis 77d (KSt 1 A) bzw. 70a bis 70c (KSt 1 B).
[620] § 357 AO.

ben. Der Berufsverband ist nicht in vollem Umfang, sondern lediglich partiell von der Körperschaftsteuer befreit.
Die Körperschaftsteuer-, Gewerbesteuer- sowie Umsatzsteuererklärung für den wirtschaftlichen Geschäftsbetrieb sind seit dem VZ 2011 auf amtlich vorgeschriebenen Vordrucken elektronisch einzureichen.

- Körperschaftsteuer

  Berufsverbände in der Rechtsform des eingetragenen Vereins werden regelmäßig nicht nach den Vorschriften des Handelsgesetzbuchs zur Buchführung verpflichtet sein. Insoweit können bei Ihnen auch andere Einkünfte als solche aus Gewerbebetrieb vorliegen. Zu verwenden ist das Formular KSt 1 B[621]. Sie haben für ihre Einnahmenüberschussrechnung nach § 4 Abs. 3 EStG die Anlage EÜR beizufügen.

- Gewerbesteuer

  Berufsverbände haben ihren wirtschaftlichen Geschäftsbetrieb mittels des Formulars GewSt 1 A[622] anzumelden.

- Umsatzsteuer

  Die jährliche Umsatzsteuer ist anhand des Formulars USt 2[623] zu erklären. Die Einreichung der Umsatzsteuererklärung ist auch dann vorzunehmen, wenn der Berufsverband als Kleinunternehmer keine Umsatzsteuer zu entrichten hat. Dies ist im eigenen Interesse des Berufsverbands, da sich dadurch die Verjährungsfristen aufgrund der fehlenden Anlaufhemmung verkürzen lassen (§ 170 Abs. 2 Nr. 1 AO).

  Der Berufsverband als Unternehmer hat nach § 18 Abs. 1 UStG bis zum 10. Tag nach Ablauf jeden Voranmeldungszeitraums eine Voranmeldung nach amtlich vorgeschriebenem Vordruck elektronisch an das Finanzamt zu übermitteln; die Möglichkeit zur Beantragung einer Dauerfristverlängerung besteht[624]. Voranmeldungszeitraum ist nach § 18 Abs. 2 UStG grundsätzlich das Kalendervierteljahr. Beträgt die Umsatzsteuer für das vorangegangene Kalenderjahr mehr als 7.500 EUR bzw. weniger als 1.000 EUR, sind monatliche bzw. jährliche Voranmeldungen einzureichen.

---

[621] Siehe Anlage J.2.2, S. 284. Sind Berufsverbände nach den Vorschriften des HGB zur Buchführung verpflichtet, ist das Formular KSt 1 A (siehe Anlage J.2.1, S. 278) zu verwenden. Selbiges gilt für eine Service-GmbH.

[622] Siehe Anlage J.2.7, S. 299.

[623] Siehe Anlage J.2.8, S. 303.

[624] §§ 46 bis 48 UStDV. Bei monatlicher Anmeldung ist dann eine Sondervorauszahlung in Höhe von einem Elftel der Summe der Vorauszahlungen für das vorangegangene Kalenderjahr zu leisten.

E Exkurs: Abgrenzung zu gemeinnützigen Vereinen

Die Besteuerung von Berufsverbänden und gemeinnützigen Organisationen ist in vielen Bereichen vergleichbar, aber – zumindest im Detail – auch wieder sehr unterschiedlich. Beide sind Bestandteil bzw. eine eigenständige Gruppe unter dem Oberbegriff der Non-Profit-Organisation.
Bei beiden beruht die Einräumung steuerlicher Begünstigungen auf ihrer Hinwendung zu öffentlichen Aufgaben. So resultiert die persönliche Freistellung der Berufsverbände von der (Körperschaft-)Steuerpflicht „auf der gesetzespolitischen Anerkennung ihres Wirkens als eines Wirkens im Interesse der Allgemeinheit.“[625]. Hierin zeigt sich jedoch ein wesentlicher Unterschied: Ein Berufsverband vertritt die Interessen seines Berufsstands bzw. seines Wirtschaftszweigs und damit letztendlich einer begrenzten Gruppe. Gemeinnützige Organisationen sind dagegen nach ihrem Selbstzweck auf die Förderung der Allgemeinheit ausgerichtet (§ 52 Abs. 1 Sätze 1 und 2 AO). Diese umfassendere Breitenwirkung einer gemeinnützigen Organisation findet sich auch im Umfang der steuerlichen Vergünstigungen wieder; diese sind bei gemeinnützigen Organisationen grundsätzlich umfassender als bei Berufsverbänden[626].
In der Praxis wird eine Unterscheidung zwischen gemeinnützigen und berufsständischen Vereinen vielfach nicht in einem hinreichenden Maße vorgenommen. Es herrscht die Auffassung, dass „man steuerbegünstigt sei“.
In der Praxis finden sich erstaunlicherweise – wenn auch selten – vom Finanzamt anerkannte, gemeinnützige Berufsverbände. Dem Grunde nach ist dies ein Widerspruch in sich[627]; Gründe lassen sich nur in der jeweiligen Historie erahnen.
Ein wesentlicher Unterschied zwischen Berufsverbänden und gemeinnützigen Organisationen liegt darin, dass nur gemeinnützige Organisationen dem Anwendungsbereich der §§ 51 ff. AO unterliegen. Dies hat zur Folge, dass nur gemeinnützige Organisationen

- die in § 60 AO genannten satzungsmäßigen Voraussetzungen für die Steuervergünstigung zu beachten haben. Bei Berufsverbänden bestimmt sich die Steuerbefreiung insbesondere nach der tatsächlichen Geschäftsführung[628].

[625] BFH v. 29.11.1967 – I 67/65, BStBl. 1968 II, 236.
[626] Zur analogen Anwendung siehe ausführlich Kühner, Die Steuerbefreiung der Berufsverbände, 2008.
[627] So auch Alvermann, FR 2006 S. 262 (271); Kühner, Die Steuerbefreiung der Berufsverbände, 2008 S. 4–10; bereits auch Felix, BB 1982 S. 2171 (2175).
[628] BFH v. 13.3.2012 – I R 46/11, BFH/NV 2012, 1181.

- das Gebot der zeitnahen Mittelverwendung zu beachten haben und insofern den Regelungen der Rücklagenbildung unterliegen. Berufsverbände sind dagegen in der Frage der Rücklagenbildung frei.
- Zweckbetriebe nach den §§ 65 ff. AO haben können. Jedwede entgeltliche Betätigung eines Berufsverbands stellt einen wirtschaftlichen Geschäftsbetrieb dar.
- keine ertragsteuerlichen Konsequenzen zu ziehen brauchen, wenn die Einnahmen inklusive Umsatzsteuer des wirtschaftlichen Geschäftsbetriebs weniger als 35.000 EUR[629] betragen.
- bei der fiktiven Ausschüttung aus dem wirtschaftlichen Geschäftsbetrieb in ihren ideellen Bereich nach § 20 Abs. 1 Nr. 10 b) EStG keine Kapitalertragsteuer zu entrichten haben. Bei Berufsverbänden wird nur teilweise von dieser Definitivsteuerbelastung Abstand genommen[630].
- die Rechtsfolgen aus dem Vorliegen einer Betriebsaufspaltung nicht zu ziehen haben, wenn sowohl Mutter als auch Tochter jeweils gemeinnützige Organisationen sind, soweit die überlassenen wesentlichen Betriebsgrundlagen bei dem Tochterunternehmen nicht in einem wirtschaftlichen Geschäftsbetrieb eingesetzt werden.

Die nachfolgende Tabelle zeigt die steuerlichen Gemeinsamkeiten und Unterschiede zwischen Berufsverbänden und gemeinnützigen Körperschaften:

Steuerliche Gemeinsamkeiten/Unterschiede von Berufsverbänden und gemeinnützigen Körperschaften	
Gemeinnützige Körperschaft	**Berufsverband**
Gemeinsamkeiten	
Steuerbefreiung des ideellen Bereichs keine steuerliche Berücksichtigung von echten Mitgliedsbeiträgen Steuerbegünstigung der Vermögensverwaltung grundsätzliche Steuerpflicht wirtschaftlicher Geschäftsbetriebe Prüfung des Vorliegens eines Gepräges	
Unterschiede	
Nennung von wGB in Satzung schädlich	Nennung von wGB in Satzung unschädlich
Anwendung der §§ 51 - 68 AO	keine Anwendung der §§ 51 - 68 AO
Gebot der zeitnahen Mittelverwendung	in zeitlicher Verwendung der Mittel grds. frei
Steuerbegünstigung von Zweckbetrieben	keine Zweckbetriebe möglich
Besteuerung wirtschaftlicher Geschäftsbetrieb nur, falls Einnahme inklusive Umsatzsteuer > 35.000 EUR (§ 64 Abs. 3 AO)	Besteuerung wirtschaftlicher Geschäftsbetrieb unabhängig von Höhe der Einnahmen
ermäßigter Umsatzsteuersatz bei Vermögensverwaltung und den meisten Zweckbetrieben	Regelsteuersatz von derzeit 19 % bei Vermögensverwaltung
keine Belastung mit Kapitalertragsteuer	zusätzliche Kapitalertragsteuer bei fiktiver Ausschüttung in ideellen Bereich
Spendenempfangsberechtigung	keine Spendenempfangsberechtigung

[629] Bis zum Veranlagungszeitraum 2006: 30.678 EUR.

[630] Siehe ausführlich Gliederungspunkt D.8, S. 183.

F Rechnungslegung

1 Gesetzliche Vorgaben

Die Rechnungslegung von Berufsverbänden ist nicht separat geregelt. Sie richtet sich im Wesentlichen nach den spezifischen Rechtsnormen, die auf Vereine anzuwenden sind: insbesondere das Vereinsrecht, das Handels- und Steuerrecht sowie – bei einer Service-GmbH – das Gesetz für Gesellschaften mit beschränkter Haftung. Die Art und Form der Rechnungslegung ist dem Grunde nach nicht von der Steuerpflicht oder einer Steuerbegünstigung abhängig.
Der Berufsverband erhält seine Rechtsfähigkeit mit Eintragung ins Vereinsregister. Zu diesem Zeitpunkt beginnt grundsätzlich auch die Rechnungslegungspflicht. Wird jedoch der Verband schon vor der Eintragung ins Vereinsregister tätig, so beginnt die Rechnungslegungspflicht des sog. Vorvereins bereits mit der Aufnahme dieser Geschäftstätigkeit[631].
Im Fall der Auflösung[632] des Berufsverbands darf das Vereinsvermögen den bzw. dem Anfallberechtigten nicht vor Ablauf eines Jahrs nach der Bekanntmachung der Auflösung des Vereins oder der Entziehung der Rechtsfähigkeit ausgekehrt werden[633]. Bis dahin bleibt die Rechnungslegungspflicht bestehen[634].

1.1 Vereinsrecht

Einige wenige Rechtsnormen zur Rechnungslegung von Vereinen finden sich im BGB. Der Vorstand ist nach § 27 Abs. 3 i. V. mit § 666 BGB als Beauftragter verpflichtet, „dem Auftraggeber die erforderlichen Nachrichten zu geben, auf Verlangen über den Stand des Geschäfts Auskunft zu erteilen und nach der Ausführung des Auftrags Rechenschaft abzulegen“. Ein geordnetes Rechenwerk ist darüber hinaus auch zur Erfüllung der Insolvenzantragspflicht des Vorstands nach § 42 Abs. 2 Satz 1 BGB i. V. mit § 17 ff. InsO erforderlich.
Inhaltlich wird die Verpflichtung Rechenschaft abzulegen durch Mindestanforderungen in §§ 259, 260 BGB konkretisiert. Nach § 259 BGB erstreckt sich der Umfang der Rechenschaftspflicht auf laufende Aufzeichnungen in Form einer geordneten und verständlichen Zusammenstellung der Einnahmen über die Ausgaben und das

[631] Vgl. IDW RS HFA 14, Tz. 22.
[632] Siehe ausführlich Gliederungspunkt H.1, S. 247.
[633] § 51 BGB.
[634] Vgl. IDW RS HFA 14, Tz. 23.

Vorhandensein entsprechender Belege; ein bloßer Verweis auf Bücher, Belege und sonstige Unterlagen ist nicht ausreichend. Eine Verpflichtung zur periodischen Rechnungsabgrenzung enthält das BGB jedoch nicht. Zusätzlich besteht gemäß § 260 BGB die Verpflichtung, in gewissen Abständen oder auf Anfrage Aufzeichnungen mittels eines Bestandsverzeichnisses über das Vermögen[635] zu führen[636].

Weder für die geordnete Zusammenstellung der Einnahmen und Ausgaben noch für das Vermögensbestandsverzeichnis enthält das Gesetz besondere Form- und Gliederungsvorschriften. Die herrschende Lehre versteht diese Normen jedoch als Pflicht zur periodischen, d. h. jährlichen Rechenschaftslegung[637]. Dies ist insofern auch sachgerecht als den Mitgliedern offen zu legen ist, für welche Zwecke die eingenommenen Mittel verwendet wurden.

Die Vorschriften des BGB regeln grundsätzlich zunächst die interne Rechenschaftspflicht gegenüber den Mitgliedern im Rahmen der Mitgliederversammlung. Außerhalb dieser ist der Vorstand grundsätzlich weder den Mitgliedern noch fremden Dritten zur Erteilung von Auskünften verpflichtet[638].

Über die Mindestanforderungen hinausgehende Regelungen zur Rechnungslegung werden in der Praxis regelmäßig in der Satzung verankert. Dabei wird – gerade bei größeren Verbänden – ein freiwilliger Verweis auf handelsrechtliche Rechnungslegungspflichten satzungsmäßig festgeschrieben.

1.2 Handelsrecht

Für Berufsverbände an sich sind die handelsrechtlichen Rechnungslegungsvorschriften regelmäßig nicht unmittelbar einschlägig.

Berufsverbände sind als Idealvereine grundsätzlich keine Kaufleute i. S. des HGB und unterliegen somit auch nicht dem Anwendungsbereich des HGB.

Die handelsrechtlichen Rechnungslegungsvorschriften – §§ 238 ff. HGB – sind jedoch anzuwenden,

- wenn der Berufsverband zusätzlich ein Handelsgewerbe, d. h. einen wirtschaftlichen Geschäftsbetrieb, betreibt, das nach Art und Umfang einen in kaufmännischer Weise eingerichteten Geschäftsbetrieb erfordert[639].
- wenn der Berufsverband bspw. Service-Leistungen in eine eigenständige Tochter-GmbH ausgegliedert hat. In diesem Fall erlangt die Tochter-GmbH die Kaufmannseigenschaft kraft Eintragung und ist als solche somit buchführungspflichtig.

---

[635] Vermögensbestandsverzeichnis gemäß § 260 Abs. 1 BGB.

[636] Vgl. Reichert, Rn. 1679.

[637] Vgl. IDW RS HFA 14, Tz. 7.

[638] Vgl. Hoppen, in: Schauhoff, Handbuch der Gemeinnützigkeit, § 18 Rz. 2.

[639] Vgl. IDW RS HFA 14, Tz. 8.

- sofern der Berufsverband mit seinem wirtschaftlichen Geschäftsbetrieb unter das Publizitätsgesetz fällt. In diesem Fall werden für seinen Jahresabschluss die Vorschriften für Kapitalgesellschaften angewendet. Das Publizitätsgesetz findet gemäß § 1 Abs. 1 PublG Anwendung, wenn für drei aufeinanderfolgende Jahre zwei der drei folgenden Größenmerkmale überschritten sind[640]:
  - Bilanzsumme einer auf den Abschlussstichtag aufgestellten Jahresbilanz von mehr als 65 Mio. EUR
  - Umsatzerlöse des wirtschaftlichen Geschäftsbetriebs in den zwölf Monaten vor dem Bilanzstichtag von mehr als 130 Mio. EUR
  - Beschäftigung von durchschnittlich mehr als 5.000 Arbeitnehmern in den letzten zwölf Monaten
- wenn der Berufsverband sich aufgrund seiner satzungsmäßigen Bestimmungen zur Anwendung freiwillig verpflichtet hat.

Die handelsrechtliche Rechnungslegungspflicht umfasst, sofern es sich nicht um eine GmbH handelt oder die Rechnungslegungspflicht aus der Anwendung des Publizitätsgesetzes resultiert, lediglich den wirtschaftlichen Geschäftsbetrieb als unternehmerischen Bereich des Berufsverbands[641]. Die übrigen beiden Bereiche – ideeller Bereich und Vermögensverwaltung – sind hiervon nicht betroffen. Aus praktischen Erwägungen, d. h. wegen des Einsatzes zweier unterschiedlicher Rechnungslegungssysteme für den wirtschaftlichen Geschäftsbetrieb und den ideellen Bereich bzw. die Vermögensverwaltung, werden die handelsrechtlichen Rechnungslegungsvorschriften dann jedoch regelmäßig für sämtliche drei Sphären verwendet. In der Praxis finden sich aber auch Mischformen der Rechnungslegung, die von nicht zur kaufmännischen Rechnungslegung verpflichteten Vereinen aufgestellt werden[642].
Bei der Beteiligung eines Berufsverbands an mehreren Tochter-GmbHs stellt sich die Frage nach der Pflicht zur Aufstellung eines Konzernabschlusses. Nach § 290 Abs. 1 HGB besteht eine solche Pflicht, wenn mehrere Unternehmen unter der einheitlichen Leitung einer Kapitalgesellschaft (Mutterunternehmen) mit Sitz im Inland stehen. Die Voraussetzungen für ein Mutterunternehmen erfüllt ein Berufsverband in der Regel[643] nicht, sodass sich keine Pflicht zur Aufstellung eines Konzernabschlusses ergibt.

---

[640] Auf Berufsverbände, die Mutterunternehmen eines Konzerns nach §§ 11–13 PublG sind, sind zusätzlich die §§ 290–315a HGB weitgehend sinngemäß anzuwenden.
[641] Vgl. IDW RS HFA 14, Tz. 8.
[642] Vgl. Wallenhorst, in: Wallenhorst/Halaczinsky, B 28.
[643] Darüber hinaus kann eine Pflicht zur Aufstellung eines Konzernabschlusses aus § 11 PublG resultieren.

Das IDW[644] empfiehlt in diesen Fällen gleichwohl die entsprechende Anwendung der Vorschriften zur Konzernrechnungslegung von Kapitalgesellschaften (§§ 290 bis 315a HGB). Dies gelte insbesondere dann, wenn ein starker Lieferungs- und Leistungsverkehr zwischen dem Verein und den Tochterunternehmen herrscht oder wesentliche Vermögensteile oder Vereinsaktivitäten in die Tochterunternehmen ausgegliedert wurden.

1.3 Steuerrecht

Die steuerlichen Vorschriften über die Führung von Büchern und Aufzeichnungen enthalten die §§ 140 bis 148 AO. Sie sind einschlägig, sofern der Berufsverband insoweit steuerpflichtig ist.
Nach der sog. abgeleiteten Buchführungspflicht des § 140 AO hat derjenige, der nach anderen Gesetzen als den Steuergesetzen Bücher und Aufzeichnungen zu führen hat, die für die Besteuerung von Bedeutung sind, die Verpflichtungen, die ihm nach den anderen Gesetzen obliegen, auch für die Besteuerung zu erfüllen. Diese Verpflichtung gilt auch in den Fällen, in denen der Berufsverband ohne eine gesetzliche Verpflichtung freiwillig nach den handelsrechtlichen Vorschriften Rechnung legt. Als Konsequenz haben diese Berufsverbände – unabhängig von der Größe und Bedeutung eines wirtschaftlichen Geschäftsbetriebs – die Verpflichtung, eine Steuerbilanz zur Gewinnermittlung zu erstellen.
Darüber hinaus ergeben sich aus § 141 AO sog. originäre steuerliche Buchführungspflichten. Solche liegen vor, wenn der wirtschaftliche Geschäftsbetrieb zumindest eine der folgenden Voraussetzungen erfüllt:

- Umsätze einschließlich der steuerfreien Umsätze, ausgenommen die Umsätze nach § 4 Nr. 8 bis 10 UStG, von mehr als 500.000 EUR im Kalenderjahr oder
- selbstbewirtschaftete land- und forstwirtschaftliche Flächen mit einem Wirtschaftswert (§ 46 BewG) von mehr als 25.000 EUR oder
- ein Gewinn aus Gewerbebetrieb von mehr als 50.000 EUR im Wirtschaftsjahr oder
- ein Gewinn aus Land- und Forstwirtschaft von mehr als 50.000 EUR im Kalenderjahr.

Die originäre Buchführungspflicht findet nur dann Anwendung, wenn der Berufsverband nicht bereits nach § 140 AO der abgeleiteten Buchführungspflicht unterliegt. Ist § 141 AO einschlägig, gelten die §§ 238, 240 bis 242 Abs. 1 und die §§ 243 bis 256 HGB sinngemäß, sofern sich nicht aus den Steuergesetzen etwas anderes ergibt[645].

---

[644] Vgl. IDW RS HFA 14, Tz. 21.
[645] § 141 Abs. 1 Satz 2 AO.

In Bezug auf die originäre Buchführungspflicht sieht das Gesetz einen Übergangszeitraum vor. So ist die Verpflichtung zur Führung der Bücher nach § 141 Abs. 2 AO erst vom Beginn des Wirtschaftsjahrs an zu erfüllen, welches auf das Jahr folgt, in dem das Finanzamt auf die originäre Buchführungspflicht hingewiesen hat. Ebenso gibt es einen bis zu einjährigen Nachlauf: Die Buchführungspflicht endet erst in dem Jahr, welches auf den Hinweis durch das Finanzamt folgt.
Unternehmerisch tätige Berufsverbände i. S. des § 2 UStG sind nach § 22 UStG verpflichtet, zur Feststellung der Umsatzsteuer und der Grundlagen ihrer Berechnung Aufzeichnungen zu erstellen. Dabei gelten die allgemeinen Vorschriften über das Führen von Büchern und Aufzeichnungen der §§ 140 bis 148 AO in Übereinstimmung mit § 63 Abs. 1 UStDV auch für die Aufzeichnungen für Umsatzsteuerzwecke[646]. Die Aufzeichnungen müssen so beschaffen sein, dass es einem sachverständigen Dritten innerhalb einer angemessenen Zeit möglich ist, einen Überblick über die Umsätze des Unternehmers und die abziehbaren Vorsteuern zu erhalten und die Grundlagen für die Steuerberechnung festzustellen (§ 63 Abs. 1 UStDV). Sollte der Berufsverband noch als Kleinunternehmer i. S. des § 19 UStG anzusehen sein, sieht § 65 UStDV erleichterte Aufzeichnungspflichten vor.
Beschäftigt der Berufsverband Arbeitnehmer, hat er als Arbeitgeber am Ort der Betriebsstätte für jeden Mitarbeiter und jedes Kalenderjahr ein Lohnkonto zu führen[647]. In das Lohnkonto sind nach § 41 Abs. 1 Satz 2 EStG die für den Lohnsteuerabzug und die Lohnsteuerzerlegung erforderlichen Merkmale aus der Lohnsteuerkarte oder aus einer entsprechenden Bescheinigung zu übernehmen.

2 Zwecke der Rechnungslegung

Die Rechnungslegung von Berufsverbänden in der Rechtform des Vereins sollte grundsätzlich die nachfolgenden Funktionen erfüllen[648]:

- Dokumentationsfunktion

  Die Rechnungslegung dient dem vollständigen, zweckmäßigen und übersichtlichen Festhalten sämtlicher Geschäftsvorfälle.

- Rechenschafts- und Informationsfunktion

  Zum einen hat der Vorstand des Berufsverbands nach § 27 Abs. 3 i. V. mit § 666 BGB auf der Mitgliederversammlung Rechenschaft abzugeben. Nur so können die Mitglieder eine Entlastung des Vorstands beschließen. Der Vorstand hat die der Satzung entsprechende Verwendung der ihm anvertrauten Mittel zu belegen.

[646] Abschn. 22.1. Abs. 1 UStAE.
[647] § 41 EStG.
[648] Vgl. IDW RS HFA 14, Tz. 14 ff.

Zum anderen sollen durch die Rechnungslegung sowohl die aktuellen als auch die potenziellen Mitglieder über die Vereinstätigkeit und die (wirtschaftliche) Lage des Berufsverbands informiert werden.

- Gläubigerschutzfunktion

  Anders als bei Kapitalgesellschaften sieht das Recht der Vereine keine Mindestkapital- und Kapitalerhaltungsvorschriften vor, auch wenn der Verein gegenüber seinen Gläubigern nur mit dem Vereinsvermögen haftet. In deren Interesse ist es somit, wenn die Rechnungslegung auch dem Zweck des Nachweises der Schuldendeckungsfähigkeit dient; der Vorstand sollte durch die Rechnungslegung Anzeichen einer etwaigen Überschuldung oder Zahlungsunfähigkeit erkennen können.

Die Grundsätze ordnungsmäßiger Buchführung gelten gesetzlich nur für Kaufleute als Bilanzierungspflichtige. Gleichwohl entsprechen sie insgesamt den Anforderungen an eine getreue Rechenschaft. Aus diesem Grund sollten sie auch für andere Formen der Rechnungslegung, bspw. die Einnahmen-/Ausgabenrechnung, maßgeblich und damit inhaltlich von allen Berufsverbänden zu beachten sein[649]. Relevante Grundsätze ordnungsmäßiger Buchführung sind:

- Richtigkeit und Willkürfreiheit
- Klarheit und Übersichtlichkeit (§ 243 Abs. 2 HGB)
- Vollständigkeit und Saldierungsverbot (§ 246 HGB)
- Einzelbewertung der Vermögens- und Schuldposten (§ 252 Abs. 1 Nr. 3 HGB)
- vorsichtige Bewertung von Vermögen und Schulden (§ 252 Abs. 1 Nr. 3 HGB)
- Bewertungs- und Gliederungsstetigkeit (§§ 252 Abs. 1 Nr. 6, 265 Abs. 1 HGB)
- Fortführung der Unternehmenstätigkeit

3 Form und Inhalt der Rechnungslegung

3.1 Einnahmen-/Ausgabenrechnung mit Vermögensrechnung

In der Einnahmen-/Ausgabenrechnung werden ausschließlich Zahlungsvorgänge erfasst, die sich auf den Geldkonten niederschlagen. Unter Einnahmen und Ausgaben sind somit alle Zu- und Abflüsse an Geldmitteln im engeren Sinne zu verste-

[649] Vgl. IDW RS HFA 14, Tz. 18; Hoppen, in: Schauhoff, Handbuch der Gemeinnützigkeit, § 18 Rz. 32.

hen[650]. Erfasst werden neben den reinen Zahlungsströmen aus der laufenden Tätigkeit auch Geldbewegungen aus reinen Finanzierungsvorgängen, wie Aufnahme und Tilgung von Darlehen, Erwerb und Verkauf von Wertpapieren oder Investitionsvorhaben. Im Namen und für Rechnung eines Dritten vereinnahmte und verausgabte Beträge sind ebenso zu erfassen und als Davon-Vermerk gesondert anzugeben. Abschreibungen sind dagegen keine Ausgaben im obigen Sinne.
Das IDW[651] hat das nachfolgende Grundschema getrennt nach laufendem Geschäft, Investitionstätigkeit und Finanzbereich zur Darstellung der Mittelbewegungen aufgestellt. Dabei entspricht die Summe der Mittelbewegungen aus diesen drei Bereichen der Änderung des Geldmittelfonds in der Berichtsperiode.

Einnahmen-/Ausgabenrechnung

	Einnahmen aus laufender Tätigkeit
–	Ausgaben aus laufender Tätigkeit
=	Einnahmen-/Ausgabenüberschuss aus laufender Tätigkeit (a)
	Einnahmen aus Abgängen von Gegenständen des Anlagevermögens
–	Ausgaben für Investitionen in das Anlagevermögen
=	Einnahmen-/Ausgabenüberschuss aus der Investitionstätigkeit (b)
	Einnahmen aus der Finanzierungstätigkeit
–	Ausgaben aus der Finanzierungstätigkeit
=	Einnahmen-/Ausgabenüberschuss aus der Finanzierungstätigkeit (c)
	Erhöhung/Verminderung des Bestands des Geldmittelfonds (d) = (a) + (b) + (c)
+	Geldmittelfonds am Anfang der Periode (e)
=	Geldmittelfonds am Ende der Periode (f) = (d) + (e)

Zur Verdeutlichung der wesentlichen Einnahmequellen und Ausgabearten sind die Einnahmen und Ausgaben aus laufender Tätigkeit weiter zu untergliedern. Die Gliederung sollte einen so vollständigen, klaren und zutreffenden Einblick ermöglichen, dass sich der Adressat ein Urteil über das Vermögen und die Geldmittelflüsse bilden kann. Aus diesem Grund ist es in Anlehnung an § 265 Abs. 2 HGB zu begrüßen, wenn zu jedem Posten der entsprechende Betrag des vorhergehenden Geschäftsjahrs angegeben wird[652].
Das Grundschema des IDW berücksichtigt nicht weiter die drei steuerlichen Sphären eines Berufsverbands. Insofern ist es sinnvoll, zunächst Teilergebnisse getrennt für den ideellen Bereich, die Vermögensverwaltung und den wirtschaftlichen Geschäftsbetrieb darzustellen. Die drei potenziellen Teilergebnisse zeigen zusammengefasst die Bestandsveränderung der Geldmittel analog dem IDW-Grundschema.

[650] Vgl. hier und im Folgenden IDW RS HFA 14, Tz. 44 ff.
[651] Vgl. IDW RS HFA 14, Tz. 47.
[652] Vgl. IDW RS HFA 14, Tz. 43.

Einnahmen-/Ausgabenrechnung eines Berufsverbands[653]

Ideeller Bereich

Mitgliedsbeiträge
Zuschüsse
...
Sonstige Einnahmen

Einnahmen ideeller Bereich

Mitgliederverwaltung
Verbandsabgaben
Ausgaben für Geschäftsstelle
Ausgaben für Verbandszeitschrift
Allgemeine Betriebskosten
...
Sonstige Ausgaben

./. Ausgaben ideeller Bereich

Ergebnis ideeller Bereich

Vermögensverwaltung

Kapitalerträge
Beteiligungserträge
Miet- und Pachteinnahmen
Sponsoringeinnahmen

Einnahmen Vermögensverwaltung

Zinsaufwand
Kosten der Verwaltung
Sonstige Ausgaben

./. Ausgaben Vermögensverwaltung

Ergebnis Vermögensverwaltung

Wirtschaftlicher Geschäftsbetrieb

Teilbereich **„Aus- und Fortbildung"**
Teilnehmergebühren
Honorar Dozenten
Raummiete
Werbung

Ergebnis „Aus- und Fortbildung"

Teilbereich **„Werbung"**
Werbeeinnahmen
Anzeigenerlöse Verbandszeitschrift
Ausgaben

Ergebnis „Werbung"

Weitere wGB

Ergebnisse weiterer wGB

Ergebnis wGB

Gesamtergebnis

[653] In Anlehnung an die Einnahmen-/Ausgabenrechnung einer gemeinnützigen Körperschaft; siehe Hoppen, in: Schauhoff, Handbuch der Gemeinnützigkeit, § 18 Rz. 37.

Die Einnahmen und Ausgaben sind bei betragsmäßiger Bedeutung weiter zu untergliedern und damit den Besonderheiten des jeweiligen Berufsverbands anzupassen.
Die Zuordnung von Ausgaben, die in mehreren Bereichen entstanden sind, ist regelmäßig problembehaftet; es stellt sich die Frage nach einer sachgerechten Aufschlüsselung der Gemeinkosten. Die Ausgaben können auf die relevanten Bereiche aufgeteilt oder entsprechend ihrer Primärveranlassung zugeordnet werden[654].
Obige Alternativen für eine Einnahmen-/Ausgabenrechnung entsprechen nicht der steuerlichen Einnahmenüberschussrechnung nach § 4 Abs. 3 EStG. Wird eine solche aufgestellt, ist diese durch eine Überleitungsrechnung auf die Veränderungen des Bestands an Geldmitteln zu ergänzen.
Als Beispiele für Differenzen führt das IDW auf[655]:

- Abschreibungen
- Einnahmen aus Abgängen von Gegenständen des Anlagevermögens
- Investitionsausgaben
- Einnahmen aus der Aufnahme von Fremdkapital oder Ausgaben zu deren Tilgung
- Einnahmen/Ausgaben, die im Namen und für Rechnung eines anderen vereinnahmt/verausgabt werden

Die Vermögensrechnung hat nach dem Gebot der Vollständigkeit sämtliche Vermögensgegenstände und Schulden zu enthalten. Der Ansatz und die Bewertung sollten grundsätzlich in entsprechender Anwendung der einschlägigen Vorschriften des HGB vorgenommen werden[656]. Abweichend von den handelsrechtlichen Vorschriften dürfen Aufwandsrückstellungen sowie Rückstellungen für drohende Verluste aus schwebenden Geschäften im Rahmen der Vermögensrechnung nicht gebildet werden, da es sich nicht um zum Stichtag realisierte Schulden handelt. Zudem lässt das IDW die Erfassung von selbst erstellten immateriellen Wirtschaftsgütern des Anlagevermögens abweichend vom Aktivierungsverbot des § 248 Abs. 2 HGB zu.
Für die Form der Vermögensrechnung existieren keine gesetzlichen Vorgaben. Der Vorschlag des IDW orientiert sich gliederungstechnisch an den Regelungen des § 266 HGB. Demnach wird dem Grundsatz der Klarheit entsprochen, wenn unter Berücksichtigung der Gegebenheiten des jeweiligen Vereins mindestens folgende Vermögensgegenstände und Schulden einzeln ausgewiesen werden[657]:

- Vermögen
  - immaterielle Vermögensgegenstände

[654] Siehe ausführlich Gliederungspunkt D.7.3, S. 182.
[655] Vgl. IDW RS HFA 14, Tz. 55.
[656] Vgl. hier und im folgenden IDW RS HFA 14, Tz. 56 ff.
[657] In Anlehnung an IDW RS HFA 14, Tz. 57.

- Grundstücke und grundstücksgleiche Rechte einschließlich Bauten
- übrige Sachanlagen
- Finanzanlagen
- Vorräte
- Forderungen und sonstige Vermögensgegenstände
- Wertpapiere, soweit nicht unter Finanzanlagen auszuweisen
- Kassenbestand, Guthaben bei Kreditinstituten und Schecks

• Eigenkapital und Schulden
  - frei verfügbare Eigenmittel (Vereinskapital, Rücklagen, Ergebnisvortrag)
  - Rückstellungen
  - Verbindlichkeiten gegenüber Kreditinstituten
  - Verbindlichkeiten aus Lieferungen und Leistungen
  - sonstige Verbindlichkeiten

Analog den handelsrechtlichen Vorgaben sind die angewandten Ansatz- und Bewertungsgrundlagen durch einen Fußnotenvermerk oder in einem Erläuterungsteil anzugeben. Erläuterungen sollten darüber hinaus im Rahmen der Ansatz- und Bewertungsstetigkeit erfolgen, sofern Änderungen im Vergleich zum Vorjahr erfolgt sind[658].

3.2 Jahresabschluss

3.2.1 Handelsrecht

Die handelsrechtlichen Rechnungslegungsvorschriften können auf Berufsverbände nur in Bezug auf den wirtschaftlichen Geschäftsbetrieb anzuwenden sein, sofern nicht freiwillig oder aufgrund satzungsmäßiger Bestimmung nach handelsrechtlichen Grundsätzen Rechnung zu legen ist[659].
Der aufzustellende Jahresabschluss – zumindest bestehend aus Bilanz und Gewinn- und Verlustrechnung – hat die Vermögens-, Finanz- und Ertragslage nach den handelsrechtlichen Grundsätzen ordnungsmäßiger Buchführung wiederzugeben. Es finden die Vorschriften des Ersten Abschnitts des Dritten Buchs HGB (§§ 238–263 HGB) Anwendung, die für alle Kaufleute Geltung haben. Das IDW[660] empfiehlt zu-

[658] Siehe IDW RS HFA 14, Tz. 60.
[659] Sie umfassen den gesamten Berufsverband, sofern er aufgrund des Publizitätsgesetzes rechnungslegungspflichtig ist.
[660] Siehe IDW RS HFA 14, Tz. 27.

sätzlich die Berücksichtigung der ergänzenden handelsrechtlichen Vorschriften für den Jahresabschluss von Kapitalgesellschaften gemäß §§ 264 ff. HGB. Dies zumindest dann, wenn der Berufsverband die Größenkriterien einer mittelgroßen bzw. großen Kapitalgesellschaft nach § 267 Abs. 2 bzw. Abs. 3 HGB erfüllt[661].

Zusätzlich zur Bilanz und Gewinn- und Verlustrechnung sollten – in Abhängigkeit von der Größe des Berufsverbands – sowohl ein Anhang als auch ein Lagebericht aufgestellt werden[662]. Die entsprechenden handelsrechtlichen Vorschriften sind dann zu beachten.

Ansatz und Bewertung des Vermögens und der Schulden richten sich nach den allgemeinen Ansatz- und Bewertungsregelungen des HGB. Im Vergleich zur Vermögensrechnung verbietet § 248 Abs. 2 HGB die Aktivierung selbsterstellter immaterieller Vermögensgegenstände des Anlagevermögens. Jenen Vereinen, die nicht nach den Grundsätzen für Kapitalgesellschaften Rechnung legen, empfiehlt das IDW, in der Bilanz zumindest das Anlage- und Umlaufvermögen, das Eigenkapital, die Schulden sowie die Rechnungsabgrenzungsposten gesondert auszuweisen und hinreichend aufzugliedern[663]. Den besonderen Eigenarten von Berufsverbänden ist dadurch Rechnung zu tragen, dass ggf. Leerposten weggelassen, neue Posten hinzugefügt oder die Gliederungs- und Postenbezeichnungen modifiziert werden.

Die Aufwendungen und Erträge sind in der Gewinn- und Verlustrechnung gegenüberzustellen[664]. Da die Vereinnahmung von Mitgliedsbeiträgen grundsätzlich nicht im Rahmen eines Leistungsaustauschs erfolgt, stellen diese keine Umsätze dar. Demzufolge ist es sachgerecht, die Gewinn- und Verlustrechnung nicht nach dem Umsatzkostenverfahren (§ 275 Abs. 1 Satz 1 und Abs. 3 HGB), sondern vielmehr nach dem Gesamtkostenverfahren nach § 275 Abs. 2 HGB aufzustellen.

Sowohl die Bilanz als auch die Gewinn- und Verlustrechnung sollten es ihren Adressaten ermöglichen, sich ein Urteil über die Verwendung des eingesetzten Vermögens und der damit erzielten Erträge zu bilden. Es gilt der Grundsatz, einen vollständigen, klaren und zutreffenden Einblick in die Vereinstätigkeit zu gewährleisten. Die Angabe der entsprechenden Vorjahresbeträge zu den einzelnen Posten ist demzufolge sinnvoll.

Für die Mitglieder des Berufsverbands – wie auch potenzielle Gläubiger – ist regelmäßig von besonderem Interesse, in welchem Umfang Eigenkapital beim Verband gebildet worden ist. Dies ist die Differenz zwischen den Buchwerten der Vermögensgegenstände und den Schulden. Im Gegensatz zu Kapitalgesellschaften gibt es keine gesetzliche Regelung zur Mindestkapitalausstattung eines Verbands; dies ist auch insofern sachgerecht, als die Finanzierung regelmäßig über laufende Mitgliedsbeiträ-

[661] Zur Erfüllung des Umsatz-Kriteriums sollten neben den Umsatzerlösen auch die Mitgliedsbeiträge einbezogen werden.

[662] Siehe IDW RS HFA 14, Tz. 26 und 28.

[663] Siehe IDW RS HFA 14, Tz. 30.

[664] § 242 Abs. 2 HGB.

ge erfolgen sollte. Das IDW schlägt aufgrund fehlender vereinsrechtlicher Vorschriften die Gliederung des Eigenkapitals in die Positionen „Vereinskapital“, „Rücklagen“ und „Ergebnisvortrag“ vor[665].

3.2.2 E-Bilanz

Nach § 5b EStG besteht für Steuerpflichtige, die ihren Gewinn nach § 4 Abs. 1, §§ 5 oder 5a EStG ermitteln, die Verpflichtung, den Inhalt der Bilanz sowie der Gewinn- und Verlustrechnung nach amtlich vorgeschriebenem Datensatz[666] durch Datenfernübertragung (sog. E-Bilanz) zu übermitteln. Die bisherige Übermittlung durch Abgabe in Papierform wird dadurch ersetzt. Dies gilt unabhängig von der Rechtsform und der Größenklasse des bilanzierenden Unternehmens. Auch die anlässlich einer Betriebsveräußerung, Betriebsaufgabe, Änderung der Gewinnermittlungsart oder in Umwandlungsfällen aufzustellende Bilanz ist durch Datenfernübertragung zu übermitteln.

Ist ein Berufsverband als steuerbegünstigte Körperschaft nach handels- oder steuerrechtlichen Vorschriften zur Aufstellung einer Bilanz sowie einer Gewinn- und Verlustrechnung verpflichtet, hat er die E-Bilanz elektronisch zu übermitteln[667]. Die Verpflichtung nach § 5b EStG bezieht sich jedoch nur auf die Bilanz und die Gewinn- und Verlustrechnung für den etwaigen wirtschaftlichen Geschäftsbetrieb des Berufsverbands. Zur Vermeidung unbilliger Härten dürfen diese Berufsverbände in einer Übergangszeit weiterhin die Bilanz sowie die Gewinn- und Verlustrechnung in Papierform bei dem für sie zuständigen Finanzamt einreichen. Die elektronische Übermittlung ist erstmals für die Wirtschaftsjahre zwingend, die nach dem 31.12.2014 beginnen[668]. Demzufolge haben Berufsverbände ihr Buchungsverhalten ab dem 1.1.2015 ggf. zu ändern, um in 2016 ihren Jahresabschluss 2015 elektronisch zu übermitteln.

Diese Vorgehensweise erfordert ein Umdenken bei den Berufsverbänden im Rahmen ihrer Gewinnermittlung. Bisher ist es üblich, zunächst einen Betriebsvermögensvergleich für den gesamten Berufsverband vorzunehmen und diesen dann in den ertragsteuerfreien Teil – ideeller Bereich und Vermögensverwaltung – sowie den ertragsteuerpflichtigen wirtschaftlichen Geschäftsbetrieb aufzuteilen[669].

---

[665] Siehe IDW RS HFA 14, Tz. 35 f.

[666] Nach § 51 Abs. 1 Nr. 1 b) EStG ist das BMF ermächtigt, im Einvernehmen mit den obersten Finanzbehörden der Länder den Mindestumfang der E-Bilanz zu bestimmen.

[667] Siehe hier und im Folgenden BMF v. 28.9.2011 – IV C 6 – S 2133-b/11/10009, BStBl. 2011 I, 855 Rz. 5.

[668] BMF v. 28.9.2011 – IV C 6 – S 2133-b/11/10009, BStBl. 2011 I, 855 Rz. 7.

[669] Siehe Richter/Kruczynski, in: Littmann/Bitz/Pust, EStG, § 5b Rz. 8; Metzing/Fischer, DStR 2011 S. 1583 (1584).

4 Offenlegung

Eine Offenlegungspflicht des Jahresabschlusses sowie Lageberichts besteht für Berufsverbände regelmäßig nicht. Eine solche kann jedoch in weitgehend sinngemäßer Anwendung der §§ 325 ff. HGB resultieren, wenn der Berufsverband den Regelungen des Publizitätsgesetzes unterliegt (§§ 9, 15 PublG) oder wenn dies in der Satzung vorgesehen ist.
Seit dem Inkrafttreten des EHUG[670] zum 1.1.2007 sind für die Entgegennahme und Veröffentlichung von wichtigen Daten der Unternehmensrechnungslegung nicht mehr die Amtsgerichte (Registergerichte) zuständig, sondern der Betreiber des elektronischen Bundesanzeigers, die Bundesanzeiger Verlagsgesellschaft mbH in Köln. Nach wie vor sind die Unterlagen unverzüglich nach ihrer Vorlage an die Gesellschafter bzw. Mitglieder, spätestens 12 Monate nach dem Abschlussstichtag, einzureichen[671]. Die Einreichungsfrist ist gesetzlich vorgeschrieben und kann seitens des Bundesanzeiger Verlags nicht verlängert werden[672]. Offenlegungspflichtig sind zudem gemäß §§ 325 ff. HGB regelmäßig die Jahresabschlüsse von Tochter-Kapitalgesellschaften. Für den Umfang der zu veröffentlichenden Informationen sehen die §§ 326 und 327 HGB größenabhängige Erleichterungen für kleine und mittelgroße Kapitalgesellschaften vor.
Kleine Kapitalgesellschaften sind nach § 267 Abs. 1 HGB solche, die mindestens zwei der drei nachstehenden Merkmale nicht überschreiten:

- 4.840.000 EUR Bilanzsumme nach Abzug eines auf der Aktivseite ausgewiesenen Fehlbetrags (§ 268 Abs. 3 HGB)
- 9.680.000 EUR Umsatzerlöse in den zwölf Monaten vor dem Abschlussstichtag
- im Jahresdurchschnitt 50 Arbeitnehmer

Mittelgroße Kapitalgesellschaften sind gemäß § 267 Abs. 2 HGB solche, die mindestens zwei der drei Merkmale für kleine Kapitalgesellschaften überschreiten und jeweils mindestens zwei der drei nachstehenden Merkmale nicht überschreiten:

- 19.250.000 EUR Bilanzsumme nach Abzug eines auf der Aktivseite ausgewiesenen Fehlbetrags (§ 268 Abs. 3 HGB)
- 38.500.000 EUR Umsatzerlöse in den zwölf Monaten vor dem Abschlussstichtag
- im Jahresdurchschnitt 250 Arbeitnehmer

---

[670] Gesetz über elektronische Handelsregister und Genossenschaftsregister sowie das Unternehmensregister v. 10.11.2006, BGBl. 2006 I, 2553.
[671] § 9 Abs. 1 PublG i. V. mit § 325 HGB.
[672] Die Offenlegungspflicht wird bereits mit der Einreichung der Unterlagen gewahrt.

Der Betreiber des elektronischen Bundesanzeigers unterrichtet gemäß § 329 Abs. 4 HGB bei Verstößen gegen die Offenlegung das Bundesamt für Justiz. Dieses leitet bei nicht ordnungsgemäßer Offenlegung ein Ordnungsgeldverfahren ein. Verstöße wegen unterlassener oder unvollständiger Publikation werden durch die Verhängung von Ordnungsgeldern in Höhe von mindestens 2.500 EUR bis maximal 25.000 EUR geahndet (§ 335 Abs. 1 Satz 4 HGB).

Das Ordnungsgeld kann sowohl gegen die Gesellschaft als auch gegen ihre gesetzlichen Vertreter festgesetzt werden. Es muss vorher angedroht werden und kann bei Nichtbefolgung mehrfach festgesetzt werden. Der Einspruch gegen die Androhung des Ordnungsgeldes hat keine aufschiebende Wirkung. Gegen die Ablehnung eines Einspruchs und gegen die Festsetzung des Ordnungsgelds kann die sofortige Beschwerde beim Landgericht Bonn erhoben werden.

G Satzungsänderung und Änderungen in der Verbandsstruktur

1 Satzungsänderung

Eine Satzungsänderung ist immer dann erforderlich, wenn eine Satzungsbestimmung aufgehoben, geändert, ergänzt oder durch eine andere ersetzt werden soll. Eine förmliche Satzungsänderung ist sowohl bei inhaltlichen als auch bei bloß redaktionellen Änderungen erforderlich.

1.1 Zuständigkeit

Nach dem Gesetz ist die Mitgliederversammlung das für Satzungsänderungen zuständige Vereinsorgan (§ 32 Abs. 1 Satz 1 BGB). Die Satzung kann aber auch jedem anderen Vereinsorgan die Zuständigkeit für Satzungsänderungen zuweisen.

1.2 Beschlussfassung

Der satzungsändernde Beschluss ist nur wirksam, wenn die für die Beschlussfassung des betreffenden Organs im Gesetz und in der Satzung zwingend vorgeschriebenen Förmlichkeiten eingehalten sind. Bei der Mitgliederversammlung sind dies insbesondere die Vorschriften über die Einberufung, die Beschlussfähigkeit und die Beschlussfassung.

Einladung und Ankündigung

Erforderlich ist zunächst einmal die ordnungsgemäße Ankündigung der Satzungsänderung bei der Einberufung der Mitgliederversammlung. Die bloße Ankündigung einer „Satzungsänderung" genügt nicht. Es muss vielmehr mitgeteilt werden, welche Bestimmung der Satzung geändert werden soll. Sinnvoll ist es, die beabsichtigten Änderungen darzustellen und ggf. zu erläutern. Soll die gesamte Satzung neu gefasst werden, ist in der Einladung darauf hinzuweisen, dass der Text der Neufassung in der Geschäftsstelle des Vereins erhältlich ist, wenn er nicht bereits mit der Einladung versandt wird[673].

[673] OLG Schleswig NJW-RR 2002, 760.

Nach § 33 Abs. 1 Satz 1 BGB kommt ein satzungsändernder Beschluss der Mitgliederversammlung nur zustande, wenn drei Viertel der abgegebenen Stimmen dem Änderungsantrag zustimmen. Entscheidend ist die Mehrheit der abgegebenen Ja- und Nein-Stimmen; Stimmenthaltungen und ungültige Stimmen gelten als nicht abgegeben[674]. Die Satzung kann die gesetzlichen Anforderungen, d. h. insbesondere das für einen satzungsändernden Beschluss zu erreichende Quorum, abmildern oder verschärfen.
Eine Änderung des Vereinszwecks ist gemäß § 33 Abs. 1 Satz 2 BGB nur mit Zustimmung aller Mitglieder möglich. Mitglieder, die in der beschlussfassenden Mitgliederversammlung nicht anwesend waren, müssen dem Beschluss schriftlich zustimmen. Die bloße Änderung des Wortlauts der Satzungsbestimmung über den Vereinszweck ist keine Zweckänderung im Sinne von § 33 Abs. 1 Satz 2 BGB, wenn dadurch inhaltlich keine Änderung vorgenommen wird[675]

Zustimmungsvorbehalte

Die Satzung kann vorsehen, dass die Satzungsänderung nur mit Zustimmung eines Vereinsmitglieds (Sonderrecht) oder eines anderen Vereinsorgans zulässig ist. Nach überwiegender Meinung ist es auch zulässig, die Wirksamkeit einer Satzungsänderung von der Genehmigung durch ein Nicht-Mitglied oder eine sonstige Stelle – auch außerhalb des Vereins – abhängig zu machen[676]. In der Praxis sind häufig Regelungen anzutreffen, wonach in einem Dachverband zusammengeschlossene Vereine oder Zweigvereine eines Gesamtvereins ihre Satzung nur mit Zustimmung des Dachverbands bzw. des Gesamtvereins ändern können.

Protokollierung

Der satzungsändernde Beschluss ist gemäß den Vorschriften der Vereinssatzung zu protokollieren. Eine notarielle Beurkundung ist, sofern sich aus der Satzung oder aus Spezialgesetzen (bspw. § 13 Abs. 3 Satz 1 UmwG) nichts anderes ergibt, nicht erforderlich.

1.3 Eintragung im Vereinsregister

Zur Wirksamkeit der Satzungsänderung muss der satzungsändernde Beschluss in das Vereinsregister eingetragen werden (§ 71 Abs. 1 Satz 1 BGB). Die Registereintragung hat konstitutive Wirkung. Eine zwar beschlossene, aber noch nicht eingetragene Satzungsänderung ist sowohl für das Verhältnis des Vereins zu Dritten als auch ver-

[674] BGH NJW 1982, 1585.
[675] BGH DNotZ 1986, 276; Stöber/Otto, Rn. 929f.
[676] Sauter/Schweyer/Waldner, Rn. 136. A.A. Stöber/Otto, Rn. 911.

einsintern ohne Bedeutung[677]. Aufgrund der konstitutiven Wirkung der Eintragung ist eine rückwirkende Änderung der Satzung nicht möglich[678]

Registeranmeldung

Die Eintragung der Satzungsänderung in das Vereinsregister setzt eine entsprechende Anmeldung der Satzungsänderung durch den Vereinsvorstand voraus (§ 71 Abs. 1 Satz 2 BGB). Die Anmeldung ist durch Vorstandsmitglieder in vertretungsberechtigter Anzahl vorzunehmen[679]. Im Anmeldeschreiben sind die Satzungsänderungen schlagwortartig zu bezeichnen[680]. Die Unterschriften unter der Anmeldung müssen öffentlich beglaubigt sein (§ 77 BGB).
Der Anmeldung ist eine Abschrift des satzungsändernden Beschlusses sowie die Satzung in ihrem geänderten Wortlaut beizufügen (§ 71 Abs. 1 Satz 3 BGB). Wurden neben der Satzungsänderung weitere Beschlüsse gefasst, genügt es, einen Auszug aus dem Protokoll einzureichen, aus welchem sich der Beschluss über die Satzungsänderung ergibt.
Das Registergericht prüft die Satzungsänderung in formeller und materieller Hinsicht. Geprüft wird insbesondere die Vertretungsberechtigung der Anmeldenden. Geprüft wird ferner, ob der satzungsändernde Beschluss formell ordnungsgemäß zustande gekommen ist. Eine Pflicht zur Prüfung, ob die Versammlung ordnungsgemäß einberufen war, besteht hingegen nicht. Wird nur eine Satzungsänderung angemeldet, so prüft das Gericht lediglich diese Änderung. Wird hingegen die Neufassung der Satzung angemeldet, erstreckt sich die Prüfung des Registergerichts auf sämtliche Satzungsbestimmungen. Dies gilt ohne Rücksicht darauf, ob sie in der bisherigen Satzung bereits vorhanden waren oder nicht.

1.4 Satzungsdurchbrechung

In Abgrenzung zur Satzungsänderung liegt eine Satzungsdurchbrechung vor, wenn ein Beschluss im Einzelfall eine von der Satzung abweichende Regelung trifft[681]. Hierbei ist es unerheblich, ob das für die Satzungsänderung zuständige Vereinsorgan bei der Beschlussfassung Kenntnis über die Satzungswidrigkeit hatte[682]. Die Zulässigkeit einer Satzungsdurchbrechung ist jedoch auf solche Beschlüsse zu beschränken, die eine „punktuelle Regelung“ enthalten, also sich die Wirkung des Beschluss daher in

---

[677] BGH NJW 1957, 497; BFH NJW-RR 2002, 318.
[678] OLG Hamm, DNotZ 2007, 317.
[679] Palandt/Heinrichs/Ellenberger, § 71 Rn. 2.
[680] BGH NJW 1987, 3191; BayObLG NJW-RR 1999, 400.
[681] OLG Dresden, NZG 2012, 507; MünchKomm/Reuter, § 33 Rn. 10.
[682] BGH, NJW 1993, 2246; OLG Dresden, NZG 2012, 507; a.A. MünchKomm/Reuter, § 33 Rn. 10.

der betreffenden Maßnahme erschöpft[683]. In diesem Fall ist es hinreichend, wenn eine ordnungsgemäße Einladung zur Mitgliederversammlung mit den zu behandelnden Beschlussgegenständen vorliegt und der Beschluss mit satzungsändernder Mehrheit gefasst wurde; eine Registereintragung ist nicht erforderlich[684]. Wird dagegen durch den Beschluss ein dauerhaft von der Satzung abweichender rechtlicher Zustand begründet, gelten weiterhin die an eine Satzungsänderung geknüpften Anforderungen[685]. Ein solcher Beschluss ist ohne die Registereintragung nichtig[686].

2 Ausgründung von Verbandsaktivitäten

2.1 Einsatz von Service-Gesellschaften

2.1.1 Chancen/Motive und Risiken

In der Praxis besteht bei Verbänden häufig der Wunsch oder sogar die Notwendigkeit, bestimmte Verbandsaktivitäten organisatorisch und rechtlich zu verselbstständigen. Ohne Anspruch auf Vollständigkeit sollen nachfolgend potenzielle Chancen und Motive für diese Ausgliederung aufgeführt werden:

- Betriebswirtschaft/Organisation
  - Nutzung von Kosteneinsparungspotenzialen
  - betriebswirtschaftliche Notwendigkeit aufgrund des Umfangs der wirtschaftlichen Betätigung (Nutzung von Skaleneffekten)
  - Einkauf von Know-how; Beteiligung von fremden Dritten (u. U. anderen Berufsverbänden); Kooperationsmöglichkeiten
  - Konzentration auf die eigentliche (berufsständische) Tätigkeit im Verband
  - Herausarbeitung klarer Strukturen mit einer eindeutigen Zuordnung von Personal- und Ergebnisverantwortlichkeit
  - Schaffung einer flexiblen Unternehmensstruktur (Anpassungsfähigkeit)
  - Recht/Arbeitsrecht

683 BGH, NJW 1993, 2246; OLG Zweibrücken Urt. v. 26.6.2013 – 3 W 41/13; MünchKomm/ Reuter, § 33 Rn. 10; a.A. Reichert, Rn. 705; Palandt/Ellenberger, § 33 Rn. 1; Sauter/Schweyer/ Waldner, Rn. 134.

684 OLG Bremen, NZG 2012, 1192; Stöber/Otto, Rn. 954.

685 BGH, NJW 1993, 2246; Stöber/Otto, Rn. 953.

686 BGH, NJW 1003, 2246.

- Auslagerung von Haftungsrisiken/Haftungsabschottung (Schutz des Vereinsvermögens; ehrenamtlicher Vorstand im Berufsverband versus hauptamtlicher Geschäftsführer in Tochter-GmbH)
- Vermeidung der Entziehung der Rechtsfähigkeit durch die Verwaltungsbehörde bei umfangreicher wirtschaftlicher Betätigung (§§ 43 Abs. 2, 44 BGB; Verstoß gegen Nebenzweckprivileg)
- Veränderung des Vergütungssystems (für neue Mitarbeiter; TVöD)

• Steuerrecht
  - Verringerung bzw. Vermeidung der Gefahr des Gepräges (drohende Aberkennung der steuerlichen Begünstigungen als Berufsverband)[687]
  - Verlustabschottung des wirtschaftlichen Geschäftsbetriebs

Neben den exemplarisch aufgezeigten Chancen und Motiven können mit der Ausgliederung auch Risiken verbunden sein, die gleichfalls schlagwortartig aufgeführt werden:

• „Tradition“, sodass bei den Mitgliedern umfangreiche Überzeugungsarbeit für die geplante neue Verbandsstruktur zu leisten ist;
• Haftungsrisiken in Bezug auf die Ausgliederung sowie als Muttergesellschaft durch bspw. eine Insolvenzantragspflicht für die Tochter-GmbH;
• Umsatzsteuer ggf. als zusätzlicher Kostenfaktor bei Leistungsbeziehungen zwischen Mutter und Tochter[688];
• Grunderwerbsteuer als Hemmnis der Ausgliederung;
• Saldierung der Ergebnisse verschiedener wirtschaftlicher (Teil-)Geschäftsbetriebe u. U. abgeschnitten.

2.1.2 Vermeidung des Gepräges

Aus steuerlicher Sicht kann die Ausgliederung sinnvoll sein, damit der wirtschaftliche Geschäftsbetrieb dem Berufsverband nicht das sog. Gepräge[689] geben könnte, wodurch die Steuerbegünstigungen des Verbands selbst gefährdet wären. In R 16 Abs. 1 Satz 6 KStR 2004 heißt es hierzu:

> *„Die Steuerbefreiung entfällt, wenn nach dem Gesamtbild der tatsächlichen Geschäftsführung die nicht dem Ver-*

---

[687] Siehe ausführlich den nachfolgenden Gliederungspunkt, S. 211.

[688] Diese zusätzliche Kostenbelastung ist durch die Begründung einer umsatzsteuerlichen Organschaft vermeidbar; siehe Gliederungspunkt G.2.6.2.2, S.230.

[689] Siehe grundsätzlich Gliederungspunkt D.3.3.3, S. 124.

bandszweck dienende wirtschaftliche Tätigkeit dem Verband das Gepräge gibt.“

Dieses Risiko wird durch die Ausgliederung des wirtschaftlichen Geschäftsbetriebs in eine Service-GmbH vermindert, da die Tätigkeit einer steuerpflichtigen Tochtergesellschaft aufgrund des Trennungsprinzips nicht mehr dem Berufsverband zuzurechnen ist. Etwas anderes gilt jedoch, sofern die Service-GmbH ihre Gewinne an den Berufsverband ausschüttet; diese Vorgänge sind aber im Rahmen offener Ausschüttungen bewusst steuerbar[690].

2.1.3 „Schein"-GmbH

Sofern der wirtschaftliche Bereich des Berufsverbands in eine Tochter-GmbH ausgegliedert werden soll, ist darauf zu achten, dass die rechtliche Trennung tatsächlich wirtschaftlich nachvollzogen wird. Es bestehen nach der Ausgliederung zwei rechtlich selbstständige Rechtsträger, die auch als solche zu behandeln sind. Leistungsbeziehungen zwischen diesen sind zulässig; sie sind jedoch wie unter fremden Dritten abzuwickeln und entsprechend – regelmäßig schriftlich – zu dokumentieren. Dies erfordert teilweise ein Umdenken der handelnden Personen, damit die rechtlich selbstständigen Rechtsträger gedanklich nicht weiterhin als Einheit gesehen werden. Wird die rechtliche Verselbstständigung in der täglichen Praxis nicht umgesetzt, besteht die Gefahr des Vorliegens einer Schein-GmbH. Bei einer solchen ist grundsätzlich § 42 AO „Missbrauch von rechtlichen Gestaltungsmöglichkeiten“ einschlägig; die Finanzverwaltung könnte bei einer Betriebsprüfung die Beziehungen zwischen Berufsverband und seiner Service-GmbH mit steuerlicher Wirkung negieren. Alle Aktivitäten der GmbH würden umfassend und unmittelbar dem Berufsverband zugeordnet.

2.2 Zivilrechtliche Grundlagen

Die Ausgründung eines bestimmten Bereichs des Vereins kann zivilrechtlich auf unterschiedliche Art und Weise realisiert werden.

2.2.1 Ausgliederung

Die Ausgliederung ist eine Unterform der Spaltung[691]. Bei der Ausgliederung nach §§ 123 Abs. 3, 149 bzw. 161 ff. UmwG geht im Wege der partiellen Gesamtrechtsnachfolge ein Teil des Vermögens des Vereins auf einen anderen Rechtsträger über. Der übertragende Rechtsträger erhält dafür als Gegenleistung Anteile an dem übernehmenden Rechtsträger. Übertragender Rechtsträger kann nach § 124 Abs. 1

[690] Vgl. Mueller-Thuns/Jehke, DStR 2010, S. 905 (908).

[691] Siehe zur Spaltung Gliederungspunkt G.4, S. 244.

UmwG auch ein eingetragener Verein sein, sodass ein Verband im Wege der Ausgliederung bestimmte Aktivitäten auf einen anderen Rechtsträger (üblicherweise eine GmbH) übertragen kann. Als Gegenleistung erhält der Verband dafür Gesellschaftsanteile an dem übernehmenden Rechtsträger.
Die Ausgliederung kann insbesondere wegen der Gesamtrechtsnachfolge von Vorteil sein. Sämtliche von der Ausgliederung umfassten Vermögensgegenstände und Rechtsverhältnisse gehen in einem Akt auf den übernehmenden Rechtsträger über. Insbesondere Vertragsbeziehungen können dadurch grundsätzlich ohne die Zustimmung des Vertragspartners auf den übernehmenden Rechtsträger übertragen werden.
Allerdings ist zu beachten, dass bei der Ausgliederung nach dem Umwandlungsgesetz zahlreiche Formerfordernisse zu erfüllen sind. Insbesondere ist nach § 125 Satz 1 i. V. mit § 13 UmwG ein notariell zu beurkundender Beschluss der Mitgliederversammlung erforderlich, der mit einer Mehrheit von drei Vierteln der abgegebenen Stimmen zu fassen ist, wenn die Satzung keine größere Mehrheit und andere Erfordernisse vorsieht (§ 103 UmwG).
Wird ein ganzer Betrieb oder Betriebsteil ausgegliedert, so ist ferner zu beachten, dass nach § 613a BGB die damit verbundenen Arbeitsverhältnisse kraft Gesetzes auf die Tochter-GmbH übergehen. Die betroffenen Arbeitnehmer sind gemäß § 613a Abs. 5 BGB schriftlich über den Betriebsübergang zu unterrichten. Ihnen steht nach § 613a Abs. 6 BGB das Recht zu, dem Übergang ihres Arbeitsverhältnisses zu widersprechen.

2.2.2 Sacheinlage oder Sachgründung

Eine weitere Möglichkeit zur Ausgründung bestimmter Verbandsaktivitäten besteht darin, dass der Verein die zur Ausführung dieser Aktivitäten erforderlichen Wirtschaftsgüter und Vertragsverhältnisse als Sacheinlage in eine von ihm gegründete Tochtergesellschaft einbringt. Dabei kommt sowohl die offene oder verdeckte Sacheinlage in eine bereits bestehende Gesellschaft in Betracht als auch die Errichtung einer neuen Gesellschaft im Wege der Sachgründung.
Im Unterschied zur Ausgliederung hat die Übertragung der Vermögensgegenstände bei der Sacheinlage bzw. Sachgründung im Wege der Einzelrechtsübertragung zu erfolgen. Das bedeutet, dass alle Aktiva und Passiva und jedes Vertragsverhältnis einzeln zu übertragen sind. Zudem können Vertragsverhältnisse nur mit der Zustimmung des jeweiligen Vertragspartners übertragen werden. Vorteilhaft, weil flexibler als bei der Ausgliederung, ist, dass die strengen Form- und Mehrheitserfordernisse des Umwandlungsgesetzes nicht greifen. Wird ein ganzer Betrieb oder Betriebsteil übertragen, so ist zu beachten, dass nach § 613a BGB die damit verbundenen Arbeitsverhältnisse kraft Gesetzes auf die Tochter-GmbH übergehen, wenn der Arbeitnehmer dem Betriebsübergang nicht widerspricht.

2.2.3 Verkauf

Schließlich kommt als Gestaltungsvariante ein Verkauf der betreffenden Verbandsaktivitäten an eine Tochtergesellschaft (asset deal) in Betracht. Die Übertragung vollzieht sich dabei im Wege der Einzelrechtsnachfolge, sodass ggf. bestimmte Wirtschaftsgüter von dem Verband zurückgehalten werden können, um sie ggf. anschließend an die Tochter-GmbH zu vermieten. Wird die Tochtergesellschaft im unmittelbaren Zusammenhang mit dem Verkauf bar gegründet oder wird bei ihr für Zwecke des beabsichtigten Erwerbs eine Barkapitalerhöhung durchgeführt, so ist darauf zu achten, dass eine verdeckte Sachgründung vermieden wird. Zu beachten ist, dass auch bei einem „asset deal" alle mit dem verkauften Betrieb oder Betriebsteil zusammenhängenden Arbeitsverhältnisse unter den Voraussetzungen des § 613a BGB auf den Erwerber übergehen.

2.3 Steuerliche Auswirkungen der Ausgründung

2.3.1 Ausgliederung bzw. Sacheinlage

Im Rahmen der Ausgliederung bzw. Sacheinlage wird Vermögen aus dem Berufsverband auf die Service-GmbH übertragen. Als Gegenleistung erhält der Berufsverband Anteile an der Service-GmbH. Aus bilanzieller Sicht kommt es zu einem Aktivtausch von „Wirtschaftsgütern des wirtschaftlichen Geschäftsbetriebs" zu „Beteiligung Service-GmbH". Eine solche Ausgliederung hat keine Auswirkung auf die Anerkennung als Berufsverband, unabhängig davon, aus welcher Sphäre die Mittel stammen[692]. Das Recht der Berufsverbände kennt keine dem Grundsatz der zeitnahen Mittelverwendung nach § 55 Abs. 1 Nr. 5 AO entsprechende Regelung.

Die Übertragung von Betriebsvermögen auf eine Kapitalgesellschaft gegen Gewährung von Gesellschaftsrechten stellt einen tauschähnlichen Vorgang dar[693]. Dieser ist nach den allgemeinen Gewinnermittlungsgrundsätzen eine gewinnrealisierende Veräußerung. Die §§ 20 ff. UmwStG ermöglichen es jedoch, die Ertragsteuerbelastung im Zeitpunkt der Ausgründung regelmäßig zu vermeiden[694].

Wird ein Betrieb oder Teilbetrieb in eine Service-GmbH als übernehmende Gesellschaft eingebracht und erhält der Berufsverband als Einbringender dafür neue Anteile

---

[692] Vgl. Meining, DStR 2006 S. 352 (353).

[693] Vgl. Patt, in: Dötsch u. a., Umwandlungssteuerrecht, Vor §§ 20 – 23 Rz. 13.

[694] Das UmwStG ist durch das Gesetz über steuerliche Begleitmaßnahmen zur Einführung der Europäischen Gesellschaft und zur Änderung weiterer steuerrechtlicher Vorschriften (SEStEG) v. 7.12.2007 (BGBl. 2006 I, 2782) umfassend geändert worden. Für die nach § 20 UmwStG begünstigten Umwandlungen, die nach dem 12.12.2006 zur Eintragung ins Handelsregister angemeldet worden sind, gilt das „neue" Recht. Für bis (einschließlich) 12.12.2006 angemeldete Umwandlungen findet das UmwStG 1995 weiterhin Anwendung (§ 27 Abs. 2 UmwStG).

an der Service-GmbH (Sacheinlage[695]), hat die Service-GmbH das eingebrachte Betriebsvermögen nach § 20 Abs. 2 Satz 1 UmwStG grundsätzlich mit dem gemeinen Wert anzusetzen. Die im auszugliedernden wirtschaftlichen Geschäftsbetrieb enthaltenen stillen Reserven wären zu versteuern.
Eine Aufdeckung der stillen Reserven kann jedoch im Zuge der Ausgliederung unterbleiben. So ist nach § 20 Abs. 2 Satz 2 UmwStG auch eine Buchwertfortführung zulässig, soweit

- sichergestellt ist, dass das übergehende Betriebsvermögen bei der Service-GmbH der Besteuerung mit Körperschaftsteuer unterliegt,
- die Passivposten des eingebrachten Betriebsvermögens die Aktivposten nicht übersteigen, wobei das Eigenkapital nicht zu berücksichtigen ist,
- das Recht der Bundesrepublik Deutschland hinsichtlich der Besteuerung des Gewinns aus der Veräußerung des eingebrachten Betriebsvermögens bei der Service-GmbH nicht ausgeschlossen oder beschränkt wird.

Die Prüfreihenfolge zur Anwendung und den Tatbestandsvoraussetzungen der Sacheinlage i. S. des § 20 UmwStG ist dem Ablaufdiagramm (Abb. 7, S. 216) zu entnehmen[696].
Die Möglichkeit der Buchwertfortführung ist antragsgebunden. Der Antrag ist nach § 20 Abs. 2 Satz 3 UmwStG spätestens bis zur erstmaligen Abgabe der steuerlichen Schlussbilanz bei dem für die Besteuerung der Service-GmbH zuständigen Finanzamt zu stellen.
Voraussetzung ist jedoch, dass ein Betrieb bzw. Teilbetrieb übertragen wird. Die Begriffe „Betrieb" und „Teilbetrieb" sind im Umwandlungssteuergesetz selbst nicht definiert; sie sind aus den Einzelsteuergesetzen, wie EStG bzw. KStG, normspezifisch auszulegen[697]. So setzt die Veräußerung oder Aufgabe eines Betriebs, Teilbetriebs oder Anteils eines Mitunternehmers nach den §§ 16 Abs. 1, 34 EStG voraus, dass alle wesentlichen Betriebsgrundlagen des Betriebs in einem einheitlichen Vorgang veräußert oder entnommen werden. Im Rahmen der Anwendung der §§ 15 und 20 UmwStG ist jedoch – anders als bei Anwendung der §§ 16 Abs. 1, 34 EStG – ein Wirtschaftsgut nicht schon allein deshalb eine wesentliche Betriebsgrundlage, weil in ihm erhebliche stille Reserven ruhen (funktionale Betrachtungsweise)[698].
Aus umsatzsteuerlicher Sicht liegt bei der Übertragung eines Unternehmens oder einem in der Gliederung eines Unternehmens gesondert geführtem Betrieb regelmä-

[695] Zivilrechtlich erfolgt eine Ausgliederung oder eine Sacheinlage.
[696] In Anlehnung an Patt, in: Dötsch u. a., Umwandlungssteuerrecht, Vor §§ 20 – 23 Rz. 7.
[697] BMF v. 16.8.2000 – IV C 2 – S 1909 – 23/00, BStBl. 2000 I, 1253 zur Auslegung des Begriffs der wesentlichen Betriebsgrundlage.
[698] BFH v. 2.10.1997 – IV R 84/96, BStBl. 1998 II, 104; BMF v. 16.8.2000 – IV C 2 – S 1909 – 23/00, BStBl. 2000 I, 1253.

ßig eine Geschäftsveräußerung im Ganzen nach § 1 Abs. 1a UStG vor; die Geschäftsveräußerung im Ganzen unterliegt nicht der Umsatzsteuer.

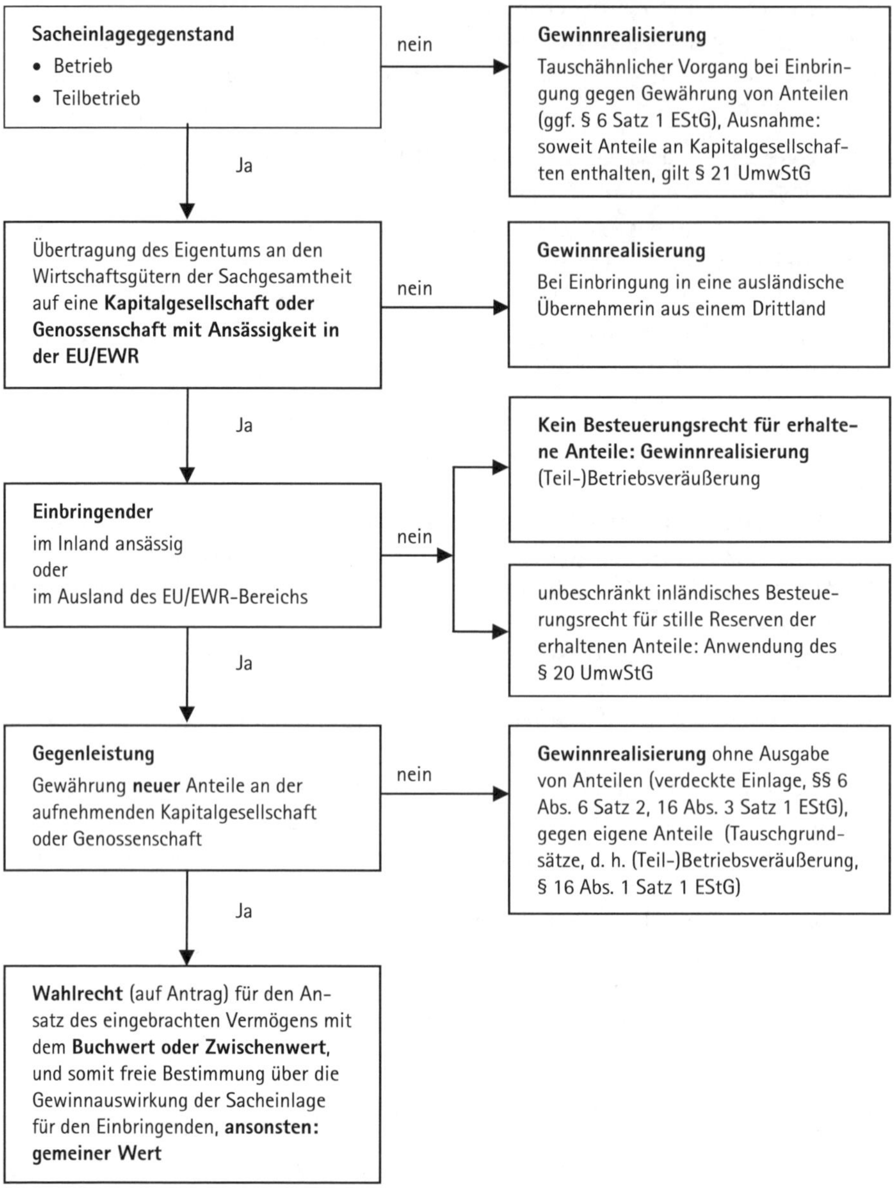

Abb. 7: Übersicht zur Sacheinlage nach § 20 UmwStG

Die Übertragung sämtlicher wesentlicher Betriebsgrundlagen kann in Einzelfällen problematisch sein, wenn immaterielle Rechte, wie z. B. die Rechte am Verbandslogo, nicht mitübertragen werden. Analog werden häufig Grundstücke zurückbehalten, da die Übertragung regelmäßig grunderwerbsteuerliche Folgen auslösen würde.
Liegen die Voraussetzungen der Ausgründung eines Teilbetriebs nicht vor und führt die Vermögensübertragung insoweit zu einer nicht vertretbaren Steuerlast, kann alternativ die Verpachtung des Betriebs an die Tochtergesellschaft umgesetzt werden. Damit werden zumindest die Risiken aus der Betriebsführung von dem Berufsverband abgeschottet.
Werden wesentliche Betriebsgrundlagen im Berufsverband zurückbehalten und an die Service-GmbH vermietet bzw. verpachtet, ist darauf zu achten, dass ein angemessenes Entgelt vereinbart wird[699]. Ist das von der Service-GmbH zu zahlende Entgelt zu hoch, liegt ggf. eine verdeckte Gewinnausschüttung der Service-GmbH an ihre Mutter vor.

2.3.2 Verkauf

Alternativ kann der Berufsverband die Wirtschaftsgüter des wirtschaftlichen Geschäftsbetriebs an die Service-GmbH veräußern. Aus bilanzieller Sicht kommt es zu einem Aktivtausch von „Wirtschaftsgütern des wirtschaftlichen Geschäftsbetriebs" in „Forderung gegenüber verbundenen Unternehmen" bzw. „Kasse/Bank".
Bei einem solchen „asset deal" sind die stillen Reserven der veräußerten Wirtschaftsgüter in vollem Umfang aufzudecken und als laufender Ertrag zu versteuern[700]. Aus steuerrechtlicher Sicht kann ein Verkauf an die Tochter-GmbH sinnvoll sein, wenn der Berufsverband den Veräußerungserlös bspw. aufgrund von Verlustvorträgen steuerfrei vereinnahmen kann; die Tochter-GmbH erhält durch den Erwerbsvorgang ein erhöhtes Abschreibungspotenzial.
Die Veräußerung von Einzelwirtschaftsgütern ist regelmäßig keine Geschäftsveräußerung im Ganzen nach § 1 Abs. 1a UStG; der Verkauf ist umsatzsteuerbar und – mangels einschlägiger Steuerbefreiungen (Ausnahme: Veräußerung eines Grundstücks) – umsatzsteuerpflichtig[701].

[699] Die Verpachtung wesentlicher Betriebsgrundlagen an die Service-GmbH führt regelmäßig zur Entstehung einer Betriebsaufspaltung; siehe insoweit die Ausführung in Gliederungspunkt G.2.5, S. 224.
[700] Siehe zur Besteuerung des wirtschaftlichen Geschäftsbetriebs Gliederungspunkt D.3.3.1, S. 119.
[701] Siehe zur Umsatzbesteuerung des wirtschaftlichen Geschäftsbetriebs Gliederungspunkt D.4.2, S. 128.

2.4 Besteuerung nach der Ausgründung

2.4.1 Besteuerung der GmbH

GmbH sind als Kapitalgesellschaften nach § 1 Abs. 1 Nr. 1 KStG unbeschränkt körperschaftsteuerpflichtig, sofern sie ihre Geschäftsleitung oder ihren Sitz in Deutschland haben. Die Steuerpflicht beginnt nicht erst mit der Erlangung der Rechtsfähigkeit durch die Eintragung in das Handelsregister (§ 11 GmbHG), sondern erstreckt sich auch auf die mit Abschluss des notariellen Gesellschaftsvertrags errichtete Vorgesellschaft, d. h. die GmbH im Gründungsstadium[702, 703].

Bemessungsgrundlage der Körperschaftsteuer ist nach § 7 Abs. 1 KStG das zu versteuernde Einkommen. Dieses ermittelt sich nach den allgemeinen Vorschriften des Einkommensteuergesetzes sowie etwaigen Spezialregelungen im Körperschaftsteuergesetz (§ 8 Abs. 1 KStG). Die GmbH ist als Kaufmann bereits nach dem Handelsrecht buchführungspflichtig. Als Folge sind alle (steuerbaren) Einkünfte der GmbH solche aus Gewerbebetrieb[704]. Aufgrund des Maßgeblichkeitsprinzips nach § 5 Abs. 1 EStG ist bei der Ermittlung des steuerlichen Gewinns zunächst vom handelsrechtlichen Jahresabschluss auszugehen.

Das zu versteuernde Einkommen wird nach den allgemeinen Grundsätzen ermittelt. Von besonderer Bedeutung ist regelmäßig die Abzugsbeschränkung des § 10 Nr. 4 KStG. Danach darf die Hälfte der Vergütungen an Mitglieder des Aufsichtsrats und ähnliche Überwachungsorgane den Gewinn nicht mindern. Der Gesetzgeber wollte dadurch überhöhten Vergütungen entgegenwirken.

Die Tätigkeit der GmbH gilt nach § 2 Abs. 2 Satz 1 GewStG stets und in vollem Umfang als Gewerbebetrieb. Der stehende Gewerbebetrieb als Steuergegenstand entsteht spätestens mit der Eintragung der GmbH ins Handelsregister; eine Gewerbesteuerpflicht kann aber auch bereits entstehen, sofern die Vorgesellschaft bereits werbend auftritt[705].

Für die Ermittlung des Gewerbeertrags bestimmt § 7 GewStG, dass der Gewerbeertrag dem Betrag des nach den Vorschriften des Einkommensteuergesetzes zu ermittelnden Gewinns aus Gewerbebetrieb entspricht (vermehrt um die Hinzurechnungen nach § 8 GewStG und vermindert um die Kürzungen nach § 9 GewStG). Die

---

702 BFH v. 14.10.1992 – I R 17/92, BStBl. 1993 II, 352; v. 13.12.1989 – I R 98/86, I R 99/86, BStBl. 1990 II, 468.

703 Dagegen ist die sog. Vorgründungsgesellschaft, d. h. das Gebilde im Zeitraum zwischen der Vereinbarung über die Errichtung einer GmbH bis zur notariellen Beurkundung des Gesellschaftsvertrags, eine GbR bzw. OHG, sodass auch keine Körperschaftsteuerpflicht eintritt; BFH v. 8.11.1989– I R 174/86, BStBl. 1990 II, 91.

704 § 8 Abs. 2 KStG.

705 BFH v. 28.10.1987 – I R 126/83, BStBl. 1988 II, 70.

Ermittlung des Gewerbeertrags erfolgt analog der Ermittlung desselben bei einem wirtschaftlichen Geschäftsbetrieb[706].

Steuerbelastung einer GmbH

	Gewinn vor Steuern	100,00
./.	Gewerbesteuer	14,00
	(Hebesatz 400 % * Steuermesszahl 3,5 %)	
./.	Körperschaftsteuer	
	15 % von 100,00	15,00
./.	Solidaritätszuschlag	
	5,5 % auf Körperschaftsteuer	0,83
	Gewinn nach Steuern	70,17
	Steuerbelastung	**29,83 %**

Auf Basis der Ermittlung des Gewerbeertrags setzt das Betriebsfinanzamt den Gewerbesteuermessbetrag fest. Sollte die Service-GmbH zur Ausübung ihres Gewerbes in mehreren Gemeinden Betriebsstätten unterhalten, ist der Steuermessbetrag, der für Zwecke der Gewerbesteuer festgesetzt wird, auf die einzelnen Gemeinden zu zerlegen (§ 28 Abs. 1 GewStG). Zerlegungsmaßstab ist das Verhältnis, in dem die Summe der Arbeitslöhne, die an die bei allen Betriebstätten Beschäftigten gezahlt worden sind, zu den Arbeitslöhnen steht, die an die bei den Betriebsstätten in den einzelnen Gemeinden beschäftigten Arbeitnehmer gezahlt worden sind. Anschließend erfolgt die Festsetzung der Gewerbesteuer durch die Gemeinde nach Anwendung ihres Hebesatzes (§ 16 Abs. 1 GewStG). Die endgültige Gewerbesteuer ergibt sich also als Produkt aus Steuermessbetrag und Hebesatz.

Die GmbH ist regelmäßig Unternehmerin i. S. des Umsatzsteuergesetzes. Insoweit kann auf die Ausführungen in Gliederungspunkt D.4, S. 126 ff. verwiesen werden.

2.4.2 Einordnung beim Verband

Für die Besteuerung beim Berufsverband ist von Bedeutung, ob Unternehmensbeteiligungen und damit regelmäßig etwaige Service-GmbH der Vermögensverwaltung oder dem wirtschaftlichen Geschäftsbetrieb zuzuordnen sind.

Die Beteiligung eines steuerbefreiten Berufsverbands an einer gewerblich tätigen Personengesellschaft begründet einen wirtschaftlichen Geschäftsbetrieb, sofern die Personengesellschaft selbst den Kriterien des Geschäftsbetriebs entspricht[707]. Dies gilt auch, wenn der Berufsverband nicht Vollhafter, sondern nur als Kommanditist be-

[706] Siehe Gliederungspunkt D.3.3.1, S. 119.

[707] So BMF v. 10.11.2005 – IV B 7 – S 2706a – 6/05, BStBl. 2005 I, 1029 Rz. 5 in Bezug auf die Kapitalertragsteuer.

teiligt ist[708]. Für die Kommanditgesellschaft wird im einheitlichen und gesonderten Gewinnfeststellungsbescheid bindend festgestellt, ob eine als Kommanditistin beteiligte Körperschaft gewerbliche Einkünfte bezieht und damit einen wirtschaftlichen Geschäftsbetrieb unterhält[709].
Beteiligungen an Kapitalgesellschaften, und somit auch an einer Service-GmbH, werden im Normalfall im Bereich der Vermögensverwaltung des Berufsverbands gehalten[710]. Dies ist aufgrund der Abschirmwirkung einer Kapitalgesellschaft sachgerecht.

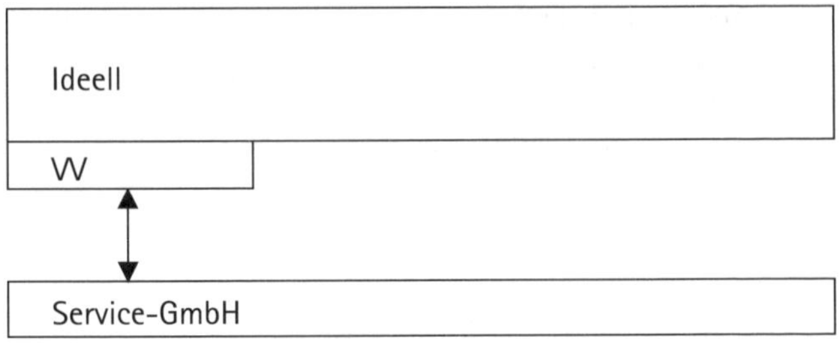

Abb. 8: Einordnung Service-GmbH beim Berufsverband (Grundfall)

Etwas anderes soll aber gelten, wenn sich der Berufsverband nicht auf eine passive Beteiligungsverwaltung beschränkt, sondern auf die laufende Geschäftsführung der GmbH tatsächlich einen entscheidenden Einfluss ausübt[711]. Dadurch nimmt er über die Beteiligung am allgemeinen wirtschaftlichen Geschäftsverkehr teil[712]. Die Beteiligung selbst wird dann in einem wirtschaftlichen Geschäftsbetrieb gehalten.

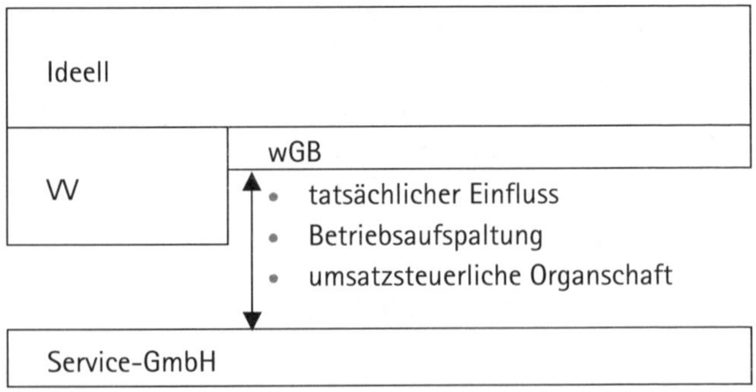

Abb. 9: Einordnung Service-GmbH als wirtschaftlicher Geschäftsbetrieb

---

[708] BFH v. 27.3.2001 – I R 78/99, BStBl. 2001 II, 449 zur Beteiligung einer gemeinnützigen Stiftung an mehreren Publikumskommanditgesellschaften.

[709] BFH v. 27.7.1989 – I R 113/84, BStBl. 1989 II, 134 zur Beteiligung einer gemeinnützigen Körperschaft.

[710] R 16 Abs. 5 Satz 3 KStR 2004.

[711] BFH v. 25.8.2010 – I R 97/09, BFH/NV 2011, 312; R 16 Abs. 5 Satz 4 KStR 2004.

[712] BFH v. 30.6.1971 – I R 57/70, BStBl. 1971 II, 753.

Eine kaum widerlegbare Vermutung im Hinblick auf die Einflussnahme liegt bei Personenidentität bspw. des Vorstands bzw. der Geschäftsführer von Verband und Service-GmbH vor[713]. Zur Vermeidung einer schädlichen Einflussnahme empfiehlt sich in Einzelfällen die Einrichtung eines fakultativen weiteren Organs bei der GmbH wie eines Aufsichtsrats oder eines Beirats. Auf diese Weise kann die starke Stellung der Gesellschafterversammlung – aufgrund ihres direkten Weisungsrechts gegenüber dem Geschäftsführer – auf diejenige einer Aktionärsversammlung reduziert werden. Bei einer Aktiengesellschaft liegt eine tatsächliche Einflussnahme nicht vor, wenn die aktienrechtlichen Zuständigkeiten eingehalten werden, da den Aktionären kein Weisungsrecht gegenüber dem Vorstand zukommt.
Die Beteiligung an der GmbH ist auch bei einer geringfügigen Beteiligung als wirtschaftlicher Geschäftsbetrieb anzusehen, sofern der Berufsverband zusammen mit anderen Berufsverbänden die Kapitalgesellschaft beherrscht und im Zusammenwirken mit diesen Berufsverbänden tatsächlich einen entscheidenden Einfluss auf die Geschäftsführung der Gesellschaft ausübt[714]. Selbiges gilt, wenn eine Betriebsaufspaltung zwischen dem Berufsverband und seiner Service-GmbH besteht[715]. Auch das Vorliegen einer umsatzsteuerlichen Organschaft ist ein gewichtiges Indiz dafür, dass die Beteiligung an der Service-GmbH im wirtschaftlichen Geschäftsbetrieb gehalten wird[716].
Von obiger Ausnahme ist eine Rückausnahme zu beachten. Unabhängig von einer etwaigen Einflussnahme ist die Beteiligung an einem Unternehmen kein wirtschaftlicher Geschäftsbetrieb, wenn das Unternehmen seinerseits ausschließlich der Vermögensverwaltung dient[717].

2.4.3 Gewinnausschüttungen

Die steuerliche Behandlung von etwaigen Gewinnausschüttungen der Tochter-GmbH an den Berufsverband als Mutter ist davon abhängig, ob die Beteiligung beim Berufsverband der Vermögensverwaltung oder dem wirtschaftlichen Geschäftsbetrieb zuzuordnen ist[718].

- Beteiligung ist Bestandteil der Vermögensverwaltung

  Schüttet die Tochterkapitalgesellschaft Gewinne an den Berufsverband aus, ist die auszuzahlende Dividende um die gemäß § 43 Abs. 1 Nr. 1 EStG einzubehaltende

[713] Vgl. Mueller-Thuns/Jehke, DStR 2010 S. 905 (909); Engelsing/Muth, DStR 2003 S. 917; Lex, DB 1997 S. 349; FinMin. Brandenburg v. 7.3.1996 – 35 – S 0/71 – 06, DB 1996, 1161; ablehnend Schauhoff, in: Schauhoff, Handbuch der Gemeinnützigkeit, § 7 Rz. 68.
[714] BFH v. 30.6.1971 – I R 57/70, BStBl. 1971 II, 753; R 16 Abs. 5 Satz 5 KStR 2004.
[715] Siehe Gliederungspunkt G.2.5, S. 224. Neu/Engelsing, NWB 2002, F. 4 S. 4686.
[716] Siehe Gliederungspunkt G.2.6.2.2, S. 230.
[717] R 16 Abs. 5 Satz 6 KStR 2004.
[718] Siehe den vorherigen Gliederungspunkt.

Kapitalertragsteuer zu vermindern[719]. Die Kapitalertragsteuer beträgt 25 % der Dividende zzgl. Solidaritätszuschlag[720].

Eine Reduzierung ist möglich, sofern der Berufsverband durch eine Bescheinigung des für seine Geschäftsleitung oder seinen Sitz zuständigen Finanzamts nachweist, dass er ein Berufsverband i. S. des § 5 Abs. 1 Nr. 5 KStG ist (§ 44a Abs. 8 Satz 3 EStG)[721]. Der Antrag auf Ausstellung einer sog. NV-Bescheinigung[722] ist in der Anlage J.2.5, S. 294, abgedruckt. Der gesetzlich vorgeschriebene Kapitalertragsteuerabzug ist in diesen Fällen nur in Höhe von drei Fünfteln vorzunehmen[723]. Die definitive Belastung mit Kapitalertragsteuer beträgt damit 15 % der Gewinnausschüttung (zzgl. Solidaritätszuschlag).

In Höhe der dem Steuerabzug unterliegenden Einkünfte wird nach § 5 Abs. 2 Nr. 1 KStG eine partielle Steuerpflicht des Berufsverbands begründet. Dies führt nicht zu einer Veranlagung der Körperschaftsteuer[724]; der Steuerabzug entfaltet für die partielle Steuerpflicht Abgeltungswirkung[725] gemäß § 32 Abs. 1 Nr. 1 KStG. Dies gilt unabhängig davon, ob der Berufsverband wegen anderer Einkünfte zur Körperschaftsteuer veranlagt wird[726]. Aufgrund dieser persönlichen Befreiung finden die sachlichen Befreiungen, wie Sparerfrei-, Werbungskostenpauschbetrag[727] sowie Freibetrag nach § 24 KStG, keine Anwendung. Auch Kapitalerträge bis zu dieser Höhe von 5.801 EUR[728] unterliegen somit durch den Steuerabzug der Besteuerung.

Bei Veräußerung der Beteiligung ist ein Steuerabzug nicht vorzunehmen; der Veräußerungserlös ist gänzlich körperschaftsteuerbefreit. Dies würde bei einbringungsgeborenen Anteilen[729] dazu führen, dass ein Gewinn aus ihrer Veräußerung steuerfrei vereinnahmt werden könnte; die stillen Reserven aus dem ehemaligen

---

[719] Vgl. Engelsing/Muth, DStR 2003 S. 917.

[720] § 43a Abs. 1 Nr. 1 EStG.

[721] Bei Gewinnausschüttungen von börsennotierten Aktiengesellschaften ist eine Abstandnahme vom Kapitalertragsteuerabzug weiterhin nicht vorgesehen. Die Aktien werden regelmäßig in inländischen Depots (sog. Depotfälle) verwahrt, sodass die Kapitalertragsteuer im Sammelantragsverfahren nach § 45b EStG erstattet werden kann.

[722] Nichtveranlagungs-Bescheinigung.

[723] § 44a Abs. 8 Satz 1 EStG.

[724] Vgl. § 31 Abs. 1 KStG i. V. mit § 25 EStG.

[725] § 32 Abs. 1 Nr. 1 KStG.

[726] Siehe § 36 Abs. 2 Nr. 2 EStG.

[727] Seit 2009 bilden Sparerfrei- und Werbungskostenpauschbetrag zusammen den Sparerpauschbetrag in Höhe von 801 EUR (§ 20 Abs. 9 EStG).

[728] 801 EUR Sparerpauschbetrag zzgl. 5.000 EUR Freibetrag nach § 24 KStG.

[729] Die Anteile aus der Einbringung eines ganzen (wirtschaftlichen Geschäfts-)Betriebs zu Buchwerten in eine Kapitalgesellschaft gegen Ausgabe neuer Anteile (§§ 20 ff. UmwStG) werden im Rahmen der Vermögensverwaltung gehalten.

wirtschaftlichen Geschäftsbetrieb blieben unversteuert. Aus diesem Grund fingiert § 21 Abs. 3 Nr. 2 UmwStG i. V. mit § 20 Abs. 1 Nr. 10 b) EStG einen Kapitalertrag in Höhe des Veräußerungsgewinns[730].

- Beteiligung ist Bestandteil des wirtschaftlichen Geschäftsbetriebs

  Eine Gewinnausschüttung aus der Tochter-GmbH an den wirtschaftlichen Geschäftsbetrieb vollzieht sich nach den allgemein gültigen Regelungen wie bei Gewinnausschüttungen zwischen zwei Kapitalgesellschaften. Die Dividenden – ebenso wie ein Gewinn aus der Veräußerung der Beteiligung – bleiben nach § 8b KStG bei der Einkommensermittlung des Berufsverbands außer Ansatz. Lediglich 5 % der Dividende gelten als nichtabzugsfähige Betriebsausgabe und sind insoweit zu versteuern.

  Bei Ausschüttung an den Berufsverband hat die Tochter-GmbH die Vorschriften zum Kapitalertragsteuerabzug insofern zu beachten, als ein Steuerabzug von 25 % zzgl. Solidaritätszuschlag vorzunehmen ist[731].

  Eine Abstandnahme vom Steuerabzug ist u. U. möglich[732]. Die von der ausschüttenden Tochtergesellschaft einzubehaltende Kapitalertragsteuer wird auf die (Körperschaft-) Steuerschuld des Berufsverbands angerechnet; sie wird damit im Rahmen einer Steuerveranlagung im Folgejahr erstattet, sodass eine Belastung mit Kapitalertragsteuer nicht entsteht. Gewerbesteuer auf die Ausschüttungen fällt regelmäßig aufgrund des sog. gewerbesteuerlichen Schachtelprivilegs nicht an (§§ 8 Nr. 5 und 9 Nr. 2a GewStG). Als Voraussetzung muss die Beteiligung zu Beginn des Erhebungszeitraums mindestens 15 % des Grund- bzw. Stammkapitals betragen. Dies wird aufgrund der tatsächlichen Einflussnahme auf die Geschäftsführung regelmäßig erfüllt sein.

  Eine Erstattung der Kapitalertragsteuer kann außerhalb der Veranlagung nach § 44b Abs. 1 EStG durch das Bundesamt für Finanzen erfolgen[733]. Dem Antrag sind die Steuerbescheinigung über die Kapitalertragsteuer gemäß § 45a Abs. 3 EStG und eine NV-Bescheinigung[734] nach § 44a Abs. 5 EStG beizufügen. Letztere Bescheinigung kann beantragt werden, wenn die anzurechnende Kapitalertrag-

---

[730] BFH v. 7.8.2002 – I R 84/01, BFH/NV 2003, 277.

[731] §§ 43 Abs. 1 Nr. 1 i. V. mit 43a Abs. 1 Nr. 1 EStG.

[732] Eine Abstandnahme kann erfolgen, wenn zuvor eine sog. NV 3-Bescheinigung durch das Finanzamt ausgestellt wurde. Voraussetzung für die Antragsstellung ist, dass trotz eines steuerpflichtigen Gewinns über alle wirtschaftlichen Geschäftsbetriebe die festzusetzende Körperschaftsteuer Null beträgt, da das zu versteuernde Einkommen des Berufsverbands unter dem Freibetrag nach § 24 KStG liegt.

[733] Vgl. Engelsing/Muth, DStR 2003 S. 917 (918).

[734] Nichtveranlagungs-Bescheinigung. Das Antragsformular ist in der Anlage J.2.5, S. 294, abgedruckt.

steuer aufgrund der Art des Geschäfts auf Dauer höher ist als die festzusetzende Körperschaftsteuer. Ein solcher „Dauerüberzahler" resultiert bspw. daraus, dass der wirtschaftliche Geschäftsbetrieb ausschließlich Beteiligungseinkünfte erzielt.

Nach der Ausschüttung in den wirtschaftlichen Geschäftsbetrieb wird der Gewinn des (einzelnen) wirtschaftlichen Geschäftsbetriebs an den ideellen Bereich gemäß § 20 Abs. 1 Nr. 10 b) EStG „fiktiv ausgeschüttet" . Die fehlende Halbeinkünftebesteuerung auf Ebene des „Verbrauchers" soll durch die Erhebung einer Kapitalertragsteuer ausgeglichen werden[735]. Siehe hierzu ausführlich Gliederungspunkt D.8, S. 183.

2.5 Betriebsaufspaltung

2.5.1 Tatbestandsmerkmale

Den Service-Tochtergesellschaften werden vom Berufsverband vielfach (eigene oder weitervermietete) Büroräume zur Nutzung überlassen. Ebenso wird es der Service-GmbH ermöglicht, das Logo des Berufsverbands zu nutzen. Die Nutzungsüberlassung erfolgt dabei regelmäßig nicht unentgeltlich, sondern zu einem angemessenen Entgelt, da die dabei erzielten Miet- bzw. Pachteinnahmen zum einen grundsätzlich beim Berufsverband als steuerfreie Einnahmen aus der Vermögensverwaltung vereinnahmt werden, zum anderen steuermindernden Aufwand bei der Tochter-GmbH darstellen.

Diese steuerliche Behandlung wird durch das von der Rechtsprechung entwickelte Konstrukt der Betriebsaufspaltung gefährdet. Eine Betriebsaufspaltung erfordert ein Besitzunternehmen, welches eine wesentliche Betriebsgrundlage an ein Betriebsunternehmen zur Nutzung überlässt (sachliche Verflechtung) und mit dem Betriebsunternehmen durch einen einheitlichen geschäftlichen Betätigungswillen verbunden ist (personelle Verflechtung)[736].

Ein Berufsverband in der Rechtsform eines Vereins kann nach Auffassung des BFH ein Besitzunternehmen sein[737].

Zur Erfüllung des Kriteriums der sachlichen Verflechtung ist zu prüfen, inwieweit bspw. ein der Tochtergesellschaft zur Nutzung überlassenes Bürogebäude als eine ihrer wesentlichen Betriebsgrundlagen anzusehen ist. Als funktional wesentlich sind alle Wirtschaftsgüter anzusehen, die für den Betriebsablauf ein erhebliches Gewicht

[735] Lässt sich die fiktive Ausschüttung durch Rücklagenzuführung verhindern, kann es ggf. sinnvoll sein, die Beteiligung im wirtschaftlichen Geschäftsbetrieb anstatt in der Vermögensverwaltung zu halten; vgl. Bitz, DStR 2003 S. 1519.

[736] H 15.7 Abs. 4 EStH 2011.

[737] BFH v. 25.8.2010 – I R 97/09, BFH/NV 2011, 312; BFH v. 21.5.1997 – I R 164/94, BFH/NV 1997, 825.

haben, mithin für die Fortführung des Betriebs notwendig sind oder dem Betrieb das Gepräge geben[738]. Hierzu hat der BFH[739] ausgeführt, dass auch ein Bürogebäude als wesentliche Betriebsgrundlage anzusehen ist, wenn

- die Betriebsgesellschaft ihr Geschäft ohne wesentliche Änderung der Organisation des Unternehmens nur mit diesem Gebäude fortführen kann,
- das Gebäude für diesen Zweck geeignet ist und
- das Gebäude die räumliche und funktionale Grundlage für die Geschäftsführung der Betriebsgesellschaft bildet.

Nicht erforderlich ist die Herrichtung des Gebäudes in der Weise, dass es ohne bauliche Veränderungen für ein anderes Unternehmen nicht verwendbar wäre[740]. Ebenso wenig muss der Berufsverband Eigentümer der überlassenen Büroräume sein; bereits eine entgeltliche, aber auch unentgeltliche Weiter-/Untervermietung an die Tochtergesellschaft reicht aus.
Demzufolge ist im Zweifel davon auszugehen, dass jedes betrieblich genutzte Bürogebäude eine wesentliche Betriebsgrundlage darstellt, wenn es den räumlichen und funktionalen Mittelpunkt der Tochtergesellschaft darstellt[741]. Auch die Nutzung des Verbandslogos durch die Service-GmbH wird regelmäßig eine ihrer wesentlichen Betriebsgrundlagen sein.
Ein überlassenes, immaterielles Wirtschaftsgut, wie bspw. das Verbandslogo, kann ebenfalls eine wesentliche Betriebsgrundlage bilden, wenn es nach dem Gesamtbild zur Erreichung des Betriebszwecks erforderlich ist, und die Umsätze des Betriebsunternehmens in erheblichem Umfang auf diesen Wirtschaftsgütern beruhen[742]. Die Überlassung einer wesentlichen Betriebsgrundlage liegt dagegen nicht bereits bei Namensidentität von Berufsverband und Tochter-GmbH vor. Dies liegt darin begründet, dass eine GmbH ihren Namen grundsätzlich aus eigenem Recht führt. Etwas anderes könnte gelten, soweit die GmbH ihre Firma zeitlich nur begrenzt führen darf, z. B. solange der Berufsverband an ihr beteiligt ist[743].

---

[738] BFH v. 7.10.2010 – I R 96/08, BFH/NV 2010, 1749 m. w. N.

[739] BFH v. 23.5.2000 – VIII R 11/99, BStBl. 2000 II, 621; v. 23.1.2001 – VIII R 71/98, BFH/NV 2001, 894.

[740] BFH v. 18.3.1993 – IV R 96/92, BFH/NV 1994, 15.

[741] Auch die Finanzverwaltung wurde durch die Rechtsprechungsänderung des BFH in 2000 überrascht. Sie hat ihre Übergangsregelungen zur „Reparatur“ einer durch die Rechtsprechung bestehenden Betriebsaufspaltung mehrfach bis Ende 2002 verlängert; siehe ausführlich Bitz, DStR 2002 S. 752; Neu/Engelsing, NWB 2002 S. 4693 (4694).

[742] BFH v. 26.1.1989 – IV R 151/86, BStBl. 1989 II, 455 (Umsatz basiert auf überlassener Erfindung zwischen 61 % und 82 % des Gesamtumsatzes); v. 20.9.1973 – IV R 41/69, BStBl. 1973 II, 869 (Umsatzanteil stieg durch Rechteüberlassung von 8,1 % auf über 25 %).

[743] BFH v. 25.8.2010 – I R 97/09, BFH/NV 2011, 312.

Das zweite Kriterium der personellen Verflechtung erfordert, dass die hinter beiden rechtlich selbstständigen Unternehmen stehenden Personen einen einheitlichen geschäftlichen Betätigungswillen entfalten. Bezogen auf die Betriebs-GmbH muss der Berufsverband seinen Willen bei den Geschäften des täglichen Lebens mit den Mitteln des Gesellschaftsrechts durchsetzen können[744].

Gemäß § 47 Abs. 1 GmbHG erfolgt die Willensbildung in der Gesellschafterversammlung der GmbH durch Beschlussfassung der Mehrheit der abgegebenen Stimmen. Hierfür reicht im Normalfall eine einfache Mehrheit der Stimmrechte aus, es sei denn die Satzung enthält abweichende Vereinbarungen – z. B. Zweidrittel- oder Dreiviertelmehrheit. Sind mehrere Berufsverbände (oder andere fremde Dritte) an der GmbH beteiligt, steht es den Gesellschaftern frei, das Stimmrecht abweichend von der Kapitalbeteiligung zu regeln; einzelnen Gesellschaftern kann auch ein erhöhtes Stimmrecht gewährt werden[745]. Hieraus folgt unmittelbar, dass Satzungsvereinbarungen als Gestaltungsmittel zur Begründung oder Verhinderung einer Betriebsaufspaltung eingesetzt werden können.

Die Herrschaft über die Geschäfte des täglichen Lebens erfordert keine unmittelbare Übernahme der Geschäftsführertätigkeit bei der Tochtergesellschaft. Es genügt, wenn sich aufgrund der Befugnis, die Geschäftsführer der GmbH bestimmen zu können, nur auf Dauer ein geschäftlicher Betätigungswillen entfalten kann, der vom Vertrauen des Berufsverbands getragen wird[746]. Ein solcher liegt regelmäßig vor, wenn der Vorstand bzw. der Geschäftsführer des Verbands in Personalunion Geschäftsführer der Tochter-GmbH ist.

Das Kriterium der personellen Verflechtung wird im Regelfall vorliegen, da der Berufsverband sämtliche Anteile an der Tochtergesellschaft hält und damit dort seinen Willen durchsetzen kann.

2.5.2 Rechtsfolgen

Das (unbewusste) Begründen einer Betriebsaufspaltung hat für den Berufsverband weitgehende steuerliche Konsequenzen, da die bisher steuerfreie Vermögensverwaltung in einen steuerpflichtigen wirtschaftlichen Geschäftsbetrieb umqualifiziert wird. Damit wird das im Eigentum des Berufsverbands befindliche Betriebsgebäude sowie die Beteiligung an der Tochtergesellschaft zum steuerlichen Betriebsvermögen des Berufsverbands; des Weiteren können an die GmbH überlassene Wirtschaftsgüter, die an sich keine wesentliche Betriebsgrundlage darstellen, ebenfalls zu Betriebsvermögen werden.

---

[744] EuGH v. 10.1.2006 – C 222/04 „Cassa di Risparmio di Firenze“, Slg. 2006, I-289, Rz. 143; bereits BFH v. 30.6.1971 – I R 57/70, BStBl. 1971 II, 753.

[745] BayObLG v. 21.11.1985 – 3 Z 146/85, GmbHR 1986, 87; OLG Frankfurt am Main v. 18.1.1989 – 13 U 279/87, GmbHR 1990, 79.

[746] BFH-Urteil. vom 8.11.1971, GrS 2/71, BStBl. 1972 II, 63.

Die Wirtschaftsgüter des Betriebsvermögens sind in der Bilanz des wirtschaftlichen Geschäftsbetriebs des Berufsverbands mit ihren Buchwerten (ursprüngliche Anschaffungskosten abzüglich bis dahin zu berücksichtigender Abschreibungen) zu aktivieren. Die aus dem Betriebsvermögen herrührenden Erträge sind dem wirtschaftlichen Geschäftsbetrieb zuzuordnen. Dies gilt ebenso für die von der Tochtergesellschaft erhaltenen Dividenden, wobei diese nach § 8b KStG bei der Einkommensermittlung des Berufsverbands außer Ansatz bleiben. Lediglich 5 % der Dividende gelten als nichtabzugsfähige Betriebsausgabe. Darüber hinaus ist die fiktive Ausschüttung vom wirtschaftlichen in den ideellen Bereich des Berufsverbands nach § 20 Abs. 1 Nr. 10 b) EStG zu berücksichtigen[747].
Wird nun die Betriebsaufspaltung – bspw. durch Verkauf des Gebäudes oder durch einen Umzug der Tochtergesellschaft – beendet, sind diejenigen stillen Reserven aufzudecken und in vollem Umfang zu versteuern, die bisher in den an die Tochtergesellschaft überlassenen Wirtschaftsgütern enthalten waren. Der Besteuerung unterliegt die Differenz zwischen ursprünglichem Buchwert und Verkehrswert der überlassenen Wirtschaftsgüter. Der Gewinn aus der Aufdeckung der stillen Reserven der Anteile an der GmbH bleibt dagegen nach derzeitiger Rechtslage nach § 8b KStG außer Ansatz – bis auf die nichtabzugsfähige Betriebsausgabe in Höhe von 5 % bei der Körperschaftsteuer. Aufgrund der fiktiven Ausschüttung nach § 20 Abs. 1 Nr. 10 b) Satz 4 EStG unterliegt der Gewinn aber grundsätzlich einer Kapitalertragsteuer, falls er nicht der Rücklage zugeführt werden kann[748]. Ohne das Vorliegen einer Betriebsaufspaltung würde der gesamte Vorgang zum Bereich der steuerfreien Vermögensverwaltung zählen.

2.6 Leistungen zwischen Verband und Service-Gesellschaft

2.6.1 Ertragsteuern

Zahlreiche Leistungsbeziehungen sind zwischen dem Berufsverband und seiner Service-GmbH wie mit fremden Dritten denkbar. Regelmäßig werden vom Berufsverband noch Zentralfunktionen für die Service-GmbH erbracht. Zu denken ist daran, dass

- der Geschäftsführer des Berufsverbands gleichzeitig auch die Geschäfte der Service-GmbH führt;
- der Buchhalter des Berufsverbands auch die Bücher der Service-GmbH führt;

[747] Siehe Gliederungspunkt D.8, S. 183.
[748] Siehe Gliederungspunkt D.8, S. 183.

- administrative Aufgaben, wie bspw. die Personalverwaltung, zentral an einer Stelle für beide Körperschaften umgesetzt werden.

Die steuerliche Behandlung derartiger Beziehungen zwischen Service-GmbH und ihrem Gesellschafter ist nicht immer eindeutig. So können diese Vorgänge, die sich auf das Einkommen der GmbH auswirken, ihre Ursache entweder in der gesellschaftsrechtlichen Beziehung oder aber in anderen schuldrechtlichen Verträgen haben.

Die GmbH ist als juristische Person des privaten Rechts ein völlig eigenständiges Steuersubjekt. Sie kann schuldrechtliche Verträge mit dem Berufsverband abschließen. In diesem Fall liegen Betriebsausgaben bzw. -einnahmen vor, da diese Verträge zwischen GmbH und Anteilseigner grundsätzlich auch wegen des Trennungsprinzips steuerlich maßgebend sind.

Sind die Leistungsbeziehungen jedoch gesellschaftsrechtlich veranlasst, handelt es sich um Gewinnausschüttungen oder Einlagen, die sich nicht auf das Einkommen der GmbH auswirken dürfen (§ 8 Abs. 3 KStG). Daher sind Vergütungen an den Gesellschafter nur dann und insoweit steuerlich abzugsfähig, als sie dem sog. Fremdvergleich standhalten. Unangemessene Bezüge für Gesellschafterleistungen stellen sog. verdeckte Gewinnausschüttungen dar.

Eine verdeckte Gewinnausschüttung i. S. des § 8 Abs. 3 Satz 2 KStG ist eine Vermögensminderung oder verhinderte Vermögensmehrung, die durch das Gesellschaftsverhältnis veranlasst ist, sich auf den Gewinn auswirkt und nicht auf einem den gesellschaftsrechtlichen Vorschriften entsprechenden Gewinnverteilungsbeschluss beruht[749]. Ein ordentlicher und gewissenhafter Geschäftsleiter hätte die Vermögensminderung bzw. verhinderte Vermögensmehrung gegenüber einer Person, die nicht Gesellschafter ist, unter sonst gleichen Umständen nicht hingenommen[750]; dies spricht für eine gesellschaftsrechtliche Veranlassung.

Liegt eine solche vor, mindern die Aufwendungen das Einkommen nicht, d. h., die daraus resultierenden Aufwendungen werden dem ausgewiesenen Gewinn für steuerliche Zwecke wieder hinzugerechnet. Darüber hinaus löst eine verdeckte Gewinnausschüttung Kapitalertragsteuer gemäß § 20 Abs. 1 Nr. 10 a) EStG unter den dort genannten Bedingungen aus[751].

Steuerlich wirkt sich dies zudem aus, wenn der Berufsverband Einnahmen in seiner Vermögensverwaltung vereinnahmt, die bei der Service-GmbH zu abzugsfähigen Betriebsausgaben führen. Alternativ erzielt die Service-GmbH Einnahmen, die sich beim Berufsverband als Aufwand im ideellen Bereich oder in der Vermögensverwaltung steuerlich nicht auswirken.

---

[749] R 36 Abs. 1 KStR 2004.

[750] Bereits BFH v. 16.3.1967 – I 261/63, BStBl. 1967 III, 626.

[751] Siehe Gliederungspunkt D.8, S. 183.

Bei Leistungsbeziehungen zwischen Berufsverband und Service-GmbH ist darauf zu achten, dass diese sich wie fremde Dritte gegenüberzustehen haben. Verrechnungspreise zwischen beiden sind angemessen zu vereinbaren und haben den Marktpreisen zu entsprechen. Dementsprechend sind ggf. entsprechende Gewinnaufschläge zu berücksichtigen[752].

2.6.2 Umsatzsteuer

2.6.2.1 Steuerbarer Leistungsaustausch

Gemäß § 2 Abs. 1 UStG ist Unternehmer, wer eine gewerbliche oder berufliche Tätigkeit selbstständig ausübt. Gewerblich oder beruflich ist jede nachhaltige Tätigkeit zur Erzielung von Einnahmen. Eine Gewinnerzielungsabsicht ist nicht erforderlich; die Absicht zur Erzielung von Einnahmen reicht bereits aus. Sowohl der Berufsverband als auch die Service-GmbH sind dann Unternehmer i. S. des Umsatzsteuergesetzes.

Im Rahmen der Leistungsbeziehungen zwischen der Service-GmbH und dem Berufsverband werden Einnahmen erzielt, da die Tätigkeiten im Rahmen eines Leistungsaustauschs ausgeübt werden, d. h. es werden Leistungen gegen Entgelt bewirkt.

Die Leistungen zwischen Berufsverband und Service-GmbH werden regelmäßig in Deutschland bewirkt; sie sind umsatzsteuerbar und mangels einschlägiger Steuerbefreiungen auch regelmäßig umsatzsteuerpflichtig.

Je nach der Richtung der Leistungsbeziehung ist der Leistungserbringer gegenüber dem Leistungsempfänger verpflichtet, eine Rechnung mit Umsatzsteuer auszustellen[753]. Vertiefend wird auf die Ausführungen in Gliederungspunkt D.4, S. 126 verwiesen.

Derartige Leistungsbeziehungen können – ohne umsatzsteuerliche Organschaft[754] – in bestimmten Fällen zu einer Verteuerung der Dienstleistung bzw. der Lieferung führen.

Beispiel:

Die Service-GmbH produziert bspw. die Verbandszeitschrift und veräußert diese mit dem ausgewiesenen ermäßigten Umsatzsteuersatz an den Berufsverband. Dieser gibt die Verbandszeitschrift im Rahmen des Mitgliedsbeitrags an seine Mitglieder weiter.

Die Weitergabe der Verbandszeitschrift ist Bestandteil des ideellen Bereichs; der Berufsverband ist insoweit nicht unternehmerisch tätig und damit auch nicht vorsteuerabzugsberechtigt. Die ausgewiesene Umsatzsteuer stellt einen zusätzlichen Kostenfaktor dar[755].

---

[752] Vgl. Schauhoff, in: Schauhoff, Handbuch der Gemeinnützigkeit, § 19 Rz. 22.

[753] Sofern der Leistungserbringer nicht Kleinunternehmer ist; siehe Gliederungspunkt D.4.6, S. 137.

[754] Siehe den nachfolgenden Gliederungspunkt.

[755] Dafür kann die Service-GmbH etwaige Vorsteuern aus Eingangsleistungen bei sich ziehen.

2.6.2.2 Umsatzsteuerliche Organschaft[756]

Besteht zwischen dem Berufsverband und der Service-GmbH eine umsatzsteuerliche Organschaft, stellen Leistungen zwischen den beiden nicht umsatzsteuerbare Innenumsätze dar. Werden für sie Belege mit gesondertem Umsatzsteuerausweis ausgestellt, so handelt es sich um keine Rechnungen im umsatzsteuerlichen Sinne, sondern um unternehmensinterne Buchungsbelege. Die darin ausgewiesene Umsatzsteuer wird nicht nach § 14c Abs. 2 UStG dem Finanzamt geschuldet[757]. Gleichwohl ist die Kenntlichmachung als unternehmensinterner Buchungsbeleg sinnvoll.

Unternehmer i. S. des § 2 Abs. 1 UStG und damit Schuldner der Umsatzsteuer gemäß § 13a Abs. 1 Nr. 1 UStG ist der Berufsverband als Organträger. Diesem sind die von der Service-GmbH als Organgesellschaft ausgeführten Umsätze an Dritte umsatzsteuerrechtlich zuzurechnen[758]. Die Tätigkeit der Service-GmbH wird gemäß § 2 Abs. 2 Nr. 1 UStG nicht selbstständig ausgeübt.

Beispiel:

Erweiterung des vorigen Beispiels in der Weise, dass nunmehr zwischen Service-GmbH und Berufsverband eine umsatzsteuerliche Organschaft besteht.

Der Verkauf der Verbandszeitschrift von der Service-GmbH an den Berufsverband ist ein nicht umsatzsteuerbarer Innenumsatz. Beide werden aus umsatzsteuerlicher Sicht wie eine Einheit angesehen. Zwar entstehen keine nicht abzugsfähigen Vorsteuern auf Ebene des Berufsverbands; die Service-GmbH ist aber auch nicht mehr berechtigt, Vorsteuern aus Eingangsleistungen an sich zu ziehen.

Eine umsatzsteuerliche Organschaft gemäß § 2 Abs. 2 Nr. 2 UStG liegt vor, wenn eine GmbH als Organgesellschaft nach dem Gesamtbild der tatsächlichen Verhältnisse finanziell, wirtschaftlich und organisatorisch in ein Unternehmen als Organträgerin eingegliedert ist.

- Organträger kann rechtsformunabhängig jeder Unternehmer und damit auch der Berufsverband als eingetragener Verein sein. Erforderlich ist jedoch die Ausübung einer unternehmerischen Tätigkeit i. S. des § 2 Abs. 1 UStG. Problematisch kann dies sein, sofern sämtliche wirtschaftliche Aktivitäten in eine Service-GmbH ausgegliedert worden sind.

  Das bloße Erwerben, Halten und Veräußern von gesellschaftsrechtlichen Beteiligungen ist keine unternehmerische Tätigkeit[759]. Greift jedoch der Berufsverband

[756] Entgegen den üblichen Gepflogenheiten werden zunächst die Rechtsfolgen und dann erst die Voraussetzungen einer umsatzsteuerlichen Organschaft dargestellt.

[757] Abschn. 14.1. Abs. 4 UStAE.

[758] BFH v. 19.10.1995 – V R 71/93, BFH/NV 1996, 273.

[759] EuGH v. 29.4.2004 – C 77/01 “Empresa de Desenvolvimento Mineiro SA”, EuGHE 2004 I, 4295; v. 27.9.2001 – C 16/00 “Cibo Participations SA”, EuGHE 2001 I, 6663; v. 14.11.2000 – C 142/99 “Floridienne SA und Berginvest SA”, EuGHE 2000 I, 9567.

i. S. einer einheitlichen Leitung aktiv in das laufende Tagesgeschäft der Service-GmbH ein, ist er unternehmerisch tätig[760]. Dasselbe gilt, wenn das Halten der Beteiligung zum Zweck des unmittelbaren Eingreifens in die Verwaltung des Tochterunternehmens stattfindet; ein derartiges Eingreifen erfolgt durch unternehmerische Leistungen des Berufsverbands an die Tochter, z. B. durch das entgeltliche Erbringen von administrativen, finanziellen, kaufmännischen oder technischen Dienstleistungen an die jeweilige Tochter[761].

- Als Organgesellschaft kommt nur eine Kapitalgesellschaft als juristische Person des privaten Rechts in Betracht; eine GmbH kann somit Organgesellschaft sein.

- Die finanzielle Eingliederung erfordert, dass dem Berufsverband die Mehrheit der Stimmrechte (nicht der Anteile) zusteht. Nach den gesetzlichen Regelungen in § 47 Abs. 1 und 2 GmbHG erfordert dies die einfache Mehrheit (> 50 %); abweichende Regelungen im Gesellschaftsvertrag sind zu beachten.
- Wirtschaftliche Eingliederung bedeutet, dass die Service-GmbH gemäß dem Willen des Berufsverbands im Rahmen des Gesamtunternehmens, und zwar in engem wirtschaftlichen Zusammenhang mit diesem, wirtschaftlich tätig ist[762]. Die Tätigkeiten von beiden müssen sich fördern und ergänzen[763].

  Das Vorliegen dieser Voraussetzung ist regelmäßig streitanfällig mit den Finanzbehörden. Aufgrund der Entstehungsgeschichte der Service-GmbH als Ausgründung aus dem Berufsverband wird eine wirtschaftliche Eingliederung meistens gegeben sein[764]. Sie liegt nach Auffassung der Finanzverwaltung jedoch nicht vor, wenn die Beteiligung an der Service-GmbH im nichtunternehmerischen Bereich des Berufsverbands gehalten wird; insofern sind Leistungsbeziehungen in beide Richtungen notwendig[765].

- Die organisatorische Eingliederung setzt voraus, dass die mit der finanziellen Eingliederung verbundene Möglichkeit der Beherrschung der Service-GmbH durch den Verband in der laufenden Geschäftsführung tatsächlich wahrgenommen wird[766]. Durch organisatorische Maßnahmen hat der Berufsverband sicherzustellen, dass eine von seinem Willen abweichende Willensbildung bei der Ser-

---

[760] Sog. Führungs- oder Funktionsholding; BMF v. 26.1.2007 – IV A 5 – S 7300 – 10/07, BStBl. 2007 I, 211 Rz. 6.

[761] Sog. Finanzholding; BMF v. 26.1.2007 – IV A 5 – S 7300 – 10/07, BStBl. 2007 I, 211 Rz. 7.

[762] BFH v. 22.6.1967 – V R 89/66, BStBl. 1967 III, 715.

[763] BFH v. 25.6.1998 – V R 76/97, BFH/NV 1998, 1534.

[764] Auch die Finanzverwaltung weist der Entstehungsgeschichte der Tochtergesellschaft eine wesentliche Bedeutung für dieses Kriterium zu; Abschn. 2.8. Abs. 6a Satz 1 UStAE.

[765] BMF v. 26.1.2007 – IV A 5 – S 7300 – 10/07, BStBl. 2007 I, 211 Rz. 16.

[766] BFH v. 28.1.1999 – V R 32/98, BStBl. 1999 II, 258.

vice-GmbH nicht stattfindet[767]. Gewährleistet wird dies bspw. durch eine Personalunion des Geschäftsführers in beiden Gesellschaften[768]. Denkbar ist aber auch die Installation eines (geschäftsführenden) Beirats, oder dass die Geschäftsführung der Service-GmbH von einem leitenden Angestellten des Berufsverbands durchgeführt wird[769].

Es ist nicht erforderlich, dass alle drei Eingliederungsmerkmale gleichermaßen ausgeprägt sind. Die umsatzsteuerliche Organschaft ergibt sich aus dem Gesamtbild der tatsächlichen Verhältnisse. Sie ist auch dann gegeben, wenn die Eingliederung auf einem der drei Gebiete nicht vollständig, dafür aber auf den anderen Gebieten umso eindeutiger ist[770].
Liegt eine umsatzsteuerliche Organschaft vor, ist in den meisten Fällen davon auszugehen, dass die Beteiligung an der Service-GmbH im wirtschaftlichen Geschäftsbetrieb zu halten ist. Werden zudem wesentliche Betriebsgrundlagen von dem Berufsverband an die Service-GmbH überlassen, ist gleichfalls eine Betriebsaufspaltung anzunehmen. In diesen Einzelfällen ist sorgfältig zu prüfen, ob die Vorteile der umsatzsteuerlichen Organschaft potenzielle Nachteile der Betriebsaufspaltung überwiegen[771].

3 Verschmelzung

3.1 Gründe für eine Verschmelzung

Berufsverbände können sich den allgemeinen Änderungen im Wirtschaftsleben nicht entziehen; der wirtschaftliche Druck auf sie nimmt zu. So stehen Berufsverbände vielfach vor der Herausforderung, dass den steigenden Anforderungen, die seitens der Mitglieder an den Verband als Dienstleister und Interessenvertreter herangetragen werden, sinkende Beitragsaufkommen gegenüberstehen[772].
Fusionen unter den Mitgliedsunternehmen ebenso wie Verkäufe an ausländische Unternehmen oder Privat-Equity-Gesellschaften führen bei den Unternehmensverbänden dazu, dass die Anzahl der zahlenden Mitglieder abnimmt. Das aus zwei Unternehmen entstehende „neue“ Mitglied ist regelmäßig nicht bereit, die bisherigen

---

767 BFH v. 5.12.2007 – V R 26/06, BStBl. 2008 II, 451; BFH v. 3.4.2008 – V R 76/05, BStBl. 2008 II, 905.

768 BFH v. 5.12.2007 – V R 26/06, BStBl. 2007 II, 451; Abschn. 2.8. Abs. 8 UStAE.

769 Abschn. 2.8. Abs. 8 Satz 3 ff. UStAE zeigt verschiedene Möglichkeiten bei nicht vollständig personenidentischen Besetzungen auf.

770 Abschn. 2.8. Abs. 1 Satz 2 und 3 UStAE.

771 Siehe zur Betriebsaufspaltung Gliederungspunkt G.2.5.2, S. 226.

772 Siehe hier und im Folgenden Engelsing/Lüke, NWB 2007 S. 4409 f.

beiden Mitgliedsbeiträge weiter an den Verband zu entrichten. Ausländische Investoren sind nicht in ausreichendem Maße in der deutschen Verbandslandschaft „verwurzelt", sodass sie berufsständisches Engagement überdenken.
Ansteigende Kosten sind nur bedingt über steigende Mitgliedsbeiträge zu kompensieren. Vielfach werden gerade Beitragsänderungen zum Anlass genommen, die Mitgliedschaft in einem Berufsverband kritisch zu überprüfen und zu hinterfragen, ob die Mitgliedschaft im Verband noch finanzierbar oder erforderlich ist.
Viele Verbände verfügen nicht über hinreichende Alleinstellungsmerkmale. Vielfach wird ein Berufsstand bzw. Wirtschaftszweig durch mehrere rechtlich selbstständige Verbände vertreten. Für diese Verbände ist es schwer, ihren Kostenapparat zu finanzieren und somit den Berufsstand zweckentsprechend zu vertreten. Der Druck wächst, große, schlagkräftige Verbandsstrukturen zu schaffen.
Mit der Fusion zweier oder mehrerer Verbände wird die Aufrechterhaltung oder Verbesserung der Rahmenbedingungen bezweckt, innerhalb derer der Berufsverband sein Wirken entfaltet.
Da Berufsverbände sich regelmäßig der Rechtsform des eingetragenen Vereins bedienen, ist in der Regel die Verschmelzung nach §§ 2 ff., 99 ff. UmwG der sinnvollste Weg für eine Fusion.

3.2 Zivilrechtliche Grundlagen

Durch die Verschmelzung geht das Vermögen des übertragenden Rechtsträgers im Wege der Gesamtrechtsnachfolge auf den übernehmenden Rechtsträger über, wobei den Anteilsinhabern (Mitgliedern) des übertragenden Rechtsträgers eine Beteiligung an dem übernehmenden Rechtsträger eingeräumt wird (Verschmelzung zur Aufnahme).
Nach § 3 Abs. 1 Nr. 4 UmwG können eingetragene Vereine i. S. von § 21 BGB als übertragende und übernehmende Rechtsträger an einer Verschmelzung beteiligt sein. Allerdings darf nach § 99 Abs. 2 UmwG ein eingetragener Verein im Wege der Verschmelzung Rechtsträger anderer Rechtsformen nicht aufnehmen, d. h. auf einen eingetragenen Verein kann nur ein anderer eingetragener Verein verschmolzen werden. Ein eingetragener Verein kann hingegen als übertragender Rechtsträger auch auf Rechtsträger anderer Rechtsform (bspw. GmbH, AG, eG) verschmolzen werden. Die nachfolgenden Ausführungen gehen allerdings von der für Berufsverbände typischen reinen Vereinsverschmelzung aus, d. h. von der Verschmelzung von einem eingetragenen Verein auf einen anderen.
Die Verschmelzung zweier Vereine ist nach § 99 Abs. 1 UmwG nur zulässig, wenn die Satzungen der Vereine und die Vorschriften des Landesrechts dem nicht entgegenstehen. Landesrecht, das eine Verschmelzung verbieten könnte, kommt nur beim wirtschaftlichen Verein in Betracht[773]. Verbietet die Vereinssatzung die Verschmel-

[773] MünchKomm/Reuter, § 41 Rn. 19; Stöber/Otto, Rn. 1064.

zung oder enthält sie Regelungen, die der geplanten Verschmelzung entgegenstehen[774], ist ggf. vorab eine entsprechende Satzungsänderung herbeizuführen. Dem Wortlaut des § 99 Abs. 1 UmwG nach ist eine vor der Verschmelzung wirksam gewordene Satzungsänderung erforderlich. Ausreichend ist jedoch, auch die gleichzeitige Eintragung von Satzungsänderung und Verschmelzung[775], sodass Satzungsänderung und Verschmelzung von derselben Mitgliederversammlung beschlossen werden können. Ein bereits aufgelöster Verein kann als übertragender Rechtsträger an einer Verschmelzung teilnehmen, wenn seine Fortsetzung beschlossen werden könnte (§ 3 Abs. 3 UmwG). Als aufnehmender Rechtträger kommt ein Verein in Liquidation nicht in Betracht; er muss zuvor seine Fortsetzung beschließen.

3.2.1 Verschmelzungsvertrag

Die Vorstände der beteiligten Vereine schließen nach § 4 Abs. 1 i. V. mit § 5 UmwG den Verschmelzungsvertrag. Die Vorstände handeln jeweils in vertretungsberechtigter Anzahl.
Der Vertrag kann vor oder nach den Mitgliederversammlungen geschlossen werden. Wird er vorher bereits geschlossen, muss er unter Zustimmungsvorbehalt gestellt werden. Wird er nach der jeweiligen Mitgliederversammlung geschlossen, muss bereits zuvor ein vollständiger schriftlicher Entwurf des Vertrags vorliegen (§ 4 Abs. 2 UmwG).
Im Verschmelzungsvertrag bzw. in seinem Entwurf muss Folgendes zwingend geregelt sein (vgl. § 5 UmwG):

- Name und Sitz der an der Verschmelzung beteiligten Vereine
- die Übertragung des Vermögens des übertragenden Vereins als Ganzes gegen Gewährung von Mitgliedschaften an dem übernehmenden Verein
- Angaben über das Erlöschen der Mitgliedschaft bei dem einen und den gleichzeitigen Erwerb der Mitgliedschaft bei dem übernehmenden Verein
- Einzelheiten über den Erwerb der Mitgliedschaft bei dem übernehmenden Verein (Hierzu genügt die Angabe, dass die Mitglieder des übertragenden Vereins Mitglieder des übernehmenden Vereins werden.)
- der Zeitpunkt, von dem an die Handlungen des übertragenden Vereins als für Rechnung des übernehmenden Vereins vorgenommen gelten (Verschmelzungsstichtag)

---

[774] Bspw. eine Bestimmung, dass nur jur. Personen Mitglieder sein können, wenn der übertragende Verein nur natürliche Personen als Mitglieder hat; vgl. Stöber/Otto, Rn. 1065.

[775] MünchKomm/Reuter, § 41 Rn. 19. Reuter verzichtet in der Neuauflage (vgl. Rz. 16) auf die Darstellung der Einzelheiten des Umwandlungsrechts und verweist auf die Kommentierungen des UmwG (Semler/Stengel; Lutter; MünchHdbGesR V/Pathe §§ 52 bis 58 mit Steuerrechtlicher Ergänzung durch Holznagel ebd. § 59).

- die Rechte, die der übernehmende Verein einzelnen Mitgliedern gewährt, oder die für diese Personen vorgesehenen Maßnahmen
- jeder besondere Vorteil, der einem Mitglied eines Vertretungsorgans oder eines Aufsichtsorgans der an der Verschmelzung beteiligten Vereine, einem Partner, einem Abschlussprüfer oder einem Verschmelzungsprüfer gewährt wird
- die Folgen der Verschmelzung für die Arbeitnehmer und ihre Vertretungen sowie insoweit vorgesehene Maßnahmen

Angaben i. S. von § 5 Abs. 1 Nr. 5 UmwG zu einem Gewinnbezugsrecht bei dem aufnehmenden Rechtsträger erübrigen sich, da das Vereinsrecht derartige Rechte nicht kennt.
Wenn die zu gewährenden Mitgliedschaften an dem übernehmenden Verein – wie dies regelmäßig der Fall ist – nicht frei übertragbar sind, hat der übertragende Verein im Verschmelzungsvertrag gemäß § 29 Abs. 1 Satz 2 UmwG jedem seiner Mitglieder, das gegen den Verschmelzungsbeschluss Widerspruch zur Niederschrift erklärt, den Erwerb seiner Mitgliedschaft (also mit anderen Worten: seinen Austritt) gegen eine angemessene Barabfindung anzubieten. Da die Mitgliedschaft in einem Verein keine Rechte an seinem Vermögen begründet, erhält das Mitglied bei einem Vereinsaustritt auch keine Abfindung. Dementsprechend beläuft sich die „angemessene Barabfindung" in diesen Fällen auf null bzw. wandelt sich in das Recht zum sofortigen Austritt aus dem Verein.
Der Verschmelzungsvertrag (nicht der Entwurf) ist nach § 6 UmwG notariell zu beurkunden.
Sofern bei einem oder beiden Vereinen ein Betriebsrat besteht, ist diesem der Verschmelzungsvertrag oder dessen Entwurf spätestens einen Monat vor der Mitgliederversammlung, die über die Verschmelzung entscheidet, zuzuleiten (§ 5 Abs. 3 UmwG).

3.2.2 Verschmelzungsbericht

Die Vorstände beider Vereine haben zur Information ihrer Mitglieder nach § 8 UmwG jeweils einen ausführlichen schriftlichen Verschmelzungsbericht zu erstatten. Der Bericht, den beide Vorstände gemeinsam erstatten können, muss die Verschmelzung, den Verschmelzungsvertrag im Einzelnen sowie die Angaben über die Mitgliedschaft bei dem übernehmenden Verein rechtlich und wirtschaftlich erläutern und begründen. Der Bericht sollte darlegen, welche vereinspolitischen, wirtschaftlichen und/oder rechtlichen Gründe die Verschmelzung als geeignetes Mittel zur weiteren Verfolgung der berufsständischen Zwecke erscheinen lassen. Aufgabe des Berichts ist es auch, Alternativen und Konsequenzen aufzuzeigen, die für die Ent-

scheidung der Mitglieder von Bedeutung sein können. Der Bericht ist durch Vorstandsmitglieder in vertretungsberechtigter Anzahl zu unterschreiben[776].
Nach § 8 Abs. 3 UmwG ist der Bericht nicht notwendig, wenn alle Mitglieder in notariell beurkundeten Erklärungen auf seine Erstattung verzichten.

3.2.3 Verschmelzungsprüfung

Der Verschmelzungsvertrag oder sein Entwurf ist von einem Verschmelzungsprüfer zu prüfen, sofern mindestens 10 % der Mitglieder eines an der Verschmelzung beteiligten Vereins dies schriftlich verlangen (§ 100 Satz 2 UmwG). Der Verschmelzungsprüfer wird auf Antrag des Vereinsvorstands vom Gericht bestellt. Die Kosten der Prüfung trägt der Verein.

3.2.4 Verschmelzungsbeschluss

Der Verschmelzungsvertrag wird gemäß § 13 Abs. 1 UmwG nur wirksam, wenn die Mitgliederversammlungen beider Vereine ihm durch Beschluss zustimmen. Eine schriftliche Beschlussfassung nach § 32 BGB ist nicht zulässig. Auch kann die Zustimmungskompetenz nicht durch die Vereinssatzungen auf andere Organe übertragen werden.
Ab der Einberufung der Mitgliederversammlung, die über die Zustimmung zum Verschmelzungsvertrag beschließen soll, sind zur Information seiner Mitglieder in den Geschäftsräumen des betreffenden Vereins nach § 101 i. V. mit § 63 Abs. 1 Nr. 1 bis 4 UmwG die folgenden Unterlagen auszulegen

- der Verschmelzungsvertrag oder sein Entwurf
- die Jahresabschlüsse und Lageberichte bzw. die Rechnungslegung der an der Verschmelzung beteiligten Vereine (also des aufnehmenden und des übertragenden Vereins) für die letzten drei Geschäftsjahre
- ggf. ein Zwischenabschluss, sofern sich der letzte Jahresabschluss bzw. die letzte Rechnungslegung auf ein Geschäftsjahr bezieht, das mehr als sechs Monate vor dem Abschluss des Verschmelzungsvertrags oder der Aufstellung des Entwurfs abgelaufen ist
- die Verschmelzungsberichte
- ggf. der Prüfungsbericht des Verschmelzungsprüfers

Auf Verlangen sind jedem Mitglied nach § 101 Abs. 2 UmwG unverzüglich und kostenlos Kopien der obigen Unterlagen zuzusenden. Werden die Unterlagen nicht oder nicht rechtzeitig in den Geschäftsräumen ausgelegt, führt dies nicht zu einer Nichtigkeit der Verschmelzung. Die Verschmelzung ist jedoch anfechtbar.

[776] Müller NJW 2000, 2001.

In den Mitgliederversammlungen sind die Unterlagen auszulegen (§ 102 UmwG). Der Vorstand hat den Verschmelzungsvertrag oder seinen Entwurf in der Mitgliederversammlung mündlich zu erläutern. Jedem Mitglied ist in der Mitgliederversammlung auf Verlangen Auskunft über die wesentlichen Belange der an der Verschmelzung beteiligten Rechtsträger zu geben.
Die Mitgliederversammlung jedes Vereins muss gesondert stattfinden; eine gemeinsame Versammlung ist nicht zulässig[777].
Der Verschmelzungsbeschluss bedarf nach § 103 UmwG einer Mehrheit von drei Vierteln der abgegebenen Stimmen (Stimmenthaltungen zählen nicht). Die jeweiligen Satzungen können eine größere Mehrheit und weitere Erfordernisse bestimmen. Wenn es durch die Verschmelzung zu einer Änderung des Vereinszwecks kommt, weil der aufnehmende Verein einen anderen Zweck als der übertragende verfolgt, ist ein einstimmiger Beschluss erforderlich (s. auch § 275 UmwG). Bestehen bei dem übertragenden Verein Sonderrechte i. S. von § 35 BGB, so müssen ihre Inhaber der Verschmelzung zustimmen. Sollen derartige Sonderrechte bei dem übernehmenden Verein neu begründet werden, so müssen dessen Mitglieder dem zustimmen.
Die Verschmelzungsbeschlüsse sind nach § 13 Abs. 3 UmwG notariell zu beurkunden. Der Verschmelzungsvertrag oder sein Entwurf ist den Beschlüssen als Anlage beizufügen. Auf Verlangen hat der Verein jedem Mitglied auf dessen Kosten unverzüglich eine Abschrift des Vertrags oder seines Entwurfs und der Niederschrift des Beschlusses zu erteilen.

3.2.5 Klage gegen den Verschmelzungsbeschluss

Jedes Mitglied kann innerhalb eines Monats nach der Beschlussfassung durch die Mitgliederversammlung seines Vereins Klage gegen die Wirksamkeit des Verschmelzungsbeschlusses erheben (§ 14 UmwG).

3.2.6 Kündigungsrecht

§ 29 UmwG ist bei reinen Vereinsverschmelzungen dahin gehend auszulegen, dass an die Stelle einer Barabfindung für widersprechende Mitglieder ein Sonderkündigungsrecht tritt[778].

3.2.7 Eintragung im Vereinsregister

Der jeweilige Vorstand hat als gesetzlicher Vertreter die Verschmelzung nach Ablauf der Einmonatsfrist des § 14 UmwG zur Eintragung in das Vereinsregister anzumelden (§ 16 UmwG). Die Anmeldung erfolgt durch Vorstandsmitglieder in vertretungsberechtigter Zahl. Der Ablauf der Anfechtungsfrist braucht nicht abgewartet zu

---

[777] Stöber/Otto, Rn. 1071.
[778] Sauter/Schweyer/Waldner, Rn. 397; a.A. Hennrichs in Lutter, UmwG, § 104a Rn. 6.

werden, wenn alle Mitglieder auf ihr Klagerecht verzichtet haben. Der Vorstand des übernehmenden Vereins ist berechtigt, die Verschmelzung auch zur Eintragung in das Vereinsregister des übertragenden Vereins anzumelden. Die Anmeldung hat in öffentlich beglaubigter Form zu erfolgen (§ 77 Satz 1 BGB).
Der Anmeldung sind beizufügen (§ 17 Abs. 1 und 2 UmwG):

- eine Ausfertigung oder beglaubigte Abschrift des Verschmelzungsvertrags
- die Niederschriften der Verschmelzungsbeschlüsse in Ausfertigung oder beglaubigter Abschrift
- die Verschmelzungsberichte in Urschrift oder Abschrift
- ggf. der Prüfungsbericht in Urschrift oder Abschrift
- die Schlussbilanz bzw. der Rechnungsabschluss des übertragenden Vereins

Das Registergericht trägt die Verschmelzung nur dann ein, wenn die Schlussbilanz bzw. der Rechnungsabschluss des übertragenden Vereins auf einen höchstens acht Monate vor der Anmeldung liegenden Stichtag aufgestellt worden ist (§ 17 Abs. 2 Satz 4 UmwG).
Die Verschmelzung wird zunächst im Vereinsregister des übertragenden Vereins eingetragen, anschließend im Vereinsregister des übernehmenden. Mit der Eintragung beim übernehmenden Verein wird die Verschmelzung wirksam (§ 20 Abs. 1 UmwG). Die Eintragung der Verschmelzung in das Vereinsregister des übernehmenden Vereins hat folgende Konsequenzen:

- Das Vermögen und die Verbindlichkeiten des übertragenden Vereins gehen auf den übernehmenden Verein über.
- Der übertragende Verein erlischt ohne eine besondere Abwicklung.
- Die Mitglieder des übertragenden Vereins werden Mitglieder des übernehmenden Vereins.
- Ein etwaiger Mangel der notariellen Beurkundung des Verschmelzungsvertrags und ggf. erforderlicher Zustimmungs- oder Verzichtserklärungen einzelner Mitglieder wird geheilt.

Den Gläubigern steht im Rahmen der Verschmelzung kein Widerspruchsrecht zu. Sie haben jedoch ggf. die Möglichkeit, Sicherheit zu verlangen, wenn sie glaubhaft machen können, dass durch die Verschmelzung die Erfüllung ihrer Forderungen gefährdet wird (§ 22 UmwG).

3.3 Umwandlungssteuerrecht

Bei der Verschmelzung zweier Vereine, bei denen die Anmeldung zur Eintragung in das Vereinsregister nach dem 12.12.2006 erfolgt, findet das Umwandlungssteuerrecht in der Fassung des SEStEG[779] Anwendung[780]. Nach § 1 Abs. 1 UmwStG ist grundsätzlich das Umwandlungssteuerrecht anzuwenden, da es sich um eine Verschmelzung nach den Vorschriften des Umwandlungsgesetzes handelt.

3.3.1 Übertragender Verein

In Bezug auf die ertragsteuerlichen Konsequenzen beim übertragenden Verein ist danach zu differenzieren, ob die übergehenden Wirtschaftsgüter des übertragenden Vereins dem steuerbegünstigten Bereich (ideeller Bereich, Vermögensverwaltung) oder einem wirtschaftlichen Geschäftsbetrieb zuzuordnen sind[781].
Nach § 11 Abs. 1 UmwStG sind bei einer Verschmelzung auf einen anderen Verein die übergehenden Wirtschaftsgüter, einschließlich nicht entgeltlich erworbener oder selbst geschaffener immaterieller Wirtschaftsgüter, in der steuerlichen Schlussbilanz des übertragenden Vereins mit dem gemeinen Wert anzusetzen. Demzufolge sind etwaige stille Reserven aufzudecken.
Gemäß § 11 Abs. 2 Satz 1 UmwstG können die übergehenden Wirtschaftsgüter auf Antrag einheitlich mit dem Buchwert oder einem Zwischenwert bis maximal zum gemeinen Wert angesetzt werden. Der Antrag auf eine Buchwertfortführung ist an drei Voraussetzungen[782] gebunden.
Die Voraussetzungen sind bei der Übertragung der Wirtschaftsgüter des ideellen Bereichs bzw. der Vermögensverwaltung jedoch nicht erfüllt; die als eine Voraussetzung gebotene Sicherstellung der Besteuerung der stillen Reserven ist aufgrund der persönlichen Steuerbefreiung des Berufsverbands nicht gewährleistet[783].
Nach der Grundregel des § 11 Abs. 1 UmwStG sind die übergehenden Wirtschaftsgüter dieser beiden Sphären mit ihrem gemeinen Wert in der steuerlichen Schlussbilanz des übertragenden Vereins anzusetzen. Zu einer Steuerbelastung kommt es bei dem übertragenden Berufsverband gleichwohl nicht, da die entsprechenden Wirtschaftsgüter in der Schlussbilanz zwar mit ihren gemeinen Werten anzusetzen sind; diese Wertaufstockung bleibt aber aufgrund der Sphärenzuordnung regelmäßig steuerfrei.
In Bezug auf die Wirtschaftsgüter des wirtschaftlichen Geschäftsbetriebs besteht gleichfalls das Antragswahlrecht zur Fortführung der bisherigen Buchwerte gemäß

---

[779] Gesetz über steuerliche Begleitmaßnahmen zur Einführung der Europäischen Gesellschaft und zur Änderung weiterer steuerrechtlicher Vorschriften v. 7.12.2006, BGBl. 2006 I, 2782.
[780] Das Umwandlungssteuergesetz 1995 ist letztmals auf Umwandlungen und Einbringungen anzuwenden, bei denen die Anmeldung zur Eintragung in das maßgebende öffentliche Register bis zum 12.12.2006 erfolgt ist (§ 27 Abs. 1 Satz 1 UmwStG).
[781] Vgl. hier und im Folgenden Engelsing/Lüke, NWB 2007 S. 4409 (4413 f.).
[782] Siehe folgende Seite.
[783] Siehe Bärwald, in: Haritz/Benkert, Umwandlungssteuergesetz, § 11 Rz. 22.

§ 11 Abs. 2 UmwStG, sofern die nachfolgenden Voraussetzungen kumulativ vorliegen. Nach § 11 Abs. 2 Nr. 1 bis 3 UmwStG ist erforderlich[784], dass

- der wirtschaftliche Geschäftsbetrieb auch von dem übernehmenden Berufsverband fortgeführt wird.

  Hierdurch ist sichergestellt, dass die in dem übergehenden Vermögen enthaltenen stillen Reserven später bei dem übernehmenden Berufsverband der Körperschaftsteuer unterliegen.

- das Recht der Bundesrepublik Deutschland hinsichtlich der Besteuerung des Gewinns aus der Veräußerung der übertragenden Wirtschaftsgüter bei dem übernehmenden Berufsverband nicht ausgeschlossen oder beschränkt wird.

  Diese Regelung erlangt seine Bedeutung im Wesentlichen bei grenzüberschreitenden Verschmelzungen von Berufsverbänden.

- eine Gegenleistung nicht gewährt wird oder in Gesellschaftsrechten besteht.

  Diese Voraussetzung ist regelmäßig erfüllt, da die im Rahmen der Verschmelzung gewährten Mitgliedschaftsrechte keine Gegenleistung darstellen.

Die Buchwertfortführung ist zwar als Ausnahme der Regel gesetzgeberisch konzipiert; gleichwohl wird sie bei inländischen Verschmelzungen von Berufsverbänden den Regelfall bilden, da insoweit die Versteuerung der stillen Reserven im Zuge der Verschmelzung vermieden wird. Der Antrag ist nach § 11 Abs. 3 i. V. mit § 3 Abs. 2 Satz 2 UmwStG spätestens bis zur erstmaligen Abgabe der steuerlichen Schlussbilanz[785] bei dem für die Besteuerung des übertragenden Verbands zuständigen Finanzamt zu stellen.

In Einzelfällen kann es jedoch sinnvoll sein, dass beim übertragenden Verein die übergehenden Wirtschaftsgüter einheitlich mit einem Wert zwischen dem Buchwert und maximal dem gemeinen Wert in der steuerlichen Schlussbilanz angesetzt werden. Es kommt dann zu einer (teilweisen) Realisierung der stillen Reserven. Die Ausübung dieses Bewertungswahlrechts kann sinnvoll aus, um damit etwaige Verlustvorträge zu nutzen, die ansonsten im Zuge der Verschmelzung untergehen[786].

Wird bspw. ein Berufsverband mit Verlusten im wirtschaftlichen Geschäftsbetrieb (Verlustverband) verschmolzen, gehen verrechenbare Verluste, verbleibende Verlustvorträge und vom übertragenden Verband nicht ausgeglichene negative Einkünf-

[784] Vgl. Engelsing/Lüke, NWB 2007 S. 4409 (4414).

[785] Zu den formellen Anforderungen an die Antragstellung und steuerliche Schlussbilanz vgl. BMF v. 11.11.2011 – IV C 2 – S 1978-b/08/10001, BStBl. 2011 I, 1314 Rz. 11.02 und 03.01.

[786] Sofern im Betriebsvermögen „stille Lasten" liegen, etwa bei Drohverlustrückstellungen in der Handelsbilanz, sind auch diese (ggf. anteilig) aufzudecken, BMF v. 11.11.2011 – IV C 2 – S 1978-b/08/10001, BStBl. 2011 I, 1314 Rz. 03.01 ff.

te nicht auf den übernehmenden Berufsverband über[787]. Das in den Verlusten enthaltene potenzielle Steuerminderungspotenzial fällt ersatzlos weg. Dies kann durch den Ansatz von Zwischenwerten vermieden werden[788]. Die aufgedeckten (anteiligen) stillen Reserven führen aufgrund der Verlustnutzung grundsätzlich zu keiner Steuerpflicht; dem neuen Verband steht nunmehr jedoch ein erhöhtes Abschreibungssubstrat steuermindernd zur Verfügung.
Wird die Verschmelzungsrichtung geändert und auf den Verlustverband verschmolzen, sind die Regelungen des § 8c KStG[789] zu beachten. Nach § 8c Satz 1 KStG können nicht ausgeglichene oder abgezogene negative Einkünfte (nicht genutzte Verluste) insoweit nicht mehr abgezogen werden, als ein schädlicher Beteiligungserwerb vorliegt (quotale Abzugsbeschränkung). Ein schädlicher Beteiligungserwerb i. S. des § 8c Satz 1 KStG ist anzunehmen, wenn innerhalb von fünf Jahren mittelbar oder unmittelbar mehr als 25 % der Mitgliedschaftsrechte an einer Körperschaft an einen Erwerber oder diesem nahestehenden Personen übertragen werden oder ein vergleichbarer Sachverhalt verwirklicht wird. Werden mehr als 50 % der Anteile gemäß dem vorstehenden Satz übertragen, regelt § 8c Satz 2 KStG eine vollständige Abzugsbeschränkung. Ein schädlicher Beteiligungserwerb liegt nur dann nicht vor, wenn an dem übertragenden und an dem übernehmenden Rechtsträger dieselbe Person zu 100 % beteiligt ist (vgl. § 8c Abs. 1 Satz 5 KStG, sog. „Konzernklausel“). Liegt ein schädlicher Beteiligungserwerb im Grundsatz vor, werden die steuerlichen Verluste nur insoweit verschont, wie die Gesellschaft, bei der die Anteilsübertragung stattfindet, über im Inland steuerpflichtige stille Reserven verfügt (§ 8c Abs. 1 Satz 6 ff. KStG, sog. „Stille-Reserven-Klausel“).

3.3.2 Übernehmender Verein

Der übernehmende Berufsverband hat die auf ihn übergehenden Wirtschaftsgüter mit dem in der steuerlichen Schlussbilanz des übergebenden Vereins angesetzten Wert zu übernehmen[790]. Handelsrechtlich besteht dieser strenge Zwang zur Wertverknüpfung mit der Schlussbilanz des übertragenden Vereins nicht.

---

[787] § 12 Abs. 1 Satz 2 i. V. mit § 4 Abs. 1 Satz 2 UmwStG.

[788] Vgl. Engelsing/Lüke, NWB 2007 S. 4409 (4414).

[789] Ausweislich § 34 Abs. 7b KStG gilt § 8c KStG erstmals für den Veranlagungszeitraum 2008 und für Anteilsübertragungen, die nach dem 31.12.2007 erfolgen. Nach der Übergangsregelung in § 34 Abs. 6 Satz 4 KStG ist § 8 Abs. 4 KStG a. F. letztmals anzuwenden, wenn mehr als die Hälfte der Anteile an einer Kapitalgesellschaft innerhalb eines Zeitraums von fünf Jahren übertragen werden, der vor dem 1.1.2008 beginnt, und der Verlust der wirtschaftlichen Identität vor dem 1.1.2013 eintritt. Obwohl der Gesetzeswortlaut von Kapitalgesellschaften spricht, gilt dies nach der Auffassung der Finanzverwaltung auch für Vereine, BMF v. 16.4.1999 – IV C 6 – S 2745 – 12/99, BStBl. 1999 I, S. 455 Rz. 24.

[790] § 12 Abs. 1 Satz 1 UmwStG.

Verrechenbare Verluste, verbleibende Verlustvorträge und vom übertragenden Verband nicht ausgeglichene negative Einkünfte gehen nach § 12 Abs. 1 Satz 2 i. V. mit § 4 Abs. 1 Satz 2 UmwStG nicht auf den übernehmenden Berufsverband über. Darüber hinaus tritt der übernehmende Berufsverband nach § 12 Abs. 3 i. V. mit § 4 Abs. 2 Satz 1 UmwStG in die steuerliche Rechtsstellung des übertragenden Verbands ein, insbesondere bezüglich der Bewertung der übernommenen Wirtschaftsgüter, der Absetzungen für Abnutzung und der den steuerlichen Gewinn mindernden Rücklagen[791].

Bei Verschmelzungen zum Jahresende ist die sachgerechte Wahl des steuerlichen Übertragungsstichtags zu beachten. So kann es steuerlich bedeutsam sein, ob als Verschmelzungsstichtag das Jahresende des ablaufenden (31.12.) oder der Jahresbeginn (1.1.) des beginnenden Kalenderjahrs gewählt wird. Wird ein Verlust-Verband zum Jahresende verschmolzen, kann der laufende Verlust des übertragenden mit dem laufenden Ergebnis des übernehmenden Verbands nach der Auffassung des Bundesfinanzhofs verrechnet werden[792]. Erfolgt die Verschmelzung dagegen zum Jahresbeginn, sind beide Berufs- bzw. Wirtschaftsverbände im abgelaufenen Veranlagungszeitraum noch eigenständige Steuersubjekte; eine Verlustverrechnung ist demzufolge nicht zulässig.

Innerhalb des maximal achtmonatigen Rückwirkungszeitraums werden das Einkommen und das Vermögen des übertragenden sowie des übernehmenden Berufsverbands so ermittelt, „als ob das Vermögen der Körperschaft mit Ablauf des Stichtags der Bilanz, die dem Vermögensübergang zugrunde liegt (steuerlicher Übertragungsstichtag), ganz oder teilweise auf den übernehmenden Rechtsträger übergegangen wäre. Das Gleiche gilt für die Ermittlung der Bemessungsgrundlagen bei der Gewerbesteuer." (§ 2 Abs. 1 UmwStG). Für Zwecke der Umsatzsteuer ist eine Rückwirkung nicht zulässig.

3.4 Grunderwerbsteuer

Gehen im Rahmen der Verschmelzung Immobilien vom übertragenden auf den übernehmenden Verein über, kommt es aufgrund der Gesamtrechtsnachfolge zu einem Eigentumsübergang kraft Gesetz. Dieser unterliegt nach § 1 Abs. 1 Nr. 3 GrEStG der Grunderwerbsteuer. Eine spezifische Befreiungsvorschrift für Berufsverbände existiert ebenso wenig wie bei gemeinnützigen Organisationen. Die Steuer bemisst sich gemäß § 8 Abs. 2 Nr. 2 GrEStG nach den Regelungen des Bewertungsgesetzes; es sind die sog. Bedarfswerte anzusetzen. Für diese Werte beträgt die Grunderwerbsteuer derzeit zwischen 3,5 % und 5,0 % in Abhängigkeit vom Bundesland, in dem das Grundstück liegt. Die Grunderwerbsteuer entsteht mit der Eintragung der

---

[791] Sog. Fußstapfentheorie; vgl. Dötsch, in: Dötsch u. a., Umwandlungssteuerrecht, § 12 Rz. 44.

[792] BFH v. 31.5.2005 – I R 68/03, BFH/NV 2005, 1462; die Finanzverwaltung sieht dies dem Vernehmen nach anders.

Verschmelzung in das Vereinsregister des Sitzes des übernehmenden Berufsverbands (§ 20 Abs. 1 Nr. 1 UmwG)[793].

In Bezug auf die steuerliche Behandlung einer durch einen Verschmelzungsvorgang entstehenden Grunderwerbsteuer ist derzeit nicht abschließend geklärt, ob sie als zusätzliche Anschaffungskosten bei den übertragenden Immobilien zu aktivieren oder eine sofort abzugsfähige Betriebsausgabe ist[794]. Praktische, da steuerverlagernde Bedeutung besteht in den Fällen, in denen Immobilien einem wirtschaftlichen Geschäftsbetrieb zugeordnet sind.

Aufgrund der Bewertung der Immobilien mit ihrem Bedarfswert und der daraus resultierenden hohen Grunderwerbsteuerbelastung kommt der Frage der Grunderwerbsteuer bei Verschmelzungen eine besondere Bedeutung zu. Je nach der Höhe der drohenden Grunderwerbsteuerzahlung stellt dies sogar einen Hinderungsgrund für eine ansonsten sinnvolle Verschmelzung dar.

Verfügt nur einer der beiden Berufsverbände über Immobilien, ist die Verschmelzungsrichtung zu beachten[795]. In diesen Fällen kann es – isoliert aus grunderwerbsteuerlicher Sicht – sinnvoll sein, dass der nicht immobilienbesitzende auf den immobilienbesitzenden Verband verschmolzen wird. Als Folge werden die Immobilien im grunderwerbsteuerlichen Sinne „nicht bewegt“; eine Grunderwerbsteuer entsteht nicht[796].

3.5 Umsatzsteuer

Die Verschmelzung ist regelmäßig nicht umsatzsteuerbar, soweit die übergehenden Wirtschaftsgüter aus dem nichtunternehmerischen (im Wesentlichen ideellen) Bereich eines Berufsverbands stammen[797].

Soweit der übertragende Berufsverband jedoch auch über einen unternehmerischen Bereich – im Wesentlichen der wirtschaftliche Geschäftsbetrieb – verfügt, ist eine Umsatzsteuerpflicht zu prüfen. Die Vermögensübertragung im Zuge der Verschmelzung wird insoweit nicht umsatzsteuerpflichtig sein, als die Regelung des § 1 Abs. 1a UStG zur Anwendung kommt. Danach unterliegen Umsätze im Rahmen einer Geschäftsveräußerung an einen anderen Unternehmer für dessen Unternehmen nicht der Umsatzbesteuerung. Eine solche Geschäftsveräußerung im Ganzen wird bei der Verschmelzung in der Regel vorliegen, da der unternehmerische Bereich des übertragenden Vereins vollumfänglich in den unternehmerischen Bereich des übernehmenden Vereins eingebracht wird.

793 FinMin. Baden-Württemberg v. 31.1.2000 – 3 – S 4520/2, DStR 2000, 284.

794 Zur Diskussion siehe Dötsch, in: Dötsch u. a., Umwandlungssteuerrecht, § 12 Rz. 41.

795 Vgl. Engelsing/Lüke, NWB 2007 S. 4409 (4416).

796 Die Anteilsvereinigung nach § 1 Abs. 3 GrEStG ist nicht einschlägig, da Vereine keine Gesellschaft i. S. des § 1 Abs. 3 GrEStG sind; Pahlke/Franz, GrEStG Kommentar, § 1 Rz. 321.

797 Vgl. Engelsing/Lüke, NWB 2007 S. 4409 (4416).

4 Spaltung

Neue Berufsbereiche entwickeln sich teilweise zunächst als Abteilungen bestehender Berufsverbände, bis sie irgendwann einen eigenen Berufsstand repräsentieren. Ebenso kann es vorkommen, dass Gruppierungen innerhalb eines Berufsstands und deren (Partikular-)Interessen sich im Laufe der Zeit immer weiter voneinander entfernt haben; der Berufsverband kann lediglich noch den kleinsten gemeinsamen Nenner vertreten.

In diesen Fällen kann es sinnvoll sein, den bisherigen Berufsverband in zwei selbstständige Verbände aufzuspalten. Alternativ könnte eine Gruppierung aus dem bisherigen Berufsverband austreten und einen neuen Berufsverband gründen.

Die Spaltung kommt nach § 123 UmwG in drei verschiedenen Arten vor:

- Bei der Aufspaltung (§ 123 Abs. 1 UmwG) erlischt der übertragende Rechtsträger, sein Vermögen geht auf einen oder mehrere Rechtsträger über und seine Anteilsinhaber bzw. Mitglieder erhalten Anteile bzw. werden Mitglieder des übernehmenden Rechtsträgers.
- Bei der Abspaltung (§ 123 Abs. 2 UmwG) bleibt der übertragende Rechtsträger bestehen und überträgt einen oder mehrere Teile seines Vermögens auf den übernehmenden Rechtsträger. Seine Mitglieder erhalten Anteile bzw. Mitgliedschaften am übernehmenden Rechtsträger.
- Bei der Ausgliederung (§ 123 Abs. 3 UmwG) schließlich bleibt der übertragende Rechtsträger bestehen und überträgt einen oder mehrere Teile seines Vermögens auf den übernehmenden Rechtsträger. Er selbst erhält als Gegenleistung Anteile bzw. Mitgliedschaften am übernehmenden Rechtsträger.

Idealvereine mit Sitz im Inland können stets übertragender Rechtsträger sein; als übernehmender Rechtsträger können sie nach § 149 Abs. 2 UmwG nur fungieren, wenn der übertragende Rechtsträger ebenfalls ein Idealverein ist.

Die Spaltung vollzieht sich ähnlich wie die Verschmelzung[798]. Es ist ein Spaltungsvertrag bzw. Spaltungsplan aufzustellen (§§ 126, 136 UmwG), der Vorstand hat grundsätzlich einen Spaltungsbericht (§ 127 UmwG) zu erstatten und ggf. ist eine Spaltungsprüfung durchzuführen (§ 125 UmwG). In Vorbereitung der Mitgliederversammlung ist der Vertrag oder sein Entwurf dem Betriebsrat – falls vorhanden – zuzuleiten und die Mitglieder umfassend zu informieren (§§ 125, 13 UmwG). Die Mitgliederversammlung fasst dann in notarieller Form den Spaltungsbeschluss, der anschließend zum Vereinsregister anzumelden ist. Mit der Registereintragung wird die Spaltung wirksam, das im Spaltungsplan bzw. Spaltungsvertrag bezeichnete Vermögen (Aktiva und Passiva) geht im Wege der Gesamtrechtsnachfolge auf den über-

[798] Siehe dazu oben Gliederungspunkt G.3.2, S. 233.

nehmenden Rechtsträger über und die Mitglieder des übertragenden Vereins werden Mitglieder des übernehmenden Vereins (§§ 130, 131 UmwG).

5 Formwechsel

Durch den Formwechsel wird ein Rechtsträger identitätswahrend in eine andere Rechtsform überführt (§ 190 Abs. 1 UmwG). Der Formwechsel wird mit der Registereintragung wirksam. Der formgewechselte Rechtsträger erhält dadurch die im Umwandlungsbeschluss bestimmte Rechtsform (§ 202 Abs. 1 UmwG).

Ein rechtsfähiger Verein kann nur in die Rechtsform einer Kapitalgesellschaft (GmbH, Aktiengesellschaft, Kommanditgesellschaft auf Aktien) oder einer eingetragenen Genossenschaft formgewechselt werden (§ 272 Abs. 1 UmwG). Der Formwechsel in eine Kapitalgesellschaft oder eingetragene Genossenschaft kommt insbesondere dann in Betracht, wenn bei einem Idealverein wegen Überschreitung des Nebenzweckprivilegs die Entziehung der Rechtsfähigkeit droht. Dann kann insbesondere die eingetragene Genossenschaft eine Alternative sein.

Nach § 1 Abs. 1 GenG sind eingetragene Genossenschaften „Gesellschaften von nicht geschlossener Mitgliederzahl, deren Zweck darauf gerichtet ist, den Erwerb oder die Wirtschaft der Mitglieder oder deren sozialen oder kulturellen Belange durch gemeinschaftlichen Geschäftsbetrieb zu fördern“. Kennzeichnend für sie ist also ein durch Rechtsgeschäfte Entgelte erwirtschaftender Geschäftsbetrieb, der wirtschaftliche wie ideelle Mitgliederbelange zum Gegenstand haben kann. Mit der eingetragenen Genossenschaft kann der Berufsverband „unter einem Dach“ auch wirtschaftlich tätig werden[799].

Der Formwechsel vollzieht sich im Ablauf ähnlich wie die Verschmelzung und die Spaltung. Zu beachten ist jedoch, dass der Umwandlungsbeschluss nach § 275 Abs. 1 UmwG der Einstimmigkeit bedarf, wenn die Umwandlung mit einer Zweckänderung verbunden ist. In diesem Fall müssen zudem auch sämtliche nicht erschienenen Mitglieder dem Formwechsel schriftlich zustimmen. Jedenfalls bei größeren Vereinen ist dies wohl praktisch undenkbar.

[799] Ausführlich zum Recht der Genossenschaften: Geschwandtner, Genossenschaftsrecht – Grundlagen Muster, 2007.

H Beendigung eines Verbands

Es gibt verschiedene Ereignisse, die zur Beendigung eines Idealvereins führen. Dabei ist zwischen der Auflösung des Vereins (mit dem Sonderfall der Insolvenz) und dem Verlust der Rechtsfähigkeit zu unterscheiden.

1 Auflösung

Auflösung ist die Einstellung (Beendigung) des dem Vereinszweck dienenden Vereinslebens[800]. Die Auflösung des Vereins tritt ein

- durch Beschluss der Mitgliederversammlung oder eines anderen in der Satzung dafür vorgesehenen Organs (§ 41 BGB),
- bei Eintritt bestimmter in der Satzung dafür bestimmter Umstände,
- durch Wegfall sämtlicher Mitglieder,
- durch Eröffnung des Insolvenzverfahrens (§ 42 Abs. 1 BGB).

Mit der Auflösung ist der Verein noch nicht erloschen, vielmehr tritt an die Stelle des ursprünglichen Vereinszwecks der Abwicklungszweck[801]. Der Verein tritt mit der Auflösung in das Abwicklungsstadium ein (auch Liquidation genannt). Er erlischt jedoch erst mit dem Abschluss der Liquidation.

1.1 Beschluss der Mitgliederversammlung

Der Verein kann durch Beschluss der Mitgliederversammlung aufgelöst werden (§ 41 Satz 1 BGB). Die Versammlung muss ordnungsgemäß eingeladen sein, insbesondere muss der Beschlussgegenstand unzweifelhaft erkennbar sein. Eine schriftliche Beschlussfassung nach § 32 Abs. 2 BGB kommt nicht in Betracht[802]. Das Auflösungsrecht kann den Mitgliedern auch nicht durch eine abweichende Satzungsregelung entzogen werden; zulässig ist es aber, dass die Mitglieder dieses Recht – wenn in der Satzung so vorgesehen – über die Delegiertenversammlung (mittelbar) ausüben. Die Auflösung kann durch die Satzung erschwert oder erleichtert werden. Umstrit-

[800] Stöber/Otto, Rn. 1116.

[801] BGH NJW 1986, 1604; BGH NJW-RR 2007, 1346

[802] Streitig. Wie hier: MünchKomm/Reuter, § 41 Rn. 78; Reichert, Rn. 3989; dagegen (auch schrifliche Beschlussfassung): Sauter/Schweyer/Waldner, Rn. 390; Stöber/Otto, Rn. 1118.

ten ist, ob die Satzung das Auflösungsrecht neben der Mitgliederversammlung auch noch weiteren Vereinsorganen (bspw. dem Vorstand) einräumen kann[803].
Die Mitgliederversammlung beschließt über die Auflösung des Vereins mit einer Dreiviertelmehrheit der abgegebenen Stimmen (§ 41 Satz 2 BGB). Eine bestimmte Anzahl anwesender Mitglieder ist auch hier für die Beschlussfähigkeit gesetzlich nicht vorgeschrieben. Die Satzung kann eine andere Mehrheit bestimmen und Regeln zur Beschlussfähigkeit treffen. Sie kann das Quorum sowohl herauf- als auch herabsetzen. Soll die Auflösung in der Weise erleichtert werden, dass eine geringere als die gesetzliche Mehrheit ausreichen soll, so genügt eine allgemeine Satzungsbestimmung, nach der Beschlüsse mit der einfachen Mehrheit gefasst werden, nicht[804]; vielmehr muss explizit in der Satzung geregelt werden, welche Mehrheit für den Auflösungsbeschluss erforderlich ist.
Die Wirkungen der Auflösung[805] treten mit der Beschlussfassung ein oder mit dem im Auflösungsbeschluss bestimmten Zeitpunkt. Eine rückwirkende Auflösung ist nicht zulässig.
Solange die Liquidation noch nicht beendet ist, kann der Verein durch einen sog. Fortsetzungsbeschluss wieder zu einem aktiven Verein gemacht werden. Für den Fortsetzungsbeschluss genügt die einfache Mehrheit der Stimmen.

1.2 Auflösung gemäß Satzung

Der Verein ist aufgelöst, wenn ein in der Satzung festgelegter Auflösungstatbestand verwirklicht ist.
Wird infolge der Veränderung der tatsächlichen Verhältnisse die Durchführung des satzungsmäßigen Vereinszwecks unmöglich, so hat dies weder die Auflösung des Vereins noch die Entstehung eines neuen Vereins mit anderem Vereinszweck zur Folge. Soll der Verein wegen der geänderten Verhältnisse aufgelöst werden, so ist dazu ein förmlicher Auflösungsbeschluss der Mitgliederversammlung erforderlich.
Die Mitgliederversammlung eines aufgelösten Vereins kann mit der für die Auflösung erforderlichen Stimmenmehrheit die Auflösung wieder rückgängig machen, indem die Fortsetzung des Vereins beschlossen wird.

1.3 Wegfall sämtlicher Mitglieder

Der Wegfall sämtlicher Mitglieder durch Tod, Austritt oder auf sonstige Weise hat die Auflösung des Vereins zur Folge. Da ein Verein ohne Mitglieder nicht denkbar ist, tritt das Erlöschen des Vereins nach herrschender Meinung gleichzeitig mit der

[803] Dafür: MünchKomm/Reuter, § 41 Rn. 18; Sauter/Schweyer/Waldner, Rn. 387; dagegen Reichert, Rn. 3991.
[804] OLG Hamm NJW-RR 1990, 532.
[805] Siehe dazu sogleich unter Gliederungspunkt H.1.4, S. 249.

Auflösung ein[806]. Eine etwaige Vermögensabwicklung muss in diesem Fall durch einen vom Amtsgericht gemäß § 1913 BGB zu bestellenden Pfleger erfolgen[807]. Gegen die herrschende Meinung wird eingewandt, dass diese Regelung missbräuchliches Verhalten begünstige, indem sie den Mitgliedern durch einen geschlossenen Austritt ermögliche, der Bindung des Vereins an abgeschlossene Verträge oder dem Insolvenzantrag zu entgehen[808]. Nach richtiger Ansicht ist der Wegfall aller Mitglieder kein Erlöschens-, sondern nur ein Auflösungsgrund. Es hat sich eine Liquidation anzuschließen. Der Wegfall aller Mitglieder steht dem nicht entgegen.
Eine Reduzierung der Mitgliederzahl unter die nach § 56 BGB für die Registereintragung erforderliche Anzahl von mindestens sieben Mitgliedern ist unschädlich. Hat der Verein nur noch weniger als drei Mitglieder, kann ihm das Registergericht die Rechtsfähigkeit entziehen[809].

1.4 Rechtsfolgen der Auflösung

Mit der Auflösung wird der Verein zum Liquidationsverein. Sein Vereinszweck ist nun die Abwicklung. Bis zur Beendigung der Liquidation besteht der Verein fort (§ 49 Abs. 2 BGB).
Die Auflösung des Vereins ist zur Eintragung in das Vereinsregister anzumelden (§ 74 BGB). In das Register sind auch die Liquidatoren und ihre Vertretungsmacht einzutragen (§ 76 Abs. 1 BGB).
Die Liquidatoren haben die laufenden Geschäfte des Vereins zu beenden, etwaige Forderungen einzuziehen und das Vereinsvermögen in Geld umzusetzen. Die Gläubiger sind zu befriedigen. Verbleibt danach ein Überschuss, so ist dieser an den Anfallberechtigten (§ 45 BGB) auszukehren. Zu beachten ist das in § 51 BGB normierte Sperrjahr, d. h., dass die Ausschüttung an den Anfallberechtigten frühestens ein Jahr nach der öffentlichen Bekanntmachung der Auflösung erfolgen darf. Nur für den Fall, dass der Verein zweifelsfrei kein Vermögen mehr hat, kann die Liquidation auch schon vor Ablauf des Sperrjahrs beendet werden[810].
Die Liquidation erfolgt durch den Vorstand, sofern nicht andere Personen zu Liquidatoren bestellt werden (§ 48 Abs. 1 BGB). In Ermangelung einer anderen Regelung können die Liquidatoren den Verein nur gemeinschaftlich vertreten (§ 48 Abs. 3 GmbHG).
Die Auflösung des Vereins ist durch die Liquidatoren öffentlich bekannt zu machen. Die Gläubiger sind in der Bekanntmachung zur Anmeldung ihrer Ansprüche aufzu-

---

[806] BGHZ 19 S. 51.
[807] OLG Köln NJW-RR 1999, 336.
[808] MünchKomm/Reuter, § 41 Rn. 5; Reichert, Rn. 4032.
[809] Dazu sogleich unter Gliederungspunkt H.3, S. 251.
[810] BGHZ 74, 212; Stöber/Otto, Rn. 1129.

fordern; Gläubiger, die dem Verein bekannt sind, sind persönlich zur Anmeldung aufzufordern (§ 50 BGB).
Der Verein erlischt, wenn die Abwicklung beendet ist. Nach § 76 Abs. 1 Satz 2 BGB ist die Beendigung (= das Erlöschen) des Vereins in das Vereinsregister einzutragen. Die Eintragung erfolgt auf Anmeldung der Liquidatoren; ist aber nur noch deklaratorisch.

2 Insolvenz

Der Verein wird gemäß § 42 Abs. 1 Satz 1 BGB mit der Eröffnung des Insolvenzverfahrens sowie mit Rechtskraft des Beschlusses, mit dem die Eröffnung des Insolvenzverfahrens mangels Masse abgewiesen worden ist, kraft Gesetzes aufgelöst. Der Vorstand hat bei Zahlungsunfähigkeit oder Überschuldung die Eröffnung des Insolvenzverfahrens zu beantragen (§ 42 Abs. 2 BGB).
Zahlungsunfähigkeit ist gegeben, wenn der Verein nicht in der Lage ist, die fälligen Zahlungsverpflichtungen zu erfüllen (§ 17 Abs. 2 Satz 1 InsO). Überschuldung liegt vor, wenn das Vermögen des Vereins die Verbindlichkeiten nicht mehr deckt (§ 19 Abs. 2 Satz 1 InsO). Dabei sind die Gegenstände des Vereinsvermögens grundsätzlich mit dem Liquidations- oder Zerschlagungswert anzusetzen[811]. Ergibt sich danach eine Überschuldung, ist zu prüfen, ob der Verein fortführungsfähig ist (sog. Fortführungsprognose). Diese Prognose erfordert die Aufstellung eines konkreten Fortführungs- und Finanzkonzepts. Ist die Prognose negativ, liegt Überschuldung vor. Ist die Prognose positiv, ist ein Überschuldungsstatus unter Ansatz von Fortführungswerten zu erstellen. Liegt danach auch weiterhin eine Überschuldung vor, so ist der Insolvenzantrag zu stellen.
Das Insolvenzrecht kennt neben der Zahlungsunfähigkeit und der Überschuldung auch noch die drohende Zahlungsunfähigkeit (§ 18 InsO) als Grund für die Eröffnung des Insolvenzverfahrens. Bei drohender Zahlungsunfähigkeit besteht zwar keine Pflicht (§ 42 Abs. 2 BGB), aber sehr wohl das Recht des Vereinsvorstands, die Eröffnung des Insolvenzverfahrens zu beantragen.
Nach § 42 Abs. 2 Satz 1 BGB ist der Vorstand im Falle der Zahlungsunfähigkeit oder Überschuldung zur Stellung des Antrags auf Eröffnung des Insolvenzverfahrens verpflichtet. Wird der Antrag schuldhaft verzögert, sind die Vorstandsmitglieder verpflichtet, den Gläubigern den daraus resultierenden Schaden zu ersetzen. Den Altgläubigern des Vereins, also den Gläubigern, die ihre Forderungen vor Eintritt der Insolvenzreife erworben haben, ist der sog. Quotenschaden zu ersetzen: der Schaden, der durch die Verringerung der Insolvenzmasse gegenüber einer rechtzeitigen Antragstellung entstanden ist[812]. Den nach Eintritt der Insolvenzreife hinzugekomme-

[811] MünchKomm/Reuter, § 42 Rn. 7.
[812] BGH NJW 1994, 2220.

nen Neugläubigern haften die Vorstandsmitglieder sogar auf Ersatz des vollen Schadens, der ihnen dadurch entstanden ist, dass sie noch in Rechtsbeziehungen zu dem insolvenzreifen Verein eingetreten sind[813].
Mit der Eröffnung des Insolvenzverfahrens geht die Verwaltungs- und Verfügungsbefugnis hinsichtlich des Vereinsvermögens auf den Insolvenzverwalter über (§ 80 Abs. 1 InsO). Etwaige nach der Satzung bestehende Verfügungsbeschränkungen oder Beschränkungen der Vertretungsmacht gelten für den Insolvenzverwalter nicht. Gesetzlicher Vertreter des Vereins bleibt aber auch im Insolvenzverfahren der Vorstand.
An der Mitgliedschaft ändert sich durch das Insolvenzverfahren nichts. Alle Vereinsorgane bleiben bestehen.

3 Verlust der Rechtsfähigkeit

Ein Idealverein verliert unter Fortbestand als nichtrechtsfähiger Verein seine Rechtsfähigkeit, wenn er auf die Rechtsfähigkeit verzichtet oder ihm die Rechtsfähigkeit entzogen wird.

3.1 Verzicht

Der Verein kann auch auf seine Rechtsfähigkeit verzichten. Er besteht dann als nichtrechtsfähiger Verein fort. Hierzu bedarf es eines Beschlusses der Mitgliederversammlung und einer entsprechenden Eintragung in das Vereinsregister. Der Beschluss benötigt eine satzungsändernde Mehrheit. Gemäß §§ 45 Abs. 1, 47 BGB muss bei Verlust der Rechtsfähigkeit eine Liquidation stattfinden, sofern das Vereinsvermögen nicht an den Fiskus fällt.

3.2 Entziehung der Rechtsfähigkeit

Dem Verein kann die Rechtsfähigkeit durch das Registergericht entzogen werden, wenn er zwar in der Satzung als Idealverein gekennzeichnet ist, tatsächlich aber einen wirtschaftlichen Hauptzweck verfolgt. Die Entziehung der Rechtsfähigkeit ist auch dann zulässig, wenn der von einem Verein unterhaltene wirtschaftliche Geschäftsbetrieb einen Umfang angenommen hat, der nicht mehr durch das Nebenzweckprivileg gedeckt ist. Die Entziehung der Rechtsfähigkeit durch das Registergericht ist eine Ermessensentscheidung (§ 395 FamFG).
Dem Verein ist die Rechtsfähigkeit durch das Amtsgericht zu entziehen, wenn die Zahl der Vereinsmitglieder unter drei abgesunken ist (§ 73 BGB). Um sich Gewissheit über die Zahl der Vereinsmitglieder zu verschaffen, kann das Gericht vom Ver-

[813] BGH NJW 1994, 2220; BGH NJW 1999, 2182.

einsvorstand Auskunft über die Zahl der Vereinsmitglieder verlangen (§ 72 BGB). Solange die Rechtsfähigkeit nicht entzogen ist, kann der Verein auch aus nur einem Mitglied bestehen.

4 Registeranmeldung bzw. -eintragung

Die Auflösung des Vereins oder der Entzug der Rechtsfähigkeit wird in das Vereinsregister eingetragen (§ 74 Abs. 1 Satz 1 BGB). Nach § 75 BGB wird die Eröffnung des Insolvenzverfahrens von Amts wegen eingetragen. Eingetragen wird ferner, wenn der Verein auf seine Rechtsfähigkeit verzichtet hat.
Die Auflösung des Vereins durch Beschluss der Mitgliederversammlung oder durch Eintritt eines in der Satzung bestimmten Ereignisses ist vom Vorstand (durch Vorstandsmitglieder in der zur Vertretung des Vereins erforderlichen Anzahl) beim zuständigen Registergericht zur Eintragung in das Vereinsregister anzumelden (§ 74 Abs. 2 Satz 1 BGB). Ist der Verein durch Beschluss seiner Mitgliederversammlung aufgelöst worden, so ist der Anmeldung eine Abschrift des Auflösungsbeschlusses beizufügen (§ 74 Abs. 2 Satz 2 BGB).

5 Liquidation

Mit der Auflösung des Vereins ist dieser in der Regel noch nicht erloschen. Vielmehr ist die Abwicklung (Liquidation) des Vereins vorzunehmen. Die Liquidation muss selbst dann durchgeführt werden, wenn der Verein keine Verbindlichkeiten hat oder wenn die Mitgliederversammlung beschlossen hat, dass der Verein als nichtrechtsfähiger Verein bestehen bleibt.
Mit der Auflösung des Vereins oder der Entziehung der Rechtsfähigkeit fällt gemäß § 45 Abs. 1 BGB das Vermögen des Vereins an die in der Satzung bestimmte Person oder Einrichtung. Durch die Satzung kann aber auch vorgeschrieben werden, dass die Anfallberechtigung durch Beschluss der Mitgliederversammlung oder eines anderen Vereinsorgans bestimmt wird. Fehlt es an einer Bestimmung des Anfallberechtigten, so fällt das Vermögen, wenn der Verein ausschließlich den Interessen seiner Mitglieder gedient hat, zu gleichen Teilen an die zur Zeit der Auflösung bzw. Entziehung der Rechtsfähigkeit vorhandenen Mitglieder, anderenfalls fällt es an den Fiskus.
Fällt das Vereinsvermögen an den Fiskus, tritt Gesamtrechtsnachfolge ein und der Verein erlischt sofort. Fällt das Vereinsvermögen nicht an den Fiskus, muss eine Liquidation stattfinden (§ 47 BGB). Die Anfallberechtigten haben lediglich einen schuldrechtlichen Anspruch auf Auskehrung des nach Durchführung der Liquidation verbleibenden Überschusses. Die Liquidation erfolgt durch den Vorstand. Zu Liquidatoren können aber auch andere Personen bestellt werden. Die Bestellung

erfolgt nach den gleichen Vorschriften wie die Bestellung des Vorstands. Die Liquidatoren sind im Vereinsregister einzutragen. Die Anmeldung hat durch die Liquidatoren zu erfolgen. Der Anmeldung ist eine Abschrift des Beschlusses beizufügen, mit welchem die Mitgliederversammlung die Liquidatoren bestellt hat. Die Liquidatoren haben gemäß § 49 BGB die laufenden Geschäfte zu beenden, Forderungen einzuziehen und das übrige Vermögen des Vereins in Geld umzusetzen. Sie haben die Gläubiger zu befriedigen und den Überschuss den Anfallberechtigten auszukehren.
Die Auflösung des Vereins oder die Entziehung der Rechtsfähigkeit ist durch die Liquidatoren öffentlich zu machen (§ 50 BGB). In der Bekanntmachung sind die Gläubiger zur Anmeldung ihrer Ansprüche aufzufordern. Eine einmalige Bekanntmachung genügt. Sie kann wie folgt lauten:

> Der Verein ... e. V. ist aufgelöst. Seine Gläubiger werden hiermit aufgerufen, ihre Ansprüche dem Liquidator, Herrn ... , wohnhaft ... zu melden.

Wenn kein verteilbares Vereinsvermögen vorhanden ist, ist eine derartige Mitteilung sinnlos und deshalb entbehrlich.
Ergibt sich während der Liquidation eine Überschuldung des Vereins, haben die Liquidatoren die Eröffnung des Insolvenzverfahrens zu beantragen (§ 42 Abs. 2 BGB).
Nach Befriedigung oder Sicherstellung aller Gläubigerforderungen haben die Liquidatoren den Anfallberechtigten den Überschuss auszukehren. Die Verteilung des Vermögens darf jedoch nicht vor Ablauf eines Jahres nach der Bekanntmachung der Auflösung des Vereins erfolgen (§ 51 BGB). Zum Abschluss der Liquidation haben die Liquidatoren die Verpflichtung, der Mitgliederversammlung eine Schlussrechnung zu erstatten.
Die Beendigung der Liquidation ist zum Vereinsregister anzumelden und dort einzutragen. Wird die Beendigung der Liquidation vor Ablauf des Sperrjahrs angemeldet, so besteht in der Regel Anlass, von den Liquidatoren die Erklärung zu verlangen, dass kein Vereinsvermögen mehr vorhanden ist, solches auch nicht an die Anfallsberechtigten verteilt wurde und keine Prozesse mehr anhängig sind[814].

6 Besteuerung

6.1 Inanspruchnahme der steuerlichen Begünstigungen

Für die Anerkennung als Berufsverband ist die Ausübung von Tätigkeiten notwendig, die dem Berufsstand bzw. dem Wirtschaftszweig dienen. Problematisch ist dieses

[814] OLG Köln NZG 2005, 83.

Erfordernis regelmäßig in den Fällen, in denen ein Berufsverband gegründet[815] bzw. beendet wird.
Im Bereich des Gemeinnützigkeitsrechts hatte der Bundesfinanzhof[816] Gelegenheit Stellung zu beziehen: Eine gemeinnützige Stiftung hatte ihre laufende Tätigkeit eingestellt; über das Vermögen ist das Insolvenzverfahren eröffnet worden, sodass sich die Tätigkeit auf die Vermietung eines Grundstücks sowie die Vereinnahmung von Zinsen aus Bankguthaben beschränkte.
Der Bundesfinanzhof sah die gemeinnützigen Voraussetzungen mit der vollkommenen Einstellung der gemeinnützigen Tätigkeit als nicht mehr gegeben an[817]. Mit der Eröffnung des Insolvenzverfahrens lag ihr Zweck darin, alle Gläubiger durch die Verwertung ihres Vermögens zu befriedigen. Ein solcher auf die Abwicklung der Stiftung gerichteter Zweck ist aber nicht steuerbegünstigt, sodass die Gemeinnützigkeit abzuerkennen war.
Der Urteilstenor ist auf die Anerkennung des steuerlichen Status als Berufsverband übertragbar. Dem Urteilstenor ist aber nicht zu entnehmen, ob einer steuerbegünstigten Organisation eine sog. Abwicklungsphase zuzubilligen ist, d. h. innerhalb derer ihre Geschäftsführung – trotz der Beendigung der eigentlichen steuerbegünstigten Tätigkeit – noch als auf die Erfüllung der steuerbegünstigten Zwecke gerichtet angesehen werden kann. Dies war insoweit nicht streitgegenständlich, als sich der Zweck durch die Eröffnung des Insolvenzverfahrens geändert hatte[818].
Als Folge des Urteils ist bei der Beendigung eines Berufsverbands als steuerbegünstigte Körperschaft nunmehr darauf zu achten, ab wann ggf. eine „normale" Steuerpflicht mit der Folge besteht, dass insbesondere die Erträge aus der Vermögensverwaltung steuerpflichtig werden.

6.2 Steuerveranlagung

Solange bei einem Berufsverband noch Vermögen vorhanden ist, gilt er als unbeschränkt körperschaftsteuerpflichtig nach § 1 Abs. 1 Nr. 4 bzw. Nr. 5 KStG. Die Körperschaftssteuerpflicht endet erst, wenn die Liquidation rechtsgültig abgeschlossen ist; die Löschung im Vereinsregister ist für sich allein ohne Bedeutung[819]. Ebenso endet die Gewerbesteuerpflicht noch nicht mit der Beendigung der gewerblichen, sondern jeglicher Tätigkeit des Berufsverbands, d. h. regelmäßig nach Verteilung des Vereinsvermögens. Der Berufsverband bleibt mit seinem unternehmerischen Bereich während der gesamten Abwicklungsphase Unternehmer i. S. des Umsatzsteuergesetzes. Im Rahmen der Auflösung ist aus umsatzsteuerlicher Sicht zu beachten, dass die

---

815 Bei der Gründung wird eine Anlaufphase anerkannt; siehe Gliederungspunkt B.3.1.2, S. 66.
816 BFH v. 16.5.2007 – I R 14/06, BFH/NV 2007, 1793.
817 BFH v. 16.5.2007 – I R 14/06, BFH/NV 2007, 1793.
818 BFH v. 16.5.2007 – I R 14/06, BFH/NV 2007, 1793.
819 R 51 Abs. 2 Satz 1 und Abs. 2 Satz 4 KStR 2004.

Übertragung des Betriebs im Ganzen nicht umsatzsteuerbar (§ 1 Abs. 1a UStG), die Veräußerung einzelner Wirtschaftsgüter indes regelmäßig steuerbar und auch steuerpflichtig ist.

Nach § 11 Abs. 1 KStG ist der im Zeitraum der Abwicklung erzielte Gewinn (des wirtschaftlichen Geschäftsbetriebs) der Besteuerung zugrunde zu legen. Der Gewinn wird aus einem Bestandsvergleich eigener Art ermittelt. Der Liquidationsgewinn ist steuerlich der Betrag, der sich aus dem Vergleich zwischen dem Abwicklungs-Anfangs- und dem Abwicklungs-Endvermögen ergibt[820].

Das Abwicklungs-Endvermögen ist gemäß § 11 Abs. 3 KStG das zur Verteilung kommende Vermögen, welches um die steuerfreien Vermögensmehrungen zu mindern ist, die dem Steuerpflichtigen im Liquidationszeitraum zugeflossen sind. Das Abwicklungs-Anfangsvermögen ist das Betriebsvermögen (des wirtschaftlichen Geschäftsbetriebs), das am Schluss des der Auflösung vorangegangenen Wirtschaftsjahrs der Körperschaftsteuerveranlagung zugrunde gelegt worden ist (§ 11 Abs. 4 KStG). Im Übrigen gelten die allgemeinen Gewinnermittlungsvorschriften[821].

Grundsätzlich bildet der gesamte Liquidationszeitraum – von der Auflösung bis zum Abschluss der Liquidation – einen (besonderen einheitlichen) Veranlagungszeitraum. Dieser soll nach § 11 Abs. 1 Satz 2 KStG drei Jahre nicht überschreiten. Bei einer Überschreitung des Dreijahreszeitraums ist wieder zur jährlichen Veranlagung überzugehen[822].

Der Besteuerungszeitraum beginnt mit dem Wirtschaftsjahr, in das die Auflösung des Berufsverbands fällt. Da eine Auflösung selten zum Ende eines Wirtschaftsjahrs erfolgt, darf nach R 51 Abs. 1 Satz 3 KStR 2004 ein Rumpfwirtschaftsjahr[823] gebildet werden. Dieses ist nicht in den Abwicklungszeitraum einzubeziehen. Der Liquidationsgewinn unterliegt der körperschaftsteuerlichen Tarifbelastung.

---

[820] § 11 Abs. 2 KStG.

[821] § 11 Abs. 6 KStG.

[822] R 51 Abs. 2 Satz 6 KStR 2004.

[823] Vom Schluss des vorangegangenen Wirtschaftsjahrs bis zur Auflösung; R 51 Abs. 2 Satz 4 KStR 2004.

Steuerliche Außenprüfung

1 Begriff und Zweck

Die Finanzbehörden haben nach § 85 AO die Steuern nach Maßgabe der Gesetze gleichmäßig festzusetzen und zu erheben. Ein Mittel, um diesem Ziel näher zu kommen, ist die Durchführung einer Außenprüfung[824]. Die Außenprüfung ist als Instrument der umfassenden finanzbehördlichen Sachaufklärung darauf ausgerichtet, sämtliche steuerliche Verhältnisse eines Steuerpflichtigen – insbesondere die abgegebenen Steuererklärungen – zu überprüfen. Sie umfasst eine oder mehrere Steuerarten und einen oder mehrere Besteuerungszeiträume[825].

> *„Die Außenprüfung ist bei den heutigen komplizierten wirtschaftlichen Verhältnissen in der Regel das einzige geeignete und erforderliche Mittel, um die tatsächlichen und rechtlichen Verhältnisse in steuerlicher Hinsicht einigermaßen zufriedenstellend aufzuklären, und damit als Mittel zur Erforschung steuerlicher Sachverhalte und Gewährleistung einer zutreffenden Besteuerung unabdingbar.“*[826]

Nach § 199 Abs. 1 AO hat der Außenprüfer die tatsächlichen und rechtlichen Verhältnisse, die für die Steuerpflicht und Bemessung der Steuer maßgebend sind (Besteuerungsgrundlagen), zugunsten wie zuungunsten des Steuerpflichtigen zu prüfen. Insofern ist die Prüfung bei einem Berufsverband nicht nur auf die wirtschaftlichen Betätigungen beschränkt; die Außenprüfung umfasst sowohl die wirtschaftliche Betätigung als auch die Prüfung der Voraussetzung für die Gewährung der steuerlichen Begünstigungen.
Die Durchführung der Außenprüfung ist in den §§ 193 bis 207 AO sowie in den allgemeinen Verfahrensvorschriften, insbesondere den §§ 88 ff. AO, geregelt. Darüber hinaus finden sich in verschiedenen Einzelsteuergesetzen spezielle Rechtsgrundlagen für die Durchführung der Außenprüfung.

---

[824] Vielfach wird auch noch der Begriff „Betriebsprüfung“ verwendet. Dieser ist jedoch insoweit ungenau, als von der Außenprüfung nicht nur „Betriebe“, sondern auch Freiberufler und andere Steuerpflichtige (wie bspw. Berufsverbände) erfasst werden.

[825] § 194 AO.

[826] So bereits BFH v. 2.9.1988 – III R 280/84, BStBl. 1989 II, 4.

2 Erscheinungsformen

2.1 Allgemeine Außenprüfung

Gemäß § 194 Abs. 1 Nr. 1 AO dient die allgemeine Außenprüfung der Ermittlung der steuerlichen Verhältnisse des Berufsverbands. Sie kann eine oder mehrere Steuerarten bezogen auf einen oder mehrere Besteuerungszeiträume umfassen. Ebenso ist es zulässig, dass sie sich auf bestimmte Sachverhalte beschränkt. Eine Außenprüfung ist unabhängig davon zulässig, ob eine Steuer bereits festgesetzt, ob ein Steuerbescheid bzw. Freistellungsbescheid endgültig, vorläufig oder unter dem Vorbehalt der Nachprüfung ergangen ist[827].

Die Außenprüfung nach § 193 AO stellt die umfassende Überprüfung eines Steuerpflichtigen dar. Gemäß § 193 Abs. 1 AO ist eine Steuerprüfung zulässig bei Steuerpflichtigen, die einen gewerblichen Betrieb unterhalten. Dies betrifft den Berufsverband, der einen wirtschaftlichen Geschäftsbetrieb unterhält. § 193 Abs. 1 AO enthält eine sachliche Aufgabenzuweisung an das Finanzamt zur Prüfung der vorgenannten Steuerpflichtigen und greift nach ständiger Rechtsprechung[828] nur, wenn seitens der Finanzbehörde an der Existenz eines Gewerbebetriebs kein vernünftiger Zweifel besteht, etwa weil bei Erlass der Prüfungsanordnung nach dem Verhalten des Steuerpflichtigen für die Finanzbehörde feststeht, dass er im Prüfungszeitraum gewerblich tätig war.

Eine Prüfung ist aber auch zur Klärung der Frage zulässig, ob ein Berufsverband überhaupt einen wirtschaftlichen Geschäftsbetrieb unterhält. Hierfür ist es jedoch notwendig, dass konkrete Anhaltspunkte vorliegen; es müssen Umstände festzustellen sein, nach denen das Finanzamt ohne vernünftigen Zweifel von der Existenz eines wirtschaftlichen Geschäftsbetriebs hätte ausgehen können. Eine Prüfung mit dem Ziel zu erforschen, ob im Prüfungszeitraum tatsächlich ein wirtschaftlicher Gewerbebetrieb bestanden hat, kann nicht auf § 193 Abs. 1 AO gestützt werden[829].

Einer besonderen Begründung zur Durchführung der Außenprüfung bedarf es nicht, auch wenn die Anordnung regelmäßig eine Ermessensentscheidung ist. Für die Anordnung einer routinemäßigen Außenprüfung nach § 193 Abs. 1 AO genügt die Angabe der Rechtsgrundlage, da eine Prüfungsbedürftigkeit grundsätzlich unterstellt wird[830].

Bei einem Berufsverband kann die Prüfungsanordnung auch auf § 193 Abs. 2 Nr. 1 AO gestützt werden, sofern der Berufsverband Steuern an der Quelle – im Wesentlichen Lohnsteuer für seine Arbeitnehmer – einzubehalten hat und nicht unter § 193

---

[827] BFH v. 28.3.1985 – IV R 224/83, BStBl. 1985 II, 700.

[828] BFH v. 23.10.1990 – VII/ R 45/88, BStBl. 1991 II, 298.

[829] FG Köln v. 18.5.1994 – 12 K 5161/91, EFG 1995, 479.

[830] BFH v. 15.7.2005 – I B 25/05, BFH/NV 2005, 1967.

Abs. 1 AO zu subsumieren ist. Darüber hinaus ist eine Prüfung nach § 193 Abs. 2 Nr. 2 AO zulässig, um die Inanspruchnahme der Steuervergünstigungen eines Berufsverbands an sich zu prüfen[831].
Die Anordnung einer Prüfung nach § 193 Abs. 2 ist im Gegensatz zur Prüfung nach § 193 Abs. 1 AO zu begründen. Sie ist nur zulässig, wenn die für die Besteuerung erheblichen Verhältnisse der Aufklärung bedürfen und eine Prüfung an Amtsstelle nach Art und Umfang des zu prüfenden Sachverhalts nicht zweckmäßig ist[832]. In Bezug auf die Aufklärungsbedürftigkeit der steuerlichen Umstände genügt es zwar, dass nach den allgemeinen Erfahrungen der Finanzbehörden die Möglichkeit einer Verwirklichung von Besteuerungstatbeständen besteht. Anstatt einer Prüfung an Amtsstelle ist eine solche Außenprüfung aber nur zweckmäßig, wenn eine große Anzahl von Lebensvorgängen zu prüfen und ein großer Zeitaufwand zu erwarten ist, weil Einblick in verschiedene Konten und Unterlagen zu nehmen ist und entsprechende Rückfragen zu erwarten sind.
Hält die Finanzbehörde eine Außenprüfung in regelmäßigen Zeitabständen nach den Umständen des Falls nicht für erforderlich, kann sie nach § 203 AO eine abgekürzte Außenprüfung durchführen. Eine solche hat sich bei dem Berufsverband inhaltlich auf die wesentlichen Besteuerungsgrundlagen zu beschränken[833].

2.2 Besondere Außenprüfungen

Neben der allgemeinen Außenprüfung gibt es besondere Außenprüfungen, die sich auf einzelne Steuerarten beschränken. Ihre Zulässigkeit ergibt sich aus § 194 Abs. 1 Satz 2 AO, der eine Beschränkung auf bestimmte Sachverhalte ermöglicht. Gleichwohl gelten die allgemeinen Verfahrensvorschriften der §§ 193 ff. AO.

2.2.1 Umsatzsteuersonderprüfung

Bei Berufsverbänden ist die Prüfung der Umsatzsteuer regelmäßig wesentlicher Bestandteil einer allgemeinen Außenprüfung. Gleichwohl ist auch eine Umsatzsteuersonderprüfung als partielle Außenprüfung möglich; im Vergleich zur allgemeinen Außenprüfung erfolgt sie regelmäßig zeitnah, sodass sie sich auch nur auf einzelne Voranmeldungszeiträume erstrecken kann. Die Umsatzsteuersonderprüfung wird grundsätzlich auf bestimmte Sachverhalte und ggf. auf bestimmte Besteuerungszeiträume beschränkt.

---

[831] FG Köln v. 18.5.1994 – 12 K 5161/91, EFG 1995, 479.
[832] BFH v. 17.11.1992 – VIII R 25/89, BStBl. 1993 II, 146.
[833] Im Gegensatz zur „normalen" Außenprüfung sind eine Schlussbesprechung sowie die Vorabzusendung des Prüfungsberichts bei der abgekürzten Außenprüfung nicht erforderlich.

Als Kriterien, die Anlass für die Durchführung einer Umsatzsteuersonderprüfung sein können bzw. bei der Durchführung der Umsatzsteuersonderprüfung zu beachten sind, kommen bei Berufsverbänden insbesondere in Betracht:

- Abgrenzung des nichtunternehmerischen vom unternehmerischen Bereich;
- Berechtigung zur Inanspruchnahme der Steuerbefreiungen nach § 4 Nr. 8 ff. UStG;
- ungewöhnlich hohe Vorsteuerbeträge;
- Berechtigung zur Inanspruchnahme des ermäßigten Steuersatzes nach § 12 Abs. 2 Nr. 1 bis 10 UStG.

Bezieht sich die Umsatzsteuersonderprüfung auf einzelne Voranmeldungszeiträume, bleibt der Vorbehalt der Nachprüfung auch nach einer Änderung der Steueranmeldungen bestehen (§ 164 Abs. 1 Satz 2 AO); § 173 Abs. 2 AO steht deshalb einer weiteren Änderung der Steueranmeldung nicht entgegen[834].
Ist jedoch eine Umsatzsteuererklärung Gegenstand einer Umsatzsteuersonderprüfung, hat der Berufsverband darauf zu achten, ob in der Prüfungsanordnung genau angegeben ist, ob die Prüfung auf bestimmte Sachverhalte beschränkt ist und ggf. auf welche Sachverhalte. Dies ist insofern von Bedeutung, als das Finanzamt bei einer auf bestimmte Sachverhalte beschränkten Prüfung den Vorbehalt der Nachprüfung auch nach Auswertung der Prüfungsfeststellungen bestehen lassen kann. Dagegen hat das Finanzamt den Vorbehalt der Nachprüfung – unabhängig vom tatsächlichen Prüfungsumfang – aufzuheben, wenn die Prüfungsanordnung keine Beschränkung auf bestimmte Sachverhalte enthielt; es greift regelmäßig die Änderungssperre nach § 173 Abs. 2 AO[835].

2.2.2 Lohnsteuer-Außenprüfung

Im Rahmen der allgemeinen Außenprüfung erfolgt eine abschließende Prüfung der Lohnsteuer in der Regel nur bei wenigen Beschäftigten. Ebenso wie bei der Umsatzsteuersonderprüfung wird bei der Lohnsteuer-Außenprüfung zudem eine zeitnahe Prüfung angestrebt.
Die Prüfungsanordnung wird auf § 193 Abs. 2 Nr. 1 AO gestützt, da der Berufsverband Steuern an der Quelle in Form der Lohnsteuer für seine Arbeitnehmer einzubehalten hat. Zuständig für die Prüfung ist nach § 42f Abs. 1 EStG das Betriebsstättenfinanzamt. Die Prüfung erstreckt sich üblicherweise darauf,

[834] BMF v. 16.5.1994 – IV C 4 – S 7420a – 1/94, DB 1994, 1113.
[835] BFH v. 30.4.1987 – V R 29/79, BStBl. 1987 II, 486.

- ob sämtliche Arbeitnehmer, auch die nicht ständig beschäftigten, erfasst sind,
- alle zum Arbeitslohn gehörenden Einnahmen, gleichgültig in welcher Form sie gewährt werden (z. B. Sachbezüge), dem Lohnsteuerabzug unterworfen werden und
- ob bei der Berechnung der Lohnsteuer von der richtigen Lohnhöhe ausgegangen wird[836].

Zur Prüfung werden in der Regel die nach § 4 LStDV zu führenden Lohnkonten sowie die Angaben auf den Lohnsteuerkarten herangezogen. Nach § 42f Abs. 2 Satz 2 EStG haben die Arbeitnehmer dem Lohnsteuerprüfer jede gewünschte Auskunft über Art und Höhe ihrer Einnahmen zu geben. Auf Verlangen sind die in ihrem Besitz befindlichen Lohnsteuerkarten sowie die Belege über bereits entrichtete Lohnsteuer vorzulegen.
Von der Lohnsteuer-Außenprüfung ist die Sozialversicherungsprüfung zu unterscheiden. Gleichwohl werden von Seiten der Sozialversicherungsträger die Ergebnisse der Lohnsteuer-Außenprüfung regelmäßig für eigene Zwecke ausgewertet.

2.2.3 Exkurs: Umsatzsteuer-/Lohnsteuer-Nachschau

Bei der Umsatzsteuer-Nachschau findet gemäß § 27b UStG eine Sachverhaltsermittlung beim Berufsverband, der einen wirtschaftlichen Geschäftsbetrieb unterhält, zur Sicherstellung einer gleichmäßigen Festsetzung und Erhebung der Umsatzsteuer statt. Die Lohnsteuer-Nachschau gemäß § 42g EStG dient der Sicherstellung einer ordnungsgemäßen Einbehaltung und Abführung der Lohnsteuer.
Im Gegensatz zu den obigen Außenprüfungsarten ermöglicht die Umsatzsteuer- sowie die Lohnsteuer-Nachschau eine Prüfung ohne vorherige Ankündigung und außerhalb einer Außenprüfung, lediglich begrenzt auf die allgemeinen Geschäftszeiten des Berufsverbands. Die Umsatzsteuer-Nachschau ist 2002 aus der Erkenntnis eingeführt worden, dass durch die allgemeine Außenprüfung und die Umsatzsteuersonderprüfung nur unzureichend betrügerisches Verhalten im Zusammenhang mit der Erhebung von Umsatzsteuer verhindert werden kann[837]. Als wesentliches Manko wurde die zeitliche Vorlauffrist im Zuge der Prüfungsanordnung angesehen. Selbige Argumentation hat 2013 zur Einführung der Lohnsteuer-Nachschau geführt.
Von der Umsatzsteuer-Nachschau wie auch der Lohnsteuer-Nachschau kann – sofern ein Anlass gegeben ist – ohne vorherige Prüfungsanordnung zu einer Außenprüfung nach § 193 AO bzw. einer Lohnsteuer-Außenprüfung nach § 196 AO übergegangen werden; ohne Beschränkung auf die Umsatzsteuer ist dann eine Voll-

---

[836] R 42f Abs. 3 LStR 2011.

[837] Siehe Breithaupt, in: Papperitz/Keller, ABC Betriebsprüfung, „Begriff, Arten und Einteilung der Außenprüfung“ Rz. 23.

prüfung zulässig. Auf den Übergang zur Außenprüfung ist lediglich schriftlich hinzuweisen[838].

3 Prüfungsablauf

Eine Außenprüfung wird zunächst behördenintern vorbereitet. Dies beinhaltet unter anderem die Anforderung der Steuerakten durch den nach dem Prüfungsgeschäftsplan gemäß § 34 BpO zuständigen Außenprüfer. Im Rahmen der Aktendurchsicht wird die Zulässigkeit der Außenprüfung nach § 193 AO und die Prüfungsbedürftigkeit des Berufsverbands beurteilt. Als Großbetrieb und damit grundsätzlich (dauerhaft) prüfungsbedürftig sind Berufsverbände, bei denen die Summe der Einnahmen mehr als 6 Mio. EUR beträgt[839]. Im Zuge der Prüfungsvorbereitung ist von Seiten des Berufsverbands zu beachten, dass die Prüfer regelmäßig Recherchen auf der Homepage des Verbands durchführen.

Grundsätzlich ordnet die für die Besteuerung zuständige Finanzbehörde die Außenprüfung an. Die Prüfungsanordnung stellt dabei einen schriftlichen Verwaltungsakt dar; sie hat die Rechtsgrundlagen der Außenprüfung, die zu prüfenden Steuerarten, Steuervergütungen, Prämien, Zulagen, ggf. zu prüfende bestimmte Sachverhalte sowie den Prüfungszeitraum zu enthalten[840]. Die Prüfungsanordnung muss dem Berufsverband eine angemessene Zeit vor dem Prüfungsbeginn bekannt gegeben werden. Dieser Zeitraum beträgt zwischen zwei und vier Wochen.

Der Prüfer hat sich beim erstmaligen Erscheinen nach § 198 Abs. 1 AO unverzüglich auszuweisen. Zudem ist der Prüfungsbeginn unverzüglich zu dokumentieren. Dies ist insofern notwendig, als der Beginn einer Außenprüfung die Festsetzungsverjährung nach § 171 Abs. 4 AO hemmt. Insbesondere bei Außenprüfungen zum Jahresende zur Verhinderung der Festsetzungsverjährung ist zu beachten, dass die Ablaufhemmung nur eintritt, wenn der Prüfer ernsthaft mit Prüfungshandlungen beginnt (§§ 199, 200 AO).

Der Berufsverband hat gemäß § 200 Abs. 1 Satz 1 AO die Pflicht, bei der Außenprüfung mitzuwirken. Sie umfasst die Pflicht zur Auskunftserteilung und zur Vorlage von Aufzeichnungen, Geschäftspapieren, Büchern und anderen Urkunden[841], sofern sie prüfungsrelevant ist. Ebenso ist dem Betriebsprüfer nach § 147 Abs. 6 AO ein Zugriff auf das EDV-System zu ermöglichen[842]. Dem Prüfer ist ein geeigneter Ar-

[838] § 27b Abs. 3 Satz 2 UStG; § 42g Abs. 4 Satz 2 EStG.

[839] Nach der Einordnung in Größenklassen gemäß § 3 BpO 2000 zum 1.1.2013; BMF v. 22.6.2012 – IV A 4 – S 1450/09/10001, BStBl. 2012 I, 689.

[840] § 5 BpO 2000.

[841] § 200 Abs. 1 Satz 2 AO.

[842] Auch im Rahmen der künftigen elektronischen Übermittlung der E-Bilanz besteht dieser Anspruch weiterhin. Der Berufsverband kann sich nicht darauf berufen, dass die verlangte Auswertungen sich bereits aus den mit der E-Bilanz vorgelegten Daten ergeben.

beitsplatz zur Verfügung zu stellen, an dem ein ungestörtes Arbeiten möglich ist und der es ihm erlaubt, die Außenprüfung in angemessener Zeit durchzuführen[843].
Nach Abschluss der Außenprüfung ist grundsätzlich eine Schlussbesprechung abzuhalten[844]. Sie dient der Klärung strittiger Sachverhalte, der rechtlichen Beurteilung der Prüfungsfeststellungen und ihrer steuerlichen Auswirkungen sowie der möglichen Einigung über die tatsächlichen Grundlagen der anschließenden Steuerfestsetzungen. Das Ergebnis der Außenprüfung wird sodann in einem Prüfungsbericht festgehalten. Er beinhaltet nach § 202 Satz 2 AO die für die Besteuerung erheblichen Prüfungsfeststellungen in tatsächlicher und rechtlicher Hinsicht sowie die Änderungen der Besteuerungsgrundlagen. Der Prüfungsbericht ist nach § 202 Abs. 2 AO auf Antrag des Berufsverbands vor seiner Auswertung zuzusenden, sodass hierzu Stellung genommen werden kann[845]. Von dieser Möglichkeit sollte regelmäßig Gebrauch gemacht werden.
Von der Außenprüfung ist die Steuerfahndung zu unterscheiden. Diese bezweckt nach § 208 Abs. 1 AO die Erforschung von Steuerstraftaten und Steuerordnungswidrigkeiten. Nach § 10 BpO hat der Außenprüfer bei Verdacht einer Straftat die Pflicht, die Steuerfahndung unverzüglich zu unterrichten. Besteht aufgrund der Außenprüfung die Möglichkeit, dass ein Straf- oder Bußgeldverfahren durchgeführt werden wird, ist dieser strafrechtliche Hinweis dem Berufsverband in der Schlussbesprechung mitzuteilen und aktenkundig zu machen[846].

[843] Vgl. Schallmoser, in: HHSp, Vor §§ 193 – 203 AO Rz. 161.
[844] § 201 Abs. 1 Satz 1 1. Halbs. AO; zum Verzicht: § 201 Abs. 1 Satz 1 2. Halbs. AO. Dies ist bei einer abgekürzten Außenprüfung nicht notwendig; § 203 Abs. 2 Satz 3 AO.
[845] Die Vorabzusendung ist bei einer abgekürzten Außenprüfung nicht zulässig; § 203 Abs. 2 Satz 3 AO.
[846] § 201 Abs. 2 AO.

J Anlagen

1 Muster

1.1 Gründungsprotokoll

Niederschrift über die Gründungsversammlung
des Berufsverbands der …

Heute, am …, sind im Hause … in … die in der beigefügten Anwesenheitsliste genannten Personen zusammengekommen, um über die Gründung eines Berufsverbands der … in der Rechtsform eines eingetragenen Vereins zu beschließen. Der Berufsverband soll … zum Gegenstand haben.
Herr … eröffnete um … Uhr die Versammlung. Er schlug vor, den anwesenden Herrn … zum Leiter der Versammlung und Herrn … zum Protokollführer zu wählen. Dem Vorschlag stimmten alle Anwesenden durch Handzeichen zu.
Sodann übernahm Herr … die Leitung der Versammlung. Er schlug folgende Tagesordnung vor:

1. Beratung und Beschlussfassung über die Vereinssatzung
2. Wahl der Mitglieder des ersten Vorstands
3. Festsetzung des Jahresbeitrags

Die Tagesordnung wurde durch Handzeichen einstimmig angenommen und im Anschluss daran wie folgt erledigt:

Tagesordnungspunkt 1:
Herr … verteilte den Entwurf der Vereinssatzung. Nach Diskussion der Satzung und Ergänzung bzw. Änderung bestimmter Regelungen stellte Herr … die Satzung in der als Anlage beigefügten Fassung zur Abstimmung. Die Satzung wurde durch Handzeichen von allen Anwesenden einstimmig angenommen.
Herr … stellte als Ergebnis der Abstimmung fest, dass die Satzung einstimmig festgestellt wurde. Er gab bekannt, dass der Berufsverband der … damit gegründet ist. Die Satzung wurde sodann von allen Anwesenden unterzeichnet.
Auf Vorschlag von Herrn … wurde einstimmig durch Handzeichen beschlossen, dass der Vorstand beauftragt wird, den Verein zur Eintragung in das Vereinsregister anzumelden. Zudem wurde der Vorstand ermächtigt, die Satzung gegebenenfalls

insofern zu ändern, als vom Registergericht im Eintragungsverfahren Satzungsformulierungen beanstandet werden sollten.

Tagesordnungspunkt 2:
Herr … erläuterte, dass der Vorstand des Vereins gemäß § … der Satzung aus drei Mitgliedern (dem 1. Vorsitzenden, dem 2. Vorsitzenden und dem Schatzmeister) bestehe, die von der Mitgliederversammlung zu wählen seien.
Er stellte die Kandidaten für das Vorstandsamt vor. Die Kandidaten standen den Anwesenden Rede und Antwort und erklärten sich für den Fall ihrer Wahl zur Amtsübernahme bereit.
Die Vorstandsmitglieder wurden sodann einzeln durch Handzeichen wie folgt gewählt:
Zum Ersten Vorsitzenden wurde mit … Ja-Stimmen bei einer Stimmenthaltung Herr …, geboren am …, wohnhaft …, gewählt.
Zum Zweiten Vorsitzenden wurde mit … Ja-Stimmen bei einer Stimmenthaltung Herr …, geboren am …, wohnhaft …, gewählt.
Zum Schatzmeister wurde mit … Ja-Stimmen bei einer Stimmenthaltung und zwei Gegenstimmen Herr …, geboren am …, wohnhaft …, gewählt.
Die Gewählten erklärten, dass sie die Wahl annehmen.

Tagesordnungspunkt 3:
Der Jahresbeitrag wurde auf Vorschlag von Herrn … nach Diskussion durch Handzeichen einstimmig auf EUR … je Mitglied festgesetzt. Der Beitrag ist jeweils zum 1. Januar eines Jahres fällig.
Um … Uhr schloss Herr … die Versammlung.

(Unterschrift Versammlungsleiter)

(Unterschrift Protokollführer)
Anlagen: Teilnehmerverzeichnis, Satzung (Endfassung)

1.2 Satzung

SATZUNG
des
Berufsverbands der … e. V.

§ 1 Name, Sitz, Geschäftsjahr
(1) Der Verein führt den Namen „Berufsverband der …“.
(2) Der Verein soll in das Vereinsregister eingetragen werden. Nach der Eintragung führt er den Namenszusatz „e. V.“.
(3) Der Verein hat seinen Sitz in ….
(4) Das Geschäftsjahr des Vereins ist das Kalenderjahr.

§ 2 Zweck des Vereins
(1) Der Verein hat als Berufsverband die Aufgabe, alle berufsständischen Belange der im Bereich … Tätigen zu wahren, zu fördern und zu vertreten und die berufliche Aus-, Fort- und Weiterbildung auf dem Gebiet der … zu fördern.
(2) Der Zweck des Berufsverbands wird insbesondere verwirklicht durch:

- …
- …

§ 3 Erwerb der Mitgliedschaft
(1) Ordentliches Mitglied des Berufsverband kann jede natürliche Person sein, die in dem Bereich … beruflich tätig ist.
(2) Förderndes Mitglied kann jede natürliche oder juristische Person oder Personenvereinigung sein, die bereit ist, die Zwecke des Berufsverbands ideell oder materiell zu unterstützen. Fördernde Mitglieder haben weder aktives noch passives Wahlrecht.
(3) Die Aufnahme in den Berufsverband ist schriftlich beim Vorstand zu beantragen. Über den Antrag entscheidet der Vorstand. Lehnt der Vorstand die Aufnahme ab, kann der Bewerber verlangen, dass die nächste ordentliche Mitgliederversammlung über seine Aufnahme entscheidet.

§ 4 Beendigung der Mitgliedschaft
(1) Die Mitgliedschaft endet

- mit dem Tod des Mitglieds bzw. mit der Beendigung der juristischen Person oder Personenvereinigung,
- durch den Austritt des Mitglieds,
- durch Ausschluss des Mitglieds aus dem Berufsverband.

(2) Der Austritt eines Mitglieds erfolgt durch schriftliche Erklärung gegenüber einem Mitglied des Vorstands. Der Austritt ist nur zum Schluss eines Kalenderjahres unter Einhaltung einer Kündigungsfrist von sechs Monaten zulässig.
(3) Ein Mitglied kann durch Beschluss des Vorstands aus dem Berufsverband ausgeschlossen werden, wenn es in grober Art und Weise gegen die Verbandsinteressen verstoßen hat. Dem Mitglied ist vor einem derartigen Ausschluss vom Vorstand Gelegenheit zur Stellungnahme zu geben. Der Beschluss über den Ausschluss ist mit Gründen zu versehen und dem Mitglied bekannt zu machen. Auf Antrag des betreffenden Mitglieds, der innerhalb von vier Wochen nach dem Zugang des Beschlusses über die Ausschließung zu stellen ist, entscheidet über den Ausschluss die nächste ordentliche Mitgliederversammlung. Der Antrag auf Entscheidung durch die Mitgliederversammlung hat aufschiebende Wirkung. Ein Mitglied kann ferner durch Beschluss des Vorstands ausgeschlossen werden, wenn es trotz zweimaliger Mahnung mit der Zahlung von mindestens zwei Mitgliedsbeiträgen im Rückstand ist. Der Ausschluss darf erst beschlossen werden, wenn seit Absendung der zweiten Mahnung mindestens drei Monate vergangen sind, ohne dass die Beitragsrückstände beglichen wurden.

§ 5 Mitgliedsbeiträge
Von den Mitgliedern werden Beiträge in Form eines Jahresbeitrags und in Form von im Einzelfall zu beschließenden Umlagen erhoben. Umlagen können bis zur Höhe eines Jahresbeitrags und nur einmal je Kalenderjahr erhoben werden. Über die Festsetzung von Beiträgen und deren Höhe beschließt die Mitgliederversammlung mit einfacher Mehrheit. Durch Beschluss der Mitgliederversammlung kann eine Aufnahmegebühr eingeführt werden.

§ 6 Organe
Der Berufsverband hat folgende Organe:
- die Mitgliederversammlung
- den Vorstand

§ 7 Mitgliederversammlung
(1) Die ordentliche Mitgliederversammlung findet jährlich, in der Regel im ersten Halbjahr des Jahres, statt. Weitere Mitgliederversammlungen sind einzuberufen, wenn das Interesse des Berufsverbands dies erfordert oder wenn ein Zehntel der Mitglieder die Einberufung schriftlich unter Angabe des Zwecks und der Gründe verlangt.
(2) Die Einberufung erfolgt schriftlich durch den Vorstand. Sie ist an die letzte von dem Mitglied dem Verband bekannt gegebene Adresse (Postanschrift, Faxnummer, E-Mail-Adresse) zu richten. Zwischen dem Tag der Einberufung und dem Versammlungstag muss eine Frist von mindestens vier Wochen liegen. Die Einladung hat Ort,

Zeit und Tagesordnung der Mitgliederversammlung zu enthalten. Anträge auf Ergänzung der Tagesordnung müssen spätestens zwei Wochen vor dem Tag der Versammlung schriftlich bei dem Vorstand eingegangen sein. Der Vorstand lässt den Mitgliedern dann eine ergänzte Tagesordnung zukommen. Später oder in der Mitgliederversammlung selbst können keine Anträge mehr auf Ergänzung der Tagesordnung gestellt werden.
(3) Die Mitgliederversammlung wird von dem Ersten Vorsitzenden und bei dessen Verhinderung von einem anderen Vorstandsmitglied geleitet. Ist kein Vorstandsmitglied anwesend oder zur Übernahme der Versammlungsleitung bereit, wird der Versammlungsleiter von der Mitgliederversammlung gewählt.
(4) Der Versammlungsleiter bestimmt die Art der Abstimmung. Die Abstimmung muss geheim durchgeführt werden, wenn ein Drittel der anwesenden Mitglieder dies verlangt.
(5) Die Mitgliederversammlung ist nicht öffentlich. Der Versammlungsleiter kann Gäste zulassen. Die Zulassung muss unterbleiben, wenn ein Drittel der anwesenden Mitglieder dies verlangt.
(6) Die Mitgliederversammlung ist beschlussfähig, wenn mindestens ein Viertel aller ordentlichen Mitglieder anwesend oder vertreten ist. Wird die Beschlussfähigkeit nicht erreicht, ist der Vorstand verpflichtet, innerhalb von vier Wochen eine zweite Mitgliederversammlung einzuberufen. Diese ist ohne Rücksicht auf die Zahl der erschienenen Mitglieder beschlussfähig, wenn darauf in der Einladung hingewiesen wurde.
(7) Jedes ordentliche Mitglied hat eine Stimme; fördernde Mitglieder haben kein Stimmrecht. Die Mitgliederversammlung fasst ihre Beschlüsse mit einfacher Mehrheit der abgegebenen gültigen Stimmen, wenn nicht das Gesetz oder diese Satzung eine andere Mehrheit zwingend vorschreibt. Stimmenthaltungen werden nicht gezählt. Bei Stimmengleichheit ist ein Antrag abgelehnt. Zur Änderung der Satzung einschließlich des Vereinszwecks, zur Auflösung des Vereins und zu seiner Verschmelzung oder Umwandlung ist eine Mehrheit von drei Vierteln der abgegebenen Stimmen erforderlich.
(8) Der Vorstand ist ermächtigt, solche Satzungsänderungen, die lediglich redaktioneller Art sind oder die von einer Aufsichts-, Finanz- oder Verwaltungsbehörde oder vom Vereinsregister gefordert werden, eigenständig vorzunehmen. Über diese Änderungen ist auf der nächsten Mitgliederversammlung zu berichten.
(9) Der Versammlungsleiter bestimmt einen Protokollführer, der über die Mitgliederversammlung ein Protokoll aufnimmt. Das Protokoll ist vom Versammlungsleiter und dem Protokollführer zu unterzeichnen. In ihm sind Ort und Zeit der Versammlung, die Person des Versammlungsleiters und des Protokollführers, die Zahl der erschienenen Mitglieder, die Tagesordnung sowie die einzelnen Abstimmungsergebnisse festzuhalten. Satzungsänderungen sind im Wortlaut zu protokollieren.

(10) Jedes Mitglied kann sich bei der Beschlussfassung durch ein anderes Mitglied vertreten lassen. Die schriftliche Vollmacht ist dem Versammlungsleiter zu überreichen.
(11) Die Mitgliederversammlung ist zuständig für folgende Angelegenheiten:

- Genehmigung des vom Vorstand für das nächste Geschäftsjahr aufgestellten Haushaltsplans
- Genehmigung des Jahresabschlusses bzw. der Jahresrechnung
- Entgegennahme des Geschäftsberichts des Vorstands
- Festsetzung der Höhe und der Fälligkeit der Beiträge
- Wahl und Abberufung der Vorstandsmitglieder
- Änderung der Satzung und Auflösung des Vereins
- Beschlussfassung über die Entlastung der Mitglieder des Vorstands
- Entscheidung über Aufnahme und Ausschluss von Mitgliedern, wenn diese gegen die Vorstandsentscheidung Berufung einlegen

§ 8 Vorstand
(1) Der Vorstand des Berufsverbands besteht aus drei Personen, dies sind

- der Erste Vorsitzende,
- der Zweite Vorsitzende und
- der Schatzmeister.

(2) Der Berufsverband wird gerichtlich und außergerichtlich durch zwei Mitglieder des Vorstands gemeinsam vertreten.
(3) Der Vorstand ist zuständig für alle Aufgaben, die nicht einem anderen Organ zugewiesen sind. Zur Erledigung der laufenden Geschäfte setzt der Vorstand einen Geschäftsführer ein; zudem kann eine Geschäftsstelle eingerichtet werden.
(4) Die Mitglieder des Vorstands werden von der Mitgliederversammlung für die Dauer von vier Jahren gewählt. Die Mitglieder des Vorstands bleiben so lange im Amt, bis ein neuer Vorstand bestellt ist. Jedes Vorstandsmitglied ist einzeln zu wählen. Wählbar sind nur Vereinsmitglieder. Scheidet ein Mitglied des Vorstands während der Amtsperiode aus, so wählt der Vorstand ein Ersatzmitglied für die restliche Amtsdauer des Ausgeschiedenen; alternativ können die Aufgaben des Ausgeschiedenen bis zur nächsten Mitgliederversammlung von den verbleibenden Vorstandsmitgliedern übernommen werden.
(5) Der Vorstand fasst seine Beschlüsse in der Regel in Vorstandssitzungen, die vom Ersten Vorsitzenden und bei dessen Verhinderung vom Zweiten Vorsitzenden mit einer Frist von zwei Wochen einberufen werden. Der Vorstand ist beschlussfähig, wenn mindestens zwei Vorstandsmitglieder anwesend sind. Bei der Beschlussfassung entscheidet die Mehrheit der abgegebenen Stimmen. Die Vorstandssitzungen leitet der Erste Vorsitzende, bei dessen Verhinderung der Zweite Vorsitzende. Ein Vor-

standsbeschluss kann auch auf schriftlichem Wege, per E-Mail, Telefax oder mündlich gefasst werden, wenn alle Vorstandsmitglieder ihre Zustimmung zu dieser Art der Beschlussfassung erklären. Die Vorstandsbeschlüsse sind in geeigneter Weise aktenkundig zu machen.
(6) Die Mitglieder des Vorstands üben ihre Tätigkeit ehrenamtlich aus. Ihnen werden Reisekosten und sonstige Aufwendungen, die im Rahmen ihrer Tätigkeit entstehen, unter Beachtung der geltenden steuerlichen Vorschriften als Auslagen erstattet.
(7) Die Mitglieder des Vorstands haften dem Berufsverband bei Schäden nur für Vorsatz und grobe Fahrlässigkeit.

§ 9 Geschäftsführung
Der Berufsverband hat eine Geschäftsstelle. Der Vorstand beruft als besonderen Vertreter im Sinne von § 30 BGB einen Geschäftsführer. Der Geschäftsführer leitet die Geschäftsstelle und besorgt die laufenden Geschäfte des Berufsverbands. Er nimmt an den Sitzungen des Vorstands ohne Stimmrecht teil. Der Geschäftsführer kann Angestellter des Berufsverbands sein. Für den Abschluss des Anstellungsvertrags ist der Vorstand zuständig. Der Vorstand erlässt eine Geschäftsordnung für die Geschäftsführung und die Geschäftsstelle.

§ 10 Rechnungslegung und Rechnungsprüfung
Der Vorstand hat innerhalb von sechs Monaten nach dem Ende eines Geschäftsjahres den Jahresabschluss bzw. die Jahresrechnung zu erstellen und der ordentlichen Mitgliederversammlung zur Genehmigung vorzulegen. Die Rechnungslegung ist von einem Wirtschaftsprüfer bzw. einer Wirtschaftsprüfungsgesellschaft zu prüfen und mit einem Vermerk über das Prüfungsergebnis zu versehen. Der Prüfungsvermerk ist den Mitgliedern in der ordentlichen Mitgliederversammlung bekannt zu machen.

§ 11 Auflösung des Berufsverbands
Über die Auflösung des Berufsverbands kann nur eine allein für diesen Zweck einberufene Mitgliederversammlung beschließen. Die Mitgliederversammlung ernennt zur Abwicklung des Vereins mindestens zwei Liquidatoren. Sie entscheidet zudem über die Verwendung des Vereinsvermögens.

(Ort, Datum)

(Unterschriften von mind. sieben Mitgliedern)

1.3 Registeranmeldung

An das
Amtsgericht
– Vereinsregister –
… straße
… stadt

Neuanmeldung des Vereins „Berufsverband der …"

Wir, die Unterzeichnenden, sind die sämtlichen Vorstandsmitglieder des am … in … gegründeten Vereins „Berufsverband der …". Der Verein hat seinen Sitz in ….

Wir melden hiermit zur Eintragung in das Vereinsregister an:

1. den Verein „Berufsverband der …"
2. die Mitglieder des Vorstands, und zwar:
   - Erster Vorsitzender: Herr …, geb. am …, wohnhaft …
   - Zweiter Vorsitzender: Herr …, geb. am …, wohnhaft …
   - Schatzmeister: Herr …, geb. am …, wohnhaft …

Gemäß § … der Satzung wird der Verein durch zwei Mitglieder des Vorstands gemeinsam vertreten.

Der Verein hat zurzeit zwanzig Mitglieder. Der Jahresbeitrag beträgt EUR 100,00 pro Mitglied.

Die Anschrift des Vereins lautet: …
Als Anlagen zu dieser Anmeldung überreichen wir:

- Urschrift und Abschrift der von den Gründungsmitgliedern unterzeichneten Satzung
- Abschrift des Protokolls über die Gründungsversammlung vom …, aus der sich die Feststellung der Satzung und unsere Wahl zu Mitgliedern des Vorstands ergibt.

(Unterschrift sämtlicher Vorstandsmitglieder)

(Beglaubigung der Unterschriften durch einen Notar)

1.4 Einladung zur Mitgliederversammlung

EINLADUNG

Hiermit lädt der Berufsverband der … e. V. seine Vereinsmitglieder zu der am … um … Uhr in der …, …straße in …stadt, stattfindenden

ordentlichen Mitgliederversammlung 20..

ein.

Tagesordnung:

1. Bericht des Vorstands über das abgelaufene Geschäftsjahr und Ausblick
2. Entlastung der Mitglieder des Vorstands
3. Änderung von § … der Satzung: Vertretungsbefugnis

   § … der Satzung soll dahin gehend geändert werden, dass der Verein zukünftig durch jedes Vorstandsmitglied allein vertreten wird.
4. Verschiedenes

…, den …

Der Vorstand

1.5 Protokoll einer Mitgliederversammlung

Niederschrift über die ordentliche Mitgliederversammlung
des Berufsverbands der … e. V.
am …

Am … fand in … die ordentliche Mitgliederversammlung des Berufsverband der … e. V. statt.
Es waren anwesend:
vom Vorstand: …
der Geschäftsführer, Herr …
die im anliegenden Teilnehmerverzeichnis aufgeführten Mitglieder

Der Erste Vorsitzende eröffnete um … Uhr die Versammlung und bestimmte Herrn … zum Protokollführer. Er begrüßte die Erschienenen und stellte fest, dass die Versammlung ordnungsgemäß einberufen wurde. Ferner stellte er die Beschlussfähigkeit der Versammlung fest.

Der Erste Vorsitzende verkündete für die Versammlung folgende mit der Einladung bekannt gemachte Tagesordnung:

1. Bericht des Vorstands über das abgelaufene Geschäftsjahr und Ausblick
2. Entlastung der Mitglieder des Vorstands
3. Änderung von § … der Satzung: Vertretungsbefugnis
4. Verschiedenes

Die Tagesordnung wurde sodann wie folgt erledigt:

Tagesordnungspunkt 1:
Herr … berichtete im Namen des Vorstands über das abgelaufene Geschäftsjahr und gab einen Ausblick für das laufende Geschäftsjahr. Es wurde Gelegenheit zur Diskussion gegeben.

Tagesordnungspunkt 2:
Herr … schlug vor, den Mitgliedern des Vorstands für das abgelaufene Geschäftsjahr 20.. Entlastung zu erteilen. Es wurde Gelegenheit zur Diskussion gegeben. Herr … bestimmte sodann, dass durch Handaufheben abgestimmt werden soll. Dagegen gab es keinen Widerspruch.
Den Mitgliedern des Vorstands wurde mit 25 Ja-Stimmen und 3 Nein-Stimmen bei 3 Enthaltungen Entlastung für das Geschäftsjahr 20.. erteilt.

Tagesordnungspunkt 3:
Herr ... schlug vor, die bisherige Vertretungsregelung in § ... der Satzung dahin gehend zu ändern, dass der Verein zukünftig von einem Vorstandsmitglied einzeln vertreten werden kann. § ... solle folgenden neuen Wortlaut erhalten:

„Jedes Vorstandsmitglied vertritt den Verein einzeln."

Es wurde Gelegenheit zur Diskussion gegeben. Herr ... bestimmte sodann, dass durch Handaufheben abgestimmt werden soll. Dagegen gab es keinen Widerspruch. Der Änderungsvorschlag wurde mit 25 Ja-Stimmen und 3 Nein-Stimmen bei 3 Enthaltungen angenommen.

Tagesordnungspunkt 4:
Zum Tagesordnungspunkt Verschiedenes gab es keine Wortmeldungen.

Um ... Uhr schloss Herr ... die Versammlung.

(Unterschrift Versammlungsleiter)

(Unterschrift Protokollführer)

1.6 Registeranmeldung Satzungsänderung

An das
Amtsgericht
– Vereinsregister –
...straße ...
...stadt

Berufsverband der ... e. V.
VR-Nr.: ...

Wir, die sämtlichen Mitglieder des Vorstands des „Berufsverbands ... e. V." mit dem Sitz in ... melden zur Eintragung in das Vereinsregister an:
Die Mitgliederversammlung des Vereins hat am ... beschlossen, § ... der Satzung zu ändern. Der Verein wird zukünftig durch jedes Vorstandsmitglied einzeln vertreten.
Wir überreichen anbei Urschrift und Abschrift der Niederschrift über die Mitgliederversammlung vom ...
Es wird versichert, dass die Mitgliederversammlung ordnungsgemäß einberufen wurde und dass die gefassten Beschlüsse ordnungsgemäß zustande gekommen sind.

(Unterschrift der Vorstandsmitglieder)

(notarielle Beglaubigung der Unterschriften)

2 Amtliche Formulare

Inhalt

2.1 KSt 1 A: Körperschaftsteuererklärung

Grün umrandete Felder nur vom Finanzamt auszufüllen.

11 | St.-Nr. | 3 | 12 | Vorgang

2012

An das Finanzamt

Steuernummer

Körperschaftsteuererklärung

Erklärung zu gesonderten Feststellungen von Besteuerungsgrundlagen, die in Zusammenhang mit der Körperschaftsteuerveranlagung durchzuführen sind

für unbeschränkt Steuerpflichtige, bei denen alle Einkünfte als solche aus Gewerbebetrieb zu behandeln sind

Die mit einem Kreis versehenen Zahlen bezeichnen die Erläuterungen in der Anleitung zur Körperschaftsteuererklärung.

– Eingangsstempel –

Zeile **Allgemeine Angaben**

1 Bezeichnung der Körperschaft

2

3 Straße, Hausnummer | Postleitzahl | Postfach

4 Postleitzahl | Ort | Telefonisch erreichbar unter Nr.

5 Ort der Geschäftsleitung | Internetadresse

6 Ort des Sitzes | E-Mail

7 Gesetzlicher Vertreter (mit Anschrift)

8 | Telefonisch erreichbar unter Nr.

9 Gegenstand des Unternehmens

10 | 99 | 11

10a Es handelt sich um ein Unternehmen, auf das § 8 Abs. 9 KStG anzuwenden ist oder um eine Organgesellschaft, auf deren Organträger § 8 Abs. 9 KStG anzuwenden ist. (In diesen Fällen sind zusätzlich die Vordrucke „Anlage/n Spartenübersicht" und „Anlage/n ÖHK" abzugeben.) | Ja = 1 | 68

10b Registergerichtliche Eintragung: Nein | Ja, beim | Registergericht

10c die Eintragung ist erfolgt am | Registernummer

11 **Bankverbindung** (Bitte entweder Kto.Nr. / BLZ **oder** IBAN / BIC angeben!) | Kontonummer | Bankleitzahl

11a IBAN

11b BIC

12 Geldinstitut (Zweigstelle) und Ort

13 Name eines von Zeile 1 **abweichenden Kontoinhabers**

Der Steuerbescheid soll folgendem von den Zeilen 1 bis 8 **abweichenden Empfangsbevollmächtigten/Postempfänger** zugesandt werden.

14

14a Empfangsvollmacht | wird gesondert übermittelt. | liegt dem Finanzamt vor.

15 **Abweichendes Wirtschaftsjahr** vom … bis | **Rumpfwirtschaftsjahr** vom … bis | 99 | 11

15a Die Körperschaft ist steuerbefreit nach § 5 Abs. 1 Nr. … KStG | Befreit nach § 5 Abs. 1 Nr. 9 KStG Ja = 1 | Befreit nach anderen Vorschriften Ja = 2 | 15

16 frei

17 **Folgende Anlagen sind beigefügt:**

18 Anlage A | Anlage AE | Anlage EÜR | Anlage GR | Anlage ORG Anzahl | Anlage SP | Anlage WA

19 Anlage ÖHK Anzahl | Anlage Spartenübersicht Anzahl | Anlage Zinsschranke | Anlage

Unterschrift

Bei der Anfertigung dieser Erklärung hat mitgewirkt: (Name, Anschrift, Tel.-Nr.)

Ort, Datum

(Unterschrift)

Die Erklärung muss vom gesetzlichen Vertreter der Körperschaft eigenhändig unterschrieben sein.

Hinweis nach den Datenschutzgesetzen: Die mit der Steuererklärung angeforderten Daten werden auf Grund der §§ 149 ff. AO i.V. mit § 31 Abs. 1 KStG und § 25 EStG verlangt.

KSt 1 A – Okt. 2012

Steuernummer

–2–

Zeile	Einkommen im Kalenderjahr 2012	Bitte nur volle Euro-Beträge eintragen Negative Beträge in Rot oder mit Minuszeichen EUR	EUR	99	13
20	**Steuerbilanzgewinn/-verlust** (ohne den Zeile 24 entsprechenden Betrag) ❷ ❸		110	110	
20a frei 20b	Bei partieller Steuerpflicht: Gewinn/Verlust aus dem steuerpflichtigen Bereich lt. besonderer Ermittlung (nach Berücksichtigung des Abzugs nach § 10g EStG - Abzug höchstens bis auf 0 €)		165	165	
21	**Jahresüberschuss/Jahresfehlbetrag** ❷ ❸ (wenn keine Steuerbilanz aufgestellt ist) (ohne den Zeile 24 entsprechenden Betrag)	111		111	
22	Dazu / Davon ab: Korrektur nach § 60 Abs.2 Satz 1 EStDV zur Anpassung der Handelsbilanz an die steuerlich maßgeblichen Wertansätze (lt. beigefügter Erläuterung)	113		113	
23	Summe der Zeilen 21 und 22	▶			
24	**Pauschaler Gewinn/Verlust aus dem Betrieb von Handelsschiffen bei gesonderter Gewinnermittlung nach § 5a EStG**		181	181	
25	Dazu / Davon ab: **Erhöhung** um nicht ausgleichsfähige Verluste i.S. des § 8 Abs. 4 Satz 4 KStG 2006[2)], des § 2b EStG 2002[3)] i.V. mit § 52 Abs. 4 EStG, des § 15 Abs. 4 EStG bzw. des § 15a Abs.1 und Abs. 1a EStG, des § 15b Abs. 1 Satz 1 EStG, des § 20 Abs. 1 Nr. 4 Satz 2 EStG, des § 2 Abs. 4 UmwStG und des § 20 Abs. 6 Satz 4 UmwStG, sowie Hinzurechnung nach § 15a Abs.3 EStG **oder Kürzung** nach § 2b Satz 4 EStG 2002 i.V. mit § 52 Abs. 4 EStG, § 15 Abs. 4 Satz 2, 3 oder 7 und § 15a Abs. 2 oder Abs. 3 Satz 4 EStG, nach § 15b Abs. 1 Satz 2 EStG und nach § 20 Abs. 1 Nr. 4 Satz 2 EStG (Bitte Einzelaufstellung auf besonderem Blatt beifügen)		138	138	
25a	Dazu / Davon ab: **Erhöhung bzw. Kürzung** nach § 19 Abs. 4 REITG (vorbehaltlich des § 19a Abs. 1 Satz 2 REITG)		267	267	
26	Dazu: **Gewinnzuschlag** nach § 6b Abs. 7 und 8 EStG		139	139	
26a	Davon ab: **Investitionsabzugsbetrag** nach § 7g Abs. 1 EStG		239	239	
26b	Dazu: Im Wirtschaftsjahr der Anschaffung: **Investitionsabzugsbetrag** nach § 7g Abs. 2 Satz 1 EStG		240	240	
27	Dazu: **Verdeckte Gewinnausschüttungen nach § 8 Abs. 3 Satz 2 KStG** (lt. beigefügter Erläuterung sowie bei genossenschaftlichen Rückvergütungen lt. Zeile 14 der Anlage GR)		116	116	
27a	Davon ab: Gewinnerhöhungen im Zusammenhang mit **versteuerten verdeckten Gewinnausschüttungen** (gemäß BMF-Schreiben vom 28.05.2002 - BStBl I S. 603)		166	166	
28	Dazu: **Nicht erfolgswirksam gebuchte Einlagen** i. S. des § 8 Abs. 3 Satz 4 KStG		226	226	
29	Dazu: **Nicht abziehbare Aufwendungen** laut Zeile 15 der Anlage A				
30	Dazu / Davon ab: **Betrag nach § 4e Abs. 3 EStG**		241	241	
31 und 32 frei 33	Davon ab / Dazu: **Nicht der Körperschaftsteuer unterliegende inländische Vermögensmehrungen und -minderungen** (soweit sie im Betrag lt. Zeilen 20 oder 21 erfasst sind) – Einlagen der Gesellschafter, die nicht das Nennkapital erhöht haben (einschließlich eines Erhöhungsbetrags i. S. des § 23 Abs. 2 und 3 UmwStG): davon sind bis zum Ende des Wirtschaftsjahres geleistet		140	140	
34	davon sind bis zum Ende des Wirtschaftsjahres nicht geleistet		148	148	
34a	– Gewinnerhöhung aus der Begründung des Besteuerungsrechts der Bundesrepublik Deutschland hinsichtlich des Gewinns aus der Veräußerung eines Wirtschaftsgutes (§ 4 Abs. 1 Satz 8 EStG)		220	220	
34b	– Ertrag oder Gewinnminderung in Zusammenhang mit dem Anspruch auf Auszahlung des KSt-Guthabens (§ 37 Abs. 5 bis 7 KStG)		222	222	
34c	– Gewinnminderung oder Ertrag in Zusammenhang mit der Verpflichtung zur Entrichtung des KSt-Erhöhungsbetrags (§ 38 Abs. 5 bis 10 KStG)		232	232	
35 frei 36	– Investitionszulagen		131	131	
37	– sonstige steuerfreie Einnahmen		130	130	
37a	Dazu: **Einkommenserhöhung aus der Steuerentstrickung nach § 12 Abs. 1 KStG** (soweit sie im Betrag lt. Zeilen 20 oder 21 nicht erfasst sind)		221	221	
38 und 39 frei 39a	**Nicht bei Organgesellschaften und - bei Organträgern - ohne von Organgesellschaften übernommene Beträge:** Dazu: Nach § 4 Abs. 6 UmwStG nicht zu berücksichtigender **Übernahmeverlust** ❾		235	235	
39b	Zwischensumme (Übertrag)				

Fußnoten siehe Seite 3.

–3–

Steuernummer

Zeile		Bitte nur volle Euro-Beträge eintragen. Negative Beträge in Rot oder mit Minuszeichen: EUR	EUR	99 13
39b	Zwischensumme (Übertrag)			
39c	Dazu: **Einnahmen i. S. des § 7 UmwStG** (soweit sie im Betrag lt. Zeilen 20 oder 21 nicht erfasst sind) (9)		223	223
39d	Davon ab: Nach § 12 Abs. 2 Satz 1 UmwStG nicht zu berücksichtigender **Übernahmegewinn** (ohne anteiligen Betrag i. S. des § 12 Abs. 2 Satz 2 UmwStG)		224	224
39e	Dazu: Nach § 12 Abs. 2 Satz 1 UmwStG nicht zu berücksichtigender **Übernahmeverlust**		236	236
40 frei				
40a	Dazu: Im Veranlagungszeitraum 2012 zu versteuernder **„Einbringungsgewinn I"** i. S. des § 22 Abs. 1 UmwStG		225	225
41	**Ausländische Einkünfte / ausländische Steuern** (Übertrag aus Zeile 33 der Anlage AE)			
42 frei	**Nicht nach DBA steuerfreie negative Einkünfte / Nicht zu berücksichtigende Gewinnminderungen mit Bezug zu Drittstaaten im Sinne des § 2a Abs. 1 EStG:**			
43	– Dazu: **Betrag lt. Zeile 38 Spalte 7 der Anlage AE**			
44	– Davon ab: **Betrag lt. Zeile 38 Spalte 8 der Anlage AE**			
44a frei	**Inländische Sachverhalte i. S. des § 8b KStG** (ohne Beträge, für die § 8b Abs. 7 oder 8 KStG gilt) **Zeilen 44b bis 44i: Nicht bei Organgesellschaften und - bei Organträgern - ohne von Organgesellschaften übernommene Beträge** (4) (29) Bei Beteiligungen an mehreren Kapitalgesellschaften und/oder mittelbarer Beteiligung an Kapitalgesellschaften über Personengesellschaften: Bitte Einzelaufstellung auf besonderem Blatt beifügen.			
44b	Inländische Bezüge i. S. von § 8b Abs. 1 KStG (einschließlich der Einnahmen i. S. des § 7 UmwStG; ohne Beträge i. S. der Zeile 44m und - vorbehaltlich des § 19a Abs. 1 REITG - ohne Ausschüttungen einer REIT-Aktiengesellschaft; vgl. § 19 Abs. 3 REITG) (5) (9)	182		182
44c	Davon ab: Nicht abziehbare Ausgaben (5 % des Betrags lt. Zeile 44b - § 8b Abs. 5 KStG)			
44d	Unterschiedsbetrag (Übertrag in die Hauptspalte mit umgekehrtem Vorzeichen)	▶		
44e	Inländische Gewinne i. S. des § 8b Abs. 2 KStG, ggf. unter Berücksichtigung des Übernahmegewinns nach § 12 Abs. 2 Satz 2 UmwStG und einschließlich eines Übernahmegewinns i. S. des § 4 Abs. 7 UmwStG (ohne Beträge i. S. der Zeile 44m, ohne Gewinne aus der Veräußerung von Anteilen an einer REIT-Aktiengesellschaft; vgl. § 19 Abs. 3 REITG) (9)	185		185
44f	Davon ab: Nicht abziehbare Ausgaben (5 % des Betrages lt. Zeile 44e - § 8b Abs. 3 Satz 1 KStG)			
44g	Unterschiedsbetrag (Übertrag in die Hauptspalte mit umgekehrtem Vorzeichen)	▶		
44h	Dazu: Gewinnminderungen i. S. des § 8b Abs. 3 Satz 3 bis 7 KStG, die im Zusammenhang mit inländischen Anteilen stehen; in Anwendungsfällen des § 19a Abs. 1 Satz 2 REITG einschließlich entsprechender Beträge in Zusammenhang mit Anteilen an einer REIT-Aktiengesellschaft (9)		287	287
44i	Davon ab: **Gewinne i. S. des § 8b Abs. 3 Satz 8 KStG,** die im Zusammenhang mit inländischen Anteilen stehen (9)		288	288
44j	Dazu / Davon ab: **Korrekturbetrag** nach § 8b Abs. 8 Satz 4 und 5 KStG		168	168
44k	Dazu: Nach § 8b Abs. 10 Satz 1 KStG **nicht abziehbare Aufwendungen,** soweit sie sich auf die Überlassung inländischer Anteile beziehen		227	227
44l	Dazu: **Fiktive inländische Einnahmen und/oder Bezüge** i.S. des § 8b Abs. 10 Satz 2 KStG		228	228
44m	**Zeilen 44m und 44n: Nicht bei Organgesellschaften und - bei Organträgern - ohne von Organgesellschaften übernommene Beträge** Davon ab: inländische Beträge i. S. der Zeile 44l, soweit es sich dabei um Bezüge i. S. des § 8b Abs.1 und/oder Abs. 2 KStG handelt (9)		229	229
44n	Davon ab: Bei der entleihenden Körperschaft: 5 % der Beträge i. S. der Zeilen 44b und/oder 44e, soweit es sich hierbei um Bezüge aus entliehenen Anteilen i. S. des § 8b Abs. 10 KStG handelt (9)		230	230
45	Zwischensumme			
46 und 47 frei	**Bei Organschaft: Gewinnabführung/Verlustübernahme**			
48	Dazu: Summe der Beträge aus nebenstehenden Zeilen aller Anlagen ORG — Nur Organträger: Zeile 10 Sp. 1; Nur Organgesellschaft: Zeile 23 Sp. 1; Gleichzeitig Organträger u. Organgesellschaft: Zeile 10 Sp.1 u. Zeile 23 Sp. 1			
49	Davon ab: Summe der Beträge aus nebenstehenden Zeilen aller Anlagen ORG — Zeile 10 Sp. 2; Zeile 23 Sp. 2; Zeile 10 Sp.2 u. Zeile 23 Sp. 2			
49a	Zwischensumme (Übertrag)			

1) EStG 1997 = Einkommensteuergesetz in der Fassung des Gesetzes vom 02.08.2000 (BGBl. I S. 1270).
2) KStG 2006 = Körperschaftsteuergesetz in der Fassung des Gesetzes vom 13.12.2006 (BGBl. I S. 2878).
3) EStG 2002 = Einkommensteuergesetz in der Fassung des Gesetzes vom 19.10.2002 (BGBl. I S. 4210).
4) UmwStG 2006 = Umwandlungssteuergesetz in der Fassung vom 07.12.2006 (BGBl. I S. 2782, 2791).

–4–

Zeile	Steuernummer	Bitte nur volle Euro-Beträge eintragen Negative Beträge in Rot oder mit Minuszeichen EUR	99 13
49a	Zwischensumme (Übertrag)		
49b	**Nicht bei Organgesellschaften; bei Organträgern: einschließlich der entsprechenden Beträge der Organgesellschaften** Davon ab: Nach Anwendung des § 4h EStG i. V. mit § 8 Abs. 1, § 8a KStG **(Zinsschranke)** als Betriebsausgaben abziehbare Zinsaufwendungen (Betrag lt. Zeile 14 der Anlage Zinsschranke)		
49c	Zwischensumme		
50	**Bei zusätzlichem Rumpfwirtschaftsjahr:** Dem Betrag lt. Zeile 49c entsprechendes **Ergebnis des Rumpfwirtschaftsjahres** (lt. zusätzlich beigefügtem Vordruck KSt 1 A)		
51	Wenn während des Kalenderjahrs sowohl unbeschränkte als auch beschränkte Steuerpflicht bestanden hat: Dazu / Davon ab: Während der beschränkten Steuerpflicht erzielte Einkünfte (Betrag lt. Zeile 42 des beigefügten Vordrucks KSt 1 C für die Zeit der beschränkten Steuerpflicht; vgl. § 32 Abs. 2 Nr. 1 KStG)	210	210
52 und 53 frei			
54	**Summe der Einkünfte**		
54a frei	**Davon ab: Zuwendungen nach § 9 Abs. 1 Nr. 2 KStG zur Förderung steuerbegünstigter Zwecke** (lt. Nachweis) Die abziehbaren Zuwendungen sind unter Verwendung der **Anlage SP** zu ermitteln - auch soweit sie in 2012 geleistet worden sind -, wenn zum 31.12.2011 ein **Vortrag** aus **Großspenden** (ggf. aus Großspenden an **Stiftungen**) besteht	10	99 15 10
54b	Lt. Zeile 22 der Anlage SP sind **insgesamt** abziehbar (weiter mit Zeile 57)		
55 frei			
56	Außer in den Fällen der Zeile 54b: **Abziehbare Zuwendungen für steuerbegünstigte Zwecke** (Betrag lt. Zeile 99)		
57	Dazu: Betrag lt. Zeile 33a der Anlage AE		
58 bis 62 frei			
63	Zwischensumme		
63a	Dazu: Nach § 8c KStG nicht berücksichtigungsfähiger Verlust des laufenden Veranlagungszeitraums (ggf. i. V. mit § 2 Abs. 4, § 20 Abs. 6 Satz 4 UmwStG) (Bitte auf besonderem Blatt erläutern)	51	51
63b	Zwischensumme		
64	**Wenn Sie Organträger sind:** Dazu / Davon ab: Zuzurechnende Einkommen der Organgesellschaften (Summe der Beträge aus Zeile 13 aller Anlagen ORG)		
64a	Zwischensumme		
64b	Dazu: Im Falle einer Abspaltung bei der übertragenden Körperschaft: wegfallender Verlust aus dem laufenden Veranlagungszeitraum (§ 15 Abs. 3, § 16 UmwStG)	52	52
64c	Zwischensumme		
65	**Wenn Sie Organgesellschaft sind:** Dazu: Vom Organträger zu leistende Ausgleichszahlungen (§ 16 Satz 2 KStG) (Betrag lt. Zeile 26 der Anlage ORG)		
66	**Wenn Sie Organgesellschaft sind:** Dem Organträger zuzurechnendes Einkommen (Betrag lt. Zeile 28 der Anlage ORG - einzutragen mit umgekehrtem Vorzeichen)		
67	**Gesamtbetrag der Einkünfte**		
68	**Nur bei Gesellschaften, die unter § 8 Abs. 7 Satz 1 Nr. 2 Satz 2 KStG fallen und bei Gesellschaften und BgA, die Organträger solcher Gesellschaften sind; nicht bei Organgesellschaften:** Dazu: Summe der negativen Gesamtbeträge der Einkünfte aus den einzelnen Sparten i. S. des § 8 Abs. 9 Satz 1 Nr. 1 bis 3 KStG (Betrag lt. Zeile 13 Spalte 2 der Anlage ÖHK)	75	75
69	**Maßgeblicher Gesamtbetrag der Einkünfte** in den Fällen des § 8 Abs. 9 KStG		
70	Davon ab: **Verlustabzug** – **Verlustvortrag** (nicht in Fällen lt. Zeile 70a) (Summe der Beträge lt. Zeilen 86 und 88)		47
70a	– **Verlustvortrag** (in den Fällen des § 8 Abs. 9 KStG) (Betrag lt. Zeile 27 Spalte 2 der Anlage ÖHK)		76
71	– **Verlustrücktrag** aus 2013 auf 2012 (nicht in Fällen lt. Zeile 71a)		67
71a	– **Verlustrücktrag** aus 2013 auf 2012 (in den Fällen des § 8 Abs. 9 KStG)		77
72 frei			
73	**Einkommen**		
74	Davon ab: **Freibetrag nach** ☐ **§ 24 oder** ☐ **§ 25 KStG** ❽		28 ☐ §24 = 1 §25 = 2
75	**Zu versteuerndes Einkommen**		
	Aufteilung des zu versteuernden Einkommens nach Steuersätzen	Einkommensteile EUR	Körperschaftsteuer (auf volle Euro abgerundet) EUR
	Von dem Betrag lt. Zeile 75 unterliegen einer Körperschaftsteuer in Höhe von		
75a	☐ 15 % (§ 23 Abs. 1 KStG)		
76	81 %	82	
77 frei			
77a	Nur in den Fällen des Antrags nach § 34 Abs. 16 KStG: **Erhöhung der Körperschaftsteuer** nach § 38 KStG, ggf. i. V. mit §§ 9, 16 UmwStG, § 10 UmwStG 2006 [4)], § 40 KStG 2006 (Summe der Beträge lt. Zeilen 9, 23 und 36 des Vordrucks KSt 1 F - 38)		
	Nur bei Berufsverbänden		
77b	Einnahmen		
77c	Mittel, die für die unmittelbare oder mittelbare Unterstützung oder Förderung politischer Parteien verwendet wurden		80
77d	Körperschaftsteuer (50 % des Betrages aus Zeile 77c)		

-5-

Steuernummer		Bitte nur volle Euro-Beträge eintragen Negative Beträge in Rot oder mit Minuszeichen		99	37
		EUR	EUR		

Zeile				
	Verbleibender Verlustvortrag (§ 31 Abs. 1, § 8 Abs. 1 und 4, § 8c KStG, § 10d, § 57 Abs. 4 EStG) Nicht in den Anwendungsfällen des § 8 Abs. 9 KStG			Art der Verlustfeststellung 10
78	**Verbleibender Verlustvortrag zum 31.12.2011**		15	15
78a	**Nur für Betriebe gewerblicher Art** zu übernehmender verbleibender Verlustvortrag (§ 8 Abs. 8 KStG) ⓫		25	25
78b	Von den Beträgen lt. Zeilen 78 bzw. 78a entfällt auf in 1990 entstandene Verluste aus dem Beitrittsgebiet i. S. des § 57 Abs. 4 EStG	19		19
79	Davon ab: Nicht zu berücksichtigender Verlustabzug nach § 8 Abs. 4 Satz 1 bis 3 KStG 2006 (ggf. i. V. mit § 2 Abs. 4, § 20 Abs. 6 Satz 4 UmwStG)		16	16
79a	Davon ab: Nicht zu berücksichtigender Verlustabzug nach § 8c KStG (ggf. i. V. mit § 2 Abs. 4, § 20 Abs. 6 Satz 4 UmwStG) (Bitte auf besonderem Blatt erläutern)		36	36
79b	Zwischensumme			
79c	Davon ab: Im Fall der Abspaltung: Verringerung des verbleibenden Verlustvortrags bei der übertragenden Körperschaft (§ 15 Abs. 3, § 16 UmwStG)			
79d	In 1990 entstandene Verluste aus dem Beitrittsgebiet i. S. des § 57 Abs. 4 EStG, die in den Beträgen lt. Zeilen 79, 79a und 79c enthalten sind			
80	**Steuerlicher Verlust 2012:** negativer Gesamtbetrag der Einkünfte lt. Zeile 67 (ohne Vorzeichen eintragen)			
81	Davon ab: **Verlustrücktrag** auf das Einkommen 2011; höchstens 511.500 € ❿ ☐ Kein Verlustrücktrag			
82	Ergebnis / Dazu (vortragsfähiger Verlust des Jahres 2012)	▶		
83 frei				
84	Zwischensumme			
85	**Abzug des zum 31.12.2011 festgestellten Verlustvortrags in 2012:** positiver Gesamtbetrag der Einkünfte (Betrag lt. Zeile 67; bei Organgesellschaften: Betrag lt. Zeile 27a der Anlage ORG)			
86	Davon ab: Niedrigerer Betrag aus Zeile 84 oder 85, höchstens 1 Mio. €	▶		
87	Zwischensumme			
88	Davon ab: Betrag lt. Zeile 87 Hauptspalte, höchstens 60 % des Betrages aus Zeile 87 Vorspalte			
89 bis 91 frei				
92	**Verbleibender Verlustvortrag zum 31.12.2012**			
93	Davon entfällt auf in 1990 entstandene Verluste aus dem Beitrittsgebiet i. S. des § 57 Abs. 4 EStG (Betrag lt. Zeile 78b abzügl. Summe d. Beträge lt. Zeilen 79d, 86 u. 88; mind. „0")			

Zeile				99 15
	Verbleibender Zuwendungsvortrag (§ 9 Abs. 1 Nr. 2 Satz 9 und 10 KStG, § 10d Abs. 4 EStG)			
94	**(Zeilen 94 bis 101 nicht ausfüllen in den Fällen der Zeile 54b)** Verbleibender Zuwendungsvortrag zum 31.12.2011		45	45
95	Davon ab: Im Falle einer Abspaltung oder Teilübertragung: Verringerung des verbleibenden Zuwendungsvortrags bei der übertragenden Körperschaft (§ 12 Abs. 3 UmwStG i. V. mit § 15 Abs. 1, § 16 UmwStG)			
95a	Dazu: Bei der übernehmenden Körperschaft im Jahr der Vermögensübernahme: auf diese nach § 12 Abs. 3 i. V. mit § 15 Abs. 1 UmwStG übergegangener Zuwendungsvortrag gemäß § 9 Abs. 1 Nr. 2 Satz 9 KStG		46	46
96	Dazu: Im Kalenderjahr 2012 bzw. im Wirtschaftsjahr 2011/2012 geleistete **Zuwendungen** (Spenden und Mitgliedsbeiträge) **für steuerbegünstigte Zwecke** i. S. der §§ 52 bis 54 AO (lt. Nachweis)		40	40
96a	In Zeile 96 enthaltene Zuwendungen an Empfänger im EU-/EWR-Ausland	42		42
97	Summe			
98	**Nur ausfüllen, wenn für Höchstbetragsberechnung erforderlich:** Summe der gesamten Umsätze sowie der im Kalenderjahr aufgewendeten Löhne und Gehälter	18		18
99	Davon ab: Unter Beachtung der Höchstbeträge **abziehbare Zuwendungen** (Übertrag nach Zeile 56) ❻			
100 frei				
101	**Verbleibender Zuwendungsvortrag zum 31.12.2012** in den Fällen der Zeilen 94 bis 99			
102	**Verbleibender Zuwendungsvortrag zum 31.12.2012** in den Fällen der Zeile 54b: Betrag lt. Zeile 21 der Anlage SP		44	44

–6–

Steuernummer

99 11 Art der Steuerfestsetzung
10
Organschaft
13 OT = 1, OG = 2, beides = 3
14 51 = § 20 Abs. 1 Nr. 9; 52 = § 20 Abs. 1 Nr. 10a; 61 = § 20 Abs. 1 Nr. 10b (BgA); 62 = § 20 Abs. 1 Nr. 10b (wiGB); 7 = keine Feststellung
17 abgelaufene Wj im neuen Recht (einschl. laufenden VZ)

99 48 Art der Feststellung nach §§ 27, 28, 38 KStG
110

99 30 Verspätungszuschlag in EUR
111
Dauer der Verspätung in angefangenen Monaten
145
Keine Festsetzung von Vorauszahlungen im Bescheid
138
Bei Verlust: Kein Rücktrag?
151 Ja = 1

Kz | Wert | Kz | Wert | Kz | Wert | Kz | Wert | Kz | Wert

99 96 Kz | Wert | Kz | Wert | Kz | Wert | Kz | Wert | Kz | Wert | Kz | Wert

99 St | Kz | Wert | St | Kz | Wert | St | Kz | Wert | St | Kz | Wert | St | Kz | Wert

99 12 Erläuterungstexte Kz | Wert | Kz | Wert | Kz | Wert | Kz | Wert | Kz | Wert | Kz | Wert

Verfügung

1. Die aufgeführten Daten sind mit Hilfe des geprüften und genehmigten Programms sowie unter Berücksichtigung der ggf. gespeicherten Daten maschinell zu verarbeiten. In Höhe des maschinell ermittelten Ergebnisses werden die Steuern, der Solidaritätszuschlag, die Zinsen nach § 233a AO, der Verspätungszuschlag und die Vorauszahlungen festgesetzt. Der Zuwendungsvortrag (§ 9 Abs. 1 Nr. 2 KStG), der verbleibende Verlustvortrag - außer in den Fällen des § 8 Abs. 9 KStG - (§ 31 KStG i. V. mit § 10d EStG), der Zinsvortrag und der EBITDA-Vortrag (§ 4h EStG i. V. mit §§ 8 Abs. 1, 8a KStG) werden gesondert festgestellt. Das steuerliche Einlagekonto i. S. des § 27 Abs. 2 Satz 1 KStG, das durch Umwandlung von Rücklagen entstandene Nennkapital i. S. des § 28 KStG und der Betrag i. S. des § 38 Abs. 1 Satz 1 KStG werden gesondert festgestellt. Das Ergebnis ist bekannt zu geben.

Erledigt (Datum, Namensz.)

2. Grunddaten prüfen
3. ☐ KM fertigen (z.B. bei Gesellschafterwechsel, Pensionszusage)
4. ☐ Rückgabe der Belege
5. ☐ Änderung/Berichtigung vermerken
6. ☐ Die Körperschaftsteuer-Zerlegung wurde geprüft
7. Gesonderte Feststellungen
   - ☐ negative Einkünfte nach § 31 Abs. 1 KStG, § 2a Abs. 1 Satz 5 EStG (Vordruck ESt 2 E)
   - ☐ verbleibender Großspendenvortrag nach § 9 Abs. 1 Nr. 2 Satz 5 KStG 2006, § 10d EStG
   - ☐ verbleibender Verlust nach § 31 Abs. 1 KStG, § 15 Abs. 4, § 15b Abs. 4 EStG
   - ☐ gesonderte Feststellung des verbleibenden Verlustvortrags in den Fällen des § 8 Abs. 9 KStG
   - ☐ Hinzurechnungsbetrag nach § 31 Abs. 1 KStG, § 52 Abs. 3 EStG, § 2a Abs. 3 Satz 5 und 6 EStG 1997
   - ☐ verbleibende negative Einkünfte nach § 31 Abs. 1 KStG, § 2b Satz 4 EStG 2002
   - ☐ verbleibende Verluste bzw. Gewinnminderungen in Zusammenhang mit Anteilen an einer REIT-Aktiengesellschaft (§ 19 Abs. 4 REITG)

Erledigt (Datum, Namensz.)

8. Zur Datenerfassung / Bildschirmeingabe
9. Datenfreigabe
10. Der Steuerabzug vom Kapitalertrag sowie die Steuerabzüge von Vergütungen i. S. des § 50a Abs. 1 EStG, die beschränkt Steuerpflichtigen zugeflossen sind, sind geprüft worden.
11. Wurde von der Steuererklärung abgewichen? ☐ ja ☐ nein
    Wenn ja:
    Wurde die Steuerpflichtige vorher angehört? ☐ ja ☐ nein
    Wurde die Abweichung im Bescheid erläutert? ☐ ja ☐ nein
12. Bei Veranlagung unter dem Vorbehalt der Nachprüfung (§ 164 AO) Grund für den Vorbehalt:
    ☐ wegen beabsichtigter Bp
    ☐ wegen
13.
14. ☐ Bescheid ergänzen (Anlage beifügen)
15. Wv. am ______ wegen ______
16. Zu den Akten

Erfasst

Kontrollzahl

Datum | Sachgebietsleiter/in | Bearbeiter/in

2.2 KSt 1 B: Körperschaftsteuererklärung

Grün umrandete Felder nur vom Finanzamt auszufüllen.

11	St.-Nr.	32	12	Vorgang

2012

An das Finanzamt

Steuernummer

Körperschaftsteuererklärung

Erklärung zu gesonderten Feststellungen von Besteuerungsgrundlagen, die in Zusammenhang mit der Körperschaftsteuerveranlagung durchzuführen sind

für unbeschränkt Steuerpflichtige, bei denen auch andere Einkünfte als solche aus Gewerbebetrieb vorliegen können

Die mit einem Kreis versehenen Zahlen bezeichnen die Erläuterungen in der Anleitung zur Körperschaftsteuererklärung.

– Eingangsstempel –

Zeile	**Allgemeine Angaben**	
1	Bezeichnung der Körperschaft, Personenvereinigung oder Vermögensmasse	
2		
3	Straße, Hausnummer	Postleitzahl / Postfach
4	Postleitzahl / Ort	Telefonisch erreichbar unter Nr.
5	Ort der Geschäftsleitung	Internetadresse
6	Ort des Sitzes	E-Mail
7	Vorsitzender oder Geschäftsführer (mit Anschrift)	
8		Telefonisch erreichbar unter Nr.
9	Gegenstand des Unternehmens oder Zweck der Körperschaft, Personenvereinigung oder Vermögensmasse	
10		
10a	Registergerichtliche Eintragung ☐ Nein ☐ Ja, beim	Registergericht
10b	die Eintragung ist erfolgt am	Registernummer
11	**Bankverbindung** (Bitte entweder Kto.Nr. / BLZ **oder** IBAN / BIC angeben!) Kontonummer	Bankleitzahl
11a	IBAN	
11b	BIC	
12	Geldinstitut (Zweigstelle) und Ort	
13	Name eines von Zeile 1 **abweichenden Kontoinhabers**	
	☐ Der Steuerbescheid soll folgendem von den Zeilen 1 bis 8 **abweichenden Empfangsbevollmächtigten/Postempfänger** zugesandt werden.	
14		
15	Empfangsvollmacht ☐ wird gesondert übermittelt.	☐ liegt dem Finanzamt vor.
16	Abschrift der **Satzung** in der zur Zeit gültigen Fassung vom ☐ wird gesondert übermittelt.	☐ liegt dem Finanzamt vor.
17	Abschrift des Beschlusses über die Festsetzung der für 2012 gültigen Mitgliederbeiträge ☐ wird gesondert übermittelt.	☐ liegt dem Finanzamt vor.
16a	**Abweichendes Wirtschaftsjahr** vom bis / **Rumpfwirtschaftsjahr** vom bis	99 / 11
16b	Die Körperschaft ist steuerbefreit nach § 5 Abs. 1 Nr. ____ KStG	Befreit nach § 5 Abs. 1 Nr. 9 KStG Ja = 1; Befreit nach anderen Vorschriften Ja = 2. / 15
17 frei		
18	**Folgende Anlagen sind beigefügt:**	
19	☐ Anlage AE ☐ Anlage GR ☐ Anlage L ☐ Anlage SP ☐ Anlage(n) V Anzahl	
20	☐ Anlage WA ☐ Anlage EÜR ☐ Anlage(n) Zinsschranke Anzahl ☐ Anlage(n) ORG Anzahl	

Unterschrift

Bei der Anfertigung dieser Erklärung hat mitgewirkt:
(Name, Anschrift, Tel.-Nr.)

Ort, Datum

(Unterschrift)

Die Erklärung muss vom gesetzlichen Vertreter eigenhändig unterschrieben sein.

Hinweis nach den Datenschutzgesetzen: Die mit der Steuererklärung angeforderten Daten werden auf Grund der §§ 149 ff. AO i.V. mit § 31 Abs. 1 KStG und § 25 EStG verlangt.

KSt 1 B –Okt.2012

–2–

Zeile		Bitte nur volle Euro-Beträge eintragen. Negative Beträge in Rot oder mit Minuszeichen. EUR	EUR	99 13
	Einkommen im Kalenderjahr 2012 (22) (23) (24) Bei Bruttoeinnahmen ab 17 500 € ist, soweit keine Bilanz erstellt wird, zusätzlich der Vordruck Einnahmenüberschussrechnung (Anlage EÜR) abzugeben. § 4h EStG i. V. mit § 8 Abs. 1, § 8a KStG und § 8b KStG sind bei der Ermittlung der jeweiligen Einkünfte zu berücksichtigen. Wenn während des Kalenderjahres sowohl unbeschränkte als auch beschränkte Steuerpflicht bestanden hat, sind die während der Zeit der beschränkten Steuerpflicht erzielten Gewinne/Verluste bzw. Einnahmen und Werbungskosten bei der jeweiligen Einkunftsart mit zu erklären.			
21	**Einkünfte aus Land- und Forstwirtschaft** **Gewinn und Veräußerungsgewinn** Berechnungsgrundlagen erläutert in beigefügter Anlage L (Angaben in Zeilen 14 bis 16, 19, 20, 22, 23, 55 bis 57 der Anlage L entfallen)			
22 frei	**Einkünfte aus Gewerbebetrieb** **Gewinn** (einschließlich Veräußerungsgewinn) aus eigenem Betrieb / aus der Gesellschaft (Art des Gewerbes; bei gesondert festgestelltem Gewinn auch Betriebsfinanzamt und Steuernummer)			
23	1. Betrieb (im Fall der Organschaft - §§ 14 bis 19 KStG - bitte Angaben auf besonderem Blatt)	150		150
24	Weitere Betriebe	151		151
25	als Mitunternehmer (Gesellschaft, Finanzamt, Steuernummer)	152		152
26 bis 29 frei				
30	Dazu / Davon ab: **Einkünfte aus Gewerbebetrieb**	▸		
31 frei	**Einkünfte aus selbständiger Arbeit** **Gewinn** aus eigenem Betrieb (einschl. Veräußerungsgewinn)			
32	(Art der Tätigkeit)	160		160
33	aus Beteiligung (Gesellschaft, Finanzamt, Steuernummer)	161		161
34 und 35 frei				
36	Dazu / Davon ab: **Einkünfte aus selbständiger Arbeit**	▸		
	Einkünfte aus Kapitalvermögen (7)			99 26
37	Dazu / Davon ab: **Einkünfte aus Kapitalvermögen** (unter Berücksichtigung des § 20 Abs. 6 und Abs. 9 EStG; Ermittlung bitte auf besonderem Blatt)		40	40
38 bis 40 frei	**Einkünfte aus Vermietung und Verpachtung**			
41	Dazu / Davon ab: **Einkünfte aus Vermietung und Verpachtung** (lt. beigefügten Anlagen V)			
	Sonstige Einkünfte			
42	**Einnahmen aus wiederkehrenden Bezügen** **Einnahmen**	58		58
43	Davon ab: **Werbungskosten**	60		60
43a	**Einkünfte aus wiederkehrenden Bezügen**			
44	**Private Veräußerungsgeschäfte** Einkünfte aus privaten Veräußerungsgeschäften (nur positive Beträge; ggf. nach Verrechnung mit vortragsfähigen Verlusten; Ermittlung bitte auf besonderem Blatt)	62		62
45	**Leistungen** **Einnahmen**			
45a	Davon ab: **Werbungskosten**			
46	**Einkünfte aus Leistungen**	64		64
47	Dazu / Davon ab: **Sonstige Einkünfte** (Summe des Betrages in Zeile 43a und der positiven Beträge in Zeilen 44 und 46)	▸		
48	**Summe der Einkünfte**			
49 und 50 frei				
51	Davon ab: **Freibetrag für Land- und Forstwirtschaft** (§ 13 Abs. 3 EStG)			
52	Zwischensumme (Übertrag nach Seite 3)			

-3-

Bitte nur volle Euro-Beträge eintragen
Negative Beträge in Rot oder mit Minuszeichen

Zeile		EUR	99 15
52	Übertrag von Seite 2		
52a frei	**Davon ab: Zuwendungen nach § 9 Abs. 1 Nr. 2 KStG zur Förderung steuerbegünstigter Zwecke** (lt. Nachweis) Die abziehbaren Zuwendungen sind unter Verwendung der **Anlage SP** zu ermitteln – auch soweit sie in 2012 geleistet worden sind –, wenn zum 31. 12. 2011 ein **Vortrag aus Großspenden** (ggf. aus Großspenden an **Stiftungen**) besteht		
52b	Lt. Zeile 22 der Anlage SP sind **insgesamt** abziehbar (weiter mit Zeile 61)	10	10
53 frei			
54	Außer in den Fällen der Zeile 52b: **Abziehbare Zuwendungen für steuerbegünstigte Zwecke** (Betrag lt. Zeile 87)		
55 bis 60 frei			
61	**Gesamtbetrag der Einkünfte**		
61a	Davon ab: **Verlustabzug** – **Verlustvortrag** (Summe der Beträge lt. Zeilen 78 und 80)		47
62	– **Verlustrücktrag** aus 2013 auf 2012		67
63	Davon ab: **Abzugsbetrag nach § 10g EStG** (Abzug höchstens bis auf 0 €)	43	43
64 und 65 frei			
66	**Einkommen**		
67	Davon ab: **Freibetrag nach** ☐ **§ 24 oder** ☐ **§ 25 KStG** ❾		28 Freibetrag §24=1 §25=2
68	**Zu versteuerndes Einkommen**		

Zeile	**Aufteilung des zu versteuernden Einkommens nach Steuersätzen**	Einkommensteile EUR	Körperschaftsteuer (auf volle Euro abgerundet) EUR
	Von dem Betrag lt. Zeile 68 unterliegen einer Körperschaftsteuer in Höhe von		
69	☐ 15 % (§ 23 Abs. 1 KStG)		
70	81 %	82	

Zeile	**Nur bei Berufsverbänden:**	Bitte nur volle Euro-Beträge eintragen Negative Beträge in Rot oder mit Minuszeichen EUR	EUR	
70a	Einnahmen			
70b	Mittel, die für die unmittelbare oder mittelbare Unterstützung oder Förderung politischer Parteien verwendet wurden		80	80
70c	Körperschaftsteuer (50 % des Betrages aus Zeile 70b)			

Zeile	**Verbleibender Verlustvortrag (§ 31 Abs. 1, § 8 Abs. 1 KStG, § 10d EStG)**			99 37
				Art der Verlustfeststellung 10
71	**Verbleibender Verlustvortrag zum 31.12.2011**		15	15
72 frei				
73	**Steuerlicher Verlust 2012:** negativer Gesamtbetrag der Einkünfte lt. Zeile 61 (ohne Vorzeichen eintragen)			
74	Davon ab: **Verlustrücktrag** auf das Einkommen 2011; höchstens 511.500€ ❿ ☐ Kein Verlustrücktrag			
75	Ergebnis / Dazu (vortragsfähiger Verlust des Jahres 2012)	▸		
76	Zwischensumme			
77	**Abzug des zum 31.12.2011 festgestellten Verlustvortrags in 2012:** positiver Gesamtbetrag der Einkünfte lt. Zeile 61			
78	Davon ab: Niedrigerer Betrag aus Zeile 76 und 77, höchstens 1 Mio. €	▸		
79	Zwischensumme			
80	Davon ab: Betrag aus Zeile 79 Hauptspalte, höchstens 60 % des Betrages aus Zeile 79 Vorspalte			
81	**Verbleibender Verlustvortrag zum 31.12.2012**			

-4-

Bitte nur volle Euro-Beträge eintragen
Negative Beträge in Rot oder mit Minuszeichen

99 | 15

Zeile			EUR	EUR
	Verbleibender Zuwendungsvortrag (§ 9 Abs. 1 Nr. 2 Satz 9 und 10 KStG, § 10d Abs. 4 EStG) (Zeilen 82 bis 90 nicht ausfüllen in den Fällen der Zeile 52b)			
82	**Verbleibender Zuwendungsvortrag zum 31.12.2011**		45	45
83 frei, 84	Dazu: Im Kalenderjahr 2012 bzw. im Wirtschaftsjahr 2011/2012 geleistete **Zuwendungen** (Spenden und Mitgliedsbeiträge) **für steuerbegünstigte Zwecke** i. S. der §§ 52 bis 54 AO (lt. Nachweis)		40	40
84a	In Zeile 84 enthaltene Zuwendungen an Empfänger im EU-/EWR-Ausland	42		42
85	Summe			
86	Nur ausfüllen, wenn für Höchstbetragsberechnung erforderlich: Summe der gesamten Umsätze sowie der im Kalenderjahr aufgewendeten Löhne und Gehälter	18		18
87	Davon ab: Unter Beachtung der Höchstbeträge **abziehbare Zuwendungen** ❺ (Übertrag nach Zeile 54)			
88 und 89 frei, 90	**Verbleibender Zuwendungsvortrag** zum 31.12.2012 in den Fällen der Zeilen 82 bis 87			
91	**Verbleibender Zuwendungsvortrag** zum 31.12.2012 in den Fällen der Zeile 52b Betrag lt. Zeile 21 der Anlage SP		44	44

99 | 11 — Art der Steuerfestsetzung: 10 — Organschaft: 13 (OT = 1) — 14 (51 = § 20 Abs. 1 Nr. 9; 82 = § 20 Abs. 1 Nr. 10b (wGB); 7 = keine Feststellung)

99 | 48 — Art der Feststellung nach § 27 KStG: 110

99 | 30 — Verspätungszuschlag in EUR: 111 — Dauer der Verspätung in angefangenen Monaten: 145 — Keine Festsetzung von Vorauszahlungen im Bescheid: 138 — Bei Verlust: Kein Rücktrag?: 151 (Ja = 1)

Kz	Wert	Kz	Wert	Kz	Wert	Kz	Wert	Kz	Wert

99 | 96

Kz	Wert	Kz	Wert	Kz	Wert	Kz	Wert	Kz	Wert	Kz	Wert

99

Sb	Kz	Wert	Sb	Kz	Wert	Sb	Kz	Wert	Sb	Kz	Wert	Sb	Kz	Wert

99 | 12 — Erläuterungstexte

Kz	Wert	Kz	Wert	Kz	Wert	Kz	Wert	Kz	Wert	Kz	Wert

Verfügung

1. Die aufgeführten Daten sind mit Hilfe des geprüften und genehmigten Programms sowie unter Berücksichtigung der ggf. gespeicherten Daten maschinell zu verarbeiten. In Höhe des maschinell ermittelten Ergebnisses werden die Steuern, der Solidaritätszuschlag, die Zinsen nach § 233a AO, der Verspätungszuschlag und die Vorauszahlungen festgesetzt. Der Zuwendungsvortrag (§ 9 Abs. 1 Nr. 2 KStG), der verbleibende Verlustvortrag (§ 31 KStG i. V. mit § 10d EStG), der Zinsvortrag und der EBITDA-Vortrag (§ 4h EStG i. V. mit §§ 8 Abs. 1, 8a KStG) werden gesondert festgestellt. Das steuerliche Einlagekonto i. S. des § 27 Abs. 2 Satz 1 KStG wird gesondert festgestellt. Das Ergebnis ist bekannt zu geben.

Erledigt (Datum, Namensz.)

2. Grunddaten prüfen
3. ☐ ________ KM fertigen
4. ☐ Rückgabe der Belege
5. ☐ Änderung / Berichtigung vermerken
6. Gesonderte Feststellungen
   - ☐ negative Einkünfte nach § 31 Abs. 1 KStG, § 2a Abs. 1 Satz 5 EStG (Vordruck ESt 2 E)
   - ☐ verbleibender Großspendenvortrag n. § 9 Abs. 1 Nr. 2 Satz 5 KStG 2006[1], § 10d EStG
   - ☐ Hinzurechnungsbetrag nach § 31 Abs. 1 KStG, § 52 Abs.3 EStG 1999 i. V. mit § 2a Abs. 3 Satz 5 und 6 EStG 1997
   - ☐ verbleibender Verlust nach § 31 Abs. 1 KStG, § 15 Abs. 4, § 15b Abs. 4, § 20 Abs. 6, § 22 Nr. 2, § 23 EStG
   - ☐ verbleibende negative Einkünfte nach § 31 Abs. 1 KStG, § 2b Satz 4 EStG 2002[2]
   - ☐ Zinsvortrag / EBITDA-Vortrag bei mehreren Betrieben (§ 4h EStG i. V. mit § 8 Abs. 1, § 8a KStG)

Erledigt (Datum, Namensz.)

7. Zur Datenerfassung / Bildschirmeingabe
8. Datenfreigabe
9. Die Steuerabzüge von Vergütungen i. S. des § 50a Abs. 1 EStG, die beschränkt Steuerpflichtigen zugeflossen sind, sind geprüft worden.
10. Wurde von der Steuererklärung abgewichen? ja ☐ nein ☐
    Wenn ja:
    Wurde die Steuerpflichtige vorher angehört? ja ☐ nein ☐
    Wurde die Abweichung im Bescheid erläutert? ja ☐ nein ☐
11. Bei Veranlagung unter dem Vorbehalt der Nachprüfung (§ 164 AO) Grund für den Vorbehalt:
    ☐ wegen beabsichtigter Bp
    ☐ wegen ________
12. ☐ Bescheid ergänzen (Anlage beifügen)
13. Wv. am ________ wegen ________
14. Zu den Akten

Erfasst — Kontrollzahl

Datum — Sachgebietsleiter/in — Bearbeiter/in

1) KStG 2006 = Körperschaftsteuergesetz in der Fassung des Gesetzes vom 13. 12. 2006 (BGBl. I S. 2878)
2) EStG 2002 = Einkommensteuergesetz in der Fassung des Gesetzes vom 19. 10. 2002 (BGBl. I S. 4210)

2.3 KSt Ber 1: Erklärung zur Körperschaftsteuerpflicht von Berufsverbänden

Finanzamt

Steuernummer

Eingangsstempel

Bitte reichen Sie für die Jahre, auf die sich die Erklärung erstreckt, jeweils Bilanz, Gewinn- und Verlustrechnung, Geschäftsbericht usw. unverkürzt ein. Soweit keine Bilanzen erstellt werden, fügen Sie bitte insbesondere eine möglichst weitgehend aufgegliederte Aufstellung über sämtliche Einnahmen und Ausgaben bei. Soweit dabei Einnahmen oder Ausgaben zu verteilen sind, ist zu beachten, dass diese nicht mehrfach berücksichtigt werden.

Reichen die vorgesehenen Zeilen nicht aus, so machen Sie bitte weitere Angaben auf einem besonderen Blatt.

Erklärung

zur Körperschaftsteuerpflicht von Berufsverbänden ohne öffentlich-rechtlichen Charakter (§ 5 Abs. 1 Nr. 5 KStG)

für das/die Kalenderjahr(e) 20___, 20___, 20___

Zeile	**A. Allgemeine Angaben**		
1	Bezeichnung des Verbandes ❶		
2			
3			
4	Straße, Hausnummer		
5		Postleitzahl	Postfach
6	Postleitzahl / Ort	Telefonisch erreichbar unter Nr.	
7	Ort der Geschäftsleitung	Internetadresse	
8	Ort des Sitzes	E-Mail	
9	gesetzlicher Vertreter (z. B. Vorsitzender oder Geschäftsführer) (mit Anschrift)		
10			
11		Telefonisch erreichbar unter Nr.	
12	Gegenstand des Verbandes		
13			
14	**Bankverbindung** (Bitte entweder Kto.Nr. / BLZ **oder** IBAN / BIC angeben!) Kontonummer	Bankleitzahl	
14a	IBAN		
14b	BIC		
15	Geldinstitut (Zweigstelle) und Ort		
16	Name eines von Zeile 1 **abweichenden Kontoinhabers**		
17	☐ Der Steuerbescheid soll folgendem von den Zeilen 1 bis 11 **abweichenden Empfangsbevollmächtigten/Postempfänger** zugesandt werden		
17a			
18	Empfangsvollmacht	☐ wird gesondert übermittelt.	☐ liegt dem Finanzamt vor.
19	Abschrift der **Satzung** in der zur Zeit geltenden Fassung vom (Datum) und die geltende Beitragsordnung	☐ werden gesondert übermittelt.	☐ liegen dem Finanzamt vor.

KSt Ber 1 - Erklärung
Mai 2012

-2-

Steuernummer

Zeile

B. Einzelangaben

1. Umlagen

20 Umlagen werden ☐ nicht erhoben. ☐ von allen Mitgliedern erhoben. ☐ nicht von allen Mitgliedern erhoben.

Zeile	Jahr	Höhe der Umlagen EUR	Maßstab nach dem die Umlagen erhoben werden	Zweck der Umlagen
21				
22				
23				
24				
25				
26				
27				

28 2. **Wirtschaftliche Geschäftsbetriebe** ❷ werden ☐ nicht unterhalten. ☐ unterhalten.

Die Einnahmen und Ausgaben sind für jeden wirtschaftlichen Geschäftsbetrieb gesondert zusammenzustellen.

Dabei ist zu beachten, dass nur solche Ausgaben abziehbar sind, die unmittelbar mit dem jeweiligen wirtschaftlichen Geschäftsbetrieb zusammenhängen.

Eine entsprechende Aufstellung ist beizufügen.

Bei Bruttoeinnahmen ab 17 500 € ist, soweit keine Bilanz erstellt wird, zusätzlich der Vordruck Einnahmenüberschussrechnung (Anlage EÜR) abzugeben.

29 2.1 **Beteiligungen an Personengesellschaften** ❷ ☐ bestehen nicht. ☐ bestehen.

Zeile	Bezeichnung der Gesellschaft(en)	Finanzamt, Steuernummer
30		
31		
32		
33		
34		

35 2.2 **Beteiligungen an Kapitalgesellschaften** ❷ ☐ bestehen nicht. ☐ bestehen.

Zeile	Bezeichnung der Gesellschaft(en)	Höhe der Beteiligung(en) % / EUR
36		
37		
38		
39		
40		

41 3. **Verwaltung des Vermögens:** Lassen Sie Ihr Vermögen durch eine Körperschaft oder Personenvereinigung i. S. des § 5 Abs. 1 Nr. 6 KStG verwalten? ☐ nein ☐ ja

Anschrift der Körperschaft oder Personenvereinigung

42

43

44

-3-

Steuernummer

Zeile	

C. Angaben über Zuwendungen für steuerbegünstigte Zwecke im Sinne der §§ 52 ff AO

In dem vorgenannten Zeitraum hat der Berufsverband Zuwendungen (3) für steuerbegünstigte Zwecke (Verfolgung gemeinnütziger, mildtätiger oder kirchlicher Zwecke) an eine juristische Person des öffentlichen Rechts oder eine öffentliche Dienststelle bzw. an Organisationen i. S. des § 5 Abs. 1 Nr. 9 KStG getätigt.

45 ☐ ja ☐ nein

Zeile		Kalenderjahr	Kalenderjahr	Kalenderjahr
46	Wenn ja:			
47	Einnahmen (4) des Berufsverbandes	EUR	EUR	EUR
48	Summe der Zuwendungen für steuerbegünstigte Zwecke i. S. des §§ 52 ff AO (5)			

D. Sonstiges

Es wird darauf hingewiesen, dass dem zuständigen Finanzamt nach § 137 AO die Umstände anzuzeigen sind, die für die steuerliche Erfassung von Bedeutung sind, insbesondere der Erwerb der Rechtsfähigkeit, die Änderung der Rechtsform, die Beschlüsse, durch die für steuerliche Vergünstigungen wesentliche Satzungsbestimmungen geändert werden, die Verlegung der Geschäftsleitung oder des Sitzes und die Auflösung. Mitteilungen dieser Art sind innerhalb eines Monats seit dem meldepflichtigen Ereignis zu erstatten (§ 137 Abs. 2 AO).

Diese Erklärung ist eine Steuererklärung im Sinne der Abgabenordnung.

Unterschrift

Ich versichere, dass die tatsächliche Geschäftsführung den satzungsmäßigen Zwecken entspricht.

Ort, Datum

(Unterschrift)

Die Steuererklärung muss vom gesetzlichen Vertreter bzw. vom Vertretungsberechtigten der Körperschaft eigenhändig unterschrieben sein.

Hinweis nach den Vorschriften der Datenschutzgesetze:
Die mit der Steuererklärung angeforderten Daten werden auf Grund der §§ 149 ff. der Abgabenordnung i. V. mit § 31 des Körperschaftsteuergesetzes und § 14a des Gewerbesteuergesetzes erhoben.

Bei der Anfertigung dieser Erklärung hat mitgewirkt:

(Name, Anschrift, Telefonnummer)

-4-

Steuernummer

E. Erläuterungen

❶ Steuersubjekt

Selbständige Steuersubjekte sind auch die jeweiligen regionalen Untergliederungen (Landes-, Bezirks-, Kreis-, Ortsverbände) von Berufsverbänden, wenn sie über eigene satzungsmäßige Organe (Vorstand, Mitgliederversammlung) verfügen, über diese auf Dauer nach außen im eigenen Namen auftreten und eine eigene Kassenführung haben.

❷ Wirtschaftliche Geschäftsbetriebe (R 16 Abs. 4 bis 7 KStR)

Ein wirtschaftlicher Geschäftsbetrieb ist eine selbständige nachhaltige Tätigkeit, durch die Einnahmen oder andere wirtschaftliche Vorteile erzielt werden und die über den Rahmen einer Vermögensverwaltung hinausgeht. Die Absicht, Gewinn zu erzielen, ist nicht erforderlich. Eine Vermögensverwaltung liegt in der Regel vor, wenn Vermögen genutzt, zum Beispiel Kapitalvermögen verzinslich angelegt oder unbewegliches Vermögen vermietet oder verpachtet wird, vgl. § 14 AO.

Zu den wirtschaftlichen Geschäftsbetrieben gehören unter anderem die entgeltliche Vorführung und die Vermietung von Filmen und Tonbändern, die Beratung der Angehörigen des Berufsstandes oder Wirtschaftszweiges einschließlich der Hilfe bei der Buchführung, beim Ausfüllen von Steuererklärungen und sonstigen Vordrucken usw., die Unterhaltung einer Buchstelle, die Einrichtung eines Kreditschutzes, die Unterhaltung von Sterbekassen, der Abschluss von Versicherungen, die Unterhaltung von Laboratorien und Untersuchungseinrichtungen, die Veranstaltung von Märkten, Leistungsschauen und Fachausstellungen, die Unterhaltung einer Kantine für die Arbeitskräfte der Verbandsgeschäftsstelle, die Herausgabe, der Verlag oder der Vertrieb von Fachzeitschriften, Fachzeitungen und anderen fachlichen Druckerzeugnissen des Berufsstandes oder Wirtschaftszweiges, einschließlich der Aufnahme von Fachanzeigen sowie der Anzeigenteil einer Verbandszeitschrift.

Einen wirtschaftlichen Geschäftsbetrieb stellt auch die Beteiligung an einer Personengesellschaft im Sinne des § 15 EStG dar. Die Gewinnanteile aus der Beteiligung an Personengesellschaften gehören zu den Einkünften aus Gewerbebetrieb.

Beteiligungen an Kapitalgesellschaften führen zu einem wirtschaftlichen Geschäftsbetrieb, sofern ein entscheidender Einfluss auf die laufende Geschäftsführung des Unternehmens ausgeübt wird. Dies gilt nicht für die Beteiligung an einer Kapitalgesellschaft, die ausschließlich der Vermögensverwaltung dient.

❸ Zuwendungen

Zuwendungen in diesem Sinne stellen in erster Linie Spenden an eine juristische Person des öffentlichen Rechts oder eine öffentliche Dienststelle bzw. an Organisationen i.S.d. § 5 Abs. 1 Nr. 9 KStG dar. Es ist ohne Bedeutung, aus welchen Quellen die für die Spenden verwendeten Mittel stammen. Eine Mittelüberlassung liegt auch bei verdeckten Zuwendungen vor, z.B. bei Zuwendungen ohne ausreichende Gegenleistung Das gilt auch bei einer unentgeltlichen oder verbilligten Raumüberlassung und bei einer zinslosen oder zinsverbilligten Darlehensgewährung.

❹ Einnahmen

Einnahmen in diesem Sinne sind alle Zugänge an Mitteln in dem jeweiligen Kalenderjahr.

❺ Höhe der Zuwendungen

Verdeckte Zuwendungen (vgl. ❸) sind mit den entstandenen anteiligen Kosten anzusetzen.

Abkürzungen:		
	AO = Abgabenordnung	KStG = Körperschaftsteuergesetz
	EStG = Einkommensteuergesetz	KStR = Körperschaftsteuer-Richtlinien

2.4 KSt Ber 1 a: Erklärung zur besonderen Körperschaftsteuerpflicht von Berufsverbänden

Finanzamt

Steuernummer

Eingangsstempel

Reichen die vorgesehenen Zeilen nicht aus, so machen Sie bitte weitere Angaben auf einem besonderen Blatt.

Erklärung

zur besonderen Körperschaftsteuerpflicht von Berufsverbänden ohne öffentlich-rechtlichen Charakter nach § 5 Abs. 1 Nr. 5 Satz 4 Körperschaftsteuergesetz

für das Kalenderjahr 20 ___ ●

Zeile	**A. Allgemeine Angaben**		
1	Bezeichnung des Verbandes ❶		
2			
3			
4	Straße, Hausnummer		
5		Postleitzahl	Postfach
6	Postleitzahl / Ort	Telefonisch erreichbar unter Nr.	
7	Ort der Geschäftsleitung	Internetadresse	
8	Ort des Sitzes	E-Mail	
9	gesetzlicher Vertreter (z.B. Vorsitzender oder Geschäftsführer) (mit Anschrift)		
10			
11		Telefonisch erreichbar unter Nr.	
12	Gegenstand des Verbandes		
13			
14	☐ Der Steuerbescheid soll einem von den vorstehenden Angaben **abweichenden Empfangsbevollmächtigten/Postempfänger** zugesandt werden		
15	Empfangsvollmacht ☐ ist beigefügt. ☐ liegt dem Finanzamt vor.		
16			
	B. Einzelangaben		
17	In dem oben bezeichneten Kalenderjahr sind Mittel ❸ des Berufsverbandes für die unmittelbare oder mittelbare Unterstützung oder Förderung politischer Parteien verwendet worden.	☐ nein ☐ ja	
	Wenn ja, bitte die folgenden Zeilen ausfüllen:		EUR
18	Einnahmen ❹ des Berufsverbandes ❺		
19	Mittel, die für die unmittelbare oder mittelbare Unterstützung oder Förderung politischer Parteien verwendet wurden ❻ .		

-2-

Steuernummer

C. Sonstiges

Es wird darauf hingewiesen, dass dem zuständigen Finanzamt nach § 137 AO die Umstände anzuzeigen sind, die für die steuerliche Erfassung von Bedeutung sind, insbesondere der Erwerb der Rechtsfähigkeit, die Änderung der Rechtsform, die Beschlüsse, durch die für steuerliche Vergünstigungen wesentliche Satzungsbestimmungen geändert werden, die Verlegung der Geschäftsleitung oder des Sitzes und die Auflösung. Mitteilungen dieser Art sind innerhalb eines Monats seit dem meldepflichtigen Ereignis zu erstatten (§ 137 Abs. 2 AO).

Diese Erklärung ist eine Steuererklärung im Sinne der Abgabenordnung.

Unterschrift

Bei der Anfertigung dieser Erklärung hat mitgewirkt:

(Name, Anschrift, Rufnummer)

Ort, Datum

(Unterschrift)

Die Steuererklärung muss vom gesetzlichen Vertreter bzw. vom Vertretungsberechtigten der Körperschaft eigenhändig unterschrieben sein.

Hinweis nach den Vorschriften der Datenschutzgesetze: Die mit der Steuererklärung angeforderten Daten werden auf Grund der §§ 149 ff. der Abgabenordnung i. V. mit § 31 des Körperschaftsteuergesetzes und § 14a des Gewerbesteuergesetzes erhoben.

D. Erläuterungen

Besondere Körperschaftsteuerpflicht

Berufsverbände unterliegen im Fall der Verwendung von Mitteln für die unmittelbare oder mittelbare Unterstützung oder Förderung politischer Parteien einer besonderen Körperschaftsteuerpflicht (§ 5 Abs. 1 Nr. 5 Satz 4 KStG). Die Körperschaftsteuer beträgt 50 v.H. der Zuwendungen.

Steuersubjekt

Selbständige Steuersubjekte sind auch die jeweiligen regionalen Untergliederungen (Landes-, Bezirks-, Kreis-, Ortsverbände) von Berufsverbänden, wenn sie über eigene satzungsmäßige Organe (Vorstand, Mitgliederversammlung) verfügen, über diese auf Dauer nach außen im eigenen Namen auftreten und eine eigene Kassenführung haben.

Mittel eines Berufsverbandes

Zu den Mitteln eines Berufsverbandes gehören insbesondere Mitgliedsbeiträge, Umlagen, Zuschüsse, Gewinne aus wirtschaftlichen Geschäftsbetrieben, Rücklagen, Erträge aus der Vermögensverwaltung und das entsprechende Vermögen.

Beteiligung an einer Personengesellschaft

Bei Beteiligung an einer Personengesellschaft gehört der Gewinnanteil an der Personengesellschaft zu den Mitteln eines Berufsverbandes.

Beteiligung an einer Kapitalgesellschaft

Bei Beteiligung an einer Kapitalgesellschaft, die nicht einem wirtschaftlichen Geschäftsbetrieb zuzurechnen ist, gehört die Gewinnausschüttung der Kapitalgesellschaft abzüglich der Kapitalertragsteuerbelastung zu den Mitteln des Berufsverbandes.

Einnahmen

Einnahmen in diesem Sinne sind alle Zugänge an Mitteln in dem jeweiligen Kalenderjahr.

Mittelverwendung

Es ist ohne Bedeutung, aus welchen Quellen die für die unmittelbare oder mittelbare Unterstützung oder Förderung politischer Parteien verwendeten Mittel stammen.

Eine Mittelüberlassung liegt auch bei verdeckten Zuwendungen vor, z.B. bei Zuwendungen ohne ausreichende Gegenleistung. Das gilt auch bei einer unentgeltlichen oder verbilligten Raumüberlassung und bei einer zinslosen oder zinsverbilligten Darlehensgewährung. Eine mittelbare Unterstützung oder Förderung politischer Parteien ist anzunehmen, wenn ein Berufsverband den Wahlkampf eines Abgeordneten finanziert.

2.5 NV 2 A: Antrag auf Ausstellung einer NV-Bescheinigung

An das Finanzamt

Antrag

auf Ausstellung einer Bescheinigung gemäß

- ☐ § 43 Abs. 2 Satz 4 EStG
- ☐ § 44a Abs. 7 EStG
- ☐ § 38 Abs. 3 KStG
- ☐ § 44a Abs. 4 EStG
- ☐ § 44a Abs. 8 EStG
- ☐ § 44a Abs. 5 EStG
- ☐ § 11 Abs. 2 InvStG

Zeile	
1	**Die NV-Bescheinigung soll erstmals für das Jahr 20____ gelten.**
	A. Allgemeine Angaben
2	Bezeichnung der Körperschaft, Personenvereinigung oder Vermögensmasse
3	Straße, Hausnummer | Postleitzahl | Postfach
4	Postleitzahl | Ort | Telefonisch erreichbar unter Nr.
5	Geschäftsleitung | Sitz
6	Gesetzlicher Vertreter oder Vertretungsberechtigter (mit Anschrift)
7	Telefonisch erreichbar unter Nr.
8	Gegenstand des Unternehmens oder Zweck der Körperschaft, Personenvereinigung oder Vermögensmasse
9	**Empfangsbevollmächtigter / Postempfänger** (falls von Zeile 2 abweichend), Name und Anschrift
10	
11	Empfangsvollmacht ☐ ist beigefügt. ☐ liegt dem Finanzamt vor.
12	Eine Bescheinigung nach ☐ § 44a Abs. 4 EStG, ☐ § 44a Abs. 5 EStG, ☐ § 44a Abs. 7 EStG, ☐ § 44a Abs. 8 EStG, ☐ § 11 Abs.2 InvStG, ☐ § 38 Abs. 3 KStG [1] ist erteilt worden.
13	vom Finanzamt | unter der Ordnungs-Nummer | gültig bis 31.12.____
	B. Angaben zur körperschaftsteuerlichen Behandlung
14	**Die Körperschaft, Personenvereinigung oder Vermögensmasse ist** ☐ unbeschränkt körperschaftsteuerpflichtig i. S. d. § 1 Abs. 1 Nr. 1 bis 5 KStG.
15	☐ eine juristische Person des öffentlichen Rechts.
16	und wird ☐ zur Körperschaftsteuer veranlagt
17	beim Finanzamt
18	unter Steuernummer
19	☐ uneingeschränkt ☐ mit dem / den steuerpflichtigen wirtschaftlichen Geschäftsbetrieb(en).
20	☐ mit dem / den Betrieb(en) gewerblicher Art (§ 1 Abs. 1 Nr. 6 KStG).
21	☐ nicht zur Körperschaftsteuer veranlagt.
22	☐ nach § 11 Abs. 1 Satz 2 InvStG von der Körperschaftsteuer befreit.

1) In der am 27.12.2007 geltenden Fassung.

NV 2 A
Okt. 2011

-2-

Zeile

Falls ein steuerpflichtiger wirtschaftlicher Geschäftsbetrieb einer von der Körperschaftsteuer befreiten Körperschaft, Personenvereinigung oder Vermögensmasse oder ein Betrieb gewerblicher Art einer juristischen Person des öffentlichen Rechts vorliegt:

31 ☐ Die Kapitalerträge, für die dieser Antrag gestellt wird, entfallen **nicht** auf Anteile, die
- in einem steuerpflichtigen wirtschaftlichen Geschäftsbetrieb, für den die Befreiung von der Körperschaftsteuer ausgeschlossen ist, oder
- in einem steuerpflichtigen Betrieb gewerblicher Art einer juristischen Person des öffentlichen Rechts

gehalten werden.

C. Bei einem Antrag nach § 44a Abs. 5 EStG

32 ☐ Die Kapitalerträge sind Betriebseinnahmen.
Die anzurechnende Kapitalertragsteuer ist aufgrund der Art der Geschäfte auf Dauer höher als die festzusetzende Körperschaftsteuer.

D. Es werden folgende Bescheinigungen benötigt:

Zeile	Bescheinigung i. S. d.	Anzahl der benötigten Bescheinigungen
33	**§ 43 Abs. 2 Satz 4 EStG**	
34	**§ 44a Abs. 4 EStG**	
35	**§ 44a Abs. 5 EStG**	
36	**§ 44a Abs. 7 EStG**	
37	**§ 44a Abs. 8 EStG**	
38	**§ 11 Abs. 2 InvStG**	
39	**§ 38 Abs. 3 KStG** [1]	

E. Fälle des § 11 Abs. 2 InvStG

40 Fragebogen InvSt 7 ☐ ist beigefügt. ☐ liegt dem Finanzamt vor.

Unterschrift

Bei der Anfertigung dieses Antrags hat mitgewirkt:
(Name, Anschrift, Telefon)

Ort, Datum

______________________ , ____________

____
(Unterschrift)

Dieser Antrag muss von dem in Zeile 6 genannten Vertretungsberechtigten unterschrieben sein.

Hinweis nach den Datenschutzgesetzen: Die mit diesem Antrag angeforderten Daten werden auf Grund der §§ 149 ff. der Abgabenordnung i. V. m. § 43 Abs. 2 Satz 4 EStG, § 44a Abs. 4, 5, 7 und 8 EStG, § 11 Abs. 2 InvStG sowie § 38 Abs. 3 KStG verlangt.

1) In der am 27.12.2007 geltenden Fassung.

Merkblatt

zum Vordruck NV 2 A

Gesetzliche Grundlage für die Bescheinigung	Kreis der Gläubiger und Anteilseigner, für die die Ausstellung einer Bescheinigung in Betracht kommt *)	Wirkung der Bescheinigung, wenn auch die übrigen Voraussetzungen der jeweiligen Vorschrift erfüllt sind
§ 43 Abs. 2 S. 4 EStG	1. Inländische sonstige juristische Personen des privaten Rechts, 2. inländische nichtrechtsfähige Vereine, Anstalten, Stiftungen und andere Zweckvermögen des privaten Rechts.	Bei Kapitalerträgen i. S. d. § 43 Abs. 1 Satz 1 Nr. 6 und 8 bis 12 EStG ist der Steuerabzug nicht vorzunehmen.
§ 44a Abs. 4 EStG	1. Von der Körperschaftsteuer befreite inländische Körperschaften, Personenvereinigungen oder Vermögensmassen, 2. inländische juristische Personen des öffentlichen Rechts.	Bei Kapitalerträgen i. S. d. § 43 Abs. 1 Satz 1 Nr. 4, 6, 7 und 8 bis 12 sowie Satz 2 EStG ist der Steuerabzug nicht vorzunehmen. Das gilt auch, wenn es sich bei den Kapitalerträgen um Bezüge i. S. d. § 20 Abs. 1 Nr. 1 und 2 EStG handelt, die der Gläubiger von einer von der Körperschaftsteuer befreiten Körperschaft bezieht.
§ 44a Abs. 5 EStG	Unbeschränkt oder beschränkt körperschaftsteuerpflichtige Gläubiger, deren Kapitalerträge Betriebseinnahmen sind, wenn die Kapitalertragsteuer aufgrund der Art der Geschäfte auf Dauer höher ist als die festzusetzende Körperschaftsteuer.	Bei Kapitalerträgen i. S. d. § 43 Abs. 1 Satz 1 Nrn. 1a, 6, 7 und 8 bis 12 sowie Satz 2 EStG ist der Steuerabzug nicht vorzunehmen. Bei Kapitalerträgen i. S. d. § 43 Abs. 1 Satz 1 Nrn. 1 und 2 EStG kann eine Erstattung durch das depotführende oder auszahlende Kredit- oder Finanzdienstleistungsinstitut vorgenommen werden.
§ 44a Abs. 7 EStG	1. Inländische Körperschaften, Personenvereinigungen oder Vermögensmassen i. S. d. § 5 Abs. Nr. 9 KStG, 2. inländische Stiftungen des öffentlichen Rechts, die ausschließlich und unmittelbar gemeinnützigen oder mildtätigen Zwecken dienen, 3. inländische juristische Personen des öffentlichen Rechts, die ausschließlich und unmittelbar kirchlichen Zwecken dienen.	Bei Kapitalerträgen i. S. d. § 43 Abs. 1 Satz 1 Nrn. 7a bis 7c EStG ist der Steuerabzug nicht vorzunehmen. Das gilt auch für Kapitalerträge aus GmbH-Anteilen, Anteilen an Erwerbs- und Wirtschaftsgenossenschaften, Namensaktien nicht börsennotierter Aktiengesellschaften, aktienähnliche Genussrechte sowie Kapitalerträge i. S. d. § 43 Abs. 1 Satz 1 Nr. 3 EStG. Bei aktienähnlichen Genussrechten und Kapitalerträgen i. S. d. § 43 Abs. 1 Satz 1 Nr. 2 EStG setzt die Abstandnahme vom Steuerabzug voraus, dass die betreffenden Rechte oder Wirtschaftsgüter nicht sammelverwahrt werden. Werden diese sammelverwahrt, kann das depotführende oder auszahlende Kredit- oder Finanzdienstleistungsinstitut eine Erstattung vornehmen.
§ 44a Abs. 8 EStG	1. Körperschaften, Personenvereinigungen oder Vermögensmassen, die nach § 5 Abs. 1 (mit Ausnahme der Nr. 9) KStG oder nach anderen Gesetzen von der Körperschaftsteuer befreit sind, 2. inländische juristische Personen des öffentlichen Rechts, die nicht in § 44a Abs. 7 EStG (s. o.) bezeichnet sind.	Bei Kapitalerträgen i. S. d. § 43 Abs. 1 Satz 1 Nr. 7a EStG, Kapitalerträgen aus GmbH-Anteilen, Anteilen an Erwerbs- und Wirtschaftsgenossenschaften und Namensaktien nicht börsennotierter Aktiengesellschaften sowie Genussrechten i. S. d. § 43 Abs. 1 Satz 1 Nr. 1 EStG und Kapitalerträgen i. S. d. § 43 Abs. 1 Satz 1 Nrn. 2 und 3 EStG (unter der Voraussetzung, dass diese Rechte oder Wirtschaftsgüter nicht sammelverwahrt werden) ist der Steuerabzug nur zu drei Fünfteln der Steuersätze nach § 43a Abs. 1 Nrn. 1 und 4 EStG vorzunehmen. Sofern diese Rechte oder Wirtschaftsgüter sammelverwahrt werden, kann das depotführende oder auszahlende Kredit- oder Finanzdienstleistungsinstitut eine Erstattung vornehmen.
§ 11 Abs. 2 EStG	Sondervermögen von Kapitalanlagegesellschaften und inländische Investmentaktiengesellschaften.	Auf Antrag wird an die Depotbank nach § 11 Abs. 2 Satz 1 InvStG die von den Kapitalerträgen des inländischen Investmentvermögens einbehaltene und abgeführte Kapitalertragsteuer erstattet. Für die Erstattung bei Kapitalerträgen i. S. d. § 43 Abs. 1 Satz 1 Nrn. 1 und 2 EStG ist die Depotbank und für die Erstattung bei den übrigen Kapitalerträgen mit Ausnahme der Dividenden aus sammelverwahrten Aktien das Finanzamt zuständig, an das die Kapitalertragsteuer abgeführt worden ist.
§ 38 Abs. 3 KStG	Unbeschränkt steuerpflichtige, von der Körperschaftsteuer befreite Anteilseigner	Die Körperschaftsteuer wird nicht nach § 38 Abs. 2 KStG erhöht, soweit eine von der Körperschaftsteuer befreite Körperschaft, bei der aufgrund eines von dieser bis zum 30.9.2008 bei dem für deren Besteuerung zuständigen Finanzamt unwiderruflich gestellten An- trags § 38 KStG in der am 27.12.2007 geltenden Fassung weiter anzuwenden ist, Leistungen an einen unbeschränkt steuerpfichtigen, von der Körperschaftsteuer befreiten Anteilseigner oder an eine juristische Person des öffentlichen Rechts vornimmt.

*) Außer im Fall des § 11 Abs. 2 InvStG und des § 44a Abs. 5 EStG ist für die Erteilung der Bescheinigung Voraussetzung, dass die Kapitalerträge, für die die Bescheinigung Gültigkeit haben soll, auf Anteile entfallen, die weder in einem wirtschaftlichen Geschäftsbetrieb, für den die Befreiung von der Körperschaftsteuer ausgeschlossen ist, noch in einem nicht von der Körperschaftsteuer befreiten Betrieb gewerblicher Art von juristischen Personen des öffentlichen Rechts gehalten werden.

Anlage zu NV 2 A - Okt. 2011

2.6 NV 3 A: Antrag auf Ausstellung einer Nichtveranlagungs- (NV-) Bescheinigung

An das Finanzamt

Dieser Antrag ist nur erforderlich, wenn Ihre steuerpflichtigen Kapitalerträge 801 € (bei Ehegatten 1602 €) jährlich übersteigen. Ansonsten reicht ein **Freistellungsauftrag** an Ihr Kreditinstitut aus. Eine Bescheinigung wird nicht erteilt in Fällen des Verlustabzugs.

ANTRAG

auf Ausstellung einer Nichtveranlagungs- (NV-) Bescheinigung für unbeschränkt steuerpflichtige und nicht steuerbefreite Körperschaften, Personenvereinigungen und Vermögensmassen (§ 44 a Abs. 2 Satz 1 Nr. 2 EStG in Verbindung mit § 31 KStG)

Zeile				
1	**Die NV-Bescheinigung soll erstmals für das Jahr 20 ___ gelten.**			
	A. Allgemeine Angaben			
2	Bezeichnung der Körperschaft, Personenvereinigung oder Vermögensmasse			
3				
4	Straße, Hausnummer		Postleitzahl	Postfach
5	Postleitzahl	Ort	Telefonisch erreichbar unter Nr.	
6	Geschäftsleitung	Sitz		
7	Gesetzlicher Vertreter oder Vertretungsberechtigter (mit Anschrift)			
8			Telefonisch erreichbar unter Nr.	
9	Gegenstand des Unternehmens oder Zweck der Körperschaft, Personenvereinigung oder Vermögensmasse			
10	**Empfangsbevollmächtigter / Postempfänger** (falls von Zeile 2 abweichend), Name und Anschrift			
11				
12	Empfangsvollmacht ☐ ist beigefügt.	☐ liegt dem Finanzamt vor.		
	Eine Bescheinigung ist bereits erteilt worden			
13	vom Finanzamt	unter der Ordnungs-Nummer	gültig bis 31. 12. ___	
	B. Angaben zur körperschaftsteuerlichen Behandlung			
	Die Körperschaft, Personenvereinigung oder Vermögensmasse ist unbeschränkt körperschaftsteuerpflichtig nach § 1 Abs. 1 Nr. 4, 5 oder 6 KStG			
14	und wird	☐ zur Körperschaftsteuer veranlagt		
15		beim Finanzamt		
16		unter Steuernummer		
17		☐ nicht zur Körperschaftsteuer veranlagt.		

NV 3 A
Okt. 2008

034044/08

- 2 -

Zeile	C. Angaben zum voraussichtlichen zu versteuernden Einkommen (für das in Zeile 1 genannte Jahr) 20	EUR
31	**Einkünfte aus Land- und Forstwirtschaft**	
32	**Einkünfte aus Gewerbebetrieb**	
33	**Einkünfte aus selbständiger Arbeit**	
	Einkünfte aus Kapitalvermögen - Sparer-Pauschbetrag wird vom Finanzamt berücksichtigt -	
34	a) Dividenden, Zinsen usw. (1)	
35	b) Veräußerungsgewinne	
36	**Einkünfte aus Vermietung und Verpachtung**	
37	**Sonstige Einkünfte**	

Weitere Angaben **Voraussichtliche Änderungen in den beiden auf das o. a. Kalenderjahr folgenden Jahren.**

Hinweis: Das Bundeszentralamt für Steuern ist berechtigt, die Höhe Ihrer Kapitalerträge dem für Sie zuständigen Finanzamt und den Sozialleistungsträgern mitzuteilen.

Mir / Uns ist bekannt, dass ich / wir verpflichtet bin / sind, die ausgestellte NV-Bescheinigung an das Finanzamt zurückzugeben, wenn die Voraussetzungen für ihre Erteilung weggefallen sind.

Bei der Anfertigung dieses Antrags hat mitgewirkt:
(Name, Anschrift, Telefon)

Ort, Datum

(Unterschrift)

Dieser Antrag muss von dem in Zeile 7 genannten Vertretungsberechtigten unterschrieben sein.

Hinweis nach den Datenschutzgesetzen: Die angeforderten Daten werden auf Grund der §§ 149 ff. Abgabenordnung in Verbindung mit § 44 a Abs. 2 Satz 1 Nr. 2 EStG verlangt.

Sie haben grundsätzlich Anspruch auf die Ausstellung einer NV-Bescheinigung, wenn Ihr Einkommen im Kalenderjahr den Freibetrag nach § 24 KStG nicht übersteigt. Die NV-Bescheinigung wird regelmäßig für drei Jahre ausgestellt.

(1) Anzugeben sind die Bruttoeinnahmen, also einschließlich einer etwa einzubehaltenden Kapitalertragsteuer

2.7 GewSt 1 A: Gewerbesteuererklärung

2012

An das Finanzamt | Eingangsstempel

1

2 **Steuernummer**

Gewerbesteuererklärung

Erklärung zur gesonderten Feststellung des Gewerbeverlustes und zur gesonderten Feststellung des Zuwendungsvortrags ❶

Für jedes selbständige Unternehmen ist eine besondere Steuererklärung abzugeben. In Organschaftsfällen ist der Gewerbeertrag für jede Organgesellschaft unter Verwendung des amtlichen Vordrucks „GewSt 1 A" gesondert zu erklären.

Die mit einem Kreis versehenen Zahlen bezeichnen die Erläuterungen in der Anleitung zur Gewerbesteuererklärung

Allgemeine Angaben

3 Unternehmen/Firma

4 Art des Unternehmens

5 Anschrift der Geschäftsleitung/des Unternehmens (Straße, Hausnummer) im Erhebungszeitraum

6 Postleitzahl | Ort

7 Postleitzahl | Postfach | Telefonisch erreichbar unter Nr.

8 Rechtsform des Unternehmens

9 Das Einzelunternehmen/die Personengesellschaft ist durch Rechtsformwechsel ❷ im Laufe des Kalenderjahrs 2012 aus einer Personengesellschaft/einem Einzelunternehmen hervorgegangen: ☐ Ja, am

9a Es handelt sich um ein Unternehmen i. S. des § 7 Satz 5 GewStG (auch soweit Organgesellschaft) ☐ Ja

9b Anzahl der beigefügten Anlage(n) ÖHG

Bei Personengesellschaften:
Im Laufe des Kalenderjahres 2012

10 – sind Gesellschafter eingetreten ☐ Nein ☐ Ja ausgeschieden ☐ Nein ☐ Ja

10a – hat sich die Beteiligungsquote geändert ☐ Nein ☐ Ja

10b Anzahl der beigefügten Anlagen MU

Registergerichtliche Eintragung

11 ☐ Nein ☐ Ja, beim Registergericht

die Eintragung ist erfolgt

11a am | Registernummer

12 Unternehmer/gesetzlicher Vertreter/Geschäftsführer einer Personengesellschaft (Vorname, Zuname) **wenn von Zeile 3 abweichend**

13 Anschrift des Unternehmers/gesetzl. Vertreters/Geschäftsführers d. Personengesellschaft (Straße, Haus-Nr., PLZ u. Ort) **wenn von Zeile 5 bis 7 abweichend**

Der Steuerbescheid soll einem von den Zeilen 3 bis 7 und 12 **abweichenden Empfangsbevollmächtigten/Postempfänger** zugesandt werden.

14 Empfangsvollmacht ☐ ist beigefügt. ☐ liegt dem Finanzamt vor.

15 Betriebsstätten ❸ bestanden im Kalenderjahr 2012 in mehreren Gemeinden ☐ Nein ☐ Ja | Betriebsstätte(n) ❸ erstreckte(n) sich im Kalenderjahr 2012 über mehrere Gemeinden ☐ Nein ☐ Ja

Die einzige Betriebsstätte ❸ wurde im Laufe des Kalenderjahres 2012 in eine andere Gemeinde verlegt

16 ☐ Nein ☐ Ja, am

17 von | nach

Bei Betrieb des Unternehmens im Kalenderjahr 2012 nur als Reisegewerbe:

18 Wohnsitzgemeinde(n), Dauer des Wohnsitzes in der/den Gemeinde(n)

19 Wurde das Unternehmen im Kalenderjahr 2012 überwiegend oder ausschließlich als Hausgewerbe betrieben (§ 11 Abs. 3 GewStG)? ☐ Nein ☐ Ja

20 bis 22 frei **Unterschrift** **Diese Erklärung muss vom Steuerpflichtigen bzw. von einer in § 34 AO genannten Person eigenhändig unterschrieben sein.**

Ort, Datum

________________ , ________________

23 ____________________________
(Unterschrift)

Hinweis nach den Datenschutzgesetzen: Die mit der Steuererklärung angeforderten Daten werden auf Grund der §§ 149 ff. der Abgabenordnung i.V. mit § 14a GewStG verlangt.

Bei der Anfertigung dieser Erklärung hat mitgewirkt:
(Name, Anschrift, Tel.-Nr.)

2012GewSt1A701NET – Sept. 2012 – **2012GewSt1A701NET**

Steuernummer — **Fußnoten siehe Seite 3**

Zeile		Kz	EUR
30	☐ Das Unternehmen ist **Organträger.** — Name, zuständiges Finanzamt, Steuernummer der Organgesellschaft(en) ggf. auf besonderem Blatt		
31	☐ Das Unternehmen ist **Organgesellschaft.** — Name, zuständiges Finanzamt, Steuernummer des Organträgers ggf. auf besonderem Blatt		
32	Es besteht ein vom Kalenderjahr abweichendes Wirtschaftsjahr vom ___ bis ___ — Im Erhebungszeitraum enden zwei Wirtschaftsjahre ☐ Nein ☐ Ja		
	Gewerbeertrag		21
33	Gewinn aus Gewerbebetrieb – **ohne Beträge lt. Zeilen 34, 35, 75 und 76** –, der nach den Vorschriften des ☐ Einkommensteuergesetzes [4] ☐ Körperschaftsteuergesetzes [5] ermittelt worden ist – **Negative Beträge bitte mit Minuszeichen** – – ggf. „0" –	10	,–
34	**Unterschiedsbetrag i. S. des § 5a Abs. 4 EStG**	27	,–
35	**Sondervergütungen nach § 5a Abs. 4a EStG**	28	,–
	Hinzurechnungen: Finanzierungsanteile nach § 8 Nr. 1 GewStG (enden im Erhebungszeitraum zwei Wirtschaftsjahre, sind hier die Eintragungen für das erste Wirtschaftsjahr vorzunehmen und zusätzlich die Zeilen 42 bis 47 auszufüllen) [7] **Bitte die Beträge in voller Höhe eintragen, ggf. auf besonderer Anlage erläutern; der Hinzurechnungsbetrag wird von Amts wegen ermittelt.**		
36	Entgelte für Schulden (§ 8 Nr. 1 Buchst. a GewStG)	31	,–
37	Renten und dauernde Lasten (§ 8 Nr. 1 Buchst. b GewStG)	32	,–
38	Gewinnanteile der stillen Gesellschafter (§ 8 Nr. 1 Buchst. c GewStG)	33	,–
39	Miet- und Pachtzinsen (einschl. Leasingraten) für die Benutzung fremder **beweglicher** Betriebsanlagegüter (§ 8 Nr. 1 Buchst. d GewStG)	34	,–
40	Miet- und Pachtzinsen (einschl. Leasingraten) für die Benutzung fremder **unbeweglicher** Betriebsanlagegüter (§ 8 Nr. 1 Buchst. e GewStG)	35	,–
41	Aufwendungen für die zeitlich befristete Überlassung von Rechten - insbesondere Konzessionen und Lizenzen - (§ 8 Nr. 1 Buchst. f GewStG)	36	,–
	Finanzierungsanteile nach § 8 Nr. 1 GewStG für ein zweites, im Erhebungszeitraum endendes Wirtschaftsjahr **Bitte die Beträge in voller Höhe eintragen, ggf. auf besonderer Anlage erläutern; der Hinzurechnungsbetrag wird von Amts wegen ermittelt.**		
42	Entgelte für Schulden (§ 8 Nr. 1 Buchst. a GewStG)	41	,–
43	Renten und dauernde Lasten (§ 8 Nr. 1 Buchst. b GewStG)	42	,–
44	Gewinnanteile der stillen Gesellschafter (§ 8 Nr. 1 Buchst. c GewStG)	43	,–
45	Miet- und Pachtzinsen (einschl. Leasingraten) für die Benutzung fremder **beweglicher** Betriebsanlagegüter (§ 8 Nr. 1 Buchst. d GewStG)	44	,–
46	Miet- und Pachtzinsen (einschl. Leasingraten) für die Benutzung fremder **unbeweglicher** Betriebsanlagegüter (§ 8 Nr. 1 Buchst. e GewStG)	45	,–
47	Aufwendungen für die zeitlich befristete Überlassung von Rechten - insbesondere Konzessionen und Lizenzen - (§ 8 Nr. 1 Buchst. f GewStG)	46	,–
48	**Nur bei einer Kommanditgesellschaft auf Aktien:** Gewinnanteile der in § 8 Nr. 4 GewStG bezeichneten Art an persönlich haftende Gesellschafter [8]	14	,–
49	**Gewinnanteile (Dividenden) und die diesen gleichgestellten Bezüge und erhaltenen Leistungen** aus Anteilen an einer Körperschaft, Personenvereinigung oder Vermögensmasse i. S. des KStG (§ 8 Nr. 5 GewStG) [20] - soweit nicht die Voraussetzungen des § 9 Nr. 2a oder Nr. 7 GewStG vorliegen ± nach Abzug der damit im Zusammenhang stehenden Betriebsausgaben, soweit sie nach § 3c Abs. 2 EStG und § 8b Abs. 5 und 10 KStG bei Ermittlung des Gewinns unberücksichtigt geblieben sind – **Bei Organträgern: Ohne entsprechende Beträge der Organgesellschaften. Keine Hinzurechnung bei Organgesellschaften.** -	26	,–
50	Anteile am **Verlust** von **in-** und / oder **ausländischen Personengesellschaften** (§ 8 Nr. 8 GewStG) [6] [9] – **Betrag ohne Minuszeichen** –	16	,–
51	**Ausgaben** i. S. des § 9 Abs. 1 Nr. 2 KStG, soweit sie als Betriebsausgaben bei der Ermittlung des Gewinns lt. Zeile 33 abgezogen worden sind (§ 8 Nr. 9 GewStG)	50	,–
52	**Ausschüttungs- und abführungsbedingte Gewinnminderungen** bei Beteiligungsbesitz (§ 8 Nr. 10 GewStG) (auch soweit die Gewinnminderung Folge einer Auskehrung von Liquidationsraten ist)	19	,–
53	**Ausländische Steuern,** soweit sie auf Gewinne oder Gewinnanteile entfallen, die nach § 9 GewStG gekürzt werden oder sonst nicht im Gewerbeertrag enthalten sind (§ 8 Nr. 12 GewStG)	22	,–
54	**Negativer** Teil des **Gewerbeertrags,** der auf **Betriebsstätten im Ausland** entfällt (§ 9 Nr. 3 GewStG) – **Betrag ohne Minuszeichen** –	17	,–
	Kürzungen: **Einheitswert** (Ersatzwirtschaftswert) des am 1.1.2012 zum Betriebsvermögen gehörenden oder betrieblich genutzten und im Eigentum des Unternehmers stehenden Grundbesitzes, soweit dieser nicht von der Grundsteuer befreit ist (§ 9 Nr. 1 Satz 1 GewStG): (DM-Beträge bitte mit amtlichen Kurs (1 3 = 1,95583 DM) in Euro umrechnen) ___ ,– EUR		22
55	anzusetzen mit [10] ☐ 100 % ☐ 140 % ☐ 250 % ☐ 400 % ☐ 600 %	51	,–

2012GewSt1A702NET

2012GewSt1A702NET

Steuernummer

Zeile		Kz	EUR
60	**Erweiterte Kürzung** bei **einem Grundstücksunternehmen** i. S. des § 9 Nr. 1 Satz 2 und 3 GewStG	30	, –
61	Anteile am **Gewinn** von **in-** und / oder **ausländischen Personengesellschaften** (§ 9 Nr. 2 GewStG) (6) (9)	31	, –
62	Gewinne aus **Anteilen** an **nicht steuerbefreiten inländ. Kapitalgesellschaften**, Kredit- oder Versicherungsanstalten des öffentl. Rechts, Erwerbs- und Wirtschaftsgenossenschaften oder an Unternehmensbeteiligungsgesellschaften (§ 9 Nr. 2a GewStG), soweit nicht bereits bei der Ermittlung des Gewinns lt. Zeile 33 nach § 3 Nr. 40 EStG bzw. § 8b KStG abgezogen (12) **– Bei Organträgern: Ohne entsprechende Beträge der Organgesellschaften –**	32	, –
63	**Nur bei persönlich haftendem Gesellschafter einer Kommanditgesellschaft auf Aktien:** Die nach § 8 Nr. 4 GewStG dem Gewinn aus Gewerbebetrieb der KGaA hinzugerechneten Gewinnanteile (§ 9 Nr. 2b GewStG) (8)	53	, –
64	**Positiver** Teil des **Gewerbeertrages**, der auf **Betriebsstätten im Ausland** entfällt (§ 9 Nr. 3 GewStG) (19)	33	, –

Zuwendungen (Spenden und Mitgliedsbeiträge) nach § 9 Nr. 5 GewStG

Zeile		Kz	EUR
65	Festgestellter Zuwendungsvortrag zum 31.12.2011	73	, –
66	Zuwendungen im Kalenderjahr 2012 bzw. im abweichenden Wirtschaftsjahr 2011/2012 – **ohne Betrag, der in Zeile 69 einzutragen ist** – zur Förderung steuerbegünstigter Zwecke i. S. der §§ 52 bis 54 AO (§ 9 Nr. 5 Satz 1 GewStG)	71	, –
67	Bei dem übernehmenden Unternehmen im Jahr der Vermögensübernahme: auf dieses nach § 12 Abs. 3 i. V. mit § 15 Abs. 1, § 16, § 18 UmwStG übergegangener Zuwendungsvortrag gemäß § 9 Nr. 5 Satz 12 GewStG	84	, –
68	Im Falle einer Abspaltung oder Teilübertragung: Verringerung des verbleibenden Zuwendungsvortrages (§ 9 Nr. 5 Satz 12 GewStG) bei der übertragenden Körperschaft (§ 12 Abs. 3 i. V. mit § 15 Abs. 1, § 16, § 18 UmwStG) in Höhe von	85	%

Nicht bei einer Körperschaft:
Zuwendungen in den Vermögensstock einer Stiftung (§ 9 Nr. 5 Satz 9 GewStG)

Zeile		EUR		Kz	EUR
69	Zuwendungen im Kj. 2012 bzw. im abweichenden Wj. 2011/2012	, –	**Von diesen Beträgen sollen im Erhebungszeitraum 2012 abgezogen werden**		
70	noch nicht abgezogene Zuwendungen aus 2003 bis 2011	, –		72	, –

Vortrag aus Großspenden aus den Vorjahren (§ 9 Nr. 5 Satz 4 GewStG 2006 [1])

Zeile		Kz	EUR
71	– aus Zuwendungen für wissenschaftliche, mildtätige und als besonders förderungswürdig anerkannte kulturelle Zwecke	77	, –
72	– aus Zuwendungen i. S. der Zeile 71 an Stiftungen	63	, –
73	**Nur ausfüllen, wenn für Höchstbetragsberechnung erforderlich:** Summe der gesamten Umsätze und der im Wirtschaftsjahr aufgewendeten Löhne und Gehälter **- Auf volle Tausend € nach oben runden u. in Tausend € (T€) eintragen -**	57	T€
74	Gewinne aus **Anteilen** an **Kapitalgesellschaften** mit **Geschäftsleitung** und **Sitz im Ausland** (§ 9 Nr. 7 und § 9 Nr. 8 GewStG) (14), soweit nicht bereits bei der Ermittlung des Gewinns lt. Zeile 33 nach § 3 Nr. 40 EStG bzw. § 8b KStG abgezogen **– Bei Organträgern: Ohne entsprechende Beträge der Organgesellschaften –**	37	, –

Gewerbeertrag

Zeile		Kz	EUR
75	**– bei Handelsschiffen im internationalen Verkehr (§ 5a EStG i. V. mit § 7 Satz 3 GewStG):** der nach § 5a Abs. 1 EStG ermittelte Gewinn **– Hinzurechnungen und Kürzungen entfallen –**	23	, –
76	**– bei öffentlich-rechtlichen Rundfunkanstalten:** das nach § 8 Abs. 1 Satz 3 KStG ermittelte Einkommen aus dem Geschäft der Veranstaltung von Werbesendungen (§ 7 Satz 3 GewStG) **– Hinzurechnungen und Kürzungen entfallen –**	25	, –

Weitere Angaben

Zeile		Kz	EUR
77	**Gewerbeertrag der Organgesellschaft(en)** **– bei mehreren Organgesellschaften bitte Einzelaufstellung beifügen –** – ggf. „0" –	60	, –
78	**Bei Organträgern, soweit nicht selbst Organgesellschaft:** **– soweit selbst Organgesellschaft, sind die Zeilen 106 bis 108 auszufüllen –** Summe der Korrekturbeträge zum Betrag lt. Zeile 77 aufgrund der Anwendung des § 8b KStG, § 3 Nr. 40, § 3c Abs. 2 EStG i. V. mit § 15 Satz 1 Nr. 2 und Satz 2 KStG (Bitte auf besonderem Blatt erläutern) **– Negative Beträge mit Minuszeichen –**	79	, –

1) GewStG 2006 = Gewerbesteuergesetz in der Fassung des Gesetzes vom 13. 12. 2006 (BGBl. I S. 2878).
2) GewStG 2007 = Gewerbesteuergesetz in der Fassung des Gesetzes vom 20. 12. 2007 (BGBl. I S. 3150).
3) KStG 2006 = Körperschaftsteuergesetz in der Fassung des Gesetzes vom 13. 12. 2006 (BGBl. I S. 2878).

2012GewSt1A703NET **2012GewSt1A703NET**

Steuernummer | Fußnoten siehe Seite 3

Angaben zur Verlustfeststellung

Zeile		Kz	EUR
	Zeilen 90 bis 104d nicht ausfüllen, wenn Anlage MU beigefügt ist. (18)		
90	Zum Ende des Erhebungszeitraums 2011 gesondert festgestellter vortragsfähiger **Gewerbeverlust** (§ 10a GewStG) – Betrag ohne Minuszeichen –	40	,–
91	Von einem anderen Steuerschuldner im Falle des Rechtsformwechsels übernommener Gewerbeverlust aus der Zeit vor dem Rechtsformwechsel, soweit nach § 10a GewStG vortragsfähig – Betrag ohne Minuszeichen – (15)	45	,–
92	Übernommener Gewerbeverlust im Fall der Einbringung des Betriebs einer Personengesellschaft in eine andere Personengesellschaft oder der Verschmelzung von Personengesellschaften (R 10a.3 Abs. 3 Satz 9 Nr. 5 Satz 1 und 2 GewStR 2009) oder im Fall der Anwachsung (R 10a.3 Abs. 3 Satz 9 Nr. 4 GewStR 2009) – Betrag ohne Minuszeichen –	48	,–
	Im Fall der Anwachsung einer Personengesellschaft auf eine Organgesellschaft:		
92a	Im Betrag laut Zeile 92 enthaltener Verlust, der vor Abschluss des Gewinnabführungsvertrages bei der Personengesellschaft entstanden ist (R 10a.4 Satz 2 GewStR 2009)	18	,–
	Nur bei Betrieben gewerblicher Art:		
93	Übernommener vortragsfähiger Gewerbeverlust (§ 10a Satz 9 GewStG i. V. mit § 8 Abs. 8 KStG) – Betrag ohne Minuszeichen – (11)	20	,–
	Nur bei einer Körperschaft:		
94	Bei der übertragenden Körperschaft im Fall der Abspaltung wegfallender Gewerbeverlust aus vorangegangenen Erhebungszeiträumen (§ 18 Abs. 1 i. V. mit § 16 und § 15 Abs. 3 bzw. § 19 Abs. 2 i. V. mit § 15 Abs. 3 UmwStG) in Höhe von – Spaltungsschlüssel –	17	%
95	Bei der übertragenden Körperschaft im Fall der Abspaltung wegfallender Gewerbeverlust aus dem laufenden Erhebungszeitraum (§ 18 Abs. 1 bzw. § 19 Abs. 1 i. V. mit § 15 Abs. 1 Satz 1, § 16 Satz 1 und § 4 Abs. 2 Satz 2 UmwStG) in Höhe von – Bitte als zeitanteiligen Prozentsatz eintragen –	46	%
96	Nach § 10a Satz 10 GewStG i. V. mit § 8c KStG bzw. § 10a Satz 8 GewStG 2007[2] i. V. mit § 8 Abs. 4 KStG 2006[3] und § 36 Abs. 9 Satz 2 GewStG nicht abziehbarer Gewerbeverlust aus vorangegangenen Erhebungszeiträumen (ggf. i. V. mit §§ 2 Abs. 4, 20 Abs. 6 Satz 4 UmwStG) in Höhe von	10	%
96a	oder	44	,–
97	Nach § 10a Satz 10 GewStG i. V. mit § 8c KStG bzw. § 10a Satz 8 GewStG 2007 i. V. mit § 8 Abs. 4 KStG 2006 und § 36 Abs. 9 Satz 2 GewStG nicht ausgleichsfähiger Gewerbeverlust des laufenden Erhebungszeitraums (ggf. i. V. mit §§ 2 Abs. 4, 20 Abs. 6 Satz 4 UmwStG) in Höhe von – Bitte als zeitanteiligen Prozentsatz eintragen –	50	%
97a	oder	49	,–
	Nur bei einer Mitunternehmerschaft, soweit an dieser eine Körperschaft unmittelbar oder mittelbar über eine oder mehrere Personengesellschaften beteiligt ist:		
98	Nach § 10a Satz 10 GewStG i. V. mit § 8c KStG nicht abziehbarer Gewerbeverlust aus vorangegangenen Erhebungszeiträumen in Höhe von	15	%
98a	oder	12	,–
99	Nach § 10a Satz 10 GewStG i. V. mit § 8c KStG nicht ausgleichsfähiger Gewerbeverlust des laufenden Erhebungszeitraums in Höhe von – Bitte als zeitanteiligen Prozentsatz eintragen –	14	%
99a	oder	13	,–
	Nur bei einer Personengesellschaft oder aus einer Personengesellschaft hervorgegangenem **Einzelunternehmen:**		
100	Auf in 2012 ausgeschiedene Gesellschafter entfallen von dem zum Ende des Erhebungszeitraums 2011 gesondert festgestellten vortragsfähigen Gewerbeverlust, soweit er noch nicht bis zum Ausscheiden im Erhebungszeitraum 2012 verbraucht ist – Betrag ohne Minuszeichen –	43	,–
	Nur bei einer Personengesellschaft:		
101	Auf im Erhebungszeitraum 2012 ausgeschiedene Gesellschafter entfallen von dem Gewerbeverlust 2012 – Betrag ohne Minuszeichen –	75	,–
102	oder	76	%
103	Auf Gesellschafter, denen kein Anteil an dem zum Ende des Erhebungszeitraumes 2011 gesondert festgestellten vortragsfähigen Gewerbeverlust zuzurechnen ist, entfallen von dem Gewerbeertrag des Erhebungszeitraumes 2012	41	,–
104	oder	42	%
104a	Kürzung des Höchstbetrags nach § 10a Satz 1 GewStG bei Änderungen im Gesellschafterbestand und/oder bei Änderung der Beteiligungsquote	74	,–
104b	Nach § 10a Satz 2 GewStG zum Ansatz kommender Verlustabzug	81	,–
	Nicht bei Körperschaften:		
104c	Auf im Erhebungszeitraum 2012 veräußerte oder aufgegebene Teilbetriebe entfallen von dem zum Ende des vorangegangenen Erhebungszeitraums gesondert festgestellten vortragsfähigen Gewerbeverlust, soweit er noch nicht bis zur Veräußerung oder Aufgabe im Erhebungszeitraum 2012 verbraucht ist – Betrag ohne Minuszeichen –	16	,–
104d	Auf im Erhebungszeitraum 2012 veräußerte oder aufgegebene Teilbetriebe entfallen von dem Gewerbeverlust 2012 – Betrag ohne Minuszeichen –	86	,–
	Nicht bei Körperschaften - nur für Zwecke des § 35 EStG -:		
105	Veräußerungs- oder Aufgabegewinn nach § 18 Abs. 3 UmwStG (im Betrag lt. Zeile 33 enthalten)	82	,–
	Nur bei einer Organgesellschaft: Werte, die für die Ermittlung des Gewerbeertrags des Organträgers von Bedeutung sind. Ist die Organgesellschaft gleichzeitig Organträger: Einschließlich entsprechender Beträge ihrer Organgesellschaften (Bitte auf besonderem Blatt erläutern) (16) (17) – Negative Beträge mit Minuszeichen –		
106	Wenn der Organträger eine natürliche Person ist, zu berücksichtigender Korrekturbetrag zum Gewerbeertrag aufgrund der Anwendung des § 3 Nr. 40, § 3c Abs. 2 EStG i. V. mit § 15 Satz 1 Nr. 2 und Satz 2 KStG	28	,–
107	Wenn der Organträger eine Körperschaft ist, zu berücksichtigender Korrekturbetrag zum Gewerbeertrag aufgrund der Anwendung des § 8b KStG i. V. mit § 15 Satz 1 Nr. 2 und Satz 2 KStG	29	,–
108	Wenn der Organträger eine Personengesellschaft ist, zu berücksichtigender Korrekturbetrag zum Gewerbeertrag aufgrund der Anwendung des § 3 Nr. 40, § 3c Abs. 2 EStG, § 8b KStG i. V. mit § 15 Satz 1 Nr. 2 und Satz 2 KStG	27	,–

2012GewSt1A704NET 2012GewSt1A704NET

2.8 USt 2 A: Umsatzsteuererklärung

2013

– Bitte weiße Felder ausfüllen oder ☒ ankreuzen, Anleitung beachten –

An das Finanzamt

Eingangsstempel

Steuernummer

121

Umsatzsteuererklärung

Berichtigte Steuererklärung (falls ja, bitte eine „1" eintragen) 110

50 | 13 | 1 | 99 | 11

A. Allgemeine Angaben

Name des Unternehmers

ggf. abweichender Firmenname

Art des Unternehmens

Straße, Haus-Nr.

PLZ Ort

Telefon

E-Mail-Adresse

Dauer der Unternehmereigenschaft
(nur ausfüllen, falls nicht vom 1. Januar bis zum 31. Dezember 2013) vom bis zum

1. Zeitraum .... T T M M T T M M

2. Zeitraum .... T T M M T T M M

Die Abschlusszahlung ist binnen einem Monat nach der Abgabe der Steuererklärung zu entrichten (§ 18 Abs. 4 UStG). Ein Erstattungsbetrag wird auf das dem Finanzamt benannte Konto überwiesen, soweit der Betrag nicht mit Steuerschulden verrechnet wird.

Verrechnung des Erstattungsbetrages erwünscht / Erstattungsbetrag ist abgetreten
(falls ja, bitte eine „1" eintragen) 129

Geben Sie bitte die Verrechnungswünsche auf einem besonderen Blatt an oder auf dem beim Finanzamt erhältlichen Vordruck „Verrechnungsantrag".

Ein Umsatzsteuerbescheid ergeht nur, wenn von Ihrer Berechnung der Umsatzsteuer abgewichen wird.

Hinweis nach den Vorschriften der Datenschutzgesetze: Die mit der Steuererklärung angeforderten Daten werden auf Grund der §§ 149 ff. der Abgabenordnung sowie der §§ 18, 18b des Umsatzsteuergesetzes erhoben. Die Angabe der Telefonnummer und der E-Mail-Adresse ist freiwillig.

B. Angaben zur Besteuerung der Kleinunternehmer (§ 19 Abs. 1 UStG)

Die Zeilen 24 und 25 sind nur auszufüllen, wenn der Umsatz **2012** (zuzüglich Steuer) nicht mehr als **17 500 €** betragen hat und auf die Anwendung des § 19 Abs. 1 UStG nicht verzichtet worden ist.

		Betrag volle EUR
Umsatz im Kalenderjahr 2012	(Berechnung nach § 19 Abs. 1 und 3 UStG)	238
Umsatz im Kalenderjahr 2013		239

Unterschrift

Ich habe dieser Steuererklärung die Anlage UR

☐ beigefügt.

☐ nicht beigefügt, weil ich darin keine Angaben zu machen hatte.

Bei der Anfertigung dieser Steuererklärung einschließlich der Anlagen hat mitgewirkt:

Datum, eigenhändige Unterschrift des Unternehmers

– 2 –

Steuernummer:

C. Steuerpflichtige Lieferungen, sonstige Leistungen und unentgeltliche Wertabgaben		Bemessungsgrundlage ohne Umsatzsteuer volle EUR		Steuer EUR	Ct
Umsätze zum allgemeinen Steuersatz					
Lieferungen und sonstige Leistungen .... zu 19 %	177			,	
Unentgeltliche Wertabgaben					
a) Lieferungen nach § 3 Abs. 1b UStG .... zu 19 %	178			,	
b) Sonstige Leistungen nach § 3 Abs. 9a UStG .. zu 19 %	179			,	
Umsätze zum ermäßigten Steuersatz					
Lieferungen und sonstige Leistungen .... zu 7 %	275			,	
Unentgeltliche Wertabgaben					
a) Lieferungen nach § 3 Abs. 1b UStG .... zu 7 %	195			,	
b) Sonstige Leistungen nach § 3 Abs. 9a UStG ... zu 7 %	196			,	
Umsätze zu anderen Steuersätzen	155		156	,	
Umsätze land- und forstwirtschaftlicher Betriebe nach § 24 UStG					
a) Lieferungen in das übrige Gemeinschaftsgebiet an Abnehmer **mit** USt-IdNr.	777				
b) Steuerpflichtige Lieferungen (einschließlich unentgeltlicher Wertabgaben) von **Sägewerkserzeugnissen**, die in der Anlage 2 zum UStG nicht aufgeführt sind	255		256	,	
c) Steuerpflichtige Umsätze (einschließlich unentgeltlicher Wertabgaben) von **Getränken**, die in der Anlage 2 zum UStG nicht aufgeführt sind, sowie von **alkoholischen Flüssigkeiten** (z.B. Wein) .... zu 8,3%	344			,	
Umsätze zu anderen Steuersätzen	257		258	,	
d) Übrige steuerpflichtige Umsätze land- und forstwirtschaftlicher Betriebe, für die keine Steuer zu entrichten ist ...	361				
Steuer infolge Wechsels der Besteuerungsform: Nachsteuer/Anrechnung der Steuer, die auf bereits versteuerte Anzahlungen entfällt (im Falle der **Anrechnung** bitte auch Zeile 57 ausfüllen)			317	,	
Betrag der Anzahlungen, für die die anzurechnende Steuer in Zeile 56 angegeben worden ist	367				
Nachsteuer auf versteuerte Anzahlungen u.ä. wegen **Steuersatzänderung**			319	,	
Summe .... (zu übertragen in Zeile 92)				,	

2013USt2A502 2013USt2A502

- 3 -

Steuernummer:

Zeile	D. Abziehbare Vorsteuerbeträge	Kz	Steuer EUR	Ct
61	(ohne die Berichtigung nach § 15a UStG)			
62	Vorsteuerbeträge aus Rechnungen von anderen Unternehmern (§ 15 Abs. 1 Satz 1 Nr. 1 UStG) . . .	320		
63	Vorsteuerbeträge aus innergemeinschaftlichen Erwerben von Gegenständen (§ 15 Abs. 1 Satz 1 Nr. 3 UStG) . . .	761		
64	Entstandene Einfuhrumsatzsteuer (§ 15 Abs. 1 Satz 1 Nr. 2 UStG) . . .	762		
65	Vorsteuerabzug für die Steuer, die der Abnehmer als Auslagerer nach § 13a Abs. 1 Nr. 6 UStG schuldet (§ 15 Abs. 1 Satz 1 Nr. 5 UStG) . . .	466		
66	Vorsteuerbeträge aus Leistungen im Sinne des § 13b UStG (§ 15 Abs. 1 Satz 1 Nr. 4 UStG) . . .	467		
67	Vorsteuerbeträge, die nach den allgemeinen Durchschnittssätzen berechnet sind (§ 23 UStG) . . .	333		
68	Vorsteuerbeträge nach dem Durchschnittssatz für bestimmte Körperschaften, Personenvereinigungen und Vermögensmassen (§ 23a UStG) . . .	334		
69	Vorsteuerabzug für innergemeinschaftliche Lieferungen **neuer Fahrzeuge** außerhalb eines Unternehmens (§ 2a UStG) sowie von Kleinunternehmern i.S.d. § 19 Abs. 1 UStG (§ 15 Abs. 4a UStG) . .	759		
70	Vorsteuerbeträge aus innergemeinschaftlichen Dreiecksgeschäften (§ 25b Abs. 5 UStG) . . .	760		
71	Summe . . . (zu übertragen in Zeile 99)			

E. Berichtigung des Vorsteuerabzugs (§ 15a UStG)

Zeile		Kz	
72–73	Sind im Kalenderjahr 2013 **Grundstücke, Grundstücksteile, Gebäude** oder **Gebäudeteile**, für die Vorsteuer abgezogen worden ist, erstmals tatsächlich verwendet worden? Falls ja, bitte eine „1" eintragen . . .	370	
73–74	(Geben Sie bitte auf besonderem Blatt für jedes Grundstück oder Gebäude gesondert an: Lage, Zeitpunkt der erstmaligen tatsächlichen Verwendung, Art und Umfang der Verwendung im Erstjahr, insgesamt angefallene Vorsteuer, in den Vorjahren - Investitionsphase - bereits abgezogene Vorsteuer)		
75	Haben sich im Jahr 2013 die für den ursprünglichen Vorsteuerabzug maßgebenden Verhältnisse geändert bei		
75–76	1. **Grundstücken, Grundstücksteilen, Gebäuden** oder **Gebäudeteilen**, die innerhalb der letzten 10 Jahre erstmals tatsächlich und **nicht nur einmalig** zur Ausführung von Umsätzen verwendet worden sind? Falls ja, bitte eine „1" eintragen . . .	371	
77	2. **anderen Wirtschaftsgütern und sonstigen Leistungen**, die innerhalb der letzten 5 Jahre erstmals tatsächlich und **nicht nur einmalig** zur Ausführung von Umsätzen verwendet worden sind? Falls ja, bitte eine „1" eintragen . . .	372	
78	3. **Wirtschaftsgütern und sonstigen Leistungen**, die **nur einmalig** zur Ausführung von Umsätzen verwendet worden sind? Falls ja, bitte eine „1" eintragen . . .	369	
79	Die Verhältnisse, die ursprünglich für die Beurteilung des Vorsteuerabzugs maßgebend waren, haben sich seitdem geändert durch		
80	☐ Veräußerung ☐ Lieferung i.S. des § 3 Abs. 1b UStG ☐ Wechsel der Besteuerungsform, § 15a Abs. 7 UStG		
81	☐ Nutzungsänderung, und zwar		
82	☐ Übergang von steuerpflichtiger zu steuerfreier Vermietung oder umgekehrt bzw. Änderung des Verwendungsschlüssels bei gemischt genutzten Grundstücken (insbesondere bei Mieterwechsel)		
83	☐ steuerfreie Vermietung bisher eigengewerblich genutzter Räume oder umgekehrt; Übergang von einer Vermietung für NATO- oder ähnliche Zwecke zu einer nach § 4 Nr. 12 UStG steuerfreien Vermietung		
84	☐		

Zeile	Vorsteuerberichtigungsbeträge	Kz	nachträglich abziehbar EUR	Ct	Kz	zurückzuzahlen EUR	Ct
85	**Vorsteuerberichtigungsbeträge**						
86	zu 1. (Grundstücke usw., § 15a Abs. 1 Satz 2 UStG) . .						
87	zu 2. (andere Wirtschaftsgüter usw., § 15a Abs. 1 Satz 1 UStG) . . .						
88	zu 3. (Wirtschaftsgüter usw., § 15a Abs. 2 UStG) . . .						
89	Summe . . .	357			359		
90			zu übertragen in Zeile 100			zu übertragen in Zeile 97	

2013USt2A503 2013USt2A503

– 4 –

Steuernummer:

Zeile	F. Berechnung der zu entrichtenden Umsatzsteuer		Steuer EUR	Ct
91				
92	**Umsatzsteuer auf steuerpflichtige Lieferungen, sonstige Leistungen und unentgeltliche Wertabgaben** .... (aus Zeile 60)			
93	**Umsatzsteuer auf innergemeinschaftliche Erwerbe** .... (aus Zeile 13 der Anlage UR)			
94	Umsatzsteuer, die vom letzten Abnehmer im innergemeinschaftlichen Dreiecksgeschäft geschuldet wird (§ 25b Abs. 2 UStG) .... (aus Zeile 20 der Anlage UR)			
95	Umsatzsteuer, die vom Leistungsempfänger nach § 13b UStG geschuldet wird .... (aus Zeile 27 der Anlage UR)			
96	Umsatzsteuer, die vom Abnehmer als Auslagerer geschuldet wird (§ 13a Abs. 1 Nr. 6 UStG) .... (aus Zeile 30 der Anlage UR)			
97	Vorsteuerbeträge, die auf Grund des § 15a UStG zurückzuzahlen sind .... (aus Zeile 89)			
98	Zwischensumme			
99	**Abziehbare Vorsteuerbeträge** .... (aus Zeile 71)			
100	Vorsteuerbeträge, die auf Grund des § 15a UStG nachträglich abziehbar sind ..... (aus Zeile 89)			
101	Verbleibender Betrag			
102	In Rechnungen unrichtig oder unberechtigt ausgewiesene Steuerbeträge (§ 14c UStG) sowie Steuerbeträge, die nach § 6a Abs. 4 Satz 2 UStG geschuldet werden	318		
103	Steuerbeträge, die nach § 17 Abs. 1 Satz 6 UStG geschuldet werden	331		
104	Steuer-, Vorsteuer- und Kürzungsbeträge, die auf frühere Besteuerungszeiträume entfallen (nur für Kleinunternehmer, die § 19 Abs. 1 UStG anwenden)	391		
105	**Umsatzsteuer** / **Überschuss** - bitte dem Betrag ein Minuszeichen voranstellen			
106	Anrechenbare Beträge .... (aus Zeile 21 der Anlage UN)			
107	**Verbleibende Umsatzsteuer** / **Verbleibender Überschuss** – bitte dem Betrag ein Minuszeichen voranstellen – .... **(bitte in jedem Fall ausfüllen)**	816		
108	Vorauszahlungssoll 2013 (einschließlich Sondervorauszahlung)			
109	**Noch an die Finanzkasse zu entrichten** - Abschlusszahlung - / **Erstattungsanspruch** – bitte dem Betrag ein Minuszeichen voranstellen – **(bitte in jedem Fall ausfüllen)**	820		
110				
111				
112				
113				

114 **Bearbeitungshinweis**

115 1. Die aufgeführten Daten sind mit Hilfe des geprüften und genehmigten Programms sowie ggf. unter Berücksichtigung der gespeicherten Daten maschinell zu verarbeiten.

116 2. Die weitere Bearbeitung richtet sich nach den Ergebnissen der maschinellen Verarbeitung.

117

118 Kontrollzahl und/oder Datenerfassungsvermerk

119

120

2013USt2A504 2013USt2A504

2.9 Antrag auf Anpassung Vorauszahlung

Antrag auf Anpassung

☐ der Körperschaftsteuervorauszahlungen

☐ des Gewerbesteuermessbetrags für Vorauszahlungszwecke

für den Veranlagungs- / Erhebungszeitraum

2008 / 2009 / ________

nach § 31 KStG
in Verbindung mit § 37 EStG / § 19 GewStG
- bei Gewinnermittlung durch Bestandsvergleich -

An das Finanzamt

____

____

____

Name und Anschrift des Steuerpflichtigen
Steuernummer

Eine Anpassung der Körperschaftsteuervorauszahlungen / des Gewerbesteuermessbetrags für Vorauszahlungszwecke wird auf der Grundlage des nachfolgend – **unter Berücksichtigung der Gesetzesänderungen auf Grund des Unternehmensteuerreformgesetzes 2008** – ermittelten Körperschaftsteuer-Jahresvorauszahlungssolls / Gewerbesteuermessbetrags beantragt:

	Körperschaftsteuer €	Gewerbesteuer €
Für den Veranlagungs- / Erhebungszeitraum 2008 / 2009 / ________ – beträgt das voraussichtliche zu versteuernde Einkommen		
– beträgt der voraussichtliche Gewerbeertrag		
Körperschaftsteuer (15 % – § 23 Abs. 1 KStG)		
Gewerbesteuermessbetrag (Messzahl 3,5 % ggf. nach Abzug des Freibetrags von 24 500 € bzw. 3 900 € – § 11 Abs. 1 Satz 3 und Abs. 2 GewStG)		
voraussichtlich anzurechnende Kapitalertragsteuer	–	
Jahresvorauszahlungssoll / Gewerbesteuermessbetrag für Vorauszahlungszwecke 2008 / 2009 / ________		

☐ Bei der Ermittlung des voraussichtlichen zu versteuernden Einkommens / des voraussichtlichen Gewerbeertrags wurden folgende Gesetzesänderungen auf Grund des Unternehmensteuerreformgesetzes 2008 einkommens- / ertragserhöhend berücksichtigt:

	€	€
☐ Ausschluss des Betriebsausgabenabzugs der Gewerbesteuer (§ 4 Abs. 5b EStG) i. H. v.		
☐ Einschränkung des Betriebsausgabenabzugs für Zinsaufwendungen (§ 4h EStG, § 8a KStG) i. H. v.		
☐ Einschränkung der Sofortabschreibung für geringwertige Wirtschaftsgüter (§ 6 Abs. 2 und 2a EStG) i. H. v.		
☐ Neuregelung der gewerbesteuerlichen Hinzurechnungen für Finanzierungsanteile (§ 8 Nr. 1 Buchst. a bis f GewStG) i. H. v.		
☐ ________ i. H. v.		

☐ Aufgrund der Gesetzesänderungen durch das Unternehmensteuerreformgesetz 2008 werden Einkommenserhöhungen / Erhöhungen des maßgebenden Gewerbeertrags voraussichtlich **nicht** eintreten.

Zur Begründung des Antrags sind folgende Unterlagen beigefügt:

☐ Betriebswirtschaftliche Auswertung zum ________

☐ ________

Diese Erklärung muss vom Steuerpflichtigen bzw. von einer in § 34 AO genannten Person eigenhändig unterschrieben sein.

Datum und Unterschrift

Bei der Antragstellung hat mitgewirkt:
(Name, Anschrift,Telefonnummer)

Hinweis nach den Datenschutzgesetzen: Die mit dem Anpassungsantrag angeforderten Daten werden auf Grund der §§ 149 ff. der Abgabenordnung in Verbindung mit § 31 KStG i. V. mit § 37 EStG und § 19 GewStG verlangt.

KSt / GewSt Vz (2008) 07 Juli 2007 Antrag auf Anpassung der Körperschaftsteuervorauszahlungen / des Gewerbesteuermessbetrags für Vorauszahlungszwecke ab 2008 nach Unternehmensteuerreformgesetz 2008

034204

Die Autoren

Dr. Lutz Engelsing ist Steuerberater. Von 1992 bis 1996 hat er Betriebswirtschaftslehre an der Westfälischen Wilhelms-Universität Münster mit den Schwerpunktfächern Betriebswirtschaftliche Steuerlehre sowie Wirtschaftsprüfung studiert. Danach schlossen sich Assistententätigkeit und Promotion an. Von 2001 bis 2003 wurde Herr Dr. Engelsing zum Lehrbeauftragten am Institut für Unternehmensrechnung und –besteuerung berufen. Seit 2002 ist er als Mitarbeiter und seit 2008 als Partner der DHPG tätig.
Seine Tätigkeitsschwerpunkte sind nationales Steuerrecht, Unternehmenssteuerrecht, sowie Non-Profit-Organisationen (Vereine, Stiftungen, gGmbH, Berufsverbände, Kommunen). Dr. Engelsing ist u. a. Mitglied im Gesprächskreis „Stiftungssteuerrecht" des Bundesverbandes Deutscher Stiftungen, im Arbeitskreis „Verbandsbesteuerung" der Deutschen Gesellschaft für Verbandsmanagement e. V. und Dozent an der Bundesfinanzakademie Brühl. Er hielt u. a. Vorträge an der Bundesfinanzakademie Brühl, an der Hessischen Sparkassenakademie und ist Autor von „Die Satzung der gemeinnützigen GmbH, GmbH-Musterverträge, Bd. 9, Bonn 2006 und 2010, „Eheliches Güterrecht", Baden-Baden 2005, sowie diverser Aufsätze.

Dr. Olaf Lüke ist Rechtsanwalt und Fachanwalt für Steuerrecht. Nach einer Berufsausbildung zum Bankkaufmann studierte er Rechtswissenschaften an der Universität Bielefeld. Es folgten das Rechtsreferendariat am Oberlandesgericht Hamm, u. a. mit einer Station in der Rechtsabteilung einer Bank in New York, und im Anschluss an das zweite Staatsexamen die Promotion an der Universität Bielefeld (Prof. Dr. Detlef Kleindiek) zum Thema Aktienoptionspläne.
Seit 2000 ist Dr. Olaf Lüke als Rechtsanwalt zugelassen. Er war zunächst sechs Jahre in den Bereichen Gesellschaftsrecht, Steuerrecht und M&A in einer Großkanzlei tätig, bevor er 2006 zur DHPG wechselte. Seit dem 1.1.2009 ist Dr. Olaf Lüke persönlich haftender Gesellschafter der DHPG.
Seine Tätigkeitsschwerpunkte liegen im Bereich des Gesellschaftsrechts, des Unternehmenskaufs/-verkaufs sowie der Unternehmensnachfolge. Einen besonderen Beratungsschwerpunkt bildet das Recht der Non-Profit-Organisationen. Neben seiner anwaltlichen Tätigkeit ist Dr. Olaf Lüke auch als Referent und Autor im Bereich des Gesellschaftsrechts und der Unternehmensnachfolge tätig.

Dr. Lüke ist u. a. Autor von „Stock Options“, Bielefeld 2005, „Verschmelzung von Berufsverbänden“, NWB 2007 S. 4409 ff., „Banken und Stiftungen“, 2007, „Tätigkeitsvergütungen für Vereinsvorstände“, NWB 2008 S. 15101 ff., „Haftung der Organmitglieder“ in Münchener Handbuch des Gesellschaftsrechts, Band 5: Verein und Stiftung bürgerlichen Rechts, 3. Auflage, C. H. Beck 2009 sowie „Familien-GbR/OHG/ KG“ in Hannes, Formularbuch Vermögens- und Unternehmensnachfolge, C. H. Beck, München 2011.

Stichwortverzeichnis

C

D

E

F

G

H

I

M

N

O

P

R

S

T

U

W